国家社会科学基金项目“世界社会主义与资本主义前途命运暨当代国际形势研究”
（项目编号：18@ZH013）结项成果

世界社会主义与资本主义前途命运
暨当代国际形势研究

王伟光◎主编

中国社会科学出版社

图书在版编目(CIP)数据

世界社会主义与资本主义前途命运暨当代国际形势研究/王伟光主编.
—北京：中国社会科学出版社，2024.8
ISBN 978-7-5227-3617-4

Ⅰ.①世… Ⅱ.①王… Ⅲ.①马克思主义—国际政治—战略思想—研究 Ⅳ.①A811.64

中国国家版本馆 CIP 数据核字(2024)第 105663 号

出 版 人 赵剑英
责任编辑 侯聪睿
责任校对 王佳玉
责任印制 王 超

出 版 中国社会科学出版社
社 址 北京鼓楼西大街甲 158 号
邮 编 100720
网 址 http://www.csspw.cn
发 行 部 010-84083685
门 市 部 010-84029450
经 销 新华书店及其他书店

印 刷 北京君升印刷有限公司
装 订 廊坊市广阳区广增装订厂
版 次 2024 年 8 月第 1 版
印 次 2024 年 8 月第 1 次印刷

开 本 710×1000 1/16
印 张 28.5
字 数 358 千字
定 价 139.00 元

凡购买中国社会科学出版社图书，如有质量问题请与本社营销中心联系调换
电话:010-84083683

前　言

本书是在国家社会科学基金重大委托项目“世界社会主义与资本主义前途命运暨当代国际形势研究”的结项报告基础上改编而成的，也是该课题的总体研究成果。

结项报告是国家社会科学基金重大委托项目“世界社会主义与资本主义前途命运暨当代国际形势研究”最终研究成果的系统总结与概括。从2018年8月24日第1次课题组全体会议正式启动该课题研究，到2022年11月11日召开“学习贯彻二十大精神暨《国际金融垄断资本主义论》出版座谈会”，到2023年5月30日完成结项总报告的起草定稿，再到2024年8月完成全部成果的出版，该课题研究历时整整近6年。在为期6年的课题研究写作中，课题组以马克思主义立场、观点、方法为指导，紧紧围绕当今世界社会主义与资本主义前途命运以及当代国际形势研究，认真完成了课题研究任务，出版了八部阶段性成果：《大的历史时代与中国特色社会主义新时代》《世界金融危机十年研究》《运用马克思主义立场、观点和方法认识和处理国际问题》《世界社会主义的趋势、问题与现状》《新冠肺炎疫情与国际时局》《世界各国共产党和国际共产主义运动发展态势》《当代资本主义研究》《苏联东欧社会主义实践战略经验与教训》等著述，以及我的个人专著《国际金融垄断资本主义论》，算上这本《世界社会主义与资本主义前途命运暨当代国际形势研究》，一共十部研究成果。以上成果提出了一系列有价值的判断和观点，供党和国家决策参考，为马克思主义中国化时代化奉献微薄之力。

结项报告由我拟定详尽提纲，宁悦具体执笔，张博参与讨论，几经修改，由我多次统稿，最终定稿。孙兆阳、康浩然、马艺文、果晨收集整理资料。本书由以上课题组成员共同完成。

王伟光

2023 年 6 月 1 日

于北京海淀大有庄

摘　要

课题的基本思路是以习近平新时代中国特色社会主义思想为指导，运用马克思主义立场、观点、方法，科学认识当代资本主义，即当代帝国主义，认真重温马克思主义的社会形态演变一般规律理论和大的“历史时代”理论，正确理解和掌握马克思主义社会形态演变一般规律理论和大的“历史时代”理论，正确剖析和判断当代资本主义，即当代帝国主义的本质、矛盾、规律以及必然灭亡趋势，作出科学正确的理论判断，为党和国家决策提供理论依据。

课题的主要任务是全面收集研究当前世界社会主义运动和世界资本主义发展的基本情况，深入分析研究当今世界形势及发展趋势，系统梳理当代社会主义和当代资本主义，即当代帝国主义的发展趋势和基本规律，揭示它们的新特征、新变化。对重大国际问题作出正确判断，为党和国家对外合作和开展国际斗争，提供理论依据和决策参考。一是对当代社会主义、当代资本主义，即当代帝国主义给予科学判断，正确认识当代社会主义和当代资本主义，即当代帝国主义，正确认识当前国际形势，为中央决策建言献策，提供参考咨询。二是学习研究习近平外交思想，总结我国国际斗争经验。三是全面梳理西方国家研究国际问题的理论、流派、观点、任务，从思想上、理论上彻底批驳清除对当代社会主义和当代资本主义，即当代帝国主义分析判断的某些错误认识，批判“普世价值论”“新自由主义”，坚持马克思主义的关于社会主义和资本主义、帝国主义的科学判断，关于当前国际形势的科学分析，构建科学正确的世界社会主义论和国际金融垄断资本主义论，即新型帝国主义论。四是通过宣传、研究、掌握习近平外交思想，构建当代国际问题研究的马克思主义学派，打造一支国际问题的马克思主义研究队伍。

课题组一致认为，我们党在国际斗争和对外工作中始终坚持正确的理论、路线、方针和政策，在发展对外关系和开展国际斗争方面取得了一系列伟大成就，但同时在某些领域，在国际问题研究和对外关系方面在某些人那里也曾一度存在着“马克思主义失语”“垄断资本主义、帝国主义失踪”的某些现象，有的热衷于运用西方资产阶级关于国际问题的理论观察、分析、认识世界形势和国际关系，干扰了党和国家关于外交工作的正确路线、方针和政策，影响了党和国家的外事工作大局。党的十八大以来，在习近平新时代中国特色社会主义思想尤其是习近平外交思想的正确指导下，我国外事工作取得了一系列伟大的历史性成就。

在我国意识形态领域、外交领域，必须始终坚持马克思主义的指导地位，始终坚持习近平新时代中国特色社会主义思想的指导，坚决贯彻落实习近平外交思想。揭露并批判“普世价值”论、新自由主义等一系列西方错误思潮，努力增强我国国际话语权的影响力，维护好我国意识形态安全，创造中国特色社会主义发展的良好国际环境。

目　录

第一章　运用马克思主义立场、观点和方法正确认识世界社会主义和资本主义前途命运暨当代国际问题

习近平总书记指出："时代在变化，社会在发展，但马克思主义基本原理依然是科学真理。尽管我们所处的时代同马克思所处的时代相比发生了巨大而深刻的变化，但从世界社会主义500年的大视野来看，我们依然处在马克思主义所指明的历史时代。这是我们对马克思主义保持坚定信心、对社会主义保持必胜信念的科学根据。"[①] 科学认识当代资本主义，即当代帝国主义，需要认真重温马克思主义的社会形态演变一般规律理论和大的"历史时代"理论。只有真正理解和掌握马克思主义社会形态演变一般规律理论和大的"历史时代"理论，才能正确剖析和判断当代资本主义，即当代帝国主义的本质、矛盾、规律以及必然灭亡趋势，才能为正确对待和处理国际资本主义、帝国主义和国际问题提出理论依据和决策参考。

① 《习近平谈治国理政》（第二卷），外文出版社2017年版，第66页。

一　必须运用马克思主义立场、观点、方法来观察说明和处理国际问题

观察国际问题首先有一个世界观和方法论问题。世界观和方法论对了，才能拎得清国际问题上的大是大非。要运用马克思主义立场、观点、方法来分析国际关系、看待国际问题、认识国际形势，把握世界走势以及世界社会主义与资本主义的命运。运用马克思主义立场、观点和方法，要站在历史时代的最高点来观察说明国际问题，在准确判断历史时代的基础上，就可以对当前国际社会基本矛盾、主要矛盾和主要态势作出判断。同时，运用马克思主义立场、观点、方法分析认识国际问题，一定要具体地分析具体问题，这是马克思主义的活的灵魂。

（一）必须运用马克思主义立场、观点、方法来观察说明国际问题

对当前错综复杂、风云变幻、惊涛骇浪的国际局势到底怎么看？各家各派众说纷纭，各类政治人物、各方专家学者，中外皆有，纷纷站台说道。有的从政治人物的秉性品格等个人特质出发看世界，如有人把美国对外政策归结于特朗普的个人个性和商人身份所然；有的从西方国际关系和国际问题理论出发看世界，如运用地缘政治理论、文明冲突理论等说明国际问题；还有的从具体策略层面分析国际问题，如提出应对突发事件的具体对策，等等，不一一列论。一时间各方能人志士激扬文字、指点江山，开出各种应对“药方”。不能说观察国际问题的这些理论和方法不能用，诸多策论虽然能说明一些问题，但至今没有一家能够完全说清、说透问题，彻底地说服人，都是不够全面、不够透彻的。应该运用更有高度的理论和方法才能彻底说明国际问题。唐代诗人王之涣有一首名为

《登鹳雀楼》的诗，“白日依山尽，黄河入海流，欲穷千里目，更上一层楼”。站得越高才能看得越远，讲的就是这个道理。只有站在人类理论思维的最高峰，才能看清悟透宇宙间错综复杂的各类问题。毛泽东同志很推崇这首唐诗，他说：“我们的眼力不够，应该借助于望远镜和显微镜。马克思主义的方法就是政治上军事上的望远镜和显微镜。”[①] 马克思主义是“望远镜”，助我们看得更远，使我们从长远战略全局的高度看问题；马克思主义又是“显微镜”，助我们看得更深，使我们透过现象看到本质。我认为，必须运用马克思主义立场、观点、方法来观察说明世界，否则说明不了或说不透彻当前的国际局势。

毛泽东同志在1959年7月1日写过一首诗《七律·登庐山》：“一山飞峙大江边，跃上葱茏四百旋。冷眼向洋看世界，热风吹雨洒江天。”这首诗教育我们一定要用正确的世界观、方法论分析认识复杂多变的国际形势。当时中国正处在十分复杂冷峻的国际条件下，美国全面遏制和包围中国，力图扼杀红色中国。赫鲁晓夫大搞社会帝国主义，企图控制中国。毛泽东同志提出“冷眼向洋看世界”，就是要求我们用马克思主义眼光沉着冷静地观察、分析世界形势。“冷眼”是什么？就是冷静严峻的眼光，表示对反华势力的藐视，沉着冷静地观察世界大势。马克思主义的眼光是什么？就是马克思主义分析问题、认识问题的立场、观点和方法。只有用马克思主义立场、观点、方法认识国际问题，才能科学判断国际形势，得出正确的判断，以指导我们开展国际斗争和实施对外政策。

马克思、恩格斯每当在历史发展的关键时刻，总是能够站在辩证唯物主义和历史唯物主义世界观方法论的高度明察秋毫地洞察国

---

① 《毛泽东选集》第1卷，人民出版社1991年版，第212页。

际形势，科学判定国际态势的规律、特点和走势，为国际共产主义运动指明斗争的方向和策略。譬如，巴黎公社失败以后，马克思即刻撰写了《法兰西内战》，高度评价了巴黎公社的历史意义，把巴黎公社第一次工人运动失败的经验教训总结得淋漓尽致，为国际共产主义运动的未来发展指明了方向。列宁在《国家与革命》一书中反复强调马克思关于巴黎公社的科学总结。列宁认为，马克思总结巴黎公社失败时的教训，最根本的一条就是一定要砸碎旧的国家机器，建立无产阶级的政治统治，这就全面阐发了马克思主义关于无产阶级专政的原理。马克思的《路易·波拿巴的雾月十八日》也是运用唯物史观分析认识历史事变的典范例证。拿破仑三世搞反革命复辟，事变刚刚发生，马克思就写了这篇论文，站在唯物史观的高度上，对路易·波拿马政变的阶级实质、背景、走向做了透彻的分析，得出正确的判断，后来法国形势的发展完全证实了马克思的预判。还有恩格斯的《德国农民战争》，是总结德国1848—1849年革命经验的马克思主义史学经典著作。对德国1848—1849年的资产阶级民主革命这个重要历史事件的分析科学精准，进一步丰富了唯物史观和科学社会主义理论。一俟历史重要关头，马克思、恩格斯总能站在辩证唯物主义和历史唯物主义的制高点上“冷眼向洋看世界”。马克思的《资本论》科学预测了资本主义必然灭亡，共产主义必然胜利的历史发展规律。列宁的《帝国主义论》正确指明了帝国主义的垄断性、腐朽性、垂死性和必然灭亡的趋势。毛泽东同志的《论持久战》从理论思维的高度预测到中国抗日战争的三个发展阶段和日本帝国主义必然失败的最后结局。这都是因为他们掌握了马克思主义的立场、观点和方法。马克思主义立场、观点和方法即辩证唯物主义和历史唯物主义，是迄今为止人类说明一切宇宙间包括社会历史问题的最高峰，是观察国际问题的最锐利的思想武器。理论上站位越高，看得就越远、越清、越透。站在马克思主义世界观方法论的高峰就可以“一览众山小”“一览无余”。即使马克思、恩格斯身后多少年过去了，实践还是充分证明他们关于国际问题、历史演变和社会主义、资本主义历史发展趋势的基本看法是多么正确。

观察国际问题首先有一个立场问题。站在马克思主义的立场上，就是站在人民的立场上，站在进步、正义、公正的立场上，而不是站在资本的立场上，站在少数人的立场上，站在落后、非正义、偏见的立场上看待国际问题。立场对了，才能拎得清国际问题上的大是大非。毛泽东同志关于“一切反动派都是纸老虎”的判断，首先就是站在人民的、正义的、公正的、进步的立场上，才得出这样的判断。对于美国以反恐名义，旨在推翻他国政权的战争，如叙利亚战争，不论他打着什么样的旗号，我们只要选择正确的立场，就会采取正确的态度。在国际斗争中，要讲国家利益。但是，我们讲的国家利益与特朗普讲的国家利益是站在不同立场上讲的，其实质是根本不同的。站在人民的立场上看，国家利益的实质就是人民的利益，人民的利益高于一切，维护国家利益就是维护人民的利益。而特朗普则站在少数资本的立场上讲国家利益，他讲的国家利益不代表人民的利益。“美国优先”就是“美国垄断资本利益优先”，而不是“美国人民优先”。当然，美国垄断资本利益集团在攫取巨大利益的同时，为了维护美国垄断资本的整体利益、长远利益，也会给美国普通人民分一杯“红豆汤”。

分析国际问题，还要运用正确的观点。马克思主义观点是唯物的、辩证的、历史的、阶级的观点，是讲长远、讲根本、讲发展、讲趋势的观点，用这样的观点看问题，从根本上来说，一切反动派都是腐朽落后的代表，即使再强大它终究是要灭亡的，人民最终会战胜它。毛泽东同志关于“一切反动派都是纸老虎”的论断，正是运用这样的观点分析问题而得出来的。列宁的“帝国主义就是战争”的观点，至今都是至理名言，都管用。这是因为列宁运用了马克思主义关于帝国主义本质的理论分析而得出的战略判断。当前世界一切饥饿、分化、动荡、流血、战争、死人的根源都在于帝国主义国家所维持的垄断资本利益要控制世界资源、世界市场、世界金融，在于马克思主义经典作家所揭示的资本主义的基本矛盾。帝国主义需要用武力解决问题时，说动手就动手，说开打绝不手软。

分析国际问题还要运用正确的方法论。马克思主义既是世界观，同时又是方法论，运用马克思主义观察认识世界就要发挥其世界观功能，运用马克思主义分析处理世界问题，就要发挥其方法论功能。马克思主义认为对立统一规律是宇宙根本规律，用对立统一观点分析处理问题，是马克思主义方法论的根本。问题就是矛盾，分析问题必须分析矛盾。新时代中国外交的首要问题，还是毛泽东同志所说的：“谁是我们的敌人？谁是我们的朋友？”① “中国过去一切革命斗争成效甚少，其基本原因就是因为不能团结真正的朋友，以攻击真正的敌人。”② 这对于我们判断国际斗争的主要问题和主要矛盾是非常具有指导意义的。分析国际问题，要掌握科学的分析方法。矛盾分析方法是重要的方法。把矛盾分析法运用到阶级社会，就必然导致阶级分析方法。从国际上看，当今世界仍然是阶级对立的社会，对阶级社会的国际问题不做阶级分析，是分不清是非的。无是必生非，搞不清是非，就得不出正确的结论，就会把对国际问题的看法和处理搞错。运用矛盾分析方法分析当今世界的基本矛盾，就可以从一团乱麻、扑朔迷离的诸多矛盾中理出一条清晰的主线，抓住这条主线再作深入的阶级分析，就可以搞清楚“谁是我

① 《毛泽东选集》第1卷，人民出版社1991年版，第3页。

② 《毛泽东选集》第1卷，人民出版社1991年版，第3页。

们的敌人，谁是我们的朋友”这个判断国际问题的首要的问题，就可以明确我们的主要对手是谁、主要依靠力量是谁、主要盟友是谁、主要团结对象是谁；就可以明确我们争取达到的最高目标是什么、最低底线是什么、当前我们的主要任务是什么、目前应该集中力量抓什么；就可以明确通过分步骤、分阶段的努力完成我们的主要任务，最终逐步达到最高目标……总而言之，就可以正确地制定我们的纲领、路线、方针与政策；就可以制定我们应当采取的正确的战略与策略；就可以明确在国际斗争中最终解决什么问题、近期解决什么问题，对于我们的对手、我们的朋友分别采取什么样的战略策略等。毛泽东同志说：“世上决没有无缘无故的爱，也没有无缘无故的恨。”① 鲁迅说：“贾府的焦大绝不会爱上林妹妹的。”② 在阶级社会中，人首先是阶级的人，人的社会性首先是阶级性。每一个人都隶属于某个阶级、某个阶层、某个利益集团，任何一个政治人物都代表一定的阶级利益。当然，运用阶级分析法也不能搞绝对化、简单化和庸俗化，乱贴标签、乱点鸳鸯谱。当今，特朗普、拜登就是美国垄断资本主义利益集团的政治代表，他必定代表背后垄断资本利益集团的利益，受垄断资本利益集团的支配与控制。当然，垄断资本主义国家内部也必然有矛盾，分为不同的垄断资本集团。特朗普、拜登作为美国总统，既要维护美国垄断资本的共同利益，同时又代表某个垄断资本集团的个别利益。

当然，搞清主要问题、主要矛盾及由此所决定的主要对手、主要盟友，这是路线问题、战略问题、全局问题。这与我们所采取的策略和手段既一致，又不完全是一码事。自己所界定的是非敌我，对外怎么说，采取什么样的具体策略，要服从总的斗争方向和当时

---

① 《毛泽东选集》第3卷，人民出版社1991年版，第871页。

② 鲁迅：《二心集》，人民文学出版社1973年版，第20页。

的具体条件。譬如，在国际场合，我们不好公开讲谁是我们的敌人，要集中力量对付他，而是要多讲统一战线、讲团结、讲合作、讲共同体、讲和平，这是斗争策略问题。这里问题的关键，是我们必须心中有数、心里清楚，千万不要让面上自己讲的话遮蔽自己对实质问题的认识。

（二）运用马克思主义立场、观点和方法，要站在历史时代的最高点来观察说明国际问题

马克思主义的眼光首先是时代的眼光，也就是站在历史唯物主义的高度，科学判断历史时代，从历史时代的基本矛盾、主要矛盾，以及其基本矛盾所决定的时代本质和特点出发来观察世界。马克思主义经典作家分析国际问题，总是站在时代的高度，用时代的眼光认识国际问题。

我们现在仍处在马克思主义经典作家所判断的历史时代。习近平总书记在2017年9月29日中共中央政治局集体学习时明确指出："时代在变化，社会在发展，但马克思主义基本原理依然是科学真理。尽管我们所处的时代同马克思所处的时代相比发生了巨大而深刻的变化，但从世界社会主义500年的大视野来看，我们依然处在马克思主义所指明的历史时代。这是我们对马克思主义保持坚定信心、对社会主义保持必胜信念的科学根据。"① 马克思所指明的历史时代是什么时代呢？马克思、恩格斯在《共产党宣言》中明确指出："我们的时代，资产阶级时代。"② 马克思主义经典作家这里提出的"时代"概念，不是我们从党和国家发展角度所提出的"新时代"概念，而是唯物主义历史观所阐述的大的"历史时代"概念。唯物史观大的"历史时代"是指占统治地位的社会形态所历

① 《习近平谈治国理政》第2卷，外文出版社2017年版，第66页。
② 《马克思恩格斯选集》第1卷，人民出版社2012年版，第401页。

经的整个历史进程，该历史时代的进程从该社会形态取代前一社会形态在人类社会占据统治地位起，历经兴盛、衰落，直到为下一社会形态所取代为止。马克思、恩格斯按照唯物史观关于社会形态演变理论，根据“经济的社会形态”的根本性质来划分历史时代，把历史时代划分为原始社会、奴隶社会、封建社会、资本主义社会等历史时代，最后经过无产阶级专政的社会主义过渡，将进入共产主义社会时代。从时代的根本性质和大的历史进程来看，从全球范围来讲，现在仍然是资本主义社会形态占主导地位的历史时代，而这个时代又发展到经过社会主义过渡，最终取代资本主义而进入共产主义的历史阶段，该时代充满了社会主义与资本主义两种制度、两条道路、两种命运的斗争。

当然，我们当下所处的大的历史时代，在其发展进程中，又分为不同的发展阶段，每个发展阶段其基本矛盾和主要矛盾的具体表现又有所不同，时代的具体情况和特点又有所变化。迄今为止，马克思主义经典作家揭示的大的历史时代并没有改变，我们现在正处在资本主义社会历史时代，正处在资本主义逐步走向灭亡、社会主义逐步取代资本主义的历史时代。从马克思主义经典作家揭示该时代的总体特征和发展趋势至今，已经经历了第一个历史阶段，走过了第二个历史阶段，目前正处在第三个历史阶段。

这三个阶段分别呈现出不同的阶段性特征。从世界近代以来历史发展进程来看，第一个阶段是资本主义的确立阶段。资产阶级革命战胜了封建主义，在世界上确立了资本主义制度。然而资本主义自其诞生时起，就在不断生成自己的对立面——社会主义，资产阶级造就了自己的掘墓人——工人阶级。

第二个阶段是马克思、恩格斯所处的自由竞争资本主义和工人运动、社会主义运动兴起阶段。这就是马克思写作《资本论》时所看到的世界，工人阶级开展斗争和社会主义运动的兴起是该时代的主题。由于自由竞争资本主义不可克服的内在矛盾已经十分尖锐，阶级对立、两极分化，完全暴露出来了，工人阶级作为新生产力的代表已经完全登上政治舞台，工人阶级与资产阶级的阶级斗争已经充分展开，工人运动和社会主义运动兴起，马克思、恩格斯对该阶段的特征做出了科学的判断。

第三个阶段是列宁所处的垄断资本主义阶段，即帝国主义战争和无产阶级革命阶段。列宁当时所看到的垄断资本主义是私人垄断资本主义。资本主义从竞争走向垄断，就是列宁写作《帝国主义论》时所看到的资本主义世界。资本主义以垄断代替竞争，进入资本主义发展进程中最高的、腐朽的、垂死的发展阶段。在该阶段，帝国主义把世界瓜分完毕，为争夺殖民地而“狗咬狗”地打了起来，爆发了两次世界大战。无产阶级革命兴起，社会主义从理论走向实践。列宁把这个阶段称作无产阶级革命和帝国主义时代。列宁这里讲的时代不是大的历史时代，而是指大的历史时代的不同历史阶段。该时代主题是战争与革命，爆发了十月革命、中国革命以及东方殖民地与半殖民地国家的民主革命，出现了一个社会主义阵营和一系列摆脱殖民统治的发展中国家。第二次世界大战之后，垄断资本主义进一步发展到了国家垄断资本主义，而当代垄断资本主义业已发展成为国际性的、以国际金融垄断为主要形式的垄断资本主义。实际上，列宁所判定的垄断资本主义，已经历了两个时期，目前正处于第三个时期，先后具有了三种形态。列宁判断垄断资本主义就是帝国主义，是资本主义的最高、最后阶段，揭示了垄断资本主义的特征。列宁认为当时的垄断资本主义正处于帝国主义战争和无产阶级革命阶段，主题是战争与革命。列宁的判断契合 19 世纪末、20 世纪初自由竞争资本主义发展到垄断资本主义阶段性变化的实际特点，资本主义由其自身不可克服的内在矛盾导致内外交困局面，呈现出走向灭亡的趋势：从自由竞争到垄断，资本主义内部矛盾进一步激化，造成战争与革命，由此引起连锁反应，第一次世界大战引发俄国十月革命，第二次世界大战引发一系列国家的社会主义革命和资产阶级民族民主革命，包括中国革命在内都发生在这个历史阶段，这些历史事实证明列宁所作的历史性判断是正确的，不仅符合历史，而且为历史发展指明了方向。

我们课题组研究认为，当前依然处于列宁所判断的垄断资本主义阶段，即帝国主义阶段，也就是第三个阶段，但当前的垄断资本主义同列宁看到的垄断资本主义大不相同，列宁看到的是私人垄断资本主义。垄断资本主义经过私人垄断，发展到国家垄断资本主义，现在进入了国际金融垄断资本主义。也就是说垄断资本主义经过私人垄断、国家垄断两个时期的发展，现在处于国际金融垄断时期。

现在正处于垄断资本主义发展的第三个时期，即国际金融垄断资本主义。随着国际形势的变化，总的历史进程又发生了新的阶段性变化，出现了新的阶段性特征。对时代的阶段性特征的变化应该做出符合新的历史特点的判断。如果还是停留在原有的判断上，势必影响国内政策和对外政策作出适时反应和调整。

我们党对历史时代阶段性特征的判断的改变，是邓小平同志率先提出来的。20 世纪六七十年代东西方“冷战”还没有完全结束，美苏争霸还是国际形势的主要方面，进入 20 世纪七八十年代之后，国际形势逐渐发生变化，1989 年“柏林墙”倒塌，东欧剧变，1991 年苏联解体，“冷战”结束，国际形势发生了逆转，美苏两霸争夺变成了一霸独占，国际格局由两个超级大国变成一个超级大国。针对新的世界格局，邓小平同志第一个做出准确判断，认为总的历史时代没有变，但有了新的阶段性特征变化，指出当今世界面临两大问题，一是和平，二是发展。这个前瞻性判断抓住了我国发展的有利战略机遇期，决定了我国内政外交总方针的重大转变，做出了实行改革开放的历史决策，构建和平的外部环境，集中力量搞好国内建设，走中国特色社会主义和平发展道路。

需要指出的是，邓小平同志的判断只是对今天资本主义与社会主义两大力量对比发生阶段性变化的科学分析，并没有改变对总的历史时代特征的判断，必须正确理解邓小平同志的科学判断，否则就会得出另一种结论，以为马克思、恩格斯所概括的历史时代已经改变，得出马克思主义“过时论”的错误结论。

早在1984年，邓小平同志就根据国际形势的新变化认为：“现在世界上问题很多，有两个比较突出。一是和平问题。……二是南北问题。”① 后来他把南北问题进一步概括为发展问题，明确提出：“和平和发展是当代世界的两大问题。”② 1990年，他再次指出：“现在旧的格局在改变中，但实际上并没有结束，新的格局还没有形成。和平与发展两大问题，和平问题没有得到解决，发展问题更加严重。”③ 1992年，他又进一步指出：“世界和平与发展这两大问题，至今一个也没有解决。”④ 邓小平同志特别重视反对西方资本主义搞“和平演变”的问题并对此保持高度警惕：“我希望冷战结束，但现在我感到失望。可能是一个冷战结束了，另外两个冷战又已经开始。一个是针对整个南方、第三世界的，另一个是针对社会

---

① 《邓小平文选》第3卷，人民出版社1993年版，第56页。
② 《邓小平文选》第3卷，人民出版社1993年版，第104—106页。
③ 《邓小平文选》第3卷，人民出版社1993年版，第353页。
④ 《邓小平文选》第3卷，人民出版社1993年版，第383页。

主义的。”[1] 他把帝国主义对社会主义国家推行和平演变的战略，比喻为“打一场没有硝烟的第三次世界大战”，一针见血地指出，“所谓没有硝烟，就是要社会主义国家和平演变”，西方国家“不喜欢中国坚持社会主义道路”，“如果中国搞资产阶级自由化，那末肯定会有动乱”。[2] 邓小平同志从战略的高度十分警醒地认识到，只要中国的社会主义旗帜不倒，这场“没有硝烟的世界大战”就不会结束，这就是国际大局势大走向的基本现实，是基于社会主义与资本主义两种社会制度的博弈仍然是马克思主义经典作家所揭示的历史时代总特征的科学结论而得出的判断。

从邓小平同志的一系列论述中，可以认识到以下几点基本思想：

第一，不管苏联、东欧怎么变化，国际形势怎么变化，社会主义与资本主义对立与斗争的国际格局并没有结束，西方资本主义同社会主义、同全世界人民之间的对立这一根本的时代性质并没有改变，全世界广大人民渴望和平与发展，这成为当代世界的两大问题，迫切需要解决。与此同时，邓小平同志从来没有说过时代的性质改变了，变成“和平与发展的新时代”了。

第二，和平与发展是主题，并不是说资本主义生产的社会化和占有的私人性质之间这一基本矛盾就从此消失了。2008 年爆发的国际金融危机，更能说明其基本矛盾依然存在、依然起作用、依然不可克服，只不过表现形式不同，而总的历史趋势没有改变，相反地，由于西方资本主义的发展，南北差距、贫富差距进一步扩大、加剧。

第三，我们仍处在马克思列宁主义所判断的总的、大的历史时

---

① 《邓小平文选》第 3 卷，人民出版社 1993 年版，第 344 页。
② 《邓小平文选》第 3 卷，人民出版社 1993 年版，第 344 页。

代，其时代特征实质上仍然是新的社会形态与旧的社会形态、资本主义与社会主义、工人阶级与资产阶级两种社会形态、两条道路、两大力量的反复较量。目前，在和平、发展两大主题上的较量中，中国及其他发展中国家要和平、要发展，西方资本主义国家也要发展，但他们更要霸权，反对其他国家发展，反对中国发展，蓄意动用武力干预他国内政，挑衅发动局部战争，因而成为世界和平发展的反对力量。这两大力量、两种历史趋势在较量中不时出现你上我下、你下我上的局面，既斗争又联合，也有策略上的妥协，双方对立，但也有争取发展的共同点，你中有我、我中有你，呈现出极其复杂的角斗局面。总体上，资本主义走向衰落，但目前还是强的，毕竟还有老本可以吃；社会主义是新生的力量，但还是弱的，毕竟起点相对较低，起步相对较晚。

第四，两种社会形态、两条道路、两大力量的较量，必然会在意识形态领域表现出来，表现为马克思主义的、社会主义的意识形态、价值取向与资产阶级的、资本主义的意识形态、价值取向的反复交锋和较量，而这种较量又同当今复杂的国家利益、民族利益的诉求，同当今复杂的民族、宗教问题，同全世界维护人类生存环境的共同要求纠缠在一起，同求和平、求发展的利益争斗纠缠在一起，变得更为复杂，资本主义意识形态为掩盖其贪婪的本质，往往披上普世的、人权的、全人类的、中立的、抽象的外衣，用来蛊惑人心，达到浑水摸鱼的目的，极具迷惑性。

总之，马克思主义经典作家所判断的历史时代根本没有改变，马克思主义根本没有过时，这是任何人都改变不了的客观事实。

历史发展的每一个阶段和每一个阶段之间并不是截然分开，而是有连续性的，同时每个阶段又具有与其他阶段不同的特征。比如，整个资本主义时代是一个完整的、连续的、具有自己本质特征的历史进程，但它不能完全截断与前后阶段的连续性与同一性。垄断资本主义以垄断为主，但竞争依然存在。当今的垄断资本主义仍然保留着老帝国主义的特征，但又有新的变化；今天的资本主义仍然是帝国主义，列宁分析的帝国主义的特征它都有，同时又形成新的特征。不管如何判断，马克思主义所指明的大的历史时代没有改变，资本主义的基本矛盾没有改变，垄断资本主义、帝国主义的基本特征没有改变，资本主义必然灭亡，社会主义必然胜利的历史必然趋势没有改变。由于殖民地或半殖民地人民的斗争、工人阶级的斗争，争取独立和社会主义的斗争、争取和平与发展的斗争成为一波又一波的时代潮流。当今，垄断资本再用过去压迫剥削工人阶级的剥削办法直接野蛮掠夺殖民地或半殖民地人民的盘剥办法已经过时了，形势迫使垄断资本改变了掠夺方式，采取了间接的盘剥办法，如金融掠夺。

总体上看，当下我们仍然处于资本主义生产关系占统治地位的历史时代，然而该历史时代已经前进到社会主义逐步取代资本主义的历史阶段，也就是说资本主义经过革命时期、兴盛时期以后，正处于衰落时期，当然其衰落期也是很漫长的。资本主义的替代物——社会主义以及将来的共产主义，已经从“一个幽灵”即弱小的新生儿时期走向现实实践时期，在资本主义社会体系内部形成了崭新的社会形态——社会主义制度，占世界人口近1/5的中国，已经成功地走出了一条中国特色社会主义道路，世界社会主义力量不断壮大，进入一个新的发展时期。资本主义下降，社会主义上升。虽然在该阶段，社会主义相比资本主义来说仍然不占优势，但它却是不可忽视的社会进步力量，代表着人类的未来。辩证法告诉我们，一切新生事物都是不可战胜的，社会主义必胜。

在准确判断历史时代的基础上，就可以对当前国际社会基本矛盾、主要矛盾和主要态势作出判断。当今世界是资本主义生产方式占统治地位的世界，分析当今世界基本矛盾绕不开对资本主义社会基本矛盾的分析。马克思主义经典作家分析资本主义社会基本矛盾，认为是生产力的社会化和资本主义私人占有的矛盾，这个基本矛盾表现在阶级关系上就是工人阶级及广大劳动人民与资产阶级的矛盾，表现在社会制度上、发展走势和道路选择上，主要矛盾表现为社会主义与资本主义两条道路、两种制度、两个前途、两种命运、两股力量的矛盾与斗争。在今天的历史阶段，特别是社会主义代替资本主义的过渡阶段，这种博弈更为尖锐、更为激烈，也更为突出。科学社会主义创立至今，社会主义和资本主义两条道路、两种制度的斗争一刻也没有停止，绝不是今天才有的。

资本主义发展到今天，资本主义社会基本矛盾没有改变，而是更为尖锐、更为激化。资本主义社会的基本矛盾，展开为社会主义与资本主义的矛盾、国际垄断资本主义国家与其他发展中国家的矛盾，国际垄断资本主义国家之间的矛盾。从矛盾出发观察世界，就可以对国际问题、国际关系、国际局势以及其走向作出判定。资本主义的基本矛盾，国际金融垄断资本主义的矛盾，必然转为不断爆发的国际性金融危机乃至全面性的经济危机。这种危机是国际社会的各类矛盾更加激化的集中表现。这是当前一切国际斗争激化、争端激烈、战争爆发的总根源、总原因。当前国际上的各类热点、焦点问题，爆发的各类争端，都是由这些矛盾引发的。

（三）运用马克思主义立场、观点、方法观察世界，要具体问题具体分析

一切分析判断均以时间、地点、条件为转移。运用马克思主义立场、观点、方法分析认识国际问题，一定要具体地分析具体问题，这是马克思主义的活的灵魂。

第一，要善于从利益上观察世界。

马克思说："人们为之奋斗的一切，都同他们的利益有关。"[①] 经济利益是一切社会历史事变的总根源。任何社会历史活动都是人的活动，分析国际问题，就应当抓住人，特别是代表性人物的言行，加以考察，善于发现并揭示代表性人物背后的真正经济利益本质，透过利益本质来看问题。

当今世界风云变幻，各类事件冲突纷至，各种矛盾错综复杂，各类政治人物纷纷在国际舞台上亮相，恩格斯指出："如果要去探究那些隐藏在——自觉地或不自觉地，而且往往是不自觉地——历史人物的动机背后并且构成历史的真正的最后动力的动力，那么问题涉及的，与其说是个别人物，即使是非常杰出的人物的动机，不如说是使广大群众、使整个整个的民族，并且在每一民族中间又是使整个整个阶级行动起来的动机。"[②] 要研究每个历史人物的动机，就必然导引出整个民族乃至整个阶级的动机，这样才能最后找到"最后动力的动力"，即找到国际事变背后的真正根源，即经济利益的本质。研究当今世界形势，就要研究政治代表人物的动机，就要看该代表人物代表什么利益，代表什么阶级。察其言、观其行，看看他是为哪个阶级、哪个利益集团说话、办事，就会发现某个民族、某个阶级、某个利益集团的动机，会找到导致其言行的经济利益本质，就会从纷乱的国际问题中梳理出清楚的线索来。

整个人类社会就是一个大历史舞台，每个历史人物都在这个大舞台上演绎着有声有色的历史活剧。每个历史人物的活动表现固然与该人物的水平、品质、经历有直接关系，但最终决定历史人物个人历史作为的是该历史时代的客观条件因素。在马克思唯物史观形

---

① 《马克思恩格斯全集》第1卷，人民出版社1995年版，第82页。

② 《马克思恩格斯选集》第4卷，人民出版社2012年版，第255—256页。

成之前，人们关于历史发展动因的认识是由唯心史观支配的。历史发展有没有规律？决定历史发展变化的根本原因是什么？有人提出了地理环境决定论，把一个国家、民族、阶级历史发展的原因归为地理原因、气候原因；还有人提出人的特质决定论，把历史发展原因归结为某个历史人物的个人脾气……最后把历史发展的第一动力归结为神灵、上帝、理念等。只有马克思创立了唯物史观，提出了物质经济的原因，物质生产力的发展是人类历史发展的根本动力，生产力决定生产关系，经济基础决定上层建筑，生产力与生产关系的矛盾运动推动历史发展。任何历史人物本事再大，都受这个根本规律制约。唯物史观告诉我们，观察国际问题，既要看到历史人物的历史作用，但又不能夸大历史人物的个人作用。任何历史人物都是历史活剧中的演员，而不是导演。马克思在《资本论》中有两句名言："货币没有主人"①，资本家"是人格化的资本"②。这说明资本家只是资本的人格化，他是受资本支配的，垄断资本没有真正的朋友，只有利润与利益。为了最大限度地获得利润、利益，一切都会成为它的利益对手，它眼里只有资本、金钱，它不过是资本金钱的奴隶。拜登之流是美国垄断资本主义的典型代表，他们的一切个人活动都是为了垄断资本主义的利益，只有从垄断资本主义利益出发，才能说明他们的一切言行，而不是从他们的特质出发来说明他的言行。

第二，要善于从政治上观察世界。

"政治是经济的集中表现"③。一切经济问题最终要通过政治问题反映出来，政治解决不了就会诉诸武力。战争是政治的继续，所有的战争背后终究是经济利益的矛盾与争端，经济利益问题集中反

---

① 《资本论》第1卷，人民出版社2004年版，第172页。
② 《资本论》第1卷，人民出版社2004年版，第269页。
③ 《列宁选集》第4卷，人民出版社2012年版，第407页。

映为政治问题，然后白热化、上升为军事问题。经济斗争、政治斗争、军事斗争，都是为了实现某种经济利益而采取的斗争手段。世界上的战争都是由背后的经济利益引起的，而公开发动战争的一方不会赤裸裸地宣称是为了经济利益，必然打着某种政治旗号。政治是检测世界局势的“晴雨表”。列宁曾经指出：“政治同经济相比不能不占首位。不肯定这一点，就是忘记了马克思主义的最起码的常识。”[①] 如果不从政治上来看国际问题，就容易出差错、看走眼。中美贸易摩擦就是政治战，是两种制度、两条道路之争。只有从政治上看问题，才能看清症结、出对主意。譬如，美国指使加拿大逮捕华为孟晚舟的行为，表面上看是以美国为首的西方国家打压华为的经济战，实质上是对华政治战。

从政治上看问题，就要站在马克思主义、社会主义、无产阶级、广大劳动大众的立场上看问题，站在社会主义和资本主义两条道路、两种制度斗争的高度上看问题。从政治上看问题，要站在思想高度和意识形态高度看问题。美国扼杀我们、军事包围我们、恫吓我们是后手棋。他下的先手棋是政治仗、意识形态仗。在政治上把我们社会主义国家说成一党制的专制国家，不讲民主。意识形态上用“普世价值”“宪政民主”“西方民主”等理论攻击我们，动用历史虚无主义往我们身上抹黑，这就是政治斗争。政治斗争的目的是推翻共产党领导下的社会主义制度，最终为他们控制中国的资本利益服务。为什么会有战争？任何战争都不那么简单，是政治上的较量。列宁指出：“既然实力对比发生了变化，那末在资本主义制度下，除了用实力来解决矛盾，还有什么别的办法呢？”[②]

从政治上看问题，必须明确国际斗争的大是大非问题。有人说

---

① 《列宁全集》第40卷，人民出版社2017年版，第282页。
② 《列宁全集》第27卷，人民出版社2017年版，第409页。

国际问题没有是非，只有利益，只有实力。这话不完全对。我们共产党人用马克思主义观点看待国际问题，必须讲是非，什么是正义的、什么是非正义的，要分清楚。国际斗争有个实力问题，这话不错。弱国无外交，没有实力只能挨打，受人控制。然而，实力不等于是非。处理对外关系要看实力，但不完全取决于实力，要看是非。实力是暂时的，可以变化的。

第三，要善于从战略上观察世界。

运用马克思主义眼光看世界，就必须具备战略眼光。什么叫战略？战略就是全局、长远、根本、宏观、发展。什么叫战略眼光？就是从宏观上、长远上、根本上、全局上、发展上来看问题。毛泽东同志在延安窑洞里和美国女记者安娜·路易斯·斯特朗的谈话，提出了一个著名的论断："一切反动派都是纸老虎。"[①] 这是一句战略判断。他说，为什么说帝国主义是老虎？因为他武装到牙齿，吃人。但从长远看，从战略看，从全局看，从根本看，它是纸老虎。对策研究是必要的，但对策研究要建立在战略研究的基础上。美国人搞贸易摩擦，我们究竟怎么回应？我们首先要从战略上、宏观上、长远上、根本上和全局上来看问题，研究要有提前量，要有理论性，要有学理性，要有战略性，要有超前性。当然，也需要从对策上、从具体战术上出主意。两个人打拳，计较哪一拳打对，哪一拳打错，这从战略上不好说。必须算总账，是不是最后把对手打趴下了，而不去计较每一拳的对错，这才是战略家。

第四，要善于从本质上观察世界。

现在世界上的现象光怪陆离，让人眼花缭乱，如何透过现象看本质，这是我们的研究要解决的深层次问题。马克思主义哲学有一

① 《毛泽东选集》第 4 卷，人民出版社 1991 年版，第 1195 页。

句话，要善于透过现象看本质。现象是表面的，而本质是藏在表面现象背后的，看不见、摸不着的，但它又是客观存在的。必须善于透过现象看本质。我们观察国际问题就要从扑朔迷离的各类现象中找出事物的本质，不能就事说事、就问题谈问题。

二 社会形态演变一般规律理论对于认识当代资本主义的意义

马克思主义唯物史观关于社会形态演变一般规律理论是科学认识当代资本主义，即当代帝国主义的基本依据。如果抛弃了唯物史观关于人类社会历史发展经历了五种社会形态的理论，就无法从根本上认清当代资本主义，即当代帝国主义的本质和特征。

坚持一切从社会存在出发来说明社会历史问题，是唯物史观的基本观点。唯物史观认为最基本的社会存在就是生产方式的存在，就是“经济的社会形态”的存在。生产力决定生产关系，生产力与生产关系的统一，构成社会生产方式，一定的生产方式是一定的“经济社会形态”的基础和本质，生产关系的总和构成社会经济基础，在经济基础之上形成上层建筑，生产力与生产关系、经济基础与上层建筑的统一构成一定的“经济社会形态”，人类发展史也就是社会形态的发展史。人类历史上的任何一个社会形态，都是生产力与生产关系、经济基础与上层建筑的统一，都是以社会生产方式为基础和本质的。唯物史观主张，一切都要从生产力决定生产关系、经济基础决定上层建筑，从而从生产方式所决定的人类“经济的社会形态”出发来认识人类社会历史现象，而不是相反，这是唯物史观放之四海而皆准的真理，是不可违背的根本原理。

人类社会形态的演进，最根本的是源于生产力的发展。人类的生产工具从旧石器升级到新石器、青铜器、铁器，再到机器、电子、信息、互联网、人工智能……生产力逐步提升，促使生产关系不断发生变化，从而引起社会形态从原始社会进步到奴隶社会，再进步到封建社会，再进步到资本主义社会……譬如，原始社会生产力的进步，导致人们的分工发生根本变化，进而引起剩余产品出现，产生了私有制，代替了原始共产主义公有制。经济基础决定上层建筑，经济结构的变化引发社会结构从母系社会向父系社会过渡，为私有制社会的形成奠定经济基础。经济结构的变化引起了政治结构、阶级结构、社会结构的变化，从原始社会、到奴隶社会、到封建社会、到资本主义社会、经社会主义社会过渡到共产主义社会，这就是人类社会历史的客观发展规律，这个规律是必然的、不以人的意志为转移的。

马克思主义唯物史观创立了“社会形态”“经济的社会形态”范畴，揭示人类社会历史发展客观规律，形成了关于人类社会经过原始社会、奴隶社会、封建社会、资本主义社会，经过社会主义社会的过渡而达到共产主义社会的“五种社会形态”演变发展的一般规律理论，也可称之为“五形态”说。“社会形态”、“经济的社会形态”范畴、“五形态”说客观地反映和揭示了人类社会历史发展的普遍规律和必然趋势，是马克思主义唯物史观的重要原理，是唯物史观的重要组成部分。

关于“社会形态”“经济的社会形态”范畴，马克思虽然没有撰写过专著，但围绕着这一问题留下了大量论述。马克思在《路易·波拿巴的雾月十八日》这部著作中提出“社会形态”概念。他写道：“新的社会形态一形成，远古的巨人连同复活的罗马古董——所有这些布鲁土斯们、格拉古们、普卜利科拉们、护民官们、元老们以及凯撒本人就都消失不见了。冷静务实的资产阶级社会把萨伊们、库辛们、鲁瓦耶—科拉尔们、本杰明·贡斯当们和基佐们当做自己真正的翻译和代言人；它的真正统帅坐在营业所的办公桌后面……”① 马克思这里使用了“社会形态”这一范畴，是为了表明资本主义社会是人类历史发展的一个新的历史阶段，是不同于以往的社会形态。根据日本学者大野节夫的考证，形态（Formation）这一用语是马克思从当时的地质学术话语中借用过来的。该词在当时的地质学中用以表示在地壳发展变化的进程中先后形成的不同岩层，一个形态就是一个不同的岩层单位。可以看出，马克思使用“社会形态”这一范畴，意在表明人类社会的发展也是由不同的历史层次、不同的历史阶段、不同的社会样态构成的。

对于“社会形态”的理解，可以从马克思提出的“经济的社会形态”这一范畴作进一步考察，即从经济这一视角把握人类的“社会形态”。马克思在《〈政治经济学批判〉序言》中说：“大体说来，亚细亚的、古希腊罗马的、封建的和现代资产阶级的生产方式可以看做是经济的社会形态演进的几个时代。”② 对于何为“经济的社会形态”，马克思在《资本论》第一版序言里作出了进一步解释，“我的观点是把经济的社会形态的发展理解为一种自然史的过程。不管个人在主观上怎样超脱各种关系，他在社会意义上总是这些关系的产物”。③“经济的社会形态”的自然史过程，即社会发展的过程是“受一定规律支配的自然史过程，这些规律不仅不以人的意志、意识和意图为转移，反而决定人的意志、意识和意图”④。由此可以得出，马克思认为社会形态演进规律与自然界的演进规律类似，不以人的意志为转移，具有生产的、经济的、物质的因素所决

① 《马克思恩格斯选集》第1卷，人民出版社2012年版，第669—670页。
② 《马克思恩格斯文集》第2卷，人民出版社2009年版，第592页。
③ 《马克思恩格斯文集》第5卷，人民出版社2009年版，第10页。
④ 《马克思恩格斯文集》第5卷，人民出版社2009年版，第20页。

定的客观必然性，“社会形态”“经济的社会形态”范畴是对人类社会历史演进一般规律，对人类社会关系总的科学概括，是概括和把握人类历史发展规律和社会形态性质特征的科学范畴。

关于“五形态”说，早在马克思主义创立的初期，马克思、恩格斯在1846年合著的《德意志意识形态》一书中，就第一次提出人类社会经过五种所有制形式：（1）部落所有制；（2）古典古代的公社所有制和国家所有制；（3）封建的或等级的所有制；（4）资产阶级的所有制；（5）未来共产主义所有制。[①] 这里部落所有制指的是原始共产主义社会的公有制；古典古代的公社所有制和国家所有制指的是奴隶社会私有制；以下类推指的是封建社会私有制、资本主义社会私有制、共产主义公有制。马克思、恩格斯揭示了五种社会形态的五种所有制基础，奠定了五种社会形态的经济基础和生产关系本质的依据。

在1848年发表的《共产党宣言》中，马克思、恩格斯说明：“在过去的各个历史时代，我们几乎到处都可以看到社会完全划分为各个不同的等级，看到社会地位分成多种多样的层次。在古罗马，有贵族、骑士、平民、奴隶，在中世纪，有封建主、臣仆、行会师傅、帮工、农奴，而且几乎在每一个阶级内部又有一些特殊的阶层。”[②] 紧接着，他们又说：“从封建社会的灭亡中产生的现代资产阶级社会并没有消灭阶级对立，它只是用新的阶级、新的压迫条件、新的斗争形式代替了旧的。”[③] 在这里马克思已经明确清晰地点出奴隶社会、封建社会和资本主义社会。

在《1857—1858年经济学手稿》中，马克思论述了四大社会

---

① 《马克思恩格斯选集》第1卷，人民出版社2012年版，第148—149页。
② 《马克思恩格斯选集》第1卷，人民出版社2012年版，第400—401页。
③ 《马克思恩格斯选集》第1卷，人民出版社2012年版，第401页。

形态。他强调指出："家长制的，古代的（以及封建的）状态随着商业、奢侈、货币、交换价值的发展而没落下去，现代社会则随着这些东西同步发展起来。"① 马克思讲到了原始社会、奴隶社会、封建社会和资本主义社会四种社会形态。

1859 年 1 月，在《〈政治经济学批判〉序言》中，马克思关于五种社会形态的表述已经十分清晰了，"大体说来，亚细亚的、古代的、封建的和现代资产阶级的生产方式可以看作是经济的社会形态演进的几个时代。资产阶级的生产关系是社会生产过程的最后一个对抗形式……人类社会的史前时期就以这种社会形态而告终"。② 在 1867 年出版的《资本论》中，马克思充分论证了共产主义代替资本主义的必然性。到此为止，可以说，马克思关于"五形态"的提法已经形成，但还不能说马克思已然十分精确地确立"五形态"理论。比如，虽然马克思肯定"古代"社会之前还有一个社会形态，但他对原始社会形态的概括却只是初步提到"亚细亚"的社会形态。在马克思那里，古代的社会显然是指古希腊、古罗马的奴隶社会，但"亚细亚"是指什么社会形态，其属性是什么，马克思当时意指原始社会，但尚未明确其科学定义。后来，历史科学有了一定发展，特别是历史学家摩尔根的《古代社会》一书出版，为原始社会提供了详尽的研究材料，这使马克思对原始社会有了明确的科学界定，这一科学认识集中反映在 1880 年到 1881 年间他对《古代社会》一书的摘要中。

最后，恩格斯利用马克思批语，经过研究，于 1884 年撰写了《家庭、私有制和国家的起源》一书。恩格斯在该书中写道："摩尔根证明：美洲印第安人部落内部用动物名称命名的血族团体，实

① 《马克思恩格斯全集》第 30 卷，人民出版社 1995 年版，第 108 页。
② 《马克思恩格斯选集》第 2 卷，人民出版社 1995 年版，第 33 页。

质上是与希腊人的氏族［genea］、罗马人的氏族［gentes］相同的；美洲的形式是原始的形式，而希腊—罗马的形式是晚出的、派生的形式；原始时代希腊人和罗马人的氏族、胞族和部落的全部社会组织，跟美洲印第安人的组织极其相似；氏族，直到野蛮人进入文明时代为止，甚至再往后一点，是一切野蛮人所共有的制度（就现有资料而言）。摩尔根证明了这一切以后，便一下子说明了希腊、罗马上古史中最困难的地方，同时，出乎意料地给我们阐明了原始时代——国家产生以前社会制度的基本特征。”① 对原始社会给出了明确阐释。到此为止，马克思主义经典作家关于“五形态”说已经完整成熟地形成了。在《家庭、私有制和国家的起源》的结尾部分，恩格斯最后结论为：“在既定的总的历史条件下，必然地带来了奴隶制。从第一次社会大分工中，也就产生了第一次社会大分裂，分裂为两个阶级：主人和奴隶、剥削者和被剥削者。”② “随着在文明时代获得最充分发展的奴隶制的出现，就发生了社会分成剥削阶级和被剥削阶级的第一次大分裂。这种分裂继续存在于整个文明期。奴隶制是古希腊罗马时代世界所固有的第一个剥削形式；继之而来的是中世纪的农奴制和近代的雇佣劳动制。”③

从以上所引用马克思、恩格斯经典作家的论述，可以明确地认为马克思、恩格斯对原始社会、奴隶社会、封建社会、资本主义社会形态作出了科学分期，再加上对共产主义社会的论述，以及在《哥达纲领批判》一文中对共产主义社会第一阶段社会主义社会阶段和高级阶段“两个阶段”的论述，可以说，马克思主义经典作家已经科学概括了人类社会形态发展的最普遍的规律，构成了系统的

---

① 恩格斯：《家庭、私有制和国家的起源》，人民出版社 2018 年版，第 91 页。
② 恩格斯：《家庭、私有制和国家的起源》，人民出版社 2018 年版，第 180 页。
③ 恩格斯：《家庭、私有制和国家的起源》，人民出版社 2018 年版，第 195 页。

唯物史观关于社会形态演变一般规律理论。

对于社会形态历史发展的分期，人们可以根据需要，对同一对象，按照特定的标准，从不同的角度加以划分。例如，以阶级斗争为线索，可以划分为阶级社会、阶级过渡社会和非阶级社会；以生产资料所有制性质为标准，可以划分为原始公有制社会、私有制社会、私有制向公有制过渡的低级形式的公有制为主体的社会和高级形式的公有制社会……但是，任何科学划分都不能离开以唯物史观基本原理为指导，以生产力发展状况为判定标准，根据社会基本矛盾运动的规律，直接考察社会经济关系的性质和特征，按照五种“经济的社会形态”发展的顺序而进行的划分。“五形态”说是马克思对社会形态划分的主线索，是马克思主义社会形态演变一般规律理论的最主要内容。

社会形态演变一般规律理论最核心、最根本的要旨就在于说明，人类社会发展是囿于生产力与生产关系的矛盾运动所决定的，由不同的历史阶段所构成，表现为不同的“经济的社会形态”的演进，从原始社会到奴隶社会，再到封建社会，从封建社会发展而来的资本主义社会同其前的其他社会形态一样，只是人类社会历经的一个历史阶段，必然由兴盛而走向灭亡，人类社会形态必将进入一个全新的历史进程，必然经过社会主义社会的过渡而进入共产主义社会，社会主义社会不过是共产主义社会的第一阶段。资本主义社会的发展历史，从生到灭的历史规律绝对跳不出马克思主义经典作家所概括的社会形态演变的一般规律。

只有依据社会形态演变一般规律理论，即“五形态”说，运用生产力与生产关系、经济基础与上层建筑基本矛盾运动规律的原理，运用阶级、阶级斗争、国家、革命、专政的观点，特别是运用马克思在创立这一理论过程中所贯穿的立场、观点和方法，剖析和判断资本主义社会，才能明确认识资本主义社会形态不过是人类社会形态发展的一个必经，同时也是代替旧的社会形态并必然走向灭亡的历史阶段，明确认识资本主义社会形态的形成、发展、必然灭亡的过程，明确认识资本主义必然为社会主义、共产主义所替代的必然趋势，就可以为正确认识资本主义，乃至当代资本主义，即当代帝国主义理出一条清晰的线索：可以清楚地弄明白资本主义社会形态是怎样从封建社会内部产生、形成并确立的；可以清楚地弄明白资本主义的生产力、生产关系、经济基础、上层建筑的状况；可以清楚地弄明白资本主义生产力与生产关系，经济基础与上层建筑的社会基本矛盾运动状况、规律与趋向；可以清楚地弄明白资本主义社会的经济结构、政治结构、文化结构、阶级结构、社会结构；可以清楚地弄明白无产阶级作为资产阶级的对立面和掘墓人而产生，无产阶级与资产阶级的对立与斗争成为资本主义社会的阶级矛盾主线索；可以清楚地弄明白资本主义的发展进程、分期及每一个发展阶段的特征、矛盾；可以清楚地弄明白资本主义内部是怎样生长出新的社会形态因素，始终贯穿着社会主义与资本主义的矛盾斗争，怎么最终为社会主义所代替，并必然地发展到共产主义社会；可以清楚地弄明白无产阶级应当采取怎样的战略和策略，通过无产阶级的革命斗争夺取政权，建立无产阶级专政的社会主义国家，最后通过无产阶级专政过渡到共产主义社会……

总之，对资本主义，尤其是对当代资本主义，即当代帝国主义的一切正确的认识和科学的判断能够在科学的分析中形成。马克思正是通过这样的理论逻辑的认识而完成了《资本论》，完成了对资本主义的一般发展规律的科学揭示，创立了科学社会主义。列宁则是通过这样的理论逻辑认识而完成了《帝国主义论》，完成了对垄断资本主义，即帝国主义的科学认识，创立了无产阶级革命和无产阶专政学说。我们今天也必须沿着这样的理论逻辑研究分析，才能完成对当代资本主义，即当代帝国主义的科学认识。

三　唯物史观大的“历史时代”理论对于认识当代资本主义的价值

唯物史观大的“历史时代”理论是与社会形态演变一般规律理论相联系、相一致、相衔接的。只有既掌握了当代社会形态演变的一般规律理论，又掌握了大的“历史时代”理论，才能对当代资本主义，即当代帝国主义的本质、特征、矛盾、斗争、主线、战略策略和发展趋势作出科学的判断。

关于时代问题，有各种各样的说法。有的提出“人类社会经过了石器时代、铁器时代、铜器时代、机器时代、电子时代”，现在“进入了信息时代”。还有的说“人类历史经过了渔猎时代、农耕时代、工业时代，现在进入到后工业时代”。还有的说“人类文明发展划分为原始文明时代、农业文明时代、工业文明时代和知识文明时代”等。这些说法是从某个学科角度，从某个视角出发对时代问题的概括，是有可取之处的。但是从马克思主义观点来看，一定要以马克思主义唯物史观来定义时代概念，才能形成大的“历史时代”理论和正确的时代观，以科学地认识时代、把握时代、引领时代，科学认识当代资本主义，即当代帝国主义。

在唯物史观看来，时代概念具有广义和狭义之分。广义的时代概念是从大的历史观的角度对人类社会发展大的历史发展进程的判定，即大的“历史时代”观。狭义的时代概念是从某个特定的角度对某个社会发展特定阶段的判定。要把从大的历史观出发判断的广义的时代概念与从其他视角出发判断的狭义的时代概念区别开来。

这两种时代概念既有区别，又是辩证统一的。不搞清楚广义的时代概念，不搞清楚大的“历史时代”观，就看不清狭义的时代所处的大的历史方位和国际条件。唯物史观关于大的“历史时代”的提法，是广义的时代概念，是从生产力所决定的生产关系出发，以“经济的社会形态”为标准对人类社会发展的不同“历史时代”的判定尺度，这是唯物史观大的“历史时代”理论的基本点。

习近平总书记在党的十九大报告中指出：“中国特色社会主义进入了新时代，这是我国发展新的历史方位”[①]，这是运用辩证唯物主义和历史唯物主义立场观点方法科学判断世情国情，从党和国家发展角度提出来的，这个重要的科学判断是完全正确的。中国特色社会主义新时代与马克思主义所判断的大的“历史时代”在唯物史观基础上是一致的，同时又是有区别的。中国特色社会主义新时代特指中国特色社会主义已经站在一个新的历史起点上，进入一个新的历史阶段，处在一个新的历史方位上，这里的“新时代”是狭义的时代概念。只有站在大的“历史时代”背景上，从我国新时代的特殊国情条件出发观察分析，才能深刻认识中国特色社会主义进入新时代和习近平新时代中国特色社会主义思想的伟大意义。

尽管前文已经引用过马克思、恩格斯在《共产党宣言》中的一些经典论述，但笔者在这里还是要再次引用，以说明什么是唯物史观的大的“历史时代”理论。唯物史观大的“历史时代”理论主要包括时代概念的科学定义、大的“历史时代”判断标准、人类社会“历史时代”的划分及每一个历史时代的本质、主题和特征、我们当前处在什么样的历史时代这些基本问题上。

---

① 习近平：《决胜全面建成小康社会　夺取新时代中国特色社会主义伟大胜利——在中国共产党第十九次全国代表大会上的报告》，人民出版社 2017 年版，第 10 页。

在《共产党宣言》1883年德文版序言中，恩格斯说："每一历史时代的经济生产以及必然由此产生的社会结构，是该时代政治的和精神的历史的基础；因此（从原始土地公有制解体以来）全部历史都是阶级斗争的历史，即社会发展各个阶段上被剥削阶级和剥削阶级之间、被统治阶级和统治阶级之间斗争的历史；而这个斗争现在已经达到这样一个阶段，即被剥削被压迫的阶级（无产阶级），如果不同时使整个社会永远摆脱剥削、压迫和阶级斗争，就不再能使自己从剥削它压迫它的那个阶级（资产阶级）下解放出来。"①

在《共产党宣言》中，马克思、恩格斯进一步说明："在过去的各个历史时代，我们几乎到处都可以看到社会完全划分为各个不同的等级，看到社会地位分成多种多样的层次。在古罗马，有贵族、骑士、平民、奴隶，在中世纪，有封建主、臣仆、行会师傅、帮工、农奴，而且几乎在每一个阶级内部又有一些特殊的阶层。"紧接着，他们又说："从封建社会的灭亡中产生出来的现代资产阶级社会并没有消灭阶级对立。它只是用新的阶级、新的压迫条件、新的斗争形式代替了旧的。"②

在《共产党宣言》中，马克思、恩格斯明确指出："我们的时代，资产阶级时代，却有一个特点：它使阶级对立简单化了。整个社会日益分裂为两大敌对的阵营，分裂为两大相互直接对立的阶级：资产阶级和无产阶级。"③

根据以上马克思主义经典作家的论述，关于唯物史观大的"历史时代"理论，可以得出这样的结论：

第一，马克思主义唯物史观大的"历史时代"概念，是指占统

① 《马克思恩格斯选集》第1卷，人民出版社2012年版，第380页。
② 《马克思恩格斯选集》第1卷，人民出版社2012年版，第400—401页。
③ 《马克思恩格斯选集》第1卷，人民出版社2012年版，第401页。

治地位的社会形态所历经的整个历史进程。

马克思主义经典作家明确提出了大的“历史时代”概念的科学含义。唯物史观的大的“历史时代”概念是指占统治地位的社会形态所历经的整个历史进程，该历史时代的进程从该社会形态取代前一社会形态在人类社会占据统治地位起，历经兴盛、衰落，直到为下一社会形态所取代而不再占据统治地位止。当然，每一个历史时代又可以体现为不同的发展阶段。

第二，必须以唯物史观为武器，把“经济的社会形态”作为历史时代根本判断标准。

唯物史观是判断历史时代的思想武器。运用唯物史观判断历史时代，就要看一看该历史时代的生产力是什么，生产关系是什么，经济基础是什么，由经济基础所决定的上层建筑又是什么。也就是说，从生产力所决定的生产关系、经济基础，以及由这一基础所决定的“经济的社会形态”出发来判断历史时代。看一看占据统治地位的“经济的社会形态”的本质是什么，也就知道该历史时代是什么，“经济的社会形态”是大的“历史时代”的判断标准。

第三，马克思、恩格斯按照唯物史观关于社会形态演变一般规律理论，根据“经济的社会形态”的根本性质来划分历史时代，把历史时代划分为原始社会、奴隶社会、封建社会、资产阶级社会和共产主义社会（社会主义社会是共产主义社会的第一阶段）五大历史时代。

马克思主义经典作家认为，人类历史已先后历经原始社会历史时代、奴隶社会历史时代、封建社会历史时代、资本主义社会历史时代，未来社会将经过无产阶级专政的社会主义过渡，而进入消灭阶级剥削、压迫与阶级斗争的新的历史时代，即进入共产主义社会历史时代。

第四，我们今天仍然处于马克思主义经典作家所判断的历史时代。

马克思、恩格斯在《共产党宣言》中明确指出，我们的时代，即“资产阶级时代”。从时代的根本性质和大的历史进程来看，目前我们仍然处于马克思主义经典作家当时所揭示的资本主义社会历史时代。马克思主义经典作家认为人类社会的历史时代已经前进到资本主义社会代替封建社会而占据统治地位的历史发展进程。从全球范围来讲，现在仍然是资本主义社会形态占主要地位的历史时代，而这个时代又是新的社会形态即经过社会主义过渡而进入共产主义社会，逐步最终取代资本主义社会的历史时代。在该历史时代，资本主义社会并没有消灭阶级对立，只是用新的阶级对立形式代替了旧的，无产阶级及其广大被剥削阶级如果不通过推翻最后一个剥削社会，即通过消灭最后一个剥削阶级的社会革命，使整个社会永远摆脱剥削、压迫和阶级斗争，否则就不能解放全人类，从而也就不可能最终使无产阶级自己解放自己，就不可能以一个新的社会形态取代资本主义社会形态，进入一个新的历史时代。但是，共产主义必然代替资本主义，需要经过一个漫长的历史过程。当然，在今天世界资本主义体系内已经产生了相当的社会主义因素，在全世界已经产生了若干社会主义国家。但是，新的社会形态在全世界并不占据统治地位。有学者研究认为：“当今世界95%以上的国家建立的是资本主义制度。在资本全球化的进程中，不仅自然资源、土地、矿产等公共资源被私有资本所圈占，就连我们赖以生存的水源、空气、语言、文化，甚至物种和人类基因等也被逐步私有化了。按照西方左翼学者的说法，这种私有化已经把人类逼到整体灭绝的边缘。”①

第五，资本主义社会固有的不可克服的内部矛盾必然导致其

① 秦宣：《大数据与社会主义》，《教学与研究》2016年第5期。

灭亡。

资本主义社会历史时代的一个特点，就是社会日益分裂为两大互相直接对立的阶级。在资本主义的整个发展进程中，其内在矛盾不断激化，经历了激化、缓和，再激化、再缓和……直至激化到再也不能缓和而导致最终灭亡。

第六，指出资本主义社会历史时代所要解决的时代问题。

经过了无产阶级革命和无产阶级专政，消灭人类历史最后一个阶级社会——资本主义社会，使人类进入一个没有剥削、压迫、阶级差别和阶级斗争的无阶级的新的社会形态，这是历史时代所赋予无产阶级及其政党所需要回答的时代命题。

我们现在处在一个什么样的历史时代，面临着什么样的时代问题，这是我们研究认识当代资本主义，即当代帝国主义必须首先需要回答的问题。搞明白了唯物史观大的“历史时代”理论，搞明白了马克思在阐明唯物史观大的“历史时代”理论所贯穿的立场、观点、方法，我们就能清楚地认识所处的当今时代是什么样的历史时代，它的时代本质是什么、时代特点是什么、时代矛盾是什么、时代主线是什么、时代分期又是什么，我们应当树立怎样的时代观，就可以分析判断当代资本主义，即当代资本主义的本质、特征、矛盾、主线、发展规律和发展趋势，就可以科学判定当代资本主义，即当代帝国主义了。以唯物史观来看，马克思主义关于大的“历史时代”的判断是不能否定的，如果否定了，就会误认为资本主义的基本矛盾不存在了，误认为马克思主义过时了，就会否定马克思主义。

（此部分以王伟光教授的研究成果为主）

第二章 国际金融危机与中美贸易摩擦

习近平总书记在党的二十大报告中指出："当前，世界之变、时代之变、历史之变正以前所未有的方式展开"，"人类社会面临前所未有的挑战"。[①] 这一判断十分重要，完全正确。这具有强烈的现实意义和重大的历史意义。

2007 年 8 月，美国次贷危机突然爆发，继而美国金融风暴席卷全球，美国乃至全世界正面临自 20 世纪 30 年代"大萧条"以来最严重的金融危机。美国"次贷危机"不可遏制地蔓延为全球性危机，再次向世界证明马克思关于资本主义周期性经济危机和资本主义生产方式必然灭亡理论的真理性。只要不改变资本主义的私人占有制，商品的内在矛盾、资本主义内部固有的矛盾、经济危机就无法从根本上得到化解，其必然表现为周期性的经济危机。马克思关于资本主义基本矛盾和制度本质的分析思路和基本观点，为我们解析这场美国金融危机及其引发的国际危机，以及思考如何有效规避防范危机，提供了重要启示。

对于中国这样实行市场经济的社会主义制度国家来说，如果不

---

① 习近平：《高举中国特色社会主义伟大旗帜 为全面建设社会主义现代化国家而团结奋斗——在中国共产党第二十次全国代表大会上的报告》，人民出版社 2022 年版，第 60 页。

更深一步地从根本制度上认识这场危机的成因、本质，就无法从根本上找到规避、防范、克服危机的办法和措施。不看到本质，不在病根上下药，治标难治本，很难建立防范危机于未然的制度性、长效性的规避防范体系。因而认清这场危机的本质，对于建立社会主义市场经济体系的中国，如何建立健全规避、防范、克服危机的制度保障和长效机制，无疑有着深远的现实意义。

一 必须联系资本主义制度本质，认清金融危机的实质和原因

关于美国次贷危机引发的国际金融危机及经济危机产生的原因，对中国造成的影响和解救的措施，发表的见解已经很多了，其中不乏真知灼见。有的认为，美国居民消费严重超过居民收入，无节制的负债，无管制的市场，无限制的衍生金融工具，无限制的投机，无限制的高额利润和高收入是爆发金融危机的重要原因。有的认为，美国的消费模式、金融监管政策、金融机构的运作方式，美国和世界的经济结构等因素，是金融危机的基本成因。有的认为，房地产泡沫是金融危机的源头祸水，金融衍生品过多掩盖了巨大风险，金融监管机制滞后造成“金融创新”犹如脱缰之马，是金融危机爆发的真正原因。也有的认为，金融危机是某些金融大亨道德缺损所致。还有的认为，金融危机本质上是美国新自由主义市场经济治理思想和运行模式的严重危机。当然也有从资本主义弊病，从资本的逐利本性和金融资本的贪婪性来分析金融危机的成因，在一定程度上涉及资本主义根本制度问题。但是总的来看，目前形成的最普遍的解释许多还停留在现象层面而非本质层面上，即技术操作、治理理念和运行模式、管理体制层面上，如超前过度消费、房地产

泡沫、金融衍生品泛滥、金融创新过度、金融监管不严、新自由主义思想作祟等。运用马克思主义的立场、观点和方法，从本质上，从制度层面科学揭示危机的产生原因，预测危机的发展趋势，提出防范解救的措施，尚远远不够。

在危机爆发时刻，世界各国共产党人纷纷以马克思主义为指导，分析形势，揭露危机的本质和根源，制定危机条件下的各国共产党人的行动纲领，展示共产党人的看法和力量。根据中国社会科学院马克思主义研究院于海青博士提供的资料[①]表明：欧美一些资本主义国家的共产党人对于危机的成因、根源与实质的分析，更深入资本主义的本质制度原因，很值得我们深思。

对于这场“前所未有”“有史以来最严重”的危机，资本主义政府大多将其归咎为“金融市场上的投机活动失控”“不良竞争”或“借贷过度”，并希望通过政府救市，“规范”资本主义现行体制、机制，以达到解决危机、恢复繁荣的目的。而与之大相径庭的是，欧美一些资本主义国家的共产党人既看到了监管缺位、金融政策不当、金融发展失衡等酿成这场危机的直接原因，又反对将这场金融危机简单归结为金融生态出了问题，他们普遍认为危机的产生有其深刻的制度根源，危机标志着新自由主义的破产，是资本主义固有矛盾发展的必然结果。

法国共产党认为，世界经济危机源于金融机构过度的贪欲。这场金融危机归根结底是资本主义制度的危机。它不是从天而降的，不是资本主义的一次“失控”，而是资本主义的制度缺陷和唯利是图的本质造成的不可避免的结果。冲击全球的危机并非仅仅限于金融或经济领域，它同时也揭示了政治上的危机、资本主义生产方式

① 参见于海青《欧美发达国家共产党论当前金融危机》，《世界社会主义研究动态》2008年第50期。

的危机。从深层看，金融危机本质上是一场制度危机。美国共产党认为，金融化是新自由主义资本积累和治理模式的产物，它旨在恢复美国资本主义的发展势头及其在国内和国际事务中的主导地位。同时，它也是美国资本主义的内在矛盾发展的结果，使美国和世界经济陷入新的断层。德国共产党认为，这场金融危机具有全球性影响，它使得全球经济陷入衰退，并越来越影响到实体经济部门。危机产生的原因不是银行家的失误，也不是国家对银行监管失利。前者只是利用了这一体系本身的漏洞，造成投机行为的泛滥。投机一直是资本主义经济的构成要素。但在新的垄断资本主义发展阶段，它已经成为一个决定性因素，渗入经济政治生活的方方面面。英国共产党认为，不能把当前经济和金融危机主要归结为“次贷”危机的结果。强调根本在于为了服务于大企业及其市场体系的利益，包括公共部门在内的英国几乎所有的经济部门都被置于金融资本的控制之下。葡萄牙共产党认为，不应该把这场危机仅仅解释为“次贷”泡沫的破灭，当前的危机也是世界经济愈益金融化、大资本投机行为的结果。这场危机表明“非干预主义国家”“市场之看不见的手”“可调节的市场”等新自由主义教条是错误的。资本主义再次展示了它的本性及其固有的深刻矛盾。资本主义体系非但没有解决人类社会面临的问题，反而使不平等、非正义和贫困进一步恶化。希腊共产党认为，危机现象是资本主义不可避免的经济命运，任何管理性政策都不可能解决其固有的腐朽性。金融危机再次表明资本主义不可能避免周期性危机的爆发，也再次证明了社会主义替代资本主义的必然性。

看来，仅仅局限于从金融和金融危机现象本身来看待这场危机，不联系私有制条件下商品和商品交换的二重性内在矛盾，不联系金融资本逐利本性，不联系资本主义制度本质，难以回答像美国这样所谓“完美”的市场制度为什么没有能防止金融危机的爆发，难以看清危机的实质和深层原因，难以认清资本主义制度是造成危机的根本原因。

二　美国金融危机是资本主义制度性危机，最终是无法克服的，市场经济与社会主义制度相结合，使防范规避危机成为可能

美国“次贷危机”不可遏制地蔓延为国际性危机，向世界再次证明马克思关于资本主义周期性经济危机和资本主义生产方式必然灭亡理论的真理性。马克思认为，资本主义周期性经济危机不可避免，“危机最初不是在和直接消费有关的零售商业中暴露和爆发的，而是在批发商业和向它提供社会货币资本的银行中暴露和爆发的”。[①] 只要不改变资本主义的私人占有制，商品的内在矛盾、资本主义内部固有的矛盾、经济危机就无法从根本上得到化解，其必然表现为周期性的经济危机。

资本主义危机具有周期性，每隔一段时间重复一次，是一种周期性出现的现象。1825 年，英国第一次爆发波及全球的经济危机。1836 年，英国又发生了经济危机，波及美国。1847—1848 年，经济危机席卷英国、美国和欧洲大陆。然后，1857 年、1866 年、1873 年、1882 年、1890 年，每隔几年就要爆发一次世界性经济危机，以 1873 年经济危机最为深刻，大大加强了资本和生产的集中，促进垄断组织的形成和发展，向垄断资本主义过渡。

20 世纪初叶，1900—1903 年和 1907 年爆发了经济危机。资本

---

① 《马克思恩格斯全集》第 25 卷，人民出版社 1972 年版，第 340 页。

主义世界又经历了1920—1921年、1929—1933年和1937—1938年三次危机。1929—1933年危机是最深刻、最严重的一次。这次危机持续四年之久，整个资本主义世界工业产量下降44%，贸易总额下降66%，1933年失业人口达3000万人。

第二次世界大战后，资本主义总危机进一步加深。美国1948年、1953年、1957年、1960年、1969年、1973年、1980年、1990年和2007年先后爆发九次经济危机。1957—1958年、1973—1975年、1980—1982年、2007年危机波及加拿大、日本和西欧主要国家，成为战后第四次世界性危机。

周期性的经济危机，在资本主义发展过程中不断交替反复出现，形成了资本主义在危机—缓解—危机中颠簸起伏的发展历程，资本主义的一时繁荣，只不过是新的经济危机到来之前的预兆，资本主义会在周期性阵发的经济危机中逐步走向灭亡。在高涨时期，资产阶级大肆宣扬资本主义的“永久繁荣”“千年王国”，而等危机到来，“永久繁荣”神话又像肥皂泡一样破灭。经济危机是资本主义制度对抗性矛盾的定期爆发，清楚无误地表明资本主义生产方式的历史局限性，已然爆发的危机深刻暴露了资本主义对抗性矛盾还会进一步加深，有时还会更尖锐、更激化。

美国金融危机引发的全球性危机是当今时代进入21世纪以来具有重大历史意义的事件。它既是一场严重的金融危机，又是一场深度的经济危机、思想危机、社会危机和资本主义制度危机，是资本主义的全面危机。危机伴随社会的深刻变化。历史上，资本主义几次带有全球性的危机，都曾引起时代和世界格局的重大变化。从长期来看，美国金融危机的结局将使世界经济进入一个大调整、大动荡时期。这次危机具有颠覆性、全面性、深度性和长期性的负面效应，将给世界经济社会发展带来重大和持续的长时间的破坏性影响。全球经济全面衰退的过程已经开始，世界局势乃至格局将发生重大变化，世界发展进程和历史也将会发生重大转折。

第一，美国金融危机及其引发的波及全球的经济危机是资本主义的全面危机。这次发生的美国金融危机自金融领域爆发、集中于金融领域，对金融体系的破坏性最大，但又不限于金融领域，由金融领域向非金融领域蔓延、由虚拟经济向实体经济蔓延、由经济领域向社会领域蔓延，由技术操作层面向理念、模式、体制层面，再向制度层面蔓延，这场危机渗透、影响到全球资本主义世界的各个领域、各个层面、各个方面。

第二，美国金融危机及其引发的波及全球的危机是资本主义的全球性危机。资本主义全球化，就是资本主义生产关系的全球化，资本主义全球化危机是资本主义危机的全球化。这次危机自美国爆发，但又迅速波及西方国家、第三世界国家，乃至波及全球。这次危机充分暴露了全球化的负面效应。美国金融垄断资产阶级在这场危机中，向资本主义其他国家、向发展中国家、向一切国家转嫁危机，引起全球性的恐慌与危机。

第三，美国金融危机及其引发的波及全球的危机是资本主义的制度性危机。美国金融危机并不是美国专利，而是典型的资本主义性质的制度危机。社会生产力的高度全球化社会化与美国国际金融高度垄断于华尔街一小撮金融寡头私有程度的矛盾是当代资本主义基本矛盾的表现，表现为世界创造财富之多并高度集中与贫富两极急剧分化不断加剧的矛盾。从根本上说，这场危机是资本主义制度不可克服的内在矛盾演变而成的，是其内在矛盾激化的外部表现，是其内在矛盾不可克服性的具体表现，是资本主义制度必然灭亡趋势的阶段性反映。这场危机告诉我们，资本主义基本矛盾不仅没有克服，而且以新的更尖锐的形式表现出来了。有人把美国金融危机归结为新自由主义治理理念和模式的失败，反证有管制的资本主义治理理念和模式的合理性。但是这种说法也只是体制层面的说法，并没有涉及制度层面。实质上，无论自由主义，还是保守主义，都是治理资本主义市场经济的具体药方，只能缓解，而不能从根本上挽救资本主义的制度危机。这场危机再次证明资本主义内在矛盾决定了资本主义不可能从根本上战胜危机，只能暂时缓解危机。

第四，美国金融危机及其引发的波及全球的危机是资本主义的意识形态危机。这场危机使人们重新思考资本主义制度的弊病，重新审视资本主义意识形态的虚伪性和反科学性。这场危机表面看是新自由主义等资产阶级思潮的危机，实质却是资本主义核心价值观、普世价值观、人权观、民主观的意识形态危机。新自由主义就意识形态层面来说，实际上是代表超级垄断资产阶级利益的一种意识形态，完全适应超级金融垄断资产阶级操纵金融市场剥夺全世界的需要。在这场危机中，资本主义国家的有识者开始对新自由主义反思，同时对资本主义制度也开始有所反思。由于社会主义中国改革成功，公有制市场经济试验成功，更加使顽固坚持资本主义制度的那些人加紧推行西方意识形态，加大对中国的西化、分化和私有化的力度。这恰恰又从反面说明资本主义意识形态的危机。

美国金融危机反证中国特色社会主义市场经济的成功。社会主义和资本主义的本质区别是生产资料占有方式的不同，社会主义市场经济与资本主义市场经济的本质区别也是生产资料占有方式的不同。资本主义生产资料私有制决定了商品经济二重矛盾引发的危机最终是不可救药的，而社会主义市场经济决定了商品二重性矛盾可能会产生危机，社会主义生产资料公有制决定了危机又是可以规避、可以防范的，一旦发生又是可以治理、可以化解的。社会主义市场经济具有市场经济的特性，商品内在矛盾是不可改变的，改变的只是它的不可克服性。在社会主义市场经济条件下，警惕性不高，防范措施不力，可能会演变出危机。要清醒认识资本特别是金融资本的逐利性，防止资本和金融资本的无序化、极端化。在公有制条件下，资本逐利性是可以控制的，但私有制条件下，资本逐利性变成贪婪性，暂时可以管制并缓解，最终是无法管制的。

三　应对金融风险，既要治标，更要治本，既要从操作层面、体制层面，更要从制度层面全面采取防范规避措施

马克思关于资本主义基本矛盾和制度本质的分析思路和基本观点，为我们解析这场美国金融危机及其引发的国际危机，以及思考如何有效规避防范危机，提供了重要启示：

第一，要从私有制条件下商品及商品交换的内在矛盾出发，来认识资本主义制度不可克服的内在矛盾，进而认识这场危机的内在原因及其制度本质。资本主义制度不可克服的内在矛盾潜伏在商品和商品交换的内在矛盾中，资本主义生产资料的私人占有性决定了商品和商品交换的内在矛盾具有对抗性和不可克服性，这种内在矛盾的对抗性和不可克服性是资本主义周期性经济危机爆发的根本原因，造成资本主义制度由盛到衰、必然灭亡的趋势。科学解释这场危机的本质、原因，必须从制度层面上认识。这场危机是资本主义制度不可克服的内在矛盾演变的集中反映。美国资本主义不可克服的内在矛盾，是私有制商品生产内在矛盾的体现。美国金融危机说明资本主义是必然要灭亡的，但从现阶段来说，美国金融危机又是可以缓解的，可以渡过的，但资本主义正是在一波又一波的金融危机和各种危机中走向灭亡的。

第二，要从制度层面上，从本质层面上，认识社会主义市场经济与资本主义市场经济的一致与差别，科学解析社会主义市场经济发生危机的可能性和有效规避防范风险的可行性。马克思对商品和商品交换内在矛盾以及对市场经济内在矛盾的科学分析，适用于任何形式的市场经济，无论是资本主义市场经济，还是社会主义市场经济，概莫能外。然而同样的市场经济与不同的生产资料占有方式，即与不同的社会制度相结合，具有不同的性质和特点，可能会产生不同的结果。资本主义市场经济的私有制本质决定了经济危机的最终不可避免性（当然一定条件下是可以缓解的），社会主义市场经济的公有制本质决定了经济危机的可规避性、可防范性。社会主义与资本主义的本质区别就是对生产资料的占有方式不同，社会主义市场经济与资本主义市场经济的本质区别就在于与市场经济结合的生产资料占有方式不同，这种占有方式的不同决定了社会主义制度与资本主义制度的本质不同，从而决定了社会主义市场经济与资本主义市场经济的本质不同。中国的社会主义市场经济是与公有制制度相联系的市场经济，它既有一般商品生产的特性，一般商品生产所具有的内在矛盾，因而它也有一般市场经济内在矛盾引发的金融危机和经济危机爆发的可能性。如果对发生危机的可能趋势不重视，不采取措施加以规避和防范，也会影响社会主义制度的兴衰存亡。但它又具有与资本主义市场经济不同的本质特性，是与公有制制度相联系的，采取有效措施，是可以规避和防范由一般商品经济的内在矛盾所可能引发的金融危机和经济危机的。

第三，必须充分认识市场经济和资本的两面性，发挥社会主义制度的优越性，规避市场经济和资本的消极面。市场经济是有两面性的，积极的一面是能够最有效地配置资源，最大限度地调动积极性，推动经济的发展；消极的一面是极大加强资本的逐利性和贪婪性，促成两极分化，引发经济危机。在资本主义私有制条件下，市场经济一方面发挥其强大的推动经济发展的拉力作用，在资本主义几百年的发展历程中创造了巨大发展成就。一方面，资本主义的私人占有性使市场经济的消极面不断膨胀，不断背离其积极面，使商品和商品交换固有的内在矛盾不断激化，引发一波又一波的经济危机。市场经济所孕育出来的资本也具有与生俱来的两面性，一方面资本逐利性对调节市场、配置资源、调动积极性，推动经济发展具有积极作用；而另一方面，资本的逐利性又会导致经济失衡，两极分化，造成严重的危机，对经济社会发展产生消极破坏性。在资本主义私有制条件下，资本的贪婪本性是无法最终受到遏制的。马克思认为，在资本主义生产方式中，“生产剩余价值或赚钱，是这个生产方式的绝对规律”。[①] 资本是带来剩余价值的价值，资本绝不会放弃对剩余价值的追求，其本性是逐利的。“一旦有适当的利润，资本就胆大起来。如果有 10% 的利润，它就保证到处被使用；有 20% 的利润，它就活跃起来；有 50% 的利润，它就铤而走险；为了 100% 的利润，它就敢践踏一切人间法律；有 300% 的利润，它就敢犯任何罪行，甚至冒绞首的危险。”[②] 在资本主义发展史上，资本的这种逐利贪婪本性暴露无遗。从原始积累，到殖民剥夺，再到战争掠夺，“资本来到世间，从头到脚，每个毛孔都滴着血和肮脏的东西”。[③] 就当今世界发达资本主义各国来说，没有一个是靠民主制度发达起来的，都是靠剥削本国和他国工人阶级和劳动人民的剩余价值，用明火执仗的殖民剥夺和战争掠夺完成了原始积累，用劳动人民的汗水和鲜血筑起了资本主义的“繁荣国度”。当然，几百年过

① 《马克思恩格斯全集》第 23 卷，人民出版社 1972 年版，第 679 页。
② 《马克思恩格斯全集》第 23 卷，人民出版社 1972 年版，第 829 页。
③ 《马克思恩格斯全集》第 23 卷，人民出版社 1972 年版，第 829 页。

去了，资本明火执仗的剥削和掠夺方式已难以为继了，发展到现代国际金融垄断资本主义，改变了攫取剩余价值的方式，转换了剥削手法，借助金融创新，垄断金融市场，操控全球经济，把他国的财富通过金融创新转移到自己手中，通过金融诈骗掠夺维持自己的繁荣。美国就是利用金融手段这种圈钱、骗钱的游戏，确立了美元帝国。正是金融资本的投机贪婪性，造成了今天的金融危机。

社会主义市场经济与资本主义市场经济一个本质区别就是对资本的占有方式不同。在资本主义条件下，高度集中的私有制在当前突出表现为国际性金融资本的高度垄断，加重了资本的贪婪性和毫无顾忌的投机运作。决定了资本的贪婪和逐利本性的不可遏制性与高效运行的速度。当然，一旦资本的贪婪性发展到危害资本主义制度本身的程度，资产阶级内部就会产生一定要控制这种贪婪性的理念和操作，否则资本主义制度就要被毁灭。这就产生了对市场和资本加以管制的治理理念和模式，这就是保守主义，即有管制的市场经济治理理念，如凯恩斯主义。而一旦情况好转，又会产生对市场和资本放任自流的治理理念和模式，这就是自由主义。在资本主义发展史上，由于危机—缓解—危机的交替运行，就形成了是有管制的，还是放任自流的两种市场经济治理理念的交替使用。特别是苏联解体、东欧剧变后，西方一些人头脑发热，自视资本主义制度是千年不变的资本帝国，自认为完全放任的自由市场体制是成功的。于是新自由主义应运而生。

第四，中国应对金融风险，既要治标，又要治本，既要从体制层面上防范，又要从制度层面上加强防范。世界各国救市的力度越来越大，但救市的效果并不明显，这说明救市措施只治标不治本，危机只能缓解而不能化解，说明治标同时必须治本的必要性。只注意体制层面上的防范，而忽视制度层面上的防范，是无法遏制世界经济衰退的趋势的。细节在一定条件下决定全局，只注意制度层面上的防范而不注意体制层面上的防范，也会因小失大。

要对资本主义的两面性有清醒的认识，既要看到它创造文明的先进性，体制机制的合理性，也要看到它的消极性和最终灭亡性。社会主义蓬勃发展，说明搞公有制是对的，但脱离本国实际，搞纯之又纯的公有制是不符合社会主义各国实际情况的；搞以公有制为主体的市场经济是走对路的，但搞僵化的计划经济是不符合社会主义发展规律的；实行市场经济必须发挥社会主义制度的优势，实行有宏观调控的市场经济，而不是搞自由放任的市场经济治理模式。在社会主义发展进程中，实行公有制与市场经济相结合，才能让社会主义制度的优越性发挥出来。但搞社会主义市场经济，又不能完全放任市场，而要加强国家宏观调控，建立有宏观调控的市场经济。有宏观调控的市场经济，恰恰是社会主义公有制的制度优势所在。当然，对于资本主义体制层面、政策层面、治理理念层面的成功经验，我们也要借鉴。对待危机，我们的对策是既要解决制度层面上的问题，又要解决体制和操作层面上的问题。现在看来，我们对市场的控制弱化了，对危机的防范、规避和解救要从投入、体制、政策层面上解决，更要从制度层面上加以考虑解决。

总之，要从三个层面上解决对金融危机的规避和防范，一是制度层面，坚定不移地坚持社会主义的以公有制为主体的经济制度和人民当家作主的政治制度，从制度层面防范和规避金融风险，对私营经济、市场经济、虚拟经济建立规范管理的根本措施。二是从体制层面上，坚定不移地建立健全完善的社会主义市场经济体制，以及与之相关的信用体制，从体制上加以防范。三是从对市场的调控管制层面上，建立有效的监管、调控、防范措施，特别是对金融业、垄断行业要建立有效的管制体系。目前，我国政府对危机的防范解救措施，从操作层面来看，做到了稳快有效，但还需要从制度层面、体制层面研究制定一些全面性的、战略性的、超前性的措施和办法。

四 国际金融危机中的世界大发展大变革大调整

1962年1月30日，毛泽东同志在《在扩大的中央工作会议上的讲话》中明确指出："从现在起，五十年内外到一百年内外，是世界上社会制度彻底变化的伟大时代，是一个翻天覆地的时代，是过去任何一个历史时代都不能比拟的。处在这样一个时代，我们必须准备进行同过去时代的斗争形式有着许多不同特点的伟大的斗争。"[①] 毛泽东同志所说的五十年内外到一百年内外，从国际上看，"世界正处于大发展大变革大调整时期"。[②] 习近平总书记十分明确地指出："从现实维度看，我们正处在一个挑战频发的世界。世界经济增长需要新动力，发展需要更加普惠平衡，贫富差距鸿沟有待弥合。地区热点持续动荡，恐怖主义蔓延肆虐。和平赤字、发展赤字、治理赤字，是摆在全人类面前的严峻挑战。这是我一直思考的问题。"[③]

贫富差距鸿沟，这是世界经济增长缺乏新动力、发展缺乏普惠平衡、地区热点持续动荡、恐怖主义蔓延肆虐的经济基础，也是和平赤字、发展赤字、治理赤字的根本原因。让我们来看看习近平总书记所一直思考的贫富差距鸿沟在当今世界究竟是一个什么样的状

① 《毛泽东文集》第8卷，人民出版社1999年版，第302页。

② 习近平：《决胜全面建成小康社会 夺取新时代中国特色社会主义伟大胜利——在中国共产党第十九次全国代表大会上的报告》，人民出版社2017年版，第58页。

③ 习近平：《携手推进"一带一路"建设——在"一带一路"国际合作高峰论坛开幕式上的演讲》，人民出版社2017年版，第4页。

况吧。

从全球看，2017 年 1 月 17 日，世界经济论坛在瑞士达沃斯召开之际，国际慈善机构乐施会发布报告：2016 年“全球贫富悬殊已达历史最严重的地步，八大富豪身家竟等同于 36 亿贫穷人口的总财产，占全球总人口一半”。[①] 根据国际劳工组织的数据，从全球范围看，2007—2009 年金融危机之前，薪资增长率为 2.4%，而 2017 年的前 5 年，这一数字则减为 2.1%。[②] 2017 年 9 月 16 日，日本《朝日新闻》报道：“从 2005 年开始，全球饥饿人口开始呈现减少趋势。但 2016 年却同比增加了 3800 万人。饥饿人口在全球总人口当中所占比例也同比增长 0.4 个百分点，达到了 11%。”[③]

从美国看，2017 年 1 月 20 日，美国新任总统特朗普在就职典礼上就坦承撕裂美国无情的社会现实：“长久以来，我们国家首都的一小群人收获了执政的好处，却要人民来承受代价。”[④] 2016 年 8 月，诺贝尔经济学奖得主约瑟夫·施蒂格利茨说：“底层 90% 的人口收入停滞长达 1/3 世纪。全职男性劳动者的中位数收入其实比 42 年前有所减少。就底部而言，实际工资与 60 年前的水平相当。”[⑤] 美国《外交》杂志 2016 年 1/2 月号刊登的《不平等与现代化》一文中说：“1915 年，美国最富有的 1% 人口的收入，占全部国民收入的 18% 左右，而 2011 年则掌握全国 40% 的财富。”“1965 年，美国 350 强从业的 CEO 的薪金，是普通工人的 20 倍，现在则是 273 倍。”2017 年 11 月 8 日英国《卫报》报道，福布斯上月发布的

① 转引自李慎明《李慎明论金融危机》，社会科学文献出版社 2018 年版，第 193 页。

② 《全球化退却：自由贸易究竟怎么了?》，美国《华尔街日报》网站，2017 年 3 月 29 日。

③ 《全球饥饿人口达 8.15 亿人》，日本《朝日新闻》2017 年 9 月 16 日。

④ 法新社华盛顿 2017 年 1 月 20 日英文电。

⑤ ［美］约瑟夫·施蒂格利茨：《全球化及其新的不满》，新加坡《海峡时报》网站 2016 年 8 月 8 日。

财富报告显示，美国最富有的三个人——比尔·盖茨、杰夫·贝索斯和沃伦·巴菲特三人加起来拥有2485亿美元（约合人民币16479亿元），相当于半数美国人口（1.6亿人）的财富。报告称，美国最富有的400人，身家合计达2.68万亿美元（约合人民币13.3万亿元），超过了美国64%人口（2.04亿人）拥有的财富总和。这是100多年来前所未有的。

从发展中国家看，以印尼为例，国际慈善机构乐施会的研究报告说："2016年，印尼最富有的4个人的财富总和为250亿美元"，"这一财富数字比最贫穷的1亿人的财富总和还多。印尼总人口为2.55亿"。[①]

目前这场国际金融危机的总根源，就是东欧剧变和苏联亡党亡国之后全球范围内贫富两极的急遽分化。以"互联网+智能机器人"等为代表的新的高科技革命和新的生产工具的诞生和发展，极大地提高了全球范围内的社会生产力，但同时也加剧着全球范围内的财富占有和收入分配的贫富两极分化。这正如马克思所强调的：在资本主义社会，"文明的一切进步，或者换句话说，社会生产力（也可以说劳动本身的生产力）的任何增长，——例如科学、发明、劳动的分工和结合、交通工具的改善、世界市场的开辟、机器等等，——都不会使工人致富，而只会使资本致富"。[②] 这也就是说，在资本主义生产关系框架之内，从总体和本质上说，资本与劳动的各自致富，是一个跷跷板的两头，绝不可能是共富。资本越是富有，广大劳动群众则必然越是贫穷。广大劳动群众越是贫穷，社会的有效需求则必然会越加减少；以美国为首的西方资本主义世界为主导的经济全球化，必然使得全球范围内广大民众越加贫穷，社会

---

① 转引自李慎明《李慎明论金融危机》，社会科学文献出版社2018年版，第194页。

② 《马克思恩格斯全集》第46卷（上），人民出版社1979年版，第268页。

的相对需求急遽减少。我们还可以作出这样的预言，在未来二三十年内，在全球范围内，大量的智能机器人会更多地挤占现有的人工工作岗位，无人工厂会如雨后春笋般地在世界各地涌现。这一进程可能要比我们常人所想象的还要快得多；其覆盖面可能比我们常人想象的还要更为广阔。但资本都不雇佣工人了，普通百姓都没有工资了，谁来购买这些物美价廉的产品呢？各垄断资本集团之间追寻高额利润的残酷竞争—引发新的高新科技发展特别是智能机器人的普及—导致新的工人大量失业—社会相对需求减少—引发更多工厂破产和工人失业—加剧减少新的社会相对需求—进一步触发新的工厂的破产。以上铁的逻辑必然形成一轮又一轮的恶性循环，不断加剧着全球范围内的贫富两极分化。2008 年爆发的国际金融危机本质上是资本主义的经济、政治和文化价值观的全面危机，是高度发达的社会生产力即生产社会化乃至生产全球化与现存的生产关系即生产资料被极少数私人占有这一资本主义基本矛盾的一次总爆发。历史已经反复证明，这一基本矛盾在资本主义生产关系的框架内根本无法摆脱。随着这一矛盾的不断发展和深化，可以断言，更大的金融灾难必将在紧随其后一些年内接连爆发。

美国石英财经网站 2017 年 10 月 6 日以“德意志银行预言：下一场金融危机即将到来”为题报道：“德意志银行说金融危机发生的频率更高了，几乎变成了现代生活的配料”；“在后布雷顿森林体系时代，决策者可以灵活地印制化解金融危机所需的足够多的钞票”；“这也为下一次危机打下了基础”；当今“世界范围内的政府债务接近国内生产总值的 70%，达到自第二次世界大战以来的最高值，而上个世纪 70 年代时还不到 20%”。[①] 世界各国几乎都在成倍

① 《德意志银行预言：下一场金融危机即将到来》，美国石英财经网，2017 年 10 月 6 日。

地超发货币，美国三大股指数连创历史纪录。这极有可能应了华尔街的那句老话："在音乐停下之前，谁也不会停止舞蹈。"

中国的古代哲人老子有句名言："祸兮福之所倚，福兮祸之所伏。"国际金融危机，本质上是资本主义经济、制度和价值观的危机。世界社会主义的光明前途则深深蕴含于资本主义的危机之中。

任何个人、政治派别或阶级政党都不能单凭自己的"意志"制造出一场革命。十月革命绝不是由列宁等无产阶级革命领袖强加给俄国的，而是资本主义内部矛盾发展的必然逻辑。由于十月革命前的俄国统治阶级的反动压迫，内部政治矛盾异常尖锐，外部帝国主义列强之间的矛盾激化，再加上第一次世界大战爆发，造成了列宁所讲的那种革命形势："'下层'不愿照旧生活而'上层'也不能照旧维持下去。"[①] 结果使社会主义革命在俄国这个世界资本主义统治体系的"薄弱环节"中首先发生并获得了胜利。当然，任何革命，同时又是革命者顺应历史发展大势，发挥主观能动性的结果。革命导师列宁对推动十月革命的爆发和成功做出了卓越的贡献。

中国人民的伟大领袖毛泽东同志也曾指出："在全世界，不论什么国家，不论什么地方，哪里有压迫，那里必定有反抗"，压迫者"正在造成自己的对立面，而最终势必会被他们自己所造成的对立面所埋葬。这是一条必然的客观规律"。[②] 任何事物包括任何社会的产生和发展，必然有其内在的动力。如果说当年十月革命的成功，是俄国内部矛盾发展的必然结果，那么，当今整个偌大的世界就像当年放大了的俄国。今天全世界范围内的贫富两极分化，必然带来明天全世界各国人民的反抗，这是全球范围内的大变革大调整的根本动力；全球人类社会大变革大调整的结果，就必然推动着整

① 《列宁选集》第4卷，人民出版社1995年版，第193页。

② 《建国以来毛泽东文稿》第10册，中央文献出版社1996年版，第406页。

个人类社会的大发展。

经济全球化，绝不仅仅是生产力的全球化。任何生产力都承载着一定的生产关系。而经济全球化的性质，主要是看哪种生产关系在主导。所以，从本质上说，在今后一些年内，若没有特殊情况的发生，中国特色社会主义必然巍然屹立于世界民族之林，以美国为代表的国际金融垄断资本所主导的贫富两极分化的经济全球化即将开启一个式微衰败的新阶段，世界人民所主导的公平公正合理的新的经济全球化将会从此扬帆远航。

当今之世界，正处在大动荡、大分化、大调整、大变革、大发展的前夜。2016 年热闹非凡的美国总统大选标志着美国社会开始被严重撕裂：自 2017 年 9 月以来，多次发生美国橄榄球联盟球员奏国歌时下跪，以抗议美国政府种族歧视行为。2017 年 10 月 1 日晚美国拉斯维加斯枪击案甚至表明，美国国内低烈度的战争已经打响。英国脱欧谈判谈得成功，与此相伴的是苏格兰寻求独立同时也让英国当局分外挠头。在特朗普拒绝支持北约有关共同防务条款之后，德国总理默克尔也深有感触地说："我们能够彼此依靠的时代在一定程度上已经结束。"① 2017 年中国国庆长假期间，西班牙的加泰罗尼亚地区独立公投活动与其他大城市反对其独立的游行严重对峙。如何把控"特朗普风险"则是韩国总统文在寅必须面对的一个难题。日本广大民众在修宪问题上尖锐对立。这在过去几乎都不可想象。但全世界人民却明显开始出现觉醒和聚合的迹象，世界左翼和马克思主义思潮出现明显复苏之势。

2016 年 4 月美国的"民主之春"运动，其矛头直指美国的金钱政治和被垄断资本操纵的各大舆论媒体。此次运动不持党派立

---

① ［美］爱德华·卢斯：《美国的朋友和敌人如何适应特朗普时代》，英国《金融时报》网，2017 年 6 月 22 日。

场，120余个组织、活动团体和工会参与了这次运动，超过3500人在组织者的网站注册。

起始于2016年3月底的法国“黑夜站立运动”，其缘起于抗议法国政府企图推出延长工作时间的《劳动法》修改草案，结果是直指其社会体系中存在已久的一系列弊病。法国有70多座城市出现类似运动。“黑夜站立运动”甚至向柏林、里斯本、马德里等欧洲其他重要大都市蔓延。2017年10月10日，法国又举行了540万名公务员参加的“全法公务员大罢工”，矛头不仅针对《劳动法》改革，更“是为了让政府听到自己对政改的深刻不满”。

2016年9月5日，在印度共产党（马克思主义）领导下，为抗议薪资低、政府单边劳工政策改革和国营企业私有化等，有1.8亿工人包括煤矿、运输、银行等行业员工参加大罢工。

近几年来，在以“俄历史上最著名和最具影响力的人物”俄罗斯民意测验中，往往出现斯大林和列宁位居前列甚至榜首的情况。[①]

2017年10月3日，尼泊尔共产党（联合马列）、尼泊尔共产党（毛主义中心）和尼泊尔新力量党三个主要左派政党在加德满都市政厅召开新闻发布会，宣布组成竞选联盟和合并协调委员会，待省议会和国家议会这两次选举结束后，三党将完成合并。

而与上述乱象形成鲜明对比的是，世界各国人民都欣喜地看到，中国各族人民正在以习近平同志为核心的党中央周围更加紧密地团结起来。有了以习近平同志为核心的党中央的坚强领导，中华民族必将巍然屹立于世界民族之林。

---

① 2017年6月26日俄《消息报》报道，俄“列瓦达中心”针对1600人进行的最新民调结果显示，38%的俄罗斯人认为，俄历史上最著名和最具影响力的人物是苏联领导人斯大林，位居榜首。在5年前进行的类似民调中，42%的人认为斯大林在国家历史上发挥了重要作用。在这次调查中，俄总统普京和诗人普希金并列第二，34%的受访者持这一观点。对普京来说，这是他首次在此类民调中进入前三名。而居第三的是无产阶级革命导师列宁。

任何帝国都不是万古不变的，任何帝国的万古江山都只存在于浪漫的诗篇里。只有人民的江山才能万古长青。我们还可以作出这样的预测，今后一些年乃至21世纪上半叶，是资本主义世界和价值观开始撕裂和分裂的时代，是社会主义运动和价值观开始聚合的时代。这也是我们彰显中国特色社会主义的大好时机，是进一步赢得世界和平、发展、合作和共赢的大好时机，是建立世界公平、公正秩序的大好时机，是世界左翼和马克思主义思潮复兴和创新21世纪马克思主义的大好时机，同时也是有力推进构建人类命运共同体的大好时机。

五　正确看待和恰当应对当前中美贸易摩擦的几对关系

运用马克思主义立场、观点和方法正确认识和科学判断百年未有之大变局，我们就可以正确看待和处理中美贸易摩擦及中美关系。

（一）坚持原则与必要妥协

有同志认为，美国当局挑起中美贸易摩擦，已充分暴露了美帝国主义的野心和本质，我们不应对美国有任何妥协，无非再关起门来重过几年苦日子，完全依靠自力更生，一切问题都会迎刃而解。也有同志认为，我国目前所有问题的解决全部取决于国内GDP能否增长，在任何情况下都必须坚持韬光养晦战略方针毫不动摇，在任何情况下都不能与美国摊牌、决裂；只要我们始终一心一意埋头做好国内经济工作，再持续发展几十年，其他一切问题就会迎刃而解。有同志甚至还认为，中国在任何情况下都要把搞好中美关系作为中国核心利益里的核心加以维护，甚至不惜牺牲我国部分主权、领土完整和发展利益，以换取美国当局与我国的战略共识，为我国进一步赢得新的重要战略发展机遇期。以上看法，都值得商榷。

为了回答要不要对美国挑起的贸易摩擦做出必要的妥协这一重要问题，很有必要重温列宁和毛泽东当年的相关论述。1920 年 4—5 月间，针对当时有人反对苏维埃政权同德国帝国主义及其同盟国签订的《布列斯特和约》，列宁在其名著《共产主义运动中的“左派”幼稚病》中指出：“‘原则上’反对妥协，不论什么妥协都一概加以反对，这简直是难于当真对待的孩子气”；“有各种各样的妥协。应当善于分析每一个妥协或每一种妥协的环境和具体条件”[①]；“……不容许机动、通融和妥协，这就犯了错误，这种错误会使共产主义运动受到最严重的危害”。[②] 1922 年 11 月，列宁在莫斯科苏维埃全会上指出：“我们迁就资本主义强国而作的许多让步，使它们有充分的可能同我们来往，保证它们的利润，有时可能是比应得的更大的利润。”[③]

1945 年 8 月 26 日，在去重庆与蒋介石进行和平谈判的前两天，毛泽东在为中共中央起草的对党内的通知中指出：“在谈判中，国民党必定要求我方大大缩小解放区的土地和解放军的数量，并不许发纸币，我方亦准备给以必要的不伤害人民根本利益的让步。无此让步，不能击破国民党的内战阴谋，不能取得政治上的主动地位，不能取得国际舆论和国内中间派的同情，不能换得我党的合法地位和和平局面。但是让步是有限度的，以不伤害人民根本利益的原则。”毛泽东还说：“在我党采取上述步骤后，如果国民党还要发动内战，它就在全国全世界面前输了理，我党就有理由采取自卫战

① 《列宁选集》第 4 卷，人民出版社 1995 年版，第 148 页。
② 《列宁选集》第 4 卷，人民出版社 1995 年版，第 211 页。
③ 《列宁选集》第 4 卷，人民出版社 1995 年版，第 734 页。

争，击破其进攻。”①

尽管当今中美贸易谈判与当年列宁、毛泽东所谈到的情况有很大不同甚至有的方面有本质的不同，但有些原则性做法很值得我们今日借鉴。1949 年 3 月，毛泽东说：“我们的原则性必须是坚定的，我们也要有为了实现原则性的一切许可的和必需的灵活性。”② 1957 年 11 月，毛泽东说：“原则性和灵活性的统一，是马克思列宁主义的原则，这是一种对立面的统一。”③

中美经济相互依存的现状，是几十年来两国各自需求发展的必然结果。1971 年 8 月，美国尼克松政府被迫宣布放弃“金本位制”，实行黄金与美元比价的自由浮动之后，布雷顿森林体系正式解体。接着，美国开始搞所谓的“金融创新”。1978 年 12 月，中国实行改革开放后，逐渐走上了“世界制造工厂”的发展道路。从一定意义上讲，经过中国 40 多年的改革开放，中美两国经济已经在一定程度上形成了事实上的相互依存的状态，这在短时间内不应也难以改变。正因如此，2019 年 2 月 15 日，习近平主席在会见来华美国贸易代表时说：“中美两国谁也离不开谁，合则两利，斗则俱伤，合作是最好的选择。对于双方经贸分歧和摩擦问题，我们愿意采取合作的方式加以解决，推动达成双方都能接受的协议。当然，合作是有原则的。”④ 我国政府在与美国进行贸易谈判时做出必要的妥协，以换取其他方面更加重要的利益，这是正常的。那种认为在与美国谈判时不能做任何妥协的想法不仅是不现实的，同时也是极其错误的。

在苏联解体、东欧剧变的特定背景下，邓小平提出了“冷静观

① 《毛泽东军事文集》第 3 卷，军事科学出版社、中央文献出版社 1993 年版，第 50 页。
② 《毛泽东选集》第 4 卷，人民出版社 1991 年版，第 1436 页。
③ 《毛泽东文集》第 7 卷，人民出版社 1999 年版，第 332 页。
④ 《习近平会见美国贸易代表和财政部长》，《人民日报》2019 年 2 月 16 日第 1 版。

察、稳住阵脚、沉着应付、韬光养晦、善于守拙、决不当头”24字方针，后来又增加了“有所作为”4个字，这无疑具有十分重要的战略意义。我们还可以把这一方针简化为“韬光养晦、有所作为”这8个字，但绝对不能仅仅理解为“韬光养晦”这4个字。必须明确，韬光养晦仅仅是手段，而有所作为才是目的，不能把搞好中美关系理解为唯一目的。这正如习近平总书记所说：“合作是有原则的。”① 中美合作是在原则基础上的合作，不能认为中美合作本身就是目的、是第一位的，而中国捍卫自身的主权、安全和发展利益是第二位的，是为建立良好的中美关系而服务的。这样理解，就完全背离了以习近平同志为核心的党中央的指示精神和中华人民共和国的社会主义外交原则。韬光养晦与有所作为是一个问题的两个方面，缺一不可。我国已经深度参与经济全球化，国际国内经济、政治、文化等两个大局亟待统筹。不能仅埋头国内经济工作，甚至仅一心一意维持GDP的增长，这样下去不仅无法维护GDP的持续增长，还会在不久的将来为我国稳定发展带来更多、更大的问题。

目前的格局表明，我国政治的稳定程度高于美国、稳定期也长于美国，预期也好于美国，这就给我国尽可能管控好中美矛盾和尽快发展自己的战略期赢得了时间。自2017年特朗普担任美国总统后，美虽在就业率、股票市场、净资产与可支配收入比等方面在一定程度上有所攀升，但其股市已处于周期高位，减税使全球美资回流的资金没有进入实体经济，特别是其国债利率倒挂，强势美元走弱，使得美国并没有实力彻底封闭自己、孤立别人，一时无法改变在经济上“你中有我，我中有你”的中美格局。而中国政治经济制度和文化道义上的强大优势，人口、产能和市场体量较大、较多的

① 《习近平会见美国贸易代表和财政部长》，《人民日报》2019年2月16日第1版。

优势等，都决定了我国不是美国和西方跨国资本联合起来用硬实力所能击垮的对象。随着我国国力的不断增强，随着它们自身经济、政治和文化的全面危机的逐步到来，以美国为首的少数西方发达国家，必然会抱着“冷战思维”不放，会采取历史上采取过的甚至从来没有采取过的各种软硬手段，图谋搞垮我国。

我们当然希望建设一个和谐美好的世界，我们也必须与世界上一切国家进行全方位的外交，并尽最大努力争取与以美国为首的西方国家合作。但我们也会牢记列宁在实行新经济政策后所指出的：“现在摆在我们共产党人面前的是截然不同的任务。我们现在对一切都要计算”；“处在资本主义环境里，我们应当计算怎样保证我们的生存，怎样才能从我们敌人那里获得利益。敌人当然是要讨价还价的，他们永远不会忘记讨价还价，而讨价还价是为了占我们的便宜。这一点我们也不会忘记，我们决不会幻想某某地方的生意人会变成羔羊，而且会白白给我们各种好处”。[①] 正因如此，在处理中美关系时，原则必须坚持。什么是我们必须坚持的原则？在国内，最为主要和根本的，一是坚持社会主义道路，二是坚持中国共产党的领导。在对外关系上，就是坚决捍卫国家领土和主权完整，捍卫国家政治经济金融安全和发展利益。在与美国的谈判中，牢记毛泽东关于在与美国对抗问题上要防止“左”的倾向、在与美国合作问题上要防止右的倾向的思想，坚决打破美方企图通过西方所谓规则规制诱导甚至倒逼我国进行所谓的“结构性改革”，让我国放弃社会主义道路和中国共产党的领导。

1960 年 2 月，毛泽东在读苏联《政治经济学教科书》时说：“根本的问题是制度问题，制度决定一个国家走什么方向。只要还

---

① 《列宁选集》第 4 卷，人民出版社 1995 年版，第 735 页。

是社会主义制度，就决定社会主义国家总是要同帝国主义国家相对立的，妥协总是暂时的。”[①] 习近平总书记发展了毛泽东的这一思想。习近平总书记在庆祝改革开放40周年大会上说：“改什么、怎么改必须以是否符合完善和发展中国特色社会主义制度、推进国家治理体系和治理能力现代化的总目标为根本尺度，该改的、能改的我们坚决改，不该改的、不能改的坚决不改。”[②] 如果套用这一原则，我们也完全可以说，在中美贸易谈判中，我们能让的可以让，必要时可以让；但不该让的我们坚决不让。美国当局曾利用中美贸易摩擦，企图引诱我国在处理朝鲜半岛问题上做无原则让步。以习近平同志为核心的党中央审时度势，坚决捍卫我国的核心利益，从2018年3月至2019年1月，在仅仅10个月的时间里，朝鲜劳动党委员长、国务委员长金正恩接连四次访问我国，这就打乱了美国当局的战略部署，为争取东北亚和平和我国周边安全乃至新的重要的战略机遇期取得了阶段性的重要胜利。

我们坚信，以习近平同志为核心的党中央知己知彼、胸有成竹、指挥若定并进退有度，把原则的坚定性与策略的灵活性结合起来，把坚守的原则与必要的妥协结合起来，把眼前利益与长远根本利益结合起来，丢掉幻想，准备斗争，以斗争求合作，则合作存，我国一定是中美贸易摩擦的共赢者甚至是胜利者。

（二）坏事还是好事

中美贸易摩擦如同2008年的国际金融危机，好像是突如其来。从此出发和认定问题，则往往认为中美贸易摩擦如同国际金融危机一样，是绝对的坏事。从一方面说，这一看法完全有道理，因为中美经济贸易联系已经十分紧密。从第一产业看，美国是世界上耕地

---

① 《毛泽东年谱（一九四九—一九七六）》第4卷，中央文献出版社2013年版，第321页。

② 习近平：《在庆祝改革开放40周年大会上的讲话》，《人民日报》2018年12月19日第2版。

面积最大的国家，人均耕地10亩多。我国人均耕地面积排在世界第126位以后，全国人均耕地面积1.39亩，美国人均耕地面积是我国的7倍多。我国肉禽蛋奶和食用油等副食主要靠进口解决，对美国的贸易依存度约为30%，农产品中的大豆进口依存度高达85%，美国大豆出口依存度50%且约25%的大豆出口至中国。就是国内产的肉禽蛋奶等，也有相当比例是在华外资企业生产的。从第二产业看，目前在美国户外休闲业进口产品中，41%的服装、72%的鞋靴和84%的旅行用品来自中国。中国生产的玩具、箱包和家具分别占美国市场的86%、61%和44%。目前在中国使用的苹果手机多达3.1亿部，是美国使用苹果手机的两倍以上。中国已经购置1000多架波音公司飞机，现在在中国运营的商用喷气式客机中50%以上是波音飞机。从第三产业看，2008年以来的短短10年的时间里，美国联邦债务已经从10.6万亿美元跃升到22.01万亿美元，而中国目前持有量为1.12万亿美元。美元若升值，不仅中国出口换汇会减少，而且外资还可能较大规模流出；美元贬值，中国外汇储备会缩水。一般跨国公司在中国投资回报率为22%，2008年美国在中国投资回报率却为33%，而中国持有的美国国债的收益率仅为3%—4%。美国是全球最大贸易逆差国，中国是美国的第三大出口市场（占比8%）、第一大进口来源国（占比21%）和第一大贸易逆差国（占比47%）。中国也是美国的第一大进口国。[①] 美国当局与世界特别是与中国开展贸易摩擦，必然会极大地影响世界的和平与发展，也必然会对实现中华民族伟大复兴的进程产生一定的不利影响。

但是，我们也必须看到事物的另外一面。毛泽东说："我们必

① 以上主要数据来自新华社世界问题研究中心李长久研究员。

须学会全面地看问题，不但要看到事物的正面，也要看到它的反面。在一定的条件下，坏的东西可以引出好的结果”。[①] 毛泽东在这里说的“一定条件下”，就是要发挥正确的主观能动性。自1840年以来，中华民族多灾多难，这是坏事。但是，多灾多难催生了中国共产党的诞生与壮大，催生了以毛泽东为杰出代表的老一辈革命家，促使中国人民普遍觉醒，这才诞生了社会主义的中华人民共和国，诞生了中国特色社会主义，这又是好事。“祸兮福之所倚，福兮祸之所伏。”祸与福在一定条件下可以相互转化。从一定意义上讲，仅凭道理教育不了人，没有灾难就没有辉煌。1965年2月，世界知识出版社在《赫鲁晓夫言论》第三集的出版说明中引用了毛泽东如下的话：“革命的政党，革命的人民，总是要反复地经受正反两个方面的教育，经过比较和对照，才能够锻炼得成熟起来，才有赢得胜利的保证。我们中国共产党人，有正面教员，这就是马克思、恩格斯、列宁、斯大林。也还有反面教员”；“如果只有正面教员而没有反面教员的作用，就不是一个彻底的辩证唯物主义者”。[②]

正因如此，1970年12月18日，毛泽东在会见美国友好人士斯诺时说：“我是不喜欢民主党的，我比较喜欢共和党，我欢迎尼克松上台。为什么呢？他的欺骗性也有，但比较少一点，你信不信？他跟你来硬的多，来软的也有”；“我喜欢世界上最反动的人。我不喜欢什么社会民主党，什么修正主义。修正主义有它欺骗的一面”。[③]

从另外一面讲，如同抗日战争一样，中美贸易摩擦越持久、越惨烈，越能教育中国人民特别是各级领导干部。长期以来，帝国主

① 《毛泽东文集》第7卷，人民出版社1999年版，第238页。
② 《〈赫鲁晓夫言论〉第三集的出版者说明》，《人民日报》1965年2月26日。
③ 《建国以来毛泽东文稿》第13册，中央文献出版社1998年版，第164—170页。

义者总是把自己打扮成文明的、高尚的、人道的化身，欺骗了不少人。中美贸易摩擦中，美国当局越是不讲道理，越是做出出格之事，对我国来说越是坏事，但又能帮助我们进一步认清霸权主义的本质，坏事就能够变好事。强大而又蛮横的敌人，恰恰就是最好的老师。美国每一次对中国赤裸裸的捣乱，都能起到这种作用。1948年8月，面对美国帝国主义的封锁威胁，毛泽东曾经说："多少一点困难怕什么。封锁吧，封锁十年八年，中国的一切问题都解决了。中国人死都不怕，还怕困难吗？"[①] 中华人民共和国成立后，我国的航天业一直是西方封锁的重点，但现今我国的航天业已是全球的领跑者。在今后一些年内，在以习近平同志为核心的党中央的坚强领导下，中国共产党和中国人民在错综复杂的国际斗争中，将会经历更多风雨，经验更加丰富，中国必将会更加强大。而个别自以为是的霸权主义国家却常常事与愿违，一直在无意间做中国"最好的老师"。

（三）偶然还是必然

有同志把美国发动贸易摩擦的根本原因"善意"而又简单地归结为中国过早宣布了中华民族伟大复兴的宏伟规划，宣布了"2025制造"规划，甚至归结为"厉害了，我的国"这样一句口号的提出；有同志把美国发动的贸易摩擦的原因归结为我党隆重纪念了马克思诞辰200周年等。他们认为，不这样做就不会刺激美国，就不会有中美贸易摩擦；美国发动的贸易摩擦是中方考虑不周、没有坚持"韬光养晦"的方针造成的，是一次偶然性事件。

上述看法是错误的，可以休矣！马克思主义认为，事物的必然性往往通过偶然性开辟道路。中美之间突发的贸易摩擦，从表面看

---

① 《毛泽东选集》第4卷，人民出版社1991年版，第1496页。

有其偶然性，但其必然性在起支配作用。早在1945年8月13日，毛泽东在论述《抗日战争胜利后的时局和我们的方针》时说：美国帝国主义“要把中国变成美国的附庸，它的这个方针也是老早定了的”。[①] 1949年6月，毛泽东在《论人民民主专政》中指出：“我们要学景阳冈上的武松。在武松看来，景阳冈上的老虎，刺激它也是那样，不刺激它也是那样，总之是要吃人的。”[②] 美国政府不断更换班子，但要把中国变成美国的附庸这一根本企图从来也没有改变过。认清这一点，异常重要。笔者认为，美国对华发动贸易摩擦仅仅是也只能是手段。把中国变成美国的附庸，才是美国的根本目的。

美国之所以发起贸易摩擦，是因为特朗普政府认为现行全球贸易格局不利于美国实体经济的发展。美国已经长期处于国际金融垄断资本主义主导之下，但以美国的体量特别是金融霸权和军事霸权等，制造业的空心化、虚拟经济和实体经济产出比例的失衡等必然使其实体经济难以支撑整个经济体的正常运转，也必然使得金融危机爆发的频率和烈度不断提升，最终伤及其竞争优势。

六　国际金融危机中的中国特色社会主义

社会主义的中国在世界中所占的分量越来越重。中国在世界国内生产总值中的份额已从1990年的2%攀升至2016年的15%。环顾当今全球之局势，用“风景这边独好”的诗句形容，应该说是完全符合实际的。国际货币基金组织最新发布的报告，将中国2017年和2018年的经济预期分别上调0.1个和0.2个百分点至6.7%和6.4%。这也是2017年该组织第三次上调中国2017年经济增长预

① 《毛泽东选集》第4卷，人民出版社1991年版，第1132页。
② 《毛泽东选集》第4卷，人民出版社1991年版，第1473页。

期。这进一步说明了中国经济发展的良好态势和为世界经济增长所做出的重要贡献。因此，谈到大发展大变革大调整的世界格局，就不得不谈到中国。

邓小平在南方谈话中说："依靠无产阶级专政保卫社会主义制度，这是马克思主义的一个基本观点"[①]；"正确的政治路线要靠正确的组织路线来保证。中国的事情能不能办好，社会主义和改革开放能不能坚持，经济能不能快一点发展起来，国家能不能长治久安，从一定意义上说，关键在人"。[②] 党的十八大之后，我国各个方面各个领域出现的重大的实质向好的方面转变，就是一个十分充分的例证。这是因为经济是基础，经济基础决定上层建筑。但是，政治是经济的集中表现，并在一定条件下对经济基础和文化的上层建筑起着决定性的反作用。当然，放入历史的长河之中，人民群众无疑是决定性的力量，但在特定的历史时期，从一定意义上讲，政治的上层建筑中，党的领导核心和领导集团具有决定性意义，政治的上层建筑中这一具有决定性的因素，决定着党的性质、宗旨、指导思想和为纲领奋斗的实然的各种状况，进而决定着我国的经济、政治、文化以及科技、教育、外交、军事等各个领域的状况。全党必须牢固树立政治意识、大局意识、核心意识、看齐意识，与以习近平同志为核心的党中央坚定地保持高度一致，充分发挥政治的上层建筑中党的领导核心和领导集团对经济基础和文化上层建筑的反作用和决定性作用。

我国的改革开放已经进行了 40 多年，取得了令人瞩目的巨大成就。在物质层面，主要表现为国内生产总值居世界第二位；在制度层面，主要表现为找到一条实现中华民族伟大复兴中国梦的中国

① 《邓小平文选》第 3 卷，人民出版社 1993 年版，第 379 页。
② 《邓小平文选》第 3 卷，人民出版社 1993 年版，第 380 页。

特色社会主义道路；在精神层面，主要表现为用社会主义核心价值观引导凝聚全体人民；在党的建设层面，主要表现为坚持全面从严治党，始终站在人民的立场上，在任何情况下都坚持全心全意为人民服务的根本宗旨，永葆党的先进性和纯洁性；在对外关系层面，秉持人类命运共同体的理念，既坚持走和平发展道路，又决不吞下损害我国主权、安全、发展利益的苦果。

我们也清醒清晰地认识到，改革开放以来，也出现了不少新情况。目前亟须解决的一是金融安全，二是意识形态安全，三是粗放式的经济发展方式亟待转变，四是财富占有和收入分配的进一步拉大问题要解决，五是党和政权内部及社会上的一些严重腐败现象必须根除，六是国家治理体系和治理能力尚须全面积极稳妥推进，七是一些干部特别是一些中高级干部的正确理想信念严重缺失和马克思主义理论水平还亟待提高，等等。除此之外，世界格局和我国周边安全形势也出现不少新的情况。党的十八大之后，在以习近平同志为核心的党中央的坚强正确领导下，上述问题已经开始着手解决，各方面都取得了十分明显的成效。但由于多年的积累，其中一些问题的彻底解决尚需时日。

我们党、国家和民族已站在新的历史起点上。完全可以说，中国共产党和中华人民共和国的机遇前所未有，挑战世所罕见。只有从无比广阔的国际国内背景下，才能更加认清必然准备进行具有许多新的历史特点的伟大斗争的重大意义。这也为我们在广阔的国际舞台上开展具有许多新的历史特点的伟大斗争提供了坚实的客观条件。

（此部分以王伟光教授、李慎明教授的研究成果为主）

第三章　世界社会主义的趋势、问题与现状

21 世纪初世界社会主义的发展出现了许多新亮点，呈现了许多新特征，取得了许多新进展，在新一轮资本主义危机的环境背景下面临走出低谷、重新振兴的机遇，同时也面临与世界资本主义进行更为激烈复杂的较量竞争的挑战。总的来看，21 世纪世界社会主义的新发展以雄辩的事实打破了苏联解体、东欧剧变后关于“资本主义重新一统天下”的狂妄言论，粉碎了资本主义战略家们苦心孤诣地长期推行的“不战而胜”的和平演变图谋，终结了所谓“西方自由民主制达到人类社会的终点”的“历史终结论”的神话，并在整个世界范围内有力而持续地印证着共产主义必然代替资本主义的客观历史规律，重新恢复提振着马克思主义真理的力量，21 世纪是世界社会主义走向振兴的世纪。

一　21 世纪初世界社会主义发展的新形势和新走向

21 世纪初的世界社会主义，在经历了 20 世纪末苏联解体、东欧剧变，21 世纪初资本主义金融危机，新冠疫情引起的世界经济大

萧条这三次具有历史发展转折点意义的重大事件的洗礼后，现在已清晰地展现出了新的发展格局，呈现出不同于20世纪的新的发展特征，并越来越以“确凿而顽强的事实”预示了新的发展走向。“不谋万世者，不足谋一时；不谋全局者，不足谋一域”。站在新的历史起点上，需要用世界眼光和历史视野来观察研究世界社会主义发展的新态势、新问题和新趋势，在世界历史发展变化的宏大时空观下观察思考问题，自觉地把握时代背景和发展大势，从世界社会主义与世界资本主义在21世纪初的新变化、新发展及二者的竞争较量与力量对比中，全面地、历史地观察分析世界社会主义的前途命运。

为清晰起见，我们总体上观察对比20世纪以来三次资本主义危机之后世界资本主义与世界社会主义的变化发展状况与对比竞争态势的变化。

1929年资本主义危机之后的时期，可以说以苏联为核心的社会主义力量抓住了大好时机，苏联经济高速发展，并成为世界上仅次于美国的世界工业强国，社会主义制度初步显示了独特优势。在世界范围内，实现了社会主义从一国到多国蓬勃发展的辉煌胜利，并在战后形成了世界社会主义阵营。而以美国为核心的资本主义世界在危机之后，通过实行“罗斯福新政”等变革措施，努力缓和资本主义的各种矛盾，甚至通过学习借鉴苏联国有化、计划经济等经验，也较为成功地渡过了危机，并在战后形成了世界资本主义阵营并迎来战后发展的“黄金岁月”。危机之后经过各自调整和发展，可以说是两大社会制度、两大力量打了个平手，势均力敌，一方面进行合作共同取得了反法西斯战争的胜利，另一方面形成了两极对峙，两种社会制度的国家长期冷战。

1973年资本主义危机之后的时期，西方资本主义经过长期

“滞胀”病痛的折磨之后，通过“里根革命”和“撒切尔新政”，又一次实现了资本主义的大调整大变化，借助新一轮科技革命和经济全球化的发展，迎来了资本主义30余年的“狂飙突进”。而苏联等社会主义国家不但没有抓住资本主义危机的机遇发展自己，而且自身由于体制逐步僵化、缺少与时俱进的彻底改革而陷入严重的危机之中。20世纪80年代后期苏联共产党的指导思想发生反转，背离马克思主义，放弃共产党的领导，再加之其他各种因素综合作用，最终发生苏联解体、东欧剧变，使世界社会主义陷入历史的低谷中。这次较量，可以说世界资本主义总体上占了上风。然而值得庆幸的是，这一时期的社会主义中国异军突起，不但没有像苏联和东欧国家那样在资本主义进攻中倒下，而且在克服各种困难和危机中取得了成功的变革发展，走出了中国特色社会主义道路并取得令世人瞩目的成就，达到了世界社会主义总体低潮中的局部高潮，从而挽救了世界社会主义。这种局面正如邓小平以深邃的历史眼光作出的论断那样：“只要中国社会主义不倒，社会主义在世界将始终站得住。”①

2008年资本主义危机之后的时期，美国等发达资本主义国家的政治经济实力相对下降，主导世界的能力显得力不从心。苏联解体、东欧剧变之后形成的资本主义“历史终结”的神话破灭，“狂飙突进”的资本主义在全球发展的进攻势头发生逆转。以中国为代表的世界社会主义和以美国、西欧国家为代表的世界资本主义之间的力量对比和关系格局发生了重大变化。这次较量，虽然“资强社弱”的总体格局没有根本改变，但是资本主义在竞争中明显处于守势，以中国为代表的世界社会主义力量明显上升。这次危机标志着

① 《邓小平文选》第三卷，人民出版社1993年版，第346页。

两大社会制度的竞争、世界历史的发展都进入一个新的历史时期，具有新的态势和新的格局。

2019 年暴发的新冠疫情引起世界经济大萧条，资本主义力量下降，美国总体实力显著衰落。力量对比的天平进一步向社会主义方面倾斜，反对霸权的单边主义，寻求和平发展进一步成为时代强音。

可以这样概括 21 世纪初世界资本主义与世界社会主义力量对比的新格局：世界资本主义在其发展的长周期中开始进入一轮规模较大的衰退期，而世界社会主义虽然总体上仍然处于苏联解体、东欧剧变之后的低潮期，但以中国特色社会主义发展取得的巨大成就为主要依托和标志，开始进入了世界社会主义发展长周期的上升期。比较而言，从 20 世纪 30 年代危机算起到 21 世纪初的危机近 70 多年的时间里，世界资本主义经历了由衰而盛再走下坡路的过程，世界社会主义经历了由盛转衰再到上升的过程。而从苏联解体、东欧剧变算起也就 25 年的时间，历史的“魔术手”让人们经历了出其不意的奇迹翻转。这种境况使历史规律发生作用的必然性与偶然性都有了一次最生动、最充分的现实检验。同时，在这个发展过程中“历史之手”给我们的一个最大惊喜，就是在“神奇翻转”中打开了中国特色社会主义这个“看得见风景的房间”。正如习近平总书记指出的：“特别是苏联解体、东欧剧变以后，唱衰中国的舆论在国际上不绝于耳，各式各样的‘中国崩溃论’从来没有中断过。但是，中国非但没有崩溃，反而综合国力与日俱增，人民生活水平不断提高，‘风景这边独好’。”①

总之，对于 21 世纪初世界社会主义发展的新趋势和新走向，

---

① 《习近平著作选读》第一卷，人民出版社 2023 年版，第 76 页。

可以概括为四句话，即“四期并呈”：一是世界范围内反对和变革资本主义运动的集中开展期；二是各具特色社会主义的民族化趋势与加强协调联合的国际化趋势的并存发展期；三是中国特色社会主义成为世界社会主义的旗帜且引领示范作用的上升期；四是处于新一轮衰退期的世界资本主义与处于新一轮上升期的世界社会主义之间的竞争与博弈更趋激烈期。在这种新格局和新走向的历史背景下，世界社会主义发展面临着新情况、新问题，因而也呈现出新趋势、新走向，这直接关系到21世纪上半叶世界社会主义发展的前途命运。

近30年来，世界社会主义运动经历了从苏联解体、东欧剧变步入低谷到21世纪初谋求振兴的过程。在每个重要的历史节点，中国特色社会主义都对世界社会主义的发展发挥了至关重要的历史转折性作用，成为世界社会主义运动的主心骨、风向标和根据地。总的看，有三个历史节点非常重要：苏联解体、东欧剧变、资本主义危机和全球化发生波折。

第一个历史节点：20世纪80年代末90年代初，苏联解体、苏共垮台、东欧剧变，“社会主义失败论”“历史终结论”一度甚嚣尘上，“中国崩溃论”在国际上不绝于耳。然而中国顶住了巨大压力和挑战，没有在那场“多米诺骨牌”式的剧变中倒塌。中国捍卫和挽救了社会主义。

第二个历史节点：21世纪初由国际金融危机引发的整个资本主义危机。这场危机距苏联解体、东欧剧变也就不到20年，从苏联解体、东欧剧变引发的所谓“社会主义危机”和“历史的终结”，在较短的时间内却变为“资本主义危机”和“资本主义的终结”。同时，在这个发展过程中，中国特色社会主义取得的巨大成就，不仅把社会主义旗帜在世界上举住了、举稳了，而且把社会主义的发展推向一个崭新阶段。中国发展和振兴了社会主义。

第三个历史节点：21 世纪过了 15 年后，特别是新冠疫情引爆世界经济大萧条，以英美等主要西方国家发生的逆全球化潮流为转折，表明资本主义对整个世界的驾驭和统治能力显著下降，显得力不从心；中国则高扬起继续推进全球化的旗帜，并推动全球化朝着公平、合理的方向发展。正如习近平总书记指出的："20 年前甚至 15 年前，经济全球化的主要推手是美国等西方国家，今天反而是我们被认为是世界上推动贸易和投资自由化便利化的最大旗手，积极主动同西方国家形形色色的保护主义作斗争。"[①] 可以说，这是由长期以来资本主义主导的全球化开始向由社会主义主导的全球化方向转变。这对于世界社会主义发展来说也具有重要转折性意义。就是这个关键的历史时期，中国特色社会主义进入新时代，意味着科学社会主义在 21 世纪的中国焕发出强大生机活力。中国特色社会主义成为 21 世纪世界社会主义发展的引领旗帜，成为世界社会主义走向振兴的中流砥柱，必将为世界社会主义和科学社会主义新发展做出更大贡献。中国引领和塑造 21 世纪社会主义。

习近平总书记在纪念马克思诞辰 200 周年大会上的讲话中指出："马克思主义指引中国成功走上了全面建设社会主义现代化强国的康庄大道，中国共产党人作为马克思主义的忠诚信奉者、坚定实践者，正在为坚持和发展马克思主义而执着努力！"[②] 中国特色社会主义经过长期发展进入新时代，推动科学社会主义进入新的发展阶段。列宁曾说，共产党人"如果不愿落后于实际生活，就应当在各方面把这门科学推向前进"。[③] 新时代，中国共产党人在理论、实

---

① 《习近平谈治国理政》第 2 卷，外文出版社 2017 年版，第 212 页。

② 习近平：《在纪念马克思诞辰 200 周年大会上的讲话》，人民出版社 2018 年版，第 15 页。

③ 《列宁专题文集 · 论马克思主义》，人民出版社 2009 年版，第 96 页。

践、制度等各方面极大地推进科学社会主义新发展。正如习近平总书记指出的："科学社会主义在中国的成功，对马克思主义、科学社会主义的意义，对世界社会主义的意义，是十分重大的。"[①] 新时代中国特色社会主义，使科学社会主义在21世纪焕发出强大生机活力，让马克思主义绽放出更加灿烂的真理光芒。

二　21世纪初世界社会主义发展面临的机遇和挑战

21世纪初期，世界社会主义的发展既面临着难得的机遇，也面临着严峻的挑战。从新的机遇和有利条件看，主要是：第一，随着资本主义危机的发展，新自由主义力量占主导和右翼政党强势占据政治舞台的局面已开始扭转，这对于包括共产党在内的左翼政党来说，对于世界社会主义运动来说，无疑是生存和发展环境的有利转变。第二，资本主义危机的爆发和加剧，使得世界上社会主义及进步力量对资本主义批判的观点和主张得到实际的检验与支持，使长期以来政治理念和声音被忽视、被淹没的共产党等社会主义力量受到很大鼓舞，因而获得重新树立和整饬社会主义理论的好契机。危机之后西方及世界范围内兴起的"马克思热"就是这方面的一个体现。第三，经过苏联解体、东欧剧变后20多年的抗争、调整和磨砺，包括共产党组织在内的许多世界社会主义力量在各国舞台上站稳脚跟的基础上，力量有所恢复，并开展了许多反对资本主义的斗争及活动。它们经过理论反思和实践磨炼，逐步适应变化了的国际国内环境，总体上由受挫低落转变为积极振作，由被动应付转变为

① 《习近平谈治国理政》第3卷，外文出版社2020年版，第70页。

自觉提升，逐步走向新的成熟。这为世界社会主义的发展奠定了一定的组织基础和力量来源。第四，面对国际范围内强大的右翼力量的联合进攻，共产党及左翼力量也加强彼此之间的联系和合作，逐步由苏联解体、东欧剧变之后的各个孤立抗争转变为谋求左翼力量的团结合作，形成了世界社会主义发展的一定规模优势。第五，苏联解体、东欧剧变30多年了，经过时间沉淀、实践检验和历史过滤，在今天不断形成并凸显出反映历史真相、趋于客观理性、揭示深层规律的经验教训的总结，意义重大，为21世纪世界社会主义的新发展和走向振兴提供了宝贵的历史借鉴。第六，中国特色社会主义在21世纪初期取得的巨大成就，是世界社会主义运动总体低潮中的局部高潮，这使世界上共产党及各种进步力量受到鼓舞，使他们看到了21世纪世界社会主义振兴的希望，这无疑是21世纪世界社会主义发展最切实、最坚实、最可依托的“根据地”和“阵地”。

当然，21世纪世界社会主义的发展面临着新的问题和挑战，主要是：其一，从世界资本主义与社会主义力量对比的总的态势看，“资强社弱”的态势还没有根本改变，资本主义在总体上处于攻势越来越强烈的时期。在非社会主义国家，社会主义政党及力量则相对处于分散和弱小状态。其二，从国外共产党等社会主义力量的政治影响力看，特别是在发生危机的西方国家，共产党等社会主义政党组织在各国政治舞台上仍然处于受排斥甚至边缘化的地位，其观点主张政策很难影响本国政府决策。其三，在国外，大部分西方社会主义政党和力量对社会运动的领导力和影响力还相对薄弱，它们利用资本主义危机的能力不足、经验不够，难以提出有效的克服危机的战略策略，难以有效引导不满于危机和反对资本统治的群众运动。其四，从世界社会主义运动的主体即工人阶级来看，尽管一个规模庞大的全球工人阶级客观上逐渐形成和发展，但全球工人阶级处于“自在”状态，尚未明显形成全球性的工人阶级意识，工人阶级处于分散状态且彼此竞争冲突，这严重制约着世界社会主义运动的深入开展。

综合上述世界社会主义在21世纪初期面临的机遇和挑战来看，我们可以得出三点结论。

第一，在当前资本主义危机时期，马克思主义关于资本主义危机与社会主义革命之关系的原理仍然具有重要的现实指导意义。然而，这个原理的实际运用，随时随地要以时代和实践的变化、各种社会条件的变化为转移。危机为社会主义运动造成不同于正常时期的机遇和条件，但危机不一定就必然带来社会主义革命的高涨，这取决于主客观条件和因素的共同作用。那种认为“乘其之危”进行一次“毕其功于一役”的打击以实现世界性社会主义革命性改造的想法，是犯了幼稚病的错误。历史事实告诉我们，马克思主义关于资本主义社会基本矛盾的分析没有过时，“两个必然”的历史唯物主义观点没有过时。但实现资本主义向社会主义过渡是长期的、曲折的、复杂的历史过程。

第二，资本主义经过近百年的变革和调整，其应对危机能力、创新能力、调控能力、适应能力以及统治战略策略，都完全不同于马克思、恩格斯时代的资本主义。资本主义危机发生的方式、规模、周期、强度和影响等，也都完全不同了，对社会主义运动和革命的影响也发生了复杂而深刻的变化。21世纪资本主义进入国际金融垄断资本主义阶段，国际金融垄断资产阶级的统治范围、力量都得到巩固和加强，资本主义的自我调节和创新能力还很强，资本主义力量处于绝对优势。世界社会主义运动在相当长的时间内总体上仍将处于低潮。正如习近平总书记指出的：“我们要深刻认识资本主义社会的自我调节能力，充分估计到西方发达国家在经济科技军事方面长期占据优势的客观现实，认真做好两种社会制度长期合作和斗争的各方面准备。在相当长时间内，初级阶段的社会主义还必须同生产力更发达的资本主义长期合作和斗争，还必须认真学习和借鉴资本主义创造的有益文明成果，甚至必须面对被人们用西方发达国家的长处来比较我国社会主义发展中的不足并加以指责的现实。"①

第三，中国特色社会主义成为世界社会主义发展的最大亮点，成为世界社会主义的标志性参照系和中流砥柱。社会主义中国在世界东方的崛起，正在充分展示着社会主义的优越性、感召力和吸引力。中国要正确认识和处理“韬光养晦”与“有所作为”的关系，当前最重要的是集中精力办好自己的事情，不断壮大我们的综合国力，不断改善我们人民的生活，不断建设对资本主义具有优越性的社会主义，不断为我们赢得主动、赢得优势、赢得未来打下更加坚实的基础。邓小平同志曾经自信地展望，到21世纪中叶，中国基本实现现代化，“到那时，社会主义中国的分量和作用就不同了，我们就可以对人类有较大的贡献”。② 今天仍然占世界人口五分之一的社会主义中国，其综合国力已今非昔比。今天是中国共产党人努力实现邓小平同志预言和嘱托的时候。我们完全可以满怀自信地讲，只要中国特色社会主义发展起来，世界社会主义的振兴就不是空话。正如习近平总书记所讲的：“我们坚信，随着中国特色社会主义不断发展，我们的制度必将越来越成熟，我国社会主义制度的优越性必将进一步显现，我们的道路必将越走越宽广，我国发展道

---

① 《习近平著作选读》第1卷，人民出版社2023年版，第84页。

② 《邓小平文选》第3卷，人民出版社1993年版，第143页。

路对世界的影响必将越来越大。”①

三　当前世界社会主义在发展变革中进入谋求振兴期

20 世纪 80—90 年代苏联解体、东欧剧变之后，世界社会主义的发展陷入了严重的低潮。然而不过 20 多年的时间，这以历史尺度衡量不过是“短暂一瞬”，历史老人的手做了一次“奇异翻转”，21 世纪初的世界资本主义却陷入深深的危机中，至今还深陷泥潭、无法自拔。长期持续的“共产主义失败论”“社会主义过时论”“共产党衰亡论”的“大合唱”尽管没有戛然而止，但其已因为失去底气而成为难以引起共鸣的“老调重弹”。这应验了列宁说过的一句生动的哲理：“历史喜欢作弄人，喜欢同人们开玩笑，本来要进这间屋子，结果却跑进了那间屋子。”② 历史总是在各种偶然性中为自己的必然性开辟道路。现在可以有根据地讲，资本主义开始走下坡路，社会主义开始走出低谷。同苏联解体、东欧剧变时相比，这个世界的确发生了剧烈的变化，人们不得不用全新的眼光来打量这个世界，重新观察和评估世界面貌、发展变迁、重大事件、社会制度，在这样的背景下，社会主义的命运和资本主义的命运又成为热烈而严肃的探讨主题。

从苏联解体、东欧剧变到现在的 30 多年时间里，世界上坚持下来的共产党，经历了危机、重组、更新和发展。30 多年前的苏联解体、东欧剧变，对世界范围内的共产党组织及共产主义力量造成了前所未有的影响。一方面，共产党组织受到很大冲击，有的解散

① 《习近平著作选读》第 1 卷，人民出版社 2023 年版，第 77 页。
② 《列宁全集》第 25 卷，人民出版社 2017 年版，第 338 页。

消亡了，有的改旗易帜，或转变为社会民主主义类型政党，或转变为在国内政治舞台上无足轻重的边缘激进团体。另一方面，许多共产党组织在逆境中顽强地坚持斗争，坚持社会主义和共产主义奋斗目标，探索适合本国国情的理论战略和活动方式，取得了不同程度的成绩，为国际共产主义运动延续了存在和发展的基础。今天，坚持不懈努力的这些共产党组织并没有如一些人所预言的那样湮没消亡，它们从捍卫生存到谋求新的作为，推动了国际共产主义运动在21世纪的发展。

据相关统计，目前世界上有100多个国家存在130多个共产党或坚持马克思主义性质的政党，各国共产党处于不同社会环境、国情条件和社会制度下，探索革命、建设、发展的道路各有不同特点，取得的成绩各有千秋，但毫无疑问的是，这些共产党仍然是现代世界政党中举足轻重的力量，在世界舞台上对政治经济格局和走向具有重要的影响，也是21世纪世界社会主义取得新发展的主力军。

从共产党组织的类型和分布看，主要包括：

其一是现实社会主义国家执政的共产党。包括中国、越南、古巴、老挝、朝鲜的共产党组织，它们长期执政，探索适合本国实际的社会主义建设、改革、发展的道路，经济社会发展取得了令世人瞩目的成绩，以实际成就证明现实社会主义制度的优越性。中国共产党是世界上最大的马克思主义执政党，也是世界上党员人数最多的政党，在世界上人口最多的东方大国坚持和发展中国特色社会主义。中国共产党和中国特色社会主义已经成为21世纪世界社会主义发展的中流砥柱。

其二是发达资本主义国家的共产党组织。主要是西欧地区的共产党、美洲的美国共产党和加拿大共产党、亚洲的日本共产党，它们在新的历史条件下继续探索“发达资本主义国家如何过渡到社会主义”这一国际共运的历史课题，一般主张走议会民主的和平道路，在资本主义的心脏地区进行持续不懈的斗争，有的成为参政党，对政府决策具有重要影响。比如，日本共产党在发达资本主义国家“逆势跃进”，是目前发达资本主义国家中党员人数最多、发展最好的共产党组织之一，在国内政坛上是一支举足轻重的力量。西欧的法国共产党、意大利重建共产党、希腊共产党等也在理论和实践上取得一定成绩。特别是 21 世纪初资本主义危机之后，资本主义国家共产党组织进一步调整政策和战略，深刻批判右翼资产阶级政党推行的新自由主义经济社会政策，更加关注社会中下层，更加重视议会外斗争和社会运动，进一步恢复和赢得了民众的广泛支持。

其三是原来苏联东欧地区的共产党组织。比如俄罗斯、乌克兰、白俄罗斯等国共产党目前发展较好，在苏联解体、东欧剧变后经受住严峻考验，站稳脚跟并谋求新的发展。俄罗斯共产党曾经是议会中第一大党，近年影响力和党员人数虽有所下降，但它提出“革新社会主义”的理论，并积极开展反对右翼政党的各种斗争，在国内政治舞台上仍然是重要力量。

其四是其他发展中国家的共产党组织。在苏联解体、东欧剧变后有一部分坚持保持共产党名称和活动的政党，在新的形势下继续探索具有民族特色、适合发展中国家实际的道路和斗争战略，有的还取得了较好成绩。比如印度共产党（马）拥有党员 80 多万人，是议会中第三大党，目前是非社会主义国家中最大的左翼政党。该党在西孟加拉邦连续执政了近 30 年；南非共产党在种族隔离制度结束后，与非洲人国民大会、南非工会大会组成三方执政联盟，成为南非的执政党之一，在本国政坛上有重要地位和影响力。目前南非共产党拥有党员22万人，是非洲大陆最大的共产党组织。此外，尼泊尔的共产党组织近年来的发展也引人注目，尼泊尔共产党（联合马列）副主席比迪娅·班达里在2015年当选尼泊尔总统，成为世界首位共产党女总统；该党主席卡德加·奥利当选为总理；尼泊尔联合共产党（毛主义）的领导人昂萨丽·嘎尔迪则担任议会议长。目前尼泊尔共产党（联合马列）、尼泊尔联合共产党（毛主义）与其他党派组成联合政府，其中包括多个社会主义党派。

除了上述共产党组织外，世界上还有许多其他左翼政党和组织，它们虽然不以马克思主义和科学社会主义为思想理论指导，但都反对资本主义、反对新自由主义、反对资产阶级右翼政党、反对霸权主义、反对殖民主义等，有的主张建立某种形式的社会主义，比如21世纪初拉美左翼政党的社会主义理论与运动，令世人瞩目。其中委内瑞拉的“21世纪社会主义”在理论和实践中影响较大，虽然在总统查韦斯去世后遭遇很大困难，但仍具有重要的理论和实践影响。还有一些超越于政党派别之外的各种社会主义思潮流派，如市场社会主义、生态社会主义、经济民主的社会主义、自由社会主义等。

总之，21世纪初世界社会主义走出了苏联解体、东欧剧变后的低谷，在经历了严峻挫折考验后重新奋起，在捍卫阵地基础上砥砺前行，在顺应时代发展中变革创新，在资本主义新危机中迎来机遇。可以说开始进入了逐渐走出低潮、在发展变革中谋求振兴的时期。

四　马克思主义与世界社会主义前景光明

世界历史风云变幻。科学社会主义创立至今一个半世纪以来，社会主义与资本主义两大力量、两条道路、两种制度博弈的实践，充分印证了资本主义必然灭亡、社会主义必然胜利的历史发展大趋势，充分显示了马克思主义强大的真理性和生命力，为我们展示了马克思主义与世界社会主义发展的光明前景。

（一）马克思主义具有强大的生命力、创造力和感召力，是颠扑不破的真理

马克思主义自诞生之日起就显示其强大的生命力、创造力和感召力，它号召全世界无产阶级联合起来，推翻旧制度，建立新世界。当然，马克思主义的科学性在苏联解体、东欧剧变之后一度遭到一些人的质疑，认为马克思主义过时了，马克思主义还受到资本主义意识形态的攻击。但是中国特色社会主义的伟大成就用铁一般的事实击破了这一无稽之谈。中国特色社会主义之所以能够保持经济社会全面快速发展，其根本原因是以马克思主义为指导思想，坚持用马克思主义的观点、立场、方法认识世界和改造世界。马克思曾经指出："一切划时代的体系的真正的内容都是由于产生这些体系的那个时期的需要而形成起来的。"① 马克思主义是从实践中产生的，又随着实践的发展而发展。中国共产党人在实践中创新了马克思主义，赋予马克思主义以新的生命。中国的革命、建设和改革一直坚持以马克思主义为指导，并将马克思主义与中国的实际相结合，形成了马克思主义中国化的创新成果，即毛泽东思想、中国特色社会主义理论体系和习近平新时代中国特色社会主义思想。从中国新民主主义革命、社会主义革命建设、改革开放、社会主义现代化建设和中国特色社会主义新时代的历史进程可以看出，从马克思主义中国化时代化的发展历程可以看出，马克思主义不是一成不变

① 《马克思恩格斯全集》第3卷，人民出版社1960年版，第544页。

的，它是理论与实践相结合，根据时代发展的要求不断丰富和完善的理论，是有强大生命力的科学真理。在中国特色社会主义发展的今天，我们一定要继承、坚持、发展和创新马克思主义，不断推进马克思主义的中国化、时代化和大众化，坚定不移地巩固马克思主义在意识形态领域的指导地位，巩固全党全国人民团结奋斗的共同思想基础。

（二）金融危机和世界经济大萧条再次暴露了资本主义制度的腐朽性，世界历史进程雄辩地证明社会主义必然胜利

席卷全球的金融危机和经济大萧条再次暴露了资本主义制度的腐朽性，为世界社会主义的发展创造了良好的发展机遇，这无疑为苏联解体、东欧剧变后处于低潮中的世界共产主义不断走出低谷、走向复兴带来了时机。回首历史，可以清楚地看到，从科学社会主义诞生以来，世界历史进程已经发生了四次重大转折。第一次世界历史转折发生在20世纪初，其标志是1917年爆发的十月革命，开创了世界工人运动和社会主义运动的新篇章。第二次世界性历史转折发生在20世纪中期，其标志是1945年第二次世界大战之后一系列国家社会主义革命成功，形成了一个社会主义阵营。世界社会主义进入高潮。第三次世界性历史转折发生在20世纪末叶，其标志是20世纪80年代末90年代初的苏联解体、东欧剧变、社会主义阵营解体。世界社会主义进入低谷，这使世界形势发生了自第二次世界大战以来最为重大的变化与转折。第四次世界性历史转折发生在21世纪初，其标志是2008年爆发的国际金融危机和2019年暴发的新冠疫情引起的世界经济大萧条。中国特色社会主义的成功使世界社会主义运动呈低潮起步之势。社会主义运动正是在历史辩证法的曲折中前进，虽有挫败与失败，但总体上是曲折前行的，这一历史进程恰恰证明了马克思恩格斯在《共产党宣言》中所讲的

“两个必然”的铁律。

世界历史进程尽管曲折，有高潮，也有低潮；有前进，也有倒退；有成功，也有失败，但在总体上印证了马克思主义关于社会主义必然胜利的历史发展总趋势的判断是完全正确的，同时也说明社会主义战胜资本主义的历史进程不会是一帆风顺的，也绝不可能在短时间内实现，必须经过一个相当长的历史跨度，经过几十代乃至百代人千辛万苦甚至抛头颅洒热血的献身奋斗才能到来。因此，既要反对社会主义“渺茫论”，又要反对社会主义“速胜论”。不能因为挫折和失败，就对实现社会主义丧失信念和信心，也不能因为顺利和成功，就对实现社会主义盲目乐观和性急。

（三）人类社会的发展趋势必将是社会主义的全球化代替资本主义的全球化，世界社会主义前景光明

正如马克思所言，“对未来的革命的行动纲领作纯学理的、必然是幻想的预测，只会转移对当前斗争的注意力”①，“我们不想教条地预期未来，而只是想通过批判旧世界发现新世界”②。我们坚信只要资本主义社会的基本矛盾存在，那么世界社会主义的发展就具有必然性。社会主义的核心理念自产生以来，已经吸引了无数的仁人志士为之奋斗牺牲。事实证明，社会主义是人类社会唯一可取的发展方向。社会主义不是乌托邦，社会主义和共产主义必将代替资本主义的预言成为现实。

当然，世界社会主义的复兴当中还存在着各种困难和各种各样的矛盾。为了促进世界社会主义运动的复兴，作为我们学者来讲，笔者认为还需要加强两个方面的研究：一是要加强对社会主义实践经验与教训的研究，特别是要加强对苏联解体、东欧剧变原因的研

① 《马克思恩格斯选集》第4卷，人民出版社2012年版，第48页。

② 《马克思恩格斯文集》第10卷，人民出版社2009年版，第7页。

究，加强对中国特色社会主义成功的研究。二是要加强对当代资本主义本质和新特征的认识，特别加强对民主社会主义、新自由主义和历史虚无主义思潮的发难及其对国际共产主义运动发展的影响。只有把这些重大理论和实践问题搞清楚了，对世界社会主义前景的分析才能把握得更为准确，就更能增强对社会主义的道路自信、理论自信、制度自信和文化自信。国际风云变幻，我们所处的时代仍然没有超出马克思主义的理论视野，社会主义具有后发的爆发力，当代资本主义无论进行何种改良，仍然逃脱不了马克思主义科学预见的命运，世界社会主义前景光明。

（四）中国特色社会主义彰显了社会主义顽强的生命力，必将引领世界社会主义走向伟大复兴

恩格斯曾经指出："'社会主义社会'不是一种一成不变的东西，而应当和任何其他社会制度一样，把它看成是经常变化和改革的社会。"① 中国共产党人高度重视世界社会主义国家建设的成功经验和失败的教训，将社会主义制度与市场经济相结合，实现改革开放，实现了从高度集中的计划经济体制向充满活力的社会主义市场经济体制的历史性转变，成功地开创了中国特色社会主义道路。

实践证明，中国特色社会主义是对马克思主义关于社会发展模式的道路创新、理论创新和制度创新，是既坚持科学社会主义基本原则、坚持社会主义根本方向，又改革创新的成功之路。在国际金融风暴和经济大萧条的冲击下，西方资本主义一片混乱，前景黯淡，而我们在中国共产党的领导下，经受住了国际金融危机和经济大萧条的冲击，再次彰显了中国特色社会主义发展道路的正确性和马克思主义中国化时代化的科学性。中国发展道路与中国发展经

---

① 《马克思恩格斯选集》第4卷，人民出版社2012年版，第601页。

验，已然成为当今世界的时代性标志，也为人类文明的发展进步开辟了新的发展路径。

“长风破浪会有时，直挂云帆济沧海”。只要我们高举马克思主义旗帜，坚定不移地走中国特色社会主义道路，就一定能尽快实现中华民族伟大复兴的中国梦，就一定会对世界社会主义的光明前景产生巨大的影响，就一定会引领世界社会主义走向伟大复兴。

（此部分以王伟光教授、姜辉教授的研究成果为主）

第四章　世界各国共产党和国际共产主义运动

苏联解体、苏共亡党是20世纪发生的重大历史事件，对世界历史进程产生了重大影响，对世界范围内共产党组织及共产主义力量的影响是前所未有的。一方面，共产党组织受到很大冲击，有的解散消亡，有的改旗易帜，转变为社会民主主义类型的政党，或转变为在国内政治舞台上无足轻重的边缘激进团体。另一方面，许多共产党组织在逆境中坚持社会主义和共产主义奋斗目标，探索适合本国国情的理论战略和活动方式，取得了不同的成就，为国际共产主义运动延续了存在和发展的基础。

一　21世纪初国外共产党组织总体状况及发展前景

苏联解体、东欧剧变至今已经30多年，坚持下来的这些共产党组织经历了危机、分化、重组和更新，从捍卫生存到谋求新的作为，推动了国际共产主义运动在21世纪的发展。

苏联解体、东欧剧变之后，10个社会主义国家的共产党丧失了执政地位，广大非执政的共产党力量锐减，其数量从剧变之前的

180 多个下降到剧变之初的 120 多个。经过近 20 年的调整，国外共产党组织的力量有所恢复。目前，有 100 多个国家存在着共产党或坚持马克思主义性质的政党，大大小小的共产党组织总数约有 130 个（根据维基百科的说法，全世界现存的大大小小的共产党组织有 180 多个。这里采用国内研究者一般认同的统计数字），国外共产党党员总数有 1400 多万，越南、朝鲜、古巴、老挝等执政的社会主义国家党员人数约有 730 万，其他国家还有党员 700 多万。执政的共产党 7 个，除越南、朝鲜、古巴、老挝社会主义国家执政的共产党外，还包括摩尔多瓦共产党人党、塞浦路斯劳动人民进步党和尼泊尔共产党（毛主义）在非社会主义国家执政；参政的共产党有 11 个，包括巴西共产党、保加利亚共产党、圣马力诺重建共产党、南非共产党、斯里兰卡共产党、尼泊尔共产党（联合马列）、尼泊尔共产党（联合阵线）、尼泊尔共产党（联合中心—Masal）的阵线组织贾纳莫查党、叙利亚共产党（费萨尔派）、叙利亚共产党（巴格达什派）和乌拉圭共产党。

（一）国外执政的共产党概况

1. 社会主义国家执政的共产党

越南共产党、朝鲜劳动党、古巴共产党和老挝人民革命党现存社会主义国家的执政党，经受住了苏联解体、东欧剧变的考验，共产党的执政地位一直较为稳固。近 30 年来，各党党员数普遍有所增加。越南共产党党员从苏联解体、东欧剧变前的 200 万增加到现在的 240 多万，朝鲜劳动党党员从 300 万增加到 400 万，古巴共产党党员由 70 多万增加到 80 多万，老挝人民革命党党员由 8 万增加到 12 万多。

2. 非社会主义国家执政的共产党

摩尔多瓦共产党人党。该党原为苏联共产党的地方组织。苏联解体后，党的力量受到很大削弱，一度处于地下状态。1994 年，开始进行公开活动并于当年召开代表大会，重新建党。2001 年、2005 年，摩共在议会选举中两次取胜，连续成为执政党。该党以马克思列宁主义作为指导思想，强调自己是工人阶级、劳动人民和一切劳动者的政党。

塞浦路斯劳动人民进步党。该党是塞浦路斯最大和最早成立的政党。2003 年，它作为参政党，与民主党和社会民主运动党一起组建了联合政府。在 2008 年大选中，党的领导人赫里斯托菲亚斯当选为总统。该党党章规定，以马克思列宁主义为指导，是工人阶级和劳动人民的先锋队组织。现阶段，它支持建立一个独立、非军事化和不结盟的塞浦路斯。它将为建立一个发达的民主社会而斗争。

尼泊尔共产党（毛主义）。尼泊尔共产主义运动中存在两大流派，一是在合法斗争中发展壮大的尼共（联合马列），二是一直坚持武装斗争的尼共（毛主义）。苏联解体、东欧剧变后，尼共（联合马列）依据尼泊尔国情适时调整自身的政策纲领和斗争策略，抓住苏联解体、东欧剧变后尼泊尔进入民主化时期的机遇，多次参与联合政府或者自己单独执政。在 2008 年 4 月的议会选举中，尼共（毛主义）一鸣惊人，成为议会最大党，并成立了由尼共（毛主义）中央主席普拉昌达领导的新政府。尼共（联合马列）随后加入了联合政府。

（二）苏联东欧地区共产党概况

在苏联地区，俄罗斯联邦共产党（以下简称“俄共”）的实力最强，影响最大。1991 年，这个党曾被取缔，后经艰苦斗争重新争得合法权利。此后，俄共不但积极参加了历届国家杜马选举，而且推举领导人参加了三次总统大选。近年来，俄罗斯政治力量对比发生变化，俄共复兴的势头受阻；其内部思想分歧也日益加剧，多次发生分裂，力量受到很大削弱。党员人数由 2003 年初的 50 万人下降到目前不足 20 万人，基层组织由 2003 年初的 17500 多个减少到 14700 多个，目前有地方分部约 2400 个。

除俄共外，乌克兰、白俄罗斯、塔吉克斯坦、吉尔吉斯斯坦等国的共产党也是较有影响的。苏联解体、东欧剧变后，乌克兰共产党（以下简称“乌共”）与俄共的经历极为相似，也经过了被禁、重建、发展、分裂的历程。目前，曾经作为国内最大政党的乌共力量大为减弱，其党员数从高峰期的 25 万回落到 11 万。虽然在 2007 年的议会选举中，乌共实力有所回升，但要重返政治舞台主角地位，仍然任重道远。在白俄罗斯，原苏共党员在重新建党的过程中发生分裂，结果出现了白俄罗斯共产党人党和白俄罗斯共产党同时并存的局面。1993 年春，白俄罗斯共产党加入白俄罗斯共产党人党。但由于在对政府的态度上存在分歧，仅在三年半之后，这两个党很快分道扬镳。其中白俄罗斯共产党有条件地支持现政权，而白俄罗斯共产党人党则成了不妥协的反对派。中亚地区的塔吉克斯坦共产党是该国登记在册的 8 个政党中人数居第二位的政党，现有党员 7 万余名，在议会下院有 13 个议席，能够对国家的内政外交产生一定影响。在 2007 年的议会选举中，吉尔吉斯共产党人党获得总共 90 个议席中的 8 个，是议会第三大党。而在苏联地区的其他国家，共产主义运动的力量非常有限：有的共产党状况不佳，有的根本不允许重建共产党，有的共产党始终没有获得合法地位。

在前东欧地区，苏联解体、东欧剧变使得共产党受到了毁灭性打击。在波兰、罗马尼亚以及南斯拉夫解体后独立出来的巴尔干诸国，几乎看不到共产党人的踪迹。但在有些国家，如保加利亚、匈牙利、捷克、斯洛伐克、阿尔巴尼亚等国，共产党人重建了自己的组织，只是名称不同，力量不等，影响各异。其中尤其值得关注的是捷克共和国的波希米亚和摩拉维亚共产党。该党由原捷克斯洛伐克共产党演化而来，是后共产主义的东欧地区唯一一个没有在其名称中放弃使用共产党称号的前执政党。步入 21 世纪以来，该党的选举成绩一直相对稳定。

（三）发达资本主义国家共产党概况

目前，绝大多数发达国家存在共产党组织。在西欧地区，经过苏联解体、东欧剧变冲击后坚持下来的共产党，到 20 世纪 90 年代中期，组织和力量基本稳定下来。其中较有影响的有法国共产党（13 万多党员）、葡萄牙共产党（13 万多党员）、意大利重建共产党（9.6 万党员）和意大利共产党人党（3.5 万党员）、西班牙共产党（4 万多党员）、希腊共产党（3 万多党员）。另外，其他一些共产党也在低潮中坚持斗争。在北海和波罗的海沿岸，还有一些共产党组织继续存在，在近些年有所发展：芬兰共产党为斯堪的纳维亚地区最大的共产党，在国内有一定影响，虽然在议会中没有代表，但在包括赫尔辛基在内的一些城市拥有地方议员，该党宣称拥有党员 3000 人；芬兰共产主义工人党约有 200 人；瑞典共产党在 1995 年召开重建大会，在 2006 年议会选举中获得 438 张选票；丹麦共产党共有约 1000 名党员；挪威共产党约有 500 人。在德国，主要有三个共产主义派别，原西德地区的德国共产党、1982 年成立的德国马列主义党，以及成立于 1990 年的德国的共产党。老英国共产党在苏联解体、东欧剧变时演变为“民主左翼党”，目前在英国主要的共产主义政党，一个是英国共产党（也称“晨星报派”），是英国最大的共产党组织，在 2008 年的党代会上宣称拥有党员 941 人；另一个是 20 世纪 70 年代从老英国共产党分裂出来的新英国共产党。

美国共产党（以下简称“美共”）是美国左翼政党中人数最

多、影响最大的党。同其他发达资本主义国家的共产党一样，美共也因苏联解体、东欧剧变而受到巨大冲击。经过多年的重建努力，美共力量有所恢复。目前，几乎每个州都有美共的分支。登记在册的共产党员约有 5000 名，每月大约都有 160 名民众通过其网站入党。

日本共产党（以下简称“日共”）是当今世界最大的非执政共产党之一。由于早在 20 世纪 60 年代日共就同苏共发生了严重的分歧和矛盾，多年来日共与苏共一直呈对抗状态，因此在苏联解体、东欧剧变的冲击下，日共并没有像其他共产党那样遭遇内部危机。目前，日共的党员数从 1994 年的不到 36 万增加到约 40 万，党支部发展到 25000 个，党的基层组织网覆盖全国。但在国会选举中，日共的劣势并未得到明显改善。在 2007 年的日本参众议院中，日共总共只有 16 个议席。针对这种状况，日共及时进行了反思和调整，提出了一些直面日本社会要害问题的务实且大胆的新政策，比如呼吁解决社会差距问题，减免学费、让年轻人受到平等教育，推进老年人医疗制度，保障女性和年轻人就业权利等。日共的廉洁形象也深得民众认可。这使得日共人气飙升。仅在 2007 年 9 月至 2008 年 5 月间，就新增了约 8000 名党员。日本共产党至今仍然是发达资本主义国家最大的共产党组织。

（四）国外发展中国家共产党概况

苏联解体、东欧剧变对发展中国家共产党同样造成了深刻而广泛的冲击，但绝大多数共产党并未因此瓦解。相反，亚非拉地区许多共产党的实力和影响甚至有所扩大。在亚洲地区，印度的共产党力量比较强大。印度共产党成立于 1920 年，在 20 世纪 60 年代国际共产主义运动的大争论中，该党分化为印度共产党、印度共产党（马克思主义）［以下简称“印共（马）”］、印度共产党（马克思列宁主义）[以下简称“印共（马列）”] 三个党。其中印共（马）的力量最强。截至2004年，该党宣称拥有党员约86万，群众组织的成员约4915万，是全印度最大的左翼政党，也是资本主义国家中人数最多的共产党。印共（马）曾在西孟加拉邦执政逾30年，与其他民主政党在另外两个邦联合执政也有多年历史。另一共产党派别印度共产党现有党员60万左右，下属群众组织的总人数约600万。印共（马列）在印度喀拉拉邦具有很强的影响力。自1957年以来，以印共（马列）为首的左翼民主阵线和以国大党为首的联合民主阵线在该邦轮流执政。此外，这一地区较有影响的共产党还包括叙利亚共产党（费萨尔派）、叙利亚共产党（巴格达什派）、斯里兰卡共产党、黎巴嫩共产党（约有党员5000人）等。其中，前三个共产党在各国议会中拥有一定的议席数，通过执政联盟参与执政。

在非洲地区，南非共产党（以下简称“南非共”）是最有影响的共产党组织。苏联解体、东欧剧变后，南非共成为国内的合法政党。此后，其组织规模迅速扩大。1994年以来，南非共作为三方执政联盟的重要一方，连续参与执政。目前，南非现政府中有多位部长、副部长来自南非共产党。其他国家或地区的一些共产党组织，如塞内加尔独立和劳动党、留尼汪共产党、莱索托共产党等，也在政治层面发挥着一定作用。

在拉美地区，至今约有20个共产党活跃在政治舞台上。巴西共产党（以下简称“巴共”）是其典型代表。苏联解体、东欧剧变发生后，巴共在坚持高举马克思主义旗帜，捍卫无产阶级政党基本原则的基础上，及时调整内外政策，通过积极参与国家改革、加强与左派的团结等方式不断扩大党的力量和影响。巴共目前是仅次于古巴共产党的拉美第二大共产党组织。另外，智利共产党、阿根廷共产党、秘鲁共产党、玻利维亚共产党、哥伦比亚共产党、委内瑞拉共产党等也相对活跃。

（五）国外共产党组织发展前景

总的来看，苏联解体、东欧剧变后近30年来，在世界社会主义和共产主义低潮中坚持奋斗的国外共产党组织，经历了从顶住冲击压力到进行理论纲领和实践策略的调整、探求进一步发展的过程。它们根据新阶段世界经济、政治和文化领域等各方面的变化及其挑战，依据本国客观形势和环境的变化，基于自己的理论和实践传统，进行了新的探索，大都取得了一些成果。然而，由于所处国际国内环境的不同，也由于各自力量存在差异，它们的发展很不平衡，面临的问题也纷繁复杂，各有不同。

越南、朝鲜、古巴、老挝社会主义国家执政的共产党不断强化自身和政权建设，其治国理政能力显著增强，执政地位相对稳固。但这四个党也面临着诸多考验和挑战，如西方始终一贯推行的“和平演变”的压力，在社会主义条件下发展市场经济的巨大考验，经济发展过程中出现的贪污腐败等消极现象的影响，在一党执政条件下如何推进社会主义民主建设的要求，如何实现社会效率与社会公正的统一，等等。

摩尔多瓦共产党等在非社会主义国家通过议会选举合法上台执政，这是21世纪出现的、世界社会主义运动史上前所未有的新现象。作为非社会主义国家的执政党，能否长期执政显然是其面临的主要任务。而要实现长期执政，取决于许多因素的影响，其中关键一点是能否把本国经济建设好，能否实现社会公平。此外，从在野党转型为执政党，也对这些党的自身建设提出了新要求。

对于非执政的共产党组织而言，当前的主要任务，一是继续捍卫生存，巩固自己在国内政治舞台上的地位；二是推进适合形势发展和本国人民要求的理论与实践创新，制定适宜的纲领战略，争取越来越多的群众支持，扩大自己的社会基础，增强自己同右翼资本主义势力作斗争的能力。在条件具备的时候，可以谋求参与政府活动，影响政治决策，使之有利于中下层广大群众的利益。同时，要高度重视在议会或政府外进行动员组织广大群众的活动，开展广泛的社会斗争。从实践看，当前坚持下来的各国共产党普遍摆脱了苏联解体、东欧剧变之初极端困难的局面，在国内政治中的影响程度不同地有所回升，有的党甚至能够直接或通过执政联盟参与执政。但是，非执政共产党的整体表现仍然起伏不定、时好时坏。近一段时间以来，一些主要共产党的影响甚至呈下降态势，在近年的总统和议会选举中获得的选票数连创新低。同时，党内分裂和理论滞后也是国外非执政共产党面临的主要问题。许多共产党虽然进行了探索和调整，但一些深层次的理论问题并没有得到有效回答。理论上的滞后或含混，制约着它们的长远发展。

总之，国外共产党组织在苏联解体、东欧剧变后的实践活动，对于恢复人们对社会主义和共产主义的信仰和追求，维护和争取广大劳动人民的利益，对于促进社会进步，对于推动国际共产主义运动走出低谷实现振兴，具有重要的意义。它们在新的形势和环境下所进行的调整、探索和创新，为解答资本主义如何过渡到社会主义这一历史性课题，提供了许多新的有益启示。它们的斗争成就也使人们在国际共产主义运动处于低潮条件下看到了社会主义的前途和希望。同时，制约各共产党和世界社会主义运动发展的外部环境依然严峻，各共产党进行的探索也只是初步的，自身建设也面临许多难题和挑战。国外共产党组织要从整体上实现大的发展，还有很长一段路要走。根据时代变化，制定出适合本国国情的战略与策略，仍是当前国外共产党及其他社会主义力量面临的迫切而艰巨的任务。

二　中国共产党百年和马克思主义中国化的伟大进程

2021年是中国共产党成立100周年，在这样一个伟大而特殊的历史时刻，回顾中国共产党领导中国人民进行革命、建设、改革的百年奋斗历程，总结中国共产党带领全国人民不懈探索马克思主义同中国具体实践相结合的历史经验，深刻认识和准确把握不同历史时期我们党坚持、丰富和发展马克思主义的规律和特点，对于在新的历史起点上坚持和发展马克思主义，不断推进马克思主义中国化时代化，运用中国化的马克思主义指导实践，具有十分重要的理论和实践意义。

（一）把马克思主义作为党的根本指导思想和理论基础，是中国共产党人首要的政治选择

中国共产党是以马克思主义为指导的工人阶级政党，把马克思主义作为党的根本指导思想和理论基础，既是由党的性质所决定的，也是由近代以来中国的具体国情、中国所处的世情、世界历史时代发展大势所决定的。

理论一经掌握群众，就会变成强大的物质力量。马克思指出："批判的武器当然不能代替武器的批判，物质力量只能用物质力量来摧毁；但是理论一经掌握群众，也会变成物质力量。"[①] 任何一个社会形态的物质基础和条件必然产生相应的思想理论。作为先进生产力首要因素的工人阶级及其赖以生存的生产方式，必然产生先进的思想理论。工人阶级及其阶级意识与由该阶级意识上升为观念形

① 《马克思恩格斯文集》第1卷，人民出版社2009年版，第11页。

态的先进思想是一致的。工人阶级作为先进生产力的物质力量，一旦接受并实际运用先进思想，与先进思想相结合，必然形成改造旧世界的强大物质力量，必然付诸改造世界的伟大实践，实现推翻人剥削人的资本主义社会，创造美好的社会主义和共产主义社会的伟大变革。

马克思主义理论是马克思、恩格斯在继承人类优秀文化遗产、总结工人运动经验基础上，所创造的关于无产阶级和全人类解放的先进思想，是无产阶级根本利益的科学理论。马克思主义创始人不仅发现资本主义必然灭亡、社会主义必然胜利的历史规律，而且发现了资本主义的掘墓人——工人阶级，认为只有工人阶级才能肩负起消灭资本主义的历史使命，只有依靠无产阶级及人民大众这一最强大的物质力量，通过无产阶级革命和无产阶级专政，才能摧毁资本主义，彻底埋葬旧社会，建设一个全新的世界。马克思主义经典作家把这一先进思想赋予了工人阶级及其广大人民群众。

列宁指出："工人本来也不可能有社会民主主义的意识。这种意识只能从外面灌输进去……"① 工人阶级是不能自发地产生先进思想和革命理论的，工人阶级的先进思想是由工人阶级的先进知识分子发掘、总结和概括出来的。工人阶级与先进思想相结合，必须是由工人阶级的先进分子所组成的工人阶级政党从外部灌输到工人阶级头脑中，工人阶级只有掌握了马克思主义这一先进思想，才能由自在的阶级变成经先进理论武装起来的自为的阶级。也就是说，工人阶级一旦与马克思主义相结合，才能够迸发出打碎旧社会、建立新社会的强大物质能量，成长为大有可为的自为的阶级。

马克思主义是工人阶级的世界观，是工人阶级求解放、谋幸福

① 《列宁选集》第1卷，人民出版社1995年版，第317页。

的思想法宝。在马克思主义诞生之前，工人运动处在自发阶段，单纯的以经济斗争为目的，斗争的手段不外乎是捣毁机器和无明确政治目的的罢工示威等。马克思主义诞生以后，经过马克思主义政党在工人阶级中推进的舆论传播、思想教育与理论武装，工人运动进入一个崭新的历史阶段。马克思主义这一真理与工人阶级的伟大物质力量相结合，经过160余年的沧桑，已经发挥并正在发挥着改造世界的巨大威力。

马克思主义一经与中国工人阶级的伟大实践相结合，立刻并持久地生发出强大的物质力量。中国工人阶级的先进分子选择了马克思主义，接受了马克思主义，走上马克思主义指引的正确道路，是经过长期的、艰苦的探索之后所做出的唯一正确的历史选择。在近代中国历史上，为了拯救生活在水深火热之中的中华民族，曾经涌现出一批有作为的先进人物，提出种种救国图强方案，为中华民族振兴做出了不懈的努力。然而，旨在救国救民的斗争和探索，譬如，志在推翻清朝封建统治的太平天国农民起义，具有反对外国列强侵略性质的禁烟运动，企图引进西方近代工业文明以维持封建统治的洋务运动，试图保留皇权的资产阶级改良运动的戊戌变法，群众性的义和团运动，孙中山领导的旧式资产阶级民主主义的辛亥革命……虽然每一次都在一定的历史条件下推动了中国进步，但又一次一次地归于失败。究其主观上的根本原因，就是没有正确的理论指导。除了旧式农民起义外，在半殖民地半封建性质的旧中国，幻想运用资产阶级思想武器，采取改良主义的或资产阶级旧式民主主义革命的方式，建立资产阶级民主共和国，走资本主义富国道路，是不可能解救中国、复兴中华的，外国帝国主义列强不允许，中国封建统治阶级也不允许。这是近代中国半殖民地半封建社会的国情，世界已进入帝国主义和无产阶级革命时代大趋势所决定的。

中国共产党人自从把马克思主义作为思想指导，把马克思主义运用于中国革命、建设和改革实际，中国工人阶级和人民面貌从此焕然一新。中国共产党是马克思主义与中国工人运动相结合的产物。经历五四运动洗礼，中国先进知识分子通过十月革命接受了马克思主义，认识到中国必须选择社会主义作为实现中华民族复兴伟业的唯一出路，选择社会主义道路，就必然选择工人阶级作为领导阶级，选择工人阶级政党作为领导核心，选择马克思主义作为指导思想。中国工人阶级的先进代表找到马克思主义，把马克思主义作为指导思想，缔造了中国共产党，以马克思主义武装起来的中国共产党带领人民走出了一条民族复兴的光明之路。

以毛泽东同志为主要代表的中国共产党人，自觉运用马克思主义立场观点方法深刻分析中国社会的性质和特征，正确剖析中国社会各阶级的状况、关系及其在中国社会中的地位，科学把握中国革命的规律和特点，逐步形成了指导中国革命的正确的路线、方针、政策和战略、策略，成立了中华人民共和国，取得了新民主主义革命的伟大胜利。

中华人民共和国成立以后，党不失时机地制定了社会主义过渡时期的总路线，成功地进行了社会主义革命，完成了社会主义所有制改造，建立了社会主义制度，取得了先进行新民主主义革命、再不间断地进行社会主义革命的分“两步走”的中国革命的伟大胜利。在社会主义建设时期，毛泽东同志身体力行，领导全党进行了社会主义建设的艰辛探索，取得了伟大的成就。党的十一届三中全会以后，中国进入了改革开放和社会主义现代化建设新时期。邓小平同志领导全党紧紧围绕改革开放和社会主义现代化建设的实际，以巨大的政治勇气和理论勇气，开辟了中国特色社会主义伟大事业，成功地走出了中国特色社会主义道路。党的十八大标志着中国特色社会主义进入新时代，这意味着近代以来久经磨难的中华民族迎来了从站起来、富起来到强起来的伟大飞跃，迎来了实现中华民族伟大复兴的光明前景。中国共产党百年奋斗的历史和实践一再证明，把马克思主义作为党的根本指导思想和理论基础，把社会主义作为实现中华民族振兴的正确出路，是中国共产党唯一正确的政治选择。

（二）把马克思主义普遍真理和中国实际相结合，是中国共产党成功的根本经验

把马克思主义普遍真理与中国革命、建设、改革和新时代的实践相结合，不断推进马克思主义中国化时代化，用中国化的马克思主义指导具体实践，这是中国共产党成功的秘诀。

马克思主义中国化是马克思主义与中国实际相结合的理论产物。马克思主义中国化，就是把马克思主义基本原理与中国实际相结合，吸收中国和外国先进思想的精华，用中国气派、中国特色的理论话语体系所建构起来的中国化的马克思主义。中国化的马克思主义，是对马克思主义的创新、丰富和发展。中国共产党人从百年成功和失败的经验教训中深切体会到，把马克思主义与中国实际相结合，创造中国化马克思主义的极端重要性。

把马克思主义与中国实际相结合的过程，就是马克思主义中国化的过程。正如中国共产党的一百年波澜壮阔的历史一样，马克思主义中国化的进程也不是一帆风顺的。中国共产党人是在批判教条主义、经验主义等主观主义的斗争过程中，实现马克思主义普遍真理和中国实际相结合的。

在中国共产党历史上，脱离中国实际的教条主义曾经造成严重危害，几乎葬送了党的事业。大革命时期，陈独秀右倾机会主义脱离中国实际，致使党在强大敌人的突然袭击下遭到惨重失败，已经

发展到近 6 万名党员的党只剩下了 1 万多名党员，轰轰烈烈的大革命归于失败。土地革命战争时期，王明“左”倾机会主义把马克思主义教条化，把共产国际决议和苏联经验神圣化，用马克思主义书本上的现成结论裁剪中国革命实际，使革命根据地和白区的革命力量遭受到极大损失，中央革命根据地几近丧失，红军从 30 万人锐减到 3 万人左右。中国共产党早期的“左”倾机会主义错误导致中国革命历经曲折，甚至一度陷入绝境。

大革命失败后，以毛泽东同志为主要代表的中国共产党人走上创建工农武装，开展武装斗争，以农村包围城市的中国革命正确道路。马克思主义经典作家着重分析的是在西方资本主义国家进行无产阶级革命的问题。无论是巴黎公社革命，还是俄国十月社会主义革命，都是主要依靠工人阶级在中心城市发起武装起义，夺取政权的。在农民人口占绝大多数、产业工人数量比较少的半殖民地半封建社会的中国，如何发挥马克思主义的指导作用，指导中国这样一个相对落后的东方大国进行武装革命，夺取政权，走社会主义道路，这是一个极为复杂的实践难题，既没有现成的结论可以照办，又没有现成的经验可以照搬。

毛泽东同志一贯重视党的思想路线问题，对于教条主义深恶痛绝，他先后多次对教条主义进行集中批判。为反对当时党内和红军队伍中的教条主义思想而撰写的《反对本本主义》，成为马克思主义中国化的标志性文献，为马克思主义中国化奠定了理论基础。作为党内正确路线的主要代表，毛泽东同志从实际而不是本本出发，深入调查研究，科学分析国情、世情，科学认识中国革命形势，将马克思主义基本原理与中国具体实际相结合，在事关中国革命的前途命运、战略策略的重大原则问题上取得了科学结论，实现了马克思主义的中国化，在中国化的马克思主义指导下，成功地走出了一条中国革命的正确道路。

在中国社会主义建设道路的探索进程中，我们党虽创造了伟大的成就，但也曾经出现过离开马克思主义思想路线的严重错误。江泽民同志《在庆祝中国共产党成立八十周年大会上的讲话》中指出："我们党在历史上的一些时期曾经犯过错误，甚至遇到严重挫折，根本原因就在于当时的指导思想脱离了中国的实际。我们党能够依靠自己和人民的力量纠正错误，战胜挫折，继续胜利前进，根本原因就在于重新恢复和坚持贯彻了解放思想、实事求是的思想路线。"① 中国共产党是最善于从失败中吸取经验教训的马克思主义政党。党的十一届三中全会是我们党历史上继遵义会议之后的又一次在关键时刻召开的关键会议。党的十一届三中全会重新恢复和坚持了实事求是的思想路线，一切从实际出发，走自己的道路，开辟了中国特色社会主义新局面，取得改革开放的伟大成就，中华民族伟大复兴的中国梦即将实现的曙光就像一轮红日喷薄而出。

无论是在新民主主义革命时期，还是社会主义建设时期，脱离了中国实际或者违背了马克思主义，我们的事业就会遭遇挫折。从成功和失败的经验教训中，中国共产党人深切感悟到把马克思主义普遍真理和中国实际相结合的至关重要性。

马克思主义中国化的问题，实质上就是哲学的"普遍性"与"特殊性"，即共性与个性的辩证关系问题。普遍性寓于特殊性之中，根本不存在离开特殊性的普遍性，普遍性来自特殊性，离开了特殊性，普遍性也就失去了意义，成为抽象的教条。所谓马克思主义中国化，就是运用马克思主义的"普遍"，即马克思主义世界观和方法论，而不是马克思主义的具体结论，去说明和解决中国的

① 《江泽民文选》第3卷，人民出版社2006年版，第283页。

"特殊"问题，形成与中国实际相结合的马克思主义，即中国化的马克思主义。毛泽东同志把这一条马克思主义的哲学真谛生动地概括为实事求是的哲学精髓，从党的思想路线高度解决了马克思主义中国化的哲学依据问题。早在井冈山斗争时期，毛泽东同志就已经从思想路线高度论及马克思主义中国化问题。他在1930年就明确指出："马克思主义的'本本'是要学习的，但是必须同我国的实际情况相结合。"[①] 在1936年《中国革命战争的战略问题》一文中，他从哲学高度科学地阐明了"普遍性"与"特殊性"的辩证关系。在1937年的《实践论》《矛盾论》两部马克思主义哲学中国化的经典论著中，他科学地论证了矛盾的"普遍性"和"特殊性"的哲学原理，说明了马克思主义是"普遍"，而中国革命是"特殊"，马克思主义的"普遍"必须与中国革命的"特殊"相结合，形成了马克思主义与中国具体实践相结合的马克思主义中国化的基本理念。1938年10月，在延安召开的党的六届六中全会上，毛泽东同志作了题为"论新阶段"的政治报告，首次对马克思主义中国化问题作了深刻论述，他说"离开中国特点来谈马克思主义，只是抽象的空洞的马克思主义。因此，马克思主义的中国化，使之在其每一表现中带着中国的特性，即是说，按照中国的特点去应用它，成为全党亟待了解并亟须解决的问题"。[②] "洋八股必须废止，空洞抽象的调头必须少唱，教条主义必须休息，而代之以新鲜活泼的、为中国老百姓所喜闻乐见的中国作风和中国气派。"[③] 这里，毛泽东同志明确提出了马克思主义中国化的实质、方法和形式问题。他关于马克思主义中国化的经典论述，开辟了马克思主义在中国实

① 《毛泽东选集》第1卷，人民出版社1991年版，第111—112页。

② 《建党以来重要文献选编（1921—1949）》第15册，中央文献出版社2011年版，第651页。

③ 《毛泽东选集》第3卷，人民出版社1991年版，第844页。

践中创新发展的新境界。

普遍性与特殊性相结合是马克思主义中国化的哲学根据。马克思主义活的灵魂就是具体问题具体分析。解决中国问题，一定要把马克思主义“普遍”原理与中国特殊的具体实际实现灵活的结合。

我们党始终重视把马克思主义普遍真理和中国实际相结合，党的历代领导人都是重视并实现“结合”的光辉典范。1939 年，毛泽东同志在《〈共产党人〉发刊词》中，总结十八年来党的建设的历史和经验，明确提出了“将马克思列宁主义的理论和中国革命的实践相结合”①。邓小平同志指出：“只有结合中国实际的马克思主义，才是我们所需要的真正的马克思主义。”② 在新民主主义革命、社会主义革命和社会主义建设时期，毛泽东同志带领全党成功实现了马克思主义与中国实际相结合，取得了中国革命的伟大胜利，取得了中国社会主义建设的巨大成就，为中国特色社会主义道路的开辟奠定了制度前提、物质基础和理论准备，创造了马克思主义与中国实际相结合的典范。

在社会主义改革开放新时期和中国特色社会主义新时代，我们党开辟了中国特色社会主义道路、创立了中国特色社会主义理论体系、确立了中国特色社会主义制度，这也都是坚持马克思主义与中国实际相结合的伟大成果。邓小平同志指出：“把马克思主义的普遍真理同我国的具体实际结合起来，走自己的道路，建设有中国特色的社会主义。这就是我们总结长期历史经验得出的基本结论。”③ 邓小平同志带领全党创造性地创立了马克思主义与中国实际相结合的新时期的典范。

---

① 《毛泽东选集》第 2 卷，人民出版社 1991 年版，第 611 页。
② 《邓小平文选》第 3 卷，人民出版社 1993 年版，第 213 页。
③ 《邓小平文选》第 3 卷，人民出版社 1993 年版，第 3 页。

江泽民同志全面总结中国共产党八十年的奋斗业绩和基本经验时指出："八十年的实践启示我们，必须始终坚持马克思主义基本原理同中国具体实际相结合，坚持科学理论的指导，坚定不移地走自己的路。"[①] 胡锦涛在总结改革开放经验时指出："在三十年创造性实践中，我们经过艰辛探索，积累了宝贵经验。概括起来说，就是党的十七大阐明的'十个结合'。"[②] 其中第一个结合就是"必须把坚持马克思主义基本原理同推进马克思主义中国化结合起来，解放思想、实事求是、与时俱进，以实践基础上的理论创新为改革开放提供理论指导"[③]。江泽民同志与胡锦涛同志带领全党持续推进马克思主义与中国实际相结合，创造了新的典范。

党的十八大以来，习近平总书记反复强调学习马克思主义的重要性，要求全党认真学习马克思主义，把握马克思主义中国化最新成果，把马克思主义与当代中国实际相结合，用科学理论武装头脑、指导实践、推动工作。习近平同志领导全党创造了马克思主义的基本原理和新时代中国特色社会主义的具体实际相结合的最新典范。

在马克思主义中国化时代化的进程中，中国共产党实现了三次伟大结合，完成了三次历史性飞跃，产生了三个马克思主义中国化时代化的理论成果。

中国共产党一百多年奋斗的历史，就是马克思主义中国化时代化的历史。中国共产党成立以来，一代代中国共产党人始终坚持把马克思主义基本原理同中国具体实际相结合，在与中华优秀传统文化相结合的伟大实践中，不断推进马克思主义中国化时代化，不断

---

① 《江泽民文选》第3卷，人民出版社2006年版，第270页。
② 《胡锦涛文选》第3卷，人民出版社2016年版，第156页。
③ 《胡锦涛文选》第3卷，人民出版社2016年版，第156—157页。

用中国化时代化的马克思主义指导中国实践，正是中国共产党一百多年成功的根本经验。

中国社会的国情实际、中国革命的需求实际孕育了毛泽东思想。以毛泽东同志为主要代表的中国共产党人运用马克思主义基本原理，分析中国半殖民地半封建的社会形态和阶级状况，明确了中国新民主主义革命的性质、对象、任务和动力，提出了通过新民主主义革命，再不间断地进行社会主义革命，而走向社会主义的中国革命“两步走”战略，形成了新民主主义革命理论，制定了新民主主义革命的总路线，实施了党的建设伟大工程，开辟了一条农村包围城市、武装夺取政权的革命道路。

经过长期的斗争和艰苦的探索，毛泽东同志和他的战友们缔造了一个用马克思列宁主义革命理论和革命风格武装起来的、具有广泛群众性的无产阶级政党，一个在党的绝对领导下为人民的解放事业英勇奋战的人民军队，一个团结全民族绝大多数人共同奋斗的统一战线。我们党依靠这三大法宝，经过 28 年的浴血奋战，推翻了压在中国人民头上的“三座大山”，取得了新民主主义革命的伟大胜利，成立了中华人民共和国。中国人民从此站起来了，近代世界历史上那种看不起中国人，看不起中国文化的时代结束。正是在艰苦卓绝的革命斗争中，毛泽东从理论上创造性地阐明了中国半殖民地半封建社会的性质与特征，揭示了中国新民主主义革命的规律与特点，明确了指导新民主主义革命的正确的路线、方针、政策和战略、策略，创立了毛泽东思想这一马克思主义中国化时代化的理论成果，创造性地回答了在半殖民地半封建的中国“进行什么样的革命、怎样进行革命”的问题，成功地取得中国新民主主义革命和社会主义革命的胜利，建立了社会主义的中华人民共和国，进行了社会主义建设的艰辛探索，形成了马克思主义中国化时代化的第一个理论成果——毛泽东思想，实现了马克思主义中国化时代化的第一次历史性飞跃。

社会主义制度建立以后，中国共产党几代中央领导集体带领全党全国人民积极探索社会主义建设的正确道路，在实践中奠定了社会主义现代化建设的物质基础、制度基础和理论基础，成功开创中国特色社会主义伟大事业，走出中国特色社会主义的正确道路，建立中国特色社会主义制度，形成中国特色社会主义理论体系，在马克思主义中国化时代化的历史进程中，实现了马克思主义中国化时代化新的飞跃。

从总体上看，以党的十一届三中全会为标志，社会主义建设可分为前30年与后40年两个历史时期。前30年是中国社会主义建设道路艰辛探索时期，既是马克思主义中国化第一次历史性飞跃的延伸，又为后40年中国特色社会主义建设时期提供了物质上、制度上、思想上、理论上的准备。在前30年，毛泽东同志领导全党和全国人民对社会主义建设道路进行了艰苦卓绝的探索。有成就，也有失误，有经验，也有教训。在曲折探索过程中所形成的关于社会主义建设的一系列正确思想，既丰富了毛泽东思想，又为中国特色社会主义理论体系的形成做了重要的理论准备。改革开放前和改革开放后的两个历史时期，本质上都是中国共产党领导人民进行社会主义建设的实践探索。中国特色社会主义是在中华人民共和国已经建立起社会主义基本制度并进行了20多年建设的基础上开创的。改革开放后的中国特色社会主义实践探索是对前一个时期实践探索的坚持、完善和发展。

党的十一届三中全会以后，我国进入了改革开放和社会主义现代化建设新时期。在新时期，我们党紧紧围绕改革开放和社会主义现代化建设的目标任务，以巨大的政治勇气和理论勇气，开辟了中国特色社会主义伟大事业，不断推进实践基础上的理论创新，创造性地回答了“什么是社会主义，怎样建设社会主义”“建设什么样的党，怎样建设党”和“实现什么样的发展，怎样发展”等问题，从而创立了邓小平理论，形成了“三个代表”重要思想和科学发展观。

党的十一届三中全会后，我们党在领导改革开放和社会主义现代化建设新的伟大革命实践中，成功推进了马克思主义中国化时代化的历史。以邓小平同志为主要代表的中国共产党人，系统回答了“什么是社会主义、怎样建设社会主义”这一根本问题，创立了邓小平理论。以江泽民同志为主要代表的中国共产党人，加深了对“建设什么样的党、怎样建设党”的认识，形成了“三个代表”重要思想。以胡锦涛同志为主要代表的中国共产党人，深刻认识和回答了新形势下“实现什么样的发展、怎样发展”等重大问题，形成了科学发展观。这进一步深化了对“三大规律”的认识，开拓了马克思主义新境界。

“什么是社会主义，怎么建设社会主义”，这是一个重大课题。邓小平指出，“什么是社会主义，如何建设社会主义……要搞清楚这个问题”。[①] 邓小平关于社会主义本质的论述把生产力放在极其重要的地位，指出搞社会主义，一定要使生产力发达，贫穷不是社会主义。这就回答了什么是社会主义，要求我们一切从实际出发，走中国人自己的道路。什么是一切从实际出发？首先，要从本国的生产力发展实际状况出发来进行社会主义建设；其次，不要照抄照搬别国的经验和模式，走自己的道路。这是对怎么建设社会主义的回答，把对社会主义的认识提高到一个新的水平，指导中国人民开创

① 《邓小平文选》第3卷，人民出版社1993年版，第116页。

了中国特色社会主义发展道路和伟大事业。

“三个代表”重要思想，第一个代表就是代表先进生产力，也就是要不断地解放和发展生产力，并将其提高到党的性质、党的建设的高度来认识，把发展生产力同党的执政理念、党的先进性建设和执政能力建设联系在一起。江泽民同志提出“发展是执政兴国的第一要务”，强调全面理解发展问题；提出要正确处理社会主义现代化建设中的若干重大关系，把握好发展、稳定和改革的关系，处理好建设与效益、数量与质量的关系；提出关键要更新发展思路，实现增长方式的转变，由粗放型转变到集约型，这些都对中国特色社会主义的发展思路作了战略调整。“三个代表”重要思想在回答“什么是社会主义、怎样建设社会主义”的基础上，回答了“建设什么样的执政党、怎样建设执政党”这个重大课题。

胡锦涛同志站在历史和时代的高度，总结国内外在发展问题上的经验教训，吸收人类文明进步的新成果，深刻认识和回答了新形势下“实现什么样的发展，怎样发展”等重大问题，形成了科学发展观，成功在新形势下坚持和发展了中国特色社会主义。

邓小平理论、“三个代表”重要思想、科学发展观是突破经济文化落后国家建设社会主义历史难题的科学理论，比较系统地回答了中国这样一个经济文化比较落后的东方大国建立社会主义制度以后，怎样建设、巩固和发展社会主义的一系列重大问题，取得了历史性的突破。经过长期的实践探索和经验总结，邓小平理论、“三个代表”重要思想、科学发展观形成了一系列相互联系的基本观点，构成了中国特色社会主义理论体系的基本内容。

在新时期，中国共产党人把马克思主义基本原理同改革开放和社会主义现代化建设实际相结合，创造性地走出了中国特色社会主义的成功之路，形成了中国特色社会主义理论体系，实现了马克思主义中国化时代化新的飞跃。中国特色社会主义理论体系是当代中国的马克思主义，是马克思列宁主义、毛泽东思想在中国发展的新形态。这一理论体系是改革开放和社会主义现代化建设新时期中国共产党的理论创新成果，是马克思主义中国化时代化新的飞跃的理论成果，也是中国共产党非常宝贵的政治和精神财富。习近平总书记指出："在当代中国，坚持中国特色社会主义理论体系，就是真正坚持马克思主义。"①

实践没有止境，理论创新也没有止境。中国共产党人坚持和发展马克思主义，持续不断地把马克思主义基本原理同中国具体实际相结合、同中华优秀传统文化相结合。党的十八大以来，以习近平同志为核心的党中央始终坚持马克思列宁主义、毛泽东思想、邓小平理论、"三个代表"重要思想、科学发展观，结合新的时代条件和实践要求，创立了习近平新时代中国特色社会主义思想，实现了马克思主义中国化时代化新的飞跃。

习近平新时代中国特色社会主义思想贯穿着马克思主义认识世界和改造世界的立场、观点、方法，集中体现了马克思主义的理论品格和精神实质，闪耀着马克思主义的真理光辉。这一重要思想聚焦一系列重大历史主题与时代课题，科学回答了一系列重大理论与实践问题，极大地推进了马克思主义基本原理同中国具体实际、同中华优秀传统文化的伟大结合，极大地推进了马克思主义中国化时代化的历史进程。

习近平新时代中国特色社会主义思想是我们党理论创新的新成果。中国共产党人从一开始就高举马克思主义旗帜，毫不动摇地坚持马克思主义指导地位。中国共产党人在长期的革命、建设、改革

---

① 《习近平谈治国理政》第1卷，外文出版社2018年版，第9页。

的历史进程中，坚持把马克思主义基本原理同当代中国实际和时代特点紧密结合起来，不断推进马克思主义中国化时代化的历史进程，形成重大的理论创新成果。把马克思主义基本原理与时代特征和实践需要相结合，不断推动马克思主义中国化和时代化是我们党百年奋斗的宝贵经验。

习近平新时代中国特色社会主义思想牢牢坚持马克思列宁主义的基本原理，旗帜鲜明地坚持、捍卫和发展了马克思主义及其中国化时代化理论，使马克思主义不断在新的历史条件下释放出耀眼的真理光芒；充分吸收中华优秀传统文化的丰厚滋养，不断推进中华优秀传统文化的创造性转化和创新性发展，使马克思主义基本原理进一步与中华优秀传统文化相结合，将马克思主义中国化时代化推向新高度；以发展着的中国特色社会主义实践为基础，以当代世界格局和时代特征为背景，不断深入总结实践经验，推进理论创新，在坚持马克思主义基本原理的基础上，以更宽广的视野、更长远的眼光，深入思考并科学回答了党和国家发展面临的一系列重大战略问题，拓展了新视野，作出了新概括，形成了当代中国马克思主义的最新理论成果，极大地推动了党的创新理论的最新发展。

习近平新时代中国特色社会主义思想，一方面，继承和发展了毛泽东思想、邓小平理论、“三个代表”重要思想、科学发展观，继续牢牢抓住中国特色社会主义这个根本主题，进行深入的理论探索。另一方面，科学把握中国特色社会主义进入新时代的历史方位和主要矛盾，从理论和实践结合上，系统科学回答新时代坚持和发展中国特色社会主义这个重大时代课题，阐述了新时代中国共产党的历史使命，确定了决胜全面建成小康社会、全面建设社会主义现代化国家的目标，对新时代推进中国特色社会主义伟大事业和党的建设新的伟大工程作出了全面部署，创造性地阐述了党的基本理论、基本路线和基本方略，形成了一个主题鲜明、逻辑严谨、系统完整的科学理论体系，进一步丰富和发展了中国特色社会主义理论体系，是当代中国马克思主义、二十一世纪马克思主义，是中华文化和中国精神的时代精华，实现了马克思主义中国化和时代化新的飞跃。

习近平新时代中国特色社会主义思想，继承和发展了当代中国马克思主义一系列理论成果，既是中国特色社会主义理论体系的重要组成部分，又是中国特色社会主义理论体系的丰富和创新，是党和人民实践经验和集体智慧的结晶，是全党全国人民为实现中华民族伟大复兴而奋斗的行动指南。可以说，习近平新时代中国特色社会主义思想的创立与发展，在中国共产党发展史上、中华人民共和国发展史上、马克思主义理论发展史上、马克思主义中国化时代化发展史上都具有里程碑式的、划时代的重要政治意义、理论意义和实践意义。

习近平新时代中国特色社会主义思想体现了中国特色社会主义伟大实践的新飞跃。中国特色社会主义是引领当代中国一切发展进步的伟大旗帜，也是中华人民共和国成立以来特别是改革开放以来全部理论与实践创新最重大的主题。习近平新时代中国特色社会主义思想一以贯之地坚持这个重大主题，突出地集中到“新时代坚持和发展什么样的中国特色社会主义、怎样坚持和发展中国特色社会主义”这一重大的历史性课题上。坚持解放思想、实事求是、与时俱进、求真务实，对关系新时代党和国家事业发展的重大理论和实践问题进行了深邃思考和科学判断，运用辩证唯物主义和历史唯物主义回答中国之问、世界之问、人民之问、时代之问。以宏大的历史视野观察中国特色社会主义所处的历史方位，敏锐地捕捉到社会主要矛盾的变化，以此为依据作出了中国特色社会主义进入新时代的重大判断，精准标定了中国特色社会主义新的发展阶段，不断探索新的历史条件下建设社会主义的目标、方略、理念等一系列重大问题，解决了新时代坚持和发展中国特色社会主义的总目标、总任务、总体布局、战略布局和发展方向、发展方式、发展动力、战略步骤、外部条件、政治保证等一系列基本问题，把坚持和发展中国特色社会主义的思想和理论推进到新的水平和阶段，形成了一系列新的重要思想、重要观点、重大判断、重大举措，确立了新时代党的全部理论基础和行动指南，为实现第一个百年奋斗目标、开启实现第二个百年奋斗目标新征程，实现中华民族伟大复兴指明了现实路径。

新时代中国特色社会主义的基本方略，是习近平新时代中国特色社会主义思想的具体化，是习近平新时代中国特色社会主义思想的有机构成。基本方略从具体操作上，从理论和实践的实际落实上，明确提出了新时代坚持和发展中国特色社会主义必须牢牢把握“十四个坚持”：坚持党对一切工作的领导，坚持以人民为中心，坚持全面深化改革，坚持新发展理念，坚持人民当家作主，坚持全面依法治国，坚持社会主义核心价值体系，坚持在发展中保障和改善民生，坚持人与自然和谐共生，坚持总体国家安全观，坚持党对人民军队的绝对领导，坚持“一国两制”和推进祖国统一，坚持推动构建人类命运共同体，坚持全面从严治党。“十四个坚持”从行动纲领和实际举措上深刻回答了新时代怎样坚持和发展中国特色社会主义，对经济、政治、法治、科技、文化、教育、民生、民族、宗教、社会、生态文明、国家安全、国防和军队、“一国两制”和祖国统一、统一战线、外交、党的建设等各方面作出深刻的理论分析和政策指导，是习近平新时代中国特色社会主义思想的实际展开。

在党的十九大提出“八个明确”的基础上，党的十九届六中全会审议通过的《中共中央关于党的百年奋斗重大成就和历史经验的决议》提出“十个明确”，构成了习近平新时代中国特色社会主义思想的基本内容：一是明确中国特色社会主义最本质的特征是中国共产党领导，中国特色社会主义制度的最大优势是中国共产党领导，中国共产党是最高政治领导力量，全党必须增强“四个意识”、坚定“四个自信”、做到“两个维护”；二是明确坚持和发展中国特色社会主义，总任务是实现社会主义现代化和中华民族伟大复兴，在全面建成小康社会的基础上，分两步走在本世纪中叶建成富强民主文明和谐美丽的社会主义现代化强国，以中国式现代化推进中华民族伟大复兴；三是明确新时代我国社会主要矛盾是人民日益增长的美好生活需要和不平衡不充分的发展之间的矛盾，必须坚持以人民为中心的发展思想，发展全过程人民民主，推动人的全面发展、全体人民共同富裕取得更为明显的实质性进展；四是明确中国特色社会主义事业总体布局是经济建设、政治建设、文化建设、社会建设、生态文明建设五位一体，战略布局是全面建设社会主义现代化国家、全面深化改革、全面依法治国、全面从严治党四个全面；五是明确全面深化改革总目标是完善和发展中国特色社会主义制度、推进国家治理体系和治理能力现代化；六是明确全面推进依法治国总目标是建设中国特色社会主义法治体系、建设社会主义法治国家；七是明确必须坚持和完善社会主义基本经济制度，使市场在资源配置中起决定性作用，更好发挥政府作用，把握新发展阶段，贯彻创新、协调、绿色、开放、共享的新发展理念，加快构建以国内大循环为主体、国内国际双循环相互促进的新发展格局，推动高质量发展，统筹发展和安全；八是明确党在新时代的强军目标是建设一支听党指挥、能打胜仗、作风优良的人民军队，把人民军队建设成为世界一流军队；九是明确中国特色大国外交要服务民族复兴、促进人类进步，推动建设新型国际关系，推动构建人类命运共同体；十是明确全面从严治党的战略方针，提出新时代党的建设总要求，全面推进党的政治建设、思想建设、组织建设、作风建设、纪律建设，把制度建设贯穿其中，深入推进反腐败斗争，落实管党治党政治责任，以伟大自我革命引领伟大社会革命。

习近平新时代中国特色社会主义思想展现了党和国家事业历史性成就、历史性变革的新飞跃。党的十八大以来，习近平新时代中国特色社会主义思想站在时代和实践发展的战略高度，立足国际国内发展全局，适应时代和实践发展的新要求，把握人民群众的新期待，继往开来，面向未来，围绕坚持和发展中国特色社会主义，围绕实现“两个一百年”奋斗目标，实现中华民族伟大复兴的中国梦，围绕推进经济建设、政治建设、文化建设、社会建设、生态文明建设和党的建设，围绕推进社会主义市场经济的改革开放，围绕贯彻落实党的群众路线，反对“四风”、转变作风等，运用马克思主义立场观点方法，对中国特色社会主义的重大理论和现实问题给予明确回答、作出深刻论述。正是在这一重要思想的正确指引下，党和国家采取一系列战略性举措，推进一系列变革性实践，实现一系列突破性进展，取得一系列标志性成果，经受住了来自政治、经济、意识形态、自然界等方面的风险挑战和考验，党和国家事业取得历史性成就、发生历史性变革，推动我国迈上全面建设社会主义现代化国家新征程。习近平新时代中国特色社会主义思想，充分昭示了当代中国马克思主义的时代价值和真理力量，更加坚定了对马克思主义，对科学社会主义，对毛泽东思想、邓小平理论、“三个代表”重要思想、科学发展观的信仰，更加坚定了对共产主义远大理想和中国特色社会主义共同理想的信念，更加坚定了走中国特色社会主义道路的决心和信心，更加坚定了全面深化改革开放、坚持社会主义市场经济体制的改革取向和政策选择，表明了共产党人始终不渝坚持的人民立场、政治信念、理论信仰、道德追求和思想底线，为我们指明前进的方向和目标，提供了必须遵循的基本原则和行动方针，对于全党在一系列重大问题上统一思想、统一行动起到了至关重要的把关、定向、凝心和聚力作用。

习近平总书记在党的二十大报告中着重阐述了新时代新征程中国共产党的使命任务，指明党的中心任务是团结带领全国各族人民全面建成社会主义现代化强国、实现第二个百年奋斗目标，以中国式现代化全面推进中华民族伟大复兴。踏上新征程，肩负新任务，面对新课题，“推进马克思主义中国化时代化的任务不是轻了，而是更重了”。[①] 我们要准确把握时代大势，勇于站在人类发展前沿，聆听人民心声，回应现实需要，继续回答中国之问、世界之问、人民之问、时代之问，继续深化对三大规律的认识，及时总结党领导人民创造的新成就、新经验，在实践创新的基础上不断推动理论创新。

（三）坚持马克思主义中国化时代化，用中国化马克思主义指导实践，是中国共产党永远立于不败之地的基本保证

作为马克思主义政党，必须始终坚持马克思主义理论指导和理论武装。恩格斯曾指出，马克思主义政党有个很大的优点，“就是有一个新的科学的世界观作为理论的基础”。[②] 中国共产党是马克思主义政党，自诞生之日起，就将马克思主义确立为自己的指导思想，写在自己的旗帜上。始终保证全党坚持马克思主义的指导地位，最根本的一条就是始终高度重视党自身的思想理论建设。坚持理论指导，必须坚持理论武装。加强马克思主义理论武装，这是我

① 习近平：《更好把握和运用党的百年奋斗历史经验》，《求是》2022 年第 13 期。

② 《马克思恩格斯文集》第 2 卷，人民出版社 2009 年版，第 599 页。

们党的政治优势和优良传统，是我们党的根本建设，是我们党的建设伟大工程的首要任务。建党之初，我们党就清醒认识到，在旧中国农民、小资产阶级占大多数、工人阶级数量较少的条件下，要建设坚强正确的马克思主义政党，坚持马克思主义的指导地位，必须把科学理论“从外面灌输进”工人阶级及人民群众的头脑中，对工人阶级先锋队及人民群众进行全面、深入、系统、从始至终的理论武装。理论武装的重点在于党的高中级干部。高中级干部的领导水平，尤其是马克思主义理论水平如何，关系到党和国家的前途命运。毛泽东同志在抗日战争时期就指出：“在担负主要领导责任的观点上说，如果我们党有一百个至二百个系统地而不是零碎地、实际地而不是空洞地学会了马克思列宁主义的同志，就会大大地提高我们党的战斗力量。”① 加强理论武装，首先要学习马克思主义哲学，掌握马克思主义世界观和方法论，提高运用马克思主义立场、观点、方法说明和解决实际问题的能力。学会运用马克思主义立场、观点、方法把中国革命、建设和改革的经验教训加以科学总结和理论概括，实现马克思主义与中国实际的结合，形成不断创新发展的中国化的马克思主义，用以指导中国实践。

思想建党、理论强党，是我们党始终保持马克思主义政党先进性和纯洁性、不断增强战斗力和创造力的重要法宝。坚持马克思主义的根本指导地位，必须持续而不间断地用党的创新理论武装全党，这是思想建党、理论强党的根本途径。

江泽民同志指出：“我们党所以坚强有力，重要原因之一，就是坚持以马克思主义的理论体系作为自己的世界观和行动指南。”②习近平同志强调和要求：“在前进道路上，我们一定要加强全党的

---

① 《毛泽东选集》第2卷，人民出版社1991年版，第533页。

② 江泽民：《论党的建设》，中央文献出版社2001年版，第10页。

理论武装。”[①] 马克思主义理论素养是领导干部素质的核心要素，掌握马克思主义理论是领导干部的基本功；领导干部特别是高级干部要把系统掌握马克思主义基本理论作为看家本领；新干部、年轻干部尤其要抓好理论学习，通过坚持不懈地学习，学会运用马克思主义立场、观点、方法观察和解决问题，坚定理想信念；马克思主义理论是我们的必修课，党的各级领导干部和全体党员都应充分重视马克思主义理论学习和研究，自觉用马克思主义科学理论武装头脑，并指导自己的实际工作。

加强党的理论武装，就要用不断丰富发展的中国化的马克思主义理论武装全党，重点是要坚持用习近平新时代中国特色社会主义思想武装全党、教育人民，这对于统一思想认识、明确前进方向、凝聚奋进力量，实现社会主义现代化国家和中华民族伟大复兴，具有重大现实意义和深远历史意义。

加强理论指导和理论武装，不断实现马克思主义与中国实际相结合，最重要的是解决好理论联系实际的学风问题。毛泽东同志说：“学风问题就是一个非常重要的问题，就是第一个重要的问题。”[②] 学风问题就是对待马克思主义的根本态度问题，是从本本出发，还是从实际出发，是对待马克思主义根本态度的分歧点，是采取什么样学风的分水岭。坚持好的学风至关重要的是解决理论联系实际的问题。坚持理论联系实际的学风，既要反对教条主义倾向，避免理论脱离实际，又要警惕经验主义倾向，重视理论学习和理论指导。推进马克思主义中国化时代化，必须弘扬理论联系实际的马克思主义学风。如果学风不正，对待马克思主义的根本态度出了问

---

① 习近平：《全面贯彻落实党的十八大精神要突出抓好六个方面工作》，《求是》2013 年第 1 期。

② 《毛泽东选集》第 3 卷，人民出版社 1991 年版，第 813 页。

题，就会把马克思主义变成教条，使之脱离实际，以致给党和国家的事业带来灾难性危害。

解决理论联系实际的学风问题，必须做到有的放矢，学以致用。1942 年 2 月 1 日，毛泽东同志在中央党校开学典礼上发表的《整顿党的作风》的演说中强调："马克思列宁主义理论和中国革命实际，怎样互相联系呢？拿一句通俗的话来讲，就是'有的放矢'。"[①] 毛泽东同志说，理论联系实际，就是要用马克思主义之箭去射中国实际之的。理论是箭，实际是靶子，叫做"有的放矢"。毛泽东认为，一个人马克思主义学得如何，要看他运用马克思主义的立场、观点和方法来说明和解决实际问题的程度如何。"如果你能应用马克思列宁主义的观点，说明一个两个实际问题，那就要受到称赞，就算有了几分成绩。被你说明的东西越多，越普遍，越深刻，你的成绩就越大。"[②]

对于马克思主义的理论，"要能够精通它、应用它，精通的目的全在于应用"。[③] 学习马克思主义，就要坚持在学以致用上下功夫。这是因为马克思主义的目的不仅是认识世界，更重要的是改造世界。中国共产党人选择了马克思主义作为自己的理论指导，就是要用它来指导实践、付诸实践、改造实践。中国共产党历史上发生的错误路线给党的事业带来严重损失的，其根本教训就是一条，离开了实际，搞教条主义。马克思主义与中国实际相脱离，用空洞的、抽象的马克思主义指导中国实际，实践能不出问题吗？重视学风建设，注重弘扬理论联系实际的学风，是我们党的优良传统和政治优势。一百年来，党取得的每一个发展和每一个胜利，都是全党

① 《毛泽东文选》第 3 卷，人民出版社 1991 年版，第 819 页。
② 《毛泽东文选》第 3 卷，人民出版社 1991 年版，第 815 页。
③ 《毛泽东文选》第 3 卷，人民出版社 1991 年版，第 815 页。

同志坚持理论联系实际的学风，修好马克思主义与中国实际相结合这门功课，做好这篇大文章的结果。党的十八大以来，以习近平同志为核心的党中央自觉继承和弘扬重视理论学习、善于理论联系实际的优良传统，体现了我们党一脉相承而又与时俱进的马克思主义学风传统。习近平总书记多次强调“空谈误国、实干兴邦”，说的就是反对学习和工作中的“空对空”。他指出：“读书是学习，使用也是学习，并且是更重要的学习。”[①] 这就要求我们防止急功近利，防止主观主义、教条主义和形式主义，坚持一切从实际出发，把运用党的创新理论贯穿于经济社会发展各项工作之中，转化为谋划工作的思路、促进发展的举措和改进工作方法的本领。既用学到的理论指导新的实践，又在实践中丰富发展理论，做到学以致用、用以促学、学用相长。

永续推进马克思主义中国化时代化，必须始终坚持和弘扬理论联系实际的优良学风。要按照习近平总书记的要求，“弘扬理论联系实际的学风，紧密联系党和国家事业发生的历史性变革，紧密联系中国特色社会主义进入新时代的新实际，紧密联系我国社会主要矛盾的重大变化，紧密联系‘两个一百年’奋斗目标和各项任务，自觉运用理论指导实践，使各方面工作更符合客观规律、科学规律的要求，不断提高新时代坚持和发展中国特色社会主义的能力”。[②]

把马克思主义与中国实际相结合，实现马克思主义中国化时代化的实质与精髓，就是始终不渝地坚持实事求是思想路线。坚持马克思主义与中国实际相结合，说到底，必须坚持实事求是思想路线。习近平总书记在庆祝中国共产党成立95周年大会上的讲话中指出：“马克思主义是我们立党立国的根本指导思想。背离或放弃

① 《习近平谈治国理政》第1卷，外文出版社2018年版，第406页。
② 《习近平谈治国理政》第3卷，外文出版社2020年版，第63—64页。

马克思主义，我们党就会失去灵魂、迷失方向。”① 中国近现代史、中国共产党历史和中国革命、建设与改革开放历史反复告诉我们，中国共产党的命运是同坚持马克思主义指导紧密联系的。实行党的正确领导，关键在于是不是以马克思主义作指导；以马克思主义为指导，关键在于是不是把马克思主义与中国实践相结合；把马克思主义与中国实践相结合，关键在于是不是实现马克思主义中国化时代化，用中国化的马克思主义指导工作；实现马克思主义中国化时代化，用中国化的马克思主义指导工作，关键在于是不是贯彻落实实事求是思想路线。实事求是是马克思主义活的灵魂，是中国化马克思主义的精髓。只有坚持实事求是思想路线，才能长期坚持并不断发展中国化的马克思主义，中国特色社会主义道路才会越走越宽广。

我们党是始终坚持实事求是的马克思主义政党，必须始终不渝地坚持实事求是的思想路线。实事求是是马克思主义的根本观点，是中国共产党人认识世界、改造世界的根本要求，是我们党的基本思想方法、工作方法、领导方法。不论过去、现在和将来，我们都要坚持实事求是的思想路线，密切联系不断发展的实践，永不脱离实践，不断推进马克思主义中国化时代化的理论创新。

实践永无止境，理论创新也就无止境。马克思主义不是僵硬的教条，而是随着时代发展不断丰富发展的。坚持马克思主义必须推进马克思主义中国化时代化，不断开创马克思主义理论新境界。习近平总书记在纪念毛泽东同志诞辰120周年座谈会上指出：“马克思主义基本原理是普遍真理，具有永恒的思想价值，但马克思主义经典作家并没有穷尽真理，而是不断为寻求真理和

① 习近平：《在庆祝中国共产党成立95周年大会上的讲话》，《人民日报》2016年7月2日第2版。

发展真理开辟道路。”① 在纪念马克思诞辰200周年大会上的讲话中，习近平总书记指出：“我们要坚持用马克思主义观察时代、解读时代、引领时代，用鲜活丰富的当代中国实践来推动马克思主义发展……不断开辟当代中国马克思主义、21世纪马克思主义新境界。”② 习近平新时代中国特色社会主义思想是当代中国马克思主义，是马克思主义中国化时代化的最新理论成果。新时代加强党的建设，必须坚持用习近平新时代中国特色社会主义思想这一马克思主义中国化时代化最新成果武装头脑、指导实践、推动工作。

伟大的中国共产党走过一百年波澜壮阔的征程，党的百年和马克思主义中国化时代化的伟大进程相互交织、相映生辉。马克思主义中国化时代化的历史进程，是中国共产党人在不断总结历史经验的基础上进行理论创新，又以理论创新引领社会变革的辩证发展历程。站在“两个一百年”奋斗目标历史交汇点上，我们要始终不渝地坚持马克思主义的指导地位，始终不渝地坚持实事求是的思想路线，永葆初心、牢记使命，乘势而上，开启全面建设社会主义现代化国家新征程！

（此部分以王伟光教授、姜辉教授的研究成果为主）

① 习近平：《在纪念毛泽东同志诞辰120周年座谈会上的讲话》，《人民日报》2013年12月27日第2版。

② 习近平：《在纪念马克思诞辰200周年大会上的讲话》，《人民日报》2018年5月5日第2版。

第五章　对苏联解体、东欧剧变的原因教训分析

苏联解体、苏共亡党是20世纪发生的重大历史事件，对世界历史进程产生了重大影响。苏联的解体并没有终结也没有改变世界历史发展的必然趋势，我们今天生存的世界仍然是一个由资本扩张主导的世界，这并未超越马克思主义经典作家的理论视野。深刻认识苏联解体的原因及其教训分析对于我国推进中国特色社会主义事业具有重大启示作用。

列宁在发展马克思主义方面做出了很多贡献。列宁准确判断和把握时代本质和特征，结合俄国国情和无产阶级革命、社会主义建设实际的特点，创造性运用和发展了马克思主义。列宁主义既是马克思主义在新的历史条件下的丰富和发展，又为马克思主义随着时代条件和实践的变化而不断发展创新提供重要前提和必要准备，在马克思主义发展到今天的历史进程中，起着承上启下、继往开来的伟大历史作用。列宁主义使马克思列宁主义成为中国共产党人和世界共产党人的行动指南，为社会主义国家现实问题的解决提供了科学的世界观和方法论指导。

斯大林作为苏联共产党和社会主义建设的主要领导人，伟大的马克思列宁主义者和无产阶级革命家，国际共产主义领袖，对科学

社会主义和国际共产主义运动，对人类历史上第一个社会主义国家苏联发挥了捍卫、建设和发展作用。国际国内仍有不少人持全面否定斯大林的错误观点。正确认识斯大林、科学评价斯大林是一个关乎对马克思列宁主义，对苏联十月社会主义革命和社会主义建设、对国际共产主义运动，对世界马克思主义政党及其领袖，包括中国共产党及其领袖的历史地位和作用的正确认识问题，更是一个关乎马克思列宁主义、科学社会主义、中国特色社会主义，工人阶级政党和工人阶级、全人类的前途命运问题，是马克思列宁主义的一个重大政治原则问题。

一　深刻认识苏联解体的原因和影响

2022年是苏维埃社会主义共和国联盟成立100周年，又是苏联亡党亡国31年。苏联解体、苏共亡党是20世纪发生的重大历史事件，对世界历史进程产生了重大影响。

（一）从赫鲁晓夫到戈尔巴乔夫领导集团在思想上政治上的蜕化变质是苏联亡党亡国的根本原因

苏联亡党亡国的原因是多方面的，从赫鲁晓夫到戈尔巴乔夫领导集团在思想上政治上的蜕化变质是苏联亡党亡国的根本原因。具体表现在八个方面：在信仰上，从动摇、背离、放弃到彻底背叛社会主义、共产主义理想信念；在理论上，从不学、不懂、偏离到最终背离、背叛马克思列宁主义；在政治上，从弱化、歪曲到彻底否定、背叛党的领导和马列主义建党原则；在经济上，从“公有化程度越高越好”到抛弃社会主义公有制、搞全盘私有化；在组织上，从放弃党的工人阶级先锋队性质、任人唯亲、拉帮结派到公开篡夺党的领导权；在作风上，从形式主义、官僚主义到背离、背叛人民群众的根本利益；在外交上，从惧美、争霸到迎合、向以美国为首的西方帝国主义投降；在人生观上，从追求个人升迁、小家庭特权享受的个人主义到颠覆党和国家政权的野心家、阴谋家。

苏联领导集团蜕化变质的根本原因是从赫鲁晓夫领导集团开始质变到戈尔巴乔夫领导集团的彻底背叛社会主义，执行了错误乃至反动的思想政治路线。戈尔巴乔夫领导集团是从赫鲁晓夫领导集团的思想政治路线中孕育和成长起来的。当时，虽然苏联党和国家积累了大量严重问题，但亡党亡国不是必然的。从一定意义上讲，戈尔巴乔夫领导集团上台前，苏联仍然是超级大国，有强大的国家实力。由于戈尔巴乔夫把改革引上资本主义邪路和绝路，才使党和国家失去了存在和发展的全部合法性、正义性基础。可见，党和人民正确选择领导人和领导人的正确领导极其重要。把这个问题说清楚，具有极强的警示作用和现实意义，可以避免我们犯同样的错误；把这个问题讲清楚，更能认识到中国共产党选择习近平同志掌舵领航，是极其正确的选择，也是中华民族之幸，就会更加深刻地领悟“两个确立”的决定性意义，更加自觉地做到“两个维护”。

从赫鲁晓夫到戈尔巴乔夫领导集团在思想上政治上的蜕化变质，主要表现在以下八个方面。

1. 信仰上：从动摇、背离、放弃到彻底背叛社会主义、共产主义理想信念

这里所说的共产党人的信仰，主要是指对人类社会历史发展规律的认知和坚守。苏联共产党（党的名称从俄国社会民主工党到苏联共产党几经改变，以下统称苏共）从 1898 年建党到 1991 年宣布

解散，经历了 93 个春秋[①]。列宁、斯大林时期，苏共历经十月革命、外国武装干涉、国内反革命叛乱、德国法西斯入侵等战火洗礼，在严酷环境中经受住了巩固社会主义政权、发展社会主义事业的严峻考验，在苏联人民和世界人民中享有崇高威望，具有强大凝聚力、号召力、战斗力。然而，斯大林去世后，苏共高层的理想信念开始动摇，到戈尔巴乔夫领导集团时期，最终放弃了马克思列宁主义，放弃了无产阶级政党的性质、宗旨和目标，党、国家、军队和人民沦为一盘散沙，面对敌对势力的猖狂进攻不战而溃。

纵观历史，苏共理想信念发生动摇始于赫鲁晓夫当政时期。作为苏联共产党的领袖，赫鲁晓夫缺少基本的马列主义修养。毛泽东同志曾这样评价赫鲁晓夫："他不懂马列主义，易受帝国主义的骗。"[②] 美国总统尼克松在谈到赫鲁晓夫时说："他信仰共产主义事业及其胜利的必然性，但他只是逢礼拜天在理论的祭坛上做做礼拜而已。"[③]

斯大林在世时，赫鲁晓夫歌颂斯大林是"生身的父亲""英明的领袖""天才"；斯大林去世后不久，他在苏共二十大的"秘密报告"中攻击斯大林是"迫害狂""自大狂"，"仅仅从电影上去研究国内和农业的情况""用地球仪来制定作战计划"等，说"斯大林晚年所形成的领导实践成为苏联社会发展道路上的一个严重障碍"。1961 年，在赫鲁晓夫主持下，苏共二十二大作出将斯大林遗

---

① 关于苏共的存在时长，目前有三种较为常见的说法。一是"93 年说"，即从苏共的前身——俄国社会民主工党成立的时间（1898 年）算起。二是"88 年说"，即从俄国社会民主工党第二次代表大会召开的时间（1903 年）算起。在这次大会上通过了党纲、党章，选举了党的中央领导机关，确定《火星报》为党的中央机关报。三是"86 年说"，即从俄国社会民主工党第三次代表大会召开的时间（1905 年）算起。这是在列宁领导下召开的第一次布尔什维克大会，大会修订了党章，采纳了列宁提出的党章第一条条文，选举产生了中央委员会作为党的唯一领导中心，确定了作为革命领袖的无产阶级的任务，制定了党的策略路线等。——笔者注

② 《建国以来毛泽东文稿》第 8 卷，中央文献出版社 1987 年版，第 601 页。

③ 参见［美］尼克松《领袖们》，刘湖等译，世界知识出版社 1983 年版，第 241 页。

体迁出列宁墓的决议。此后，苏联各地出现了毁坏斯大林雕像和纪念碑的行径，苏联掀起否定斯大林的浪潮。

赫鲁晓夫对马克思主义的重大理论问题，经历了从一知半解到模糊篡改、最终背离的过程。他在苏共二十大上把“和平共处”“和平过渡”和“和平竞赛”作为社会主义国家对外政策的总路线，认为这样就可以给全部资本主义关系以“毁灭性的打击”，就可以在全世界实现社会主义。他在苏共二十二大上推出“全民党”和“全民国家”理论，开始把苏共从无产阶级性质的政党，变为资产阶级性质的“全民党”。苏共二十二大通过的纲领取消了“无产阶级专政”这一马克思主义的核心思想，代之以抽象的所谓的“人道主义”。他在1959年提出苏联已进入“全面展开共产主义社会建设的时期”，1961年又宣称苏联要在“20年基本建成共产主义社会”，号召“我们这一代苏联人将要在共产主义制度下生活”。这些严重脱离当时国际斗争形势和苏联社会实际，严重违背科学社会主义原则的路线、纲领，搞乱了广大苏共党员以及苏联人民的思想，使苏联开始偏离社会主义发展的正确方向，为后来苏共垮台、苏联解体埋下祸根。

勃列日涅夫时期，苏联领导集团虽然修正了赫鲁晓夫时期的一些实践中的错误，也推行了一些新的方针政策，使苏联社会有了一定的发展，却牢牢抱着赫鲁晓夫主持的苏共二十大的错误理论不放，社会主义、共产主义理想信念在以勃列日涅夫等为代表的苏联特权集团那里已经荡然无存了。勃列日涅夫本人满足现状，贪图享乐，热衷于别人对他的阿谀奉承，马克思主义、共产主义不过是常挂在他嘴边、连他自己都不信的假话套话。

如果说勃列日涅夫时期党的干部至少在表面上还能维护马克思主义、共产主义信仰的话，那么到了戈尔巴乔夫时期，他们就干脆撕掉伪装，公开加以否定。戈尔巴乔夫早在上大学时就开始怀疑马克思主义的科学性。大学毕业后，赫鲁晓夫苏共二十大的“秘密报告”加速了他的思想转变。就任总书记后，他举起所谓“人道的、民主的社会主义”这个既能欺骗人又能达到目的的旗号。苏联解体后，戈尔巴乔夫坦言，共产主义是“一种几乎不可能实现的口号”。他还说，早在学生时代，他就发现“社会主义的现实与理想相差十万八千里了”，他为能在改革年代里“把共产主义的影响所造成的许多恶果从人们的意识中清除掉而感到非常的荣幸”①。

2. 理论上：从不学、不懂、偏离到最终背离、背叛马克思列宁主义

这里所说的理论上，主要是指对马克思主义基本原理学习掌握并与具体实践相结合的实际状况。斯大林之后的苏共领导人，从不读、不懂、偏离到最终背离、背叛马列主义，既不能应对时代的挑战，也不能应对帝国主义的和平演变战略。

赫鲁晓夫早年没受过系统教育，从政后也没有认真学习马克思主义理论。正因为如此，赫鲁晓夫肆无忌惮地提出了“三和”“两全”等错误理论。“全民党”“全民国家”理论的根本错误在于完全抛弃了马克思列宁主义关于“政党”“国家”本质的理论，混淆了党的阶级基础与群众基础的界限，把原本属于党的群众基础上升为党的阶级基础。因此，苏联共产党不再是某一个阶级的政党了，而已经变成代表全体苏联人民利益的“全民党”了，苏共成为“全民的政治组织”。赫鲁晓夫无视苏联社会仍然存在一定范围的、在某种条件下可能激化的阶级斗争，无视国际上仍然存在社会主义同资本主义的复杂尖锐的阶级斗争，无视社会主义国家被国内外敌

---

① ［俄］戈尔巴乔夫、［日］池田大作：《20世纪的精神教训》，孙立川译，社会科学文献出版社2005年版，第384、116、391页。

对势力颠覆的可能性和危险性，宣扬“阶级斗争熄灭论”，导致广大党员干部和人民群众误以为苏联社会已不存在阶级斗争，已不存在反共、反社会主义势力，因而失去了对资本主义复辟应有的警惕性。

勃列日涅夫年轻时当过工人、工程师，有农业、冶金方面的专业知识，但他缺乏理论修养，对社会科学理论不感兴趣，对马克思主义更是缺乏系统了解。成为苏共最高领导人后，他把很多时间和精力花在打猎、开汽车兜风以及其他活动上。勃列日涅夫不重视对马克思主义理论的学习，也不能科学领会马克思主义理论的精髓，因此，他不仅不能从根本上克服赫鲁晓夫时期的理论错误，反而沿袭了赫鲁晓夫的错误观点。比如，1977 年 10 月通过的苏联新宪法依然写入了赫鲁晓夫发明的“全民国家”“全民党”概念。他还提出“发达社会主义”的口号，强调苏联社会生产力的“高度发达”和物质技术基础的“强大”，强调苏联社会关系的“成熟”和社会主义民主的“最深刻”，强调苏联各共和国各民族的团结和谐，而掩盖了苏联在经济、政治、民族政策等方面潜藏的或显现的严重问题，否定了苏联社会的生产力与生产关系、经济基础与上层建筑之间仍然存在着矛盾，也就从思想上理论上实践上否定了苏联社会需要进行深刻变革的必要性、必然性。在勃列日涅夫长达 18 年的执政期间，苏联社会在表面的繁荣下积累了越来越多、越来越深的矛盾，已经暴露的和尚未暴露的危机四伏，为此后苏联社会大动荡和苏联解体埋下了极其严重的隐患。

戈尔巴乔夫彻底放弃了马克思主义信仰，最终倒向民主社会主义。1988 年 6 月，苏共第十九次代表会议正式提出要建设“人道的、民主的社会主义”。1990 年，苏共中央二月全会认为苏共的理想就是“人道的、民主的社会主义”。1990 年 3 月，戈尔巴乔夫在

《未来世界与社会主义》一文中指出，“在社会党人与共产党人之间，已不再存在从前使他们分裂的鸿沟”，“在人道的、民主的价值观的基础上”的“政治立场”还有“世界观立场上都接近了”；改革所要实现的“真正的社会主义”中，“包含着原来就为社会主义运动其它流派所赞同的基本价值观”[①]。1990年7月，苏共二十八大通过了《走向人道的、民主的社会主义》的纲领性文件[②]，这标志着苏共的性质已经发生了根本性的变化。苏共虽然没有改名换姓，但已经名存实亡。戈尔巴乔夫后来承认：“在改革那几年我们就想使苏联共产党成为社会民主党。当时已经起草了预定召开的苏共第二十九次代表大会的相应计划。但是，叛乱（戈尔巴乔夫对1991年‘8·19’事件的称谓——引者注）以及叶利钦采取的实际上禁止苏共活动的政策使得这次代表大会无法举行。”[③]

3. 政治上：从弱化、歪曲到彻底否定、背叛党的领导和马列主义建党原则

这里所说的政治上主要是指党在自身建设和执政过程中的各项大政方针、纲领与行动。斯大林之后的苏联领导人没有制定、执行正确的政治路线，在实践中淡化、弱化、歪曲党的领导，直至否定党的领导、背叛马列主义建党原则、羡慕和照搬资产阶级民主制度，最终导致出现政权倾覆的结果。赫鲁晓夫和勃列日涅夫在一定程度上把党赋予自己的为人民服务的权力变为牟取个人和特权阶层私利的工具，损害和破坏了党的集中统一领导。

---

① ［俄］戈尔巴乔夫等：《未来的社会主义》，中央编译局国际发展与合作研究所编译，中央编译出版社1994年版，第13、20页。

② 参见《苏联问题资料》，中国社会科学院苏联东欧研究所编译组编译，东方出版社1990年版，第1页。

③ ［俄］戈尔巴乔夫、［俄］斯拉文：《尚未结束的历史：戈尔巴乔夫访谈录》，孙凌齐、李京洲译，中央编译出版社2003年版，第157页。

赫鲁晓夫掌权初期，出于反斯大林的政治需要，主张把党政最高领导职务分开，实行集体领导。而当他的权力地位稳固后，就开始破坏民主集中制，排挤打压政治反对派。到1958年，随着贝利亚（Лаврентий Берия）被处决，马林科夫（Георгий Маленков）、卡冈诺维奇（Лазарь Каганович）、莫洛托夫、布尔加宁（Николай Булганин）等人被打成“反党集团”清除出政治舞台，赫鲁晓夫在许多问题上实行个人专断，同时树立自己的权威，搞新的个人崇拜。

1962年11月，赫鲁晓夫决定对地方党的组织结构和领导机关进行改组，把州和边疆区的党组织划分为领导工业的党组织和领导农业的党组织，彼此独立、互不隶属，同时还对苏维埃、工会和共青团的组织及其领导机构进行相应的改组。实践证明，划分工业党组织和农业党组织是不恰当的，非但没有产生预期的效果，反而造成严重恶果，割断了工业与农业之间的紧密联系，破坏了党的统一领导，造成了混乱。

勃列日涅夫上台后，取消了工业党组织和农业党组织的划分，重新按地区建立统一的党组织和领导机关，同时调整了最高领导体制，废除了干部频繁更换制度等。但勃列日涅夫过分强调干部队伍的稳定性和连续性，形成了领导职务终身制，干部队伍老化。

到了戈尔巴乔夫时期则公开否定党的最高权力，建立权力高度集中的总统制，从内容到形式完全抛弃了人民当家作主这一社会主义政权的本质，把党的权力变成了推翻党的领导和社会主义制度的工具。

戈尔巴乔夫还全面背叛了马列主义建党原则。他放弃马克思列宁主义指导地位，鼓吹指导思想多元化，主张各种思想“自由竞赛”，实质上是用所谓“人道的、民主的社会主义”取代马克思主义的科学社会主义。他放弃共产主义远大理想，宣称苏联共产党是“自治的政治组织”“志同道合者自愿的联合组织”，苏共“准备同其他政党和运动进行公开竞赛与合作”“在选举范围内争取保持执政党的地位”。他抛弃民主集中制，推行“普遍民主的原则”，“摒弃多数人对少数人的统治”，允许党内派别组织合法存在，下级党组织有权拒不执行上级党组织的决定。他抛弃苏共对群众团体的领导，宣称苏共与共青团、工会等群众团体是一个平等的“合作者”，苏共不干涉它们的内部事务。在这些理念指导之下，苏共彻底丧失了无产阶级先锋队性质，由一个马克思主义执政党变为组织总统选举和议会选举的议会党。

4. 经济上：从“公有化程度越高越好”，到抛弃社会主义公有制、搞全盘私有化

斯大林时期建立在社会主义公有制基础上的高度集中的计划经济体制，在快速发展苏联社会生产力、跃升苏联综合国力等方面发挥了巨大作用，为取得反法西斯战争胜利提供了强有力的物质保证。第二次世界大战结束后，在和平建设环境中，随着经济交往的日益复杂，原有的所有制结构和经济运行机制越来越不能适应苏联进一步发展的要求，其在经济社会领域的弊端也越来越明显。斯大林晚年开始反思商品生产、价值规律等社会主义经济问题，在他逝世前半年意识到苏联改革是不可避免的。

赫鲁晓夫上台后，试图对当时高度集中的经济体制进行改革。然而他根本看不清楚苏联经济问题的实质所在，反倒认为“公有化程度越高越好”，进而不顾社会发展阶段和生产力发展水平，在所有制问题上急于向共产主义过渡。在赫鲁晓夫主持下，1961 年苏共二十二大通过的《苏联共产党纲领》明确提出：“随着向单一的全民的共产主义所有制和共产主义的分配制度的过渡，商品货币关系

在经济上就将过时和消亡。”①

勃列日涅夫想当然地认为苏联的生产力已“高度发达”，生产关系已“高度成熟”，政治上已“高度民主”，苏联“各阶级、社会集团、各大小民族之间产生了新的、和谐的关系——友好合作的关系”②。这种估计显然过高。

到了戈尔巴乔夫时期则走向另一个极端。戈尔巴乔夫攻击公有制占主体地位是“经济垄断”，妨碍了人们对生产资料所有制形式的自由选择，“使人同生产资料失去了联系”，束缚了人的劳动积极性。他提出，苏联的国家所有制“是行政命令体制的基础，这个体制束缚我们整个社会，不打破这种体制，国家根本不可能复兴和革新”，改革“主要而又刻不容缓的任务是通过财产非国有化、取消垄断，全面改革所有制关系”③。

5. 组织上：从放弃党的工人阶级先锋队性质、任人唯亲、拉帮结派到公开篡夺党的领导权

一定的组织路线总是为一定的政治路线服务的，政治路线决定组织路线。斯大林之后的苏联领导人执行的组织路线，逐步成为拉帮结派、组织摧毁社会主义制度的政治工具。从赫鲁晓夫到戈尔巴乔夫领导集团，干部的选拔和任免变成了任人唯亲、拉帮结派、组织自己的私人小圈子，成为宗派主义的工具、家族统治的领地。

斯大林去世后，随着批判个人迷信和个人权力专断，苏共中央强调实行集体领导。但是，集体领导只实行了几年，赫鲁晓夫就通过处决贝利亚，把莫洛托夫、马林科夫、卡冈诺维奇等维护斯大林

---

① 《苏联共产党第二十二次代表大会主要文件》，人民出版社1961年版，第236页。

② 《苏联共产党第二十四次代表大会主要文件汇编》，生活·读书·新知三联书店1976年版，第105页。

③ 转引自汪亭友《克里姆林宫的红旗因何坠地：苏联演变的根源探究》，当代世界出版社2004年版，第177页。

历史地位的苏共领导人打成“反党集团”，从而消除了苏共中央主席团中的不同意见。随着“反对派”的垮台和赫鲁晓夫个人权势的上升，集体领导又渐渐地名存实亡。也正因为如此，赫鲁晓夫个人专断、强迫命令的权威才得以树立，其意气用事、急躁冒进的许多决定才得以执行。

勃列日涅夫时期苏共中央主席团成员的选拔和剔除的标准就是看其是不是亲信。勃列日涅夫毕业于第涅伯捷尔仁斯克冶金学院，曾长期在乌克兰的第涅伯彼德罗夫斯克、摩尔达维亚和哈萨克斯坦工作。他身边聚集的一批德才都不具备的亲信，有不少曾是他原来学习、工作过的地方的部下和朋友，人称“第涅伯彼德罗夫斯克帮”。

为了向资本主义快速演进，戈尔巴乔夫从组织人事政策的调整上入手，把坚持社会主义道路的人或比较正派的人设法排挤出去。1985 年 3 月，他一上台就把最有可能威胁他地位的罗曼诺夫（Григорий Романов）从政治局赶走，由谢瓦尔德纳泽代替葛罗米柯担任外交部长，由雷日科夫（Николай Рыжков）取代戈尔巴乔夫最顽固的对手之一——吉洪诺夫担任总理，由叶利钦取代格里申（Виктор Гришин）任莫斯科市委第一书记，将当时看起来支持自己的利加乔夫（Егор Лигачёв）提升为苏共中央政治局委员。到 1986 年 2 月召开苏共二十七大前的短短一年时间，戈尔巴乔夫接二连三地进行重大人事变动，在苏共二十七大 12 名政治局委员中，二十六大的政治局委员只剩下 4 人，其中还包括他本人和提名他担任党的最高领导人的葛罗米柯。在此期间，各地方各部门的高级领导干部也进行了大规模的更换。结果，苏共党内一大批敢于坚持原则的高级领导干部相继被撤换，那些善于逢迎拍马、见风使舵、信仰所谓“人道的、民主的社会主义”、恶毒攻击马克思主义与社会主义制度的投机分子、反共反社会主义分子，却得到提拔与重用。

6. 作风上：从形式主义、官僚主义到背离、背叛人民群众的根本利益

党的作风建设是党的建设的重要组成部分。党的作风建设中的群众路线体现了党的性质和宗旨。苏共曾经高度重视党风建设。列宁时期的党是真正的马克思主义性质的政党，那时的苏共作为无产阶级的先锋队，本着全心全意为了人民的解放与幸福事业而奋斗的宗旨，密切联系群众，坚决相信和依靠群众，团结和带领广大人民取得了十月社会主义革命的伟大胜利，同时拉开社会主义建设的伟大序幕，建立了不朽的历史功勋。在斯大林时期，苏共虽然也存在一些脱离实际等问题，但那时的苏共总体上继承了列宁时期的党的优良传统，保持了党的鲜明的无产阶级性质与全心全意为人民服务的宗旨，并发扬了党的理论联系实际、密切联系群众、批评与自我批评等优良作风，因而在社会主义建设中取得了伟大的成就。然而，斯大林之后的苏联领导人破坏党的作风，都走上了脱离群众、镇压群众甚至与人民为敌的道路。

赫鲁晓夫本人的工作常常从经验出发，意气用事，强迫命令，甚至心血来潮，办事凭一时冲动，因此干出许多草率、荒唐的事情。他照搬美国农业大种玉米的做法便是如此。他不搞调查研究，只是依靠行政命令，盲目扩大玉米种植面积。由于北方的气候不适宜玉米生长，因此产量很低，得不偿失。柯西金后来评价道，这是一个领导人臆想的、强制的、给国民经济造成巨大损失的措施。他还盲目主张大规模地垦荒，导致上千万亩土地荒废。他还干预农业生产的具体活动，1957 年 5 月毫无根据地提出了农业冒进口号。赫鲁晓夫的瞎指挥、强迫命令与政策失误，导致苏联的农业生产大幅度起落，在他执政后期农业增长缓慢，出现严重粮食危机，苏联自此由传统的粮食出口国变为粮食进口国。

勃列日涅夫时期，苏共的党风每况愈下，脱离实际、脱离群众的问题日益严重。官僚主义盛行，干部贪图享受、不思进取成风。党群关系纽带变得更加脆弱，党的威信不断降低。不少群众对苏联的政治机构、党政官员产生了政治上的不信任，出现了“夜间人”[①] 等现象。

戈尔巴乔夫时期的苏共党风，完全背离了马克思主义政党的性质、宗旨和奋斗目标。戈尔巴乔夫一方面大要两面派作风，另一方面又大搞“一言堂”，容不得不同意见与呼声。他发表的政治观点常常与苏共政治局内一些人的观点不协调，也不互相通气。他的许多倡议和许诺，连政治局委员都是从报纸上才知道的。到戈尔巴乔夫改革后期，集体领导的原则进一步遭到破坏，政治局一连几个月不开会，什么事都由他一个人决定。

照搬西方多党制和议会民主以后，反共反社会主义的代表人物、民族分裂势力的代表人物以及各种投机钻营分子，纷纷当选苏共代表或苏联各级人民代表。1986 年 2 月苏共召开二十七大时，在 5000 名代表中尚有 1705 名工人代表，而到 1990 年 7 月苏共召开二十八大时，出席大会的 4683 名代表中，工人代表只有 543 名，不及上届大会工人代表总数的 1/3，仅占代表总数的 11. 6%；农民代表也只有 225 名；而大约 60% 的代表是在戈尔巴乔夫“民主化”期间选出的所谓“全苏人民代表”或各加盟共和国和自治共和国选出的“人民代表”。这些所谓的“代表”，他们口头上代表人民，实际上却干着损害人民利益的勾当。

戈尔巴乔夫对苏共优良党风的严重败坏，不仅毁坏了党的凝聚

---

① 所谓的“夜间人”指的是这样一些人，他们白天在公共场合处处与官方宣传保持一致，到了夜间则过起了自己的生活：阅读地下出版物、交流政治笑话、与朋友和家人议论时政、抨击权贵、发泄自己对现实的不满。——笔者注

力，而且进一步瓦解了党的阶级基础和群众基础，使人民群众彻底丧失对党的信任。戈尔巴乔夫执政时期，苏共罕见地出现了退党风潮。1986 年 2 月苏共召开二十七大时，全党党员总数为 1900 万，而到了 1991 年 7 月 1 日，苏共党员只剩下 1500 万人[①]，退回到 1973 年的水平。没有退出苏共的党员理想信念也普遍动摇，他们对苏共及其领导人缺乏信任，对党和国家的前途感到迷茫。当时，莫斯科一家电视台采编部主任这样说："我曾是一名光荣的共产党员，一直积极参加党组织的各项活动。但是，戈尔巴乔夫这些人打着改革的旗号，实际上是在争夺权力、争夺总统宝座，根本不去考虑广大党员和人民群众的愿望和要求。他们早就成为一群高高在上的特殊的官僚阶层，这样的领导人和恶劣的党风，怎么可能再让我们跟着他们走。"[②]

7. 外交上：从惧美、争霸到迎合、投降以美国为首的西方帝国主义

对外关系是国内政治的延伸。自从地球上出现社会主义国家以来，资本主义与社会主义两种社会制度之间就存在各式各样的矛盾与冲突。社会主义国家的执政党，既要善于把握时机，调整政策，尽量将国际关系引向有利于和平、有利于发展、有利于人类文明进步的方面；同时又要保持清醒头脑，充分认识到国际范围内两种意识形态、两种社会制度、两条发展道路之间依然存在各种矛盾与斗争，有些矛盾甚至是异常尖锐的。

斯大林时代结束后，苏联领导人在处理与美国的关系方面，经历了企图搞苏美合作主宰世界，苏美争霸世界，苏联向美国投降、

---

① 参见 ЧисленныйсоставКПСС（количествочленовКПСС），https：//www. sovtime. ru/kpss/chislennyij-sostav-kps。

② 转引自李慎明等《〈居安思危——苏共亡党的历史教训〉——8 集 DVD 教育参考片解说词》（中），《科学社会主义》2006 年第 6 期。

出卖国家和民族利益这三个阶段。

关于不同的国家向社会主义过渡的形式问题，赫鲁晓夫特别强调利用议会道路向社会主义过渡的可能性。他说，在当今世界，“工人阶级只要把劳动农民、知识分子和一切爱国力量团结到自己的周围，并且给那些不能够放弃同资本家和地主妥协的政策的机会主义分子以坚决的回击，就有可能击败反动的反人民的势力，取得议会中的稳定的多数，变议会从资产阶级民主的机构为真正代表人民意志的工具”。他还补充说，有了这种议会的稳定多数，“就可以为一系列资本主义国家和过去的殖民地国家的工人阶级，创造实现根本社会改造的条件”①。

赫鲁晓夫的“三和”理论，虽然也看到了两种社会制度有互利合作的一面，提出要加强对话，要和平共处，这有利于稳定当时的国际局势，但问题的关键不在于社会主义国家要不要和平，要不要与资本主义国家“和平共处”“和平竞赛”，而在于当时有没有实现这种愿望的条件与可能。在西方已经启动并加紧推行对苏和平演变的背景下，赫鲁晓夫提出“和平共处”“和平竞赛”不过是一厢情愿的幻想。而当幻想变成不切实际的实践，产生危害也就难以避免。尽管赫鲁晓夫在碰壁之后有所收敛，但这一外交路线在很大程度上起到了瓦解苏共思想武装的作用，从而对西方缺乏必要的防范，为敌对势力推行和平演变战略提供了突破口。更严重的危害还在于，苏共此后没有彻底认清赫鲁晓夫这一错误思想的实质，以至于这一错误思想在戈尔巴乔夫时期死灰复燃。

面对以美国为首的西方集团和平演变苏联的强大攻势，戈尔巴乔夫主张从政策上、从意识形态中消除“敌人形象”，宣布国际关

① 转引自陈之骅主编《苏联史纲：1953—1964》，人民出版社 1996 年版，第 52 页。

系中不再有敌人，“全人类迈向大合作”。他认为，政治立场应摆脱意识形态的狭隘偏见，“生存和防止战争的利益则是普遍的、高于一切的”[①]。他宣称全人类的利益和价值“高于一切”，鼓吹国际关系“非意识形态化”“人道主义化”，倡导两大社会体系（社会主义与资本主义）“一体化”，主张社会主义“把具有普世意义的价值观推到首位”。

在苏联内外交困时，戈尔巴乔夫甚至不惜丧失国格乞求西方。1991 年 7 月，戈尔巴乔夫以非正式的方式参加西方七国首脑会议。临行前，戈尔巴乔夫匆匆将一项长达 23 页的苏联“改革计划”寄给七国首脑，希望西方国家增加对苏联的投资、向苏联提供大量的消费品、解除或延缓苏联所欠的 650 亿美元的外债等。将一国内政交于西方国家讨论，这本身就是丧权辱国的行为。然而，面对这个带有屈辱性的计划（当时人们称之为“乞讨计划”），西方国家的回答是“不给钱”。美国总统布什的回答更干脆，他说，参加首脑会议的领导人“不会做任何表明我们为援助苏联而忽视东欧发展中的民主制度的事，这不是给空白支票的时候”。

戈尔巴乔夫的外交“新思维”，实质上根本否定了马克思主义阶级斗争学说，放弃了马克思主义关于国际问题的基本观点，丧失自主权力，使苏联在面对国际资产阶级的进攻时自缚手脚、甘拜下风。这一点连资产阶级政治家也看得一清二楚。

8. 人生观上：从追求个人升迁、小家庭特权享受的个人主义到颠覆党和国家政权的野心家、阴谋家

人生观价值观本质上是“为了谁”的问题。我们常讲世界观、人生观、价值观，从一定意义上讲，在这“三观”中，人生观具有

---

① ［苏］米·谢·戈尔巴乔夫：《改革与新思维》，苏群译，新华出版社 1987 年版，第 180 页。

决定性意义。人生观一头连着世界观，另一头连着价值观，犹如习近平总书记所说的穿衣服要扣好第一粒扣子。如果党员干部仅仅考虑个人升迁和自己的小家庭过好日子，追求物质享受，在特定条件下，就必然会导致结党营私，甚至发展成为野心家、阴谋家。

成为党的总书记后，勃列日涅夫利用自己的职权享受着无人能比的特权。他酷爱打猎、住豪华别墅和收藏高级轿车。勃列日涅夫还喜欢各种高档礼品，他收受的礼物可以说“数不胜数”[①]。这本不属于个人财产，理应上缴国家，但勃列日涅夫大多将它们收归己有。勃列日涅夫的孙女在回忆爷爷的生活时曾提到他收藏的高级轿车竟达百辆之多。勃列日涅夫认为，“‘影子经济’、抢劫公共设施、干部的贿赂行为都是正常的”[②]。

勃列日涅夫对其亲信、亲属腐败行为的纵容姑息，更是众所周知。20 世纪 70 年代末期，克格勃负责人安德罗波夫（Юрий Андропов）准备开展打击贪污腐败的斗争，但遭到勃列日涅夫的反对。他不允许安德罗波夫调查谢洛科夫把持的内务部中的严重腐败行为。当安德罗波夫将反映国内腐败状况的报告交给勃列日涅夫后，勃列日涅夫很不高兴，一改以往与安德罗波夫的亲热关系，长达 3 个月不与安德罗波夫见面，甚至拒绝与他通电话。当安德罗波夫将报告的内容改为通报平安无事的喜报后，勃列日涅夫才恢复了与他的良好关系[③]。

以勃列日涅夫为首的苏共最高领导人对特权生活的追求，对助

---

① ［俄］瓦·博尔金：《戈尔巴乔夫沉浮录》，李永全等译，中央编译出版社 1996 年版，第 34 页。

② АкоповС. С.，ГуреевН. Д. ИсторияРоссии 1953 – 1996，М.：Внешторгиздат，1997г. С. 236.

③ 参见［俄］罗伊·麦德维杰夫《人们所不知道的安德罗波夫——前苏共中央总书记尤里·安德罗波夫的政治传记》，徐葵、张达楠、何香译，新华出版社 2001 年版，第 217—218 页。

长党内腐败现象起到了某种“榜样作用”。戈尔巴乔夫上台后，首先想的是为个人及家庭谋取好处。戈尔巴乔夫刚接任总书记，他就指示下属在海边新建豪华别墅等度假场所，而位于列宁山的戈尔巴乔夫六居室官邸更是引人注目，行人老远就能望见，成为莫斯科旅游一景。

戈尔巴乔夫时期的当权者，趁私有化改革之机损公肥私、化公为私、大肆侵吞公有资产，使苏联几代人艰苦奋斗积累的成果，转瞬间化为少数人口袋里的财富。苏联解体后俄罗斯商界精英有40%以上来自苏共的官僚。在1992—1993年的100家俄罗斯最大私人企业的所有者中，原先的党政精英、企业家、银行家及其家族占了62%①。

（二）苏联亡党亡国的重要教训

如前文所说，苏联亡党亡国最为深刻的警示和教训，就是共产党的自身建设，特别是党的领导集团内部出了问题。

1. 大党的自身建设不仅关乎党的兴衰存亡，而且关乎国家、人民乃至人类的前途命运

苏联共产党曾经创造了史无前例的辉煌成就。它不仅建立了世界上第一个社会主义国家，而且有力发展了社会主义事业，深刻改变了世界格局和人类社会发展方向，马克思列宁主义因此获得广泛的世界影响。

在列宁和斯大林时代，苏共在政治、思想、组织、作风、纪律、制度等方面进行的建设，使其能够适应革命和战争、建设和发展的需要，并推动苏联社会主义建设和国际共产主义事业大踏步前进。在苏共的坚强领导下，苏联人民付出巨大的牺牲和代价，打败

---

① 参见［美］大卫·科兹、［美］弗雷德·威尔《来自上层的革命：苏联体制的终结》，曹荣湘、孟鸣歧等译，中国人民大学出版社2002年版，第155页。

外敌入侵，并建设了强大国家。第二次世界大战中又击败不可一世的德国法西斯和日本法西斯侵略势力，之后，社会主义革命从一国发展到多国，形成了以苏联为首的社会主义阵营。

苏维埃政权是通过苏共的领导来实现人民管理自己的国家的。这就意味着党的自身建设任务艰巨，必须始终保持人民公仆的性质，牢记为人民服务的宗旨。党和人民事业发展到什么阶段，党的建设就要推进到什么阶段。然而，自赫鲁晓夫担任最高领导人时起，苏共各方面的建设尤其是思想、政治、作风建设出现了严重问题，特别是到了勃列日涅夫担任最高领导人后期，苏联官僚主义现象蔓延，腐败问题日益严重，形成了与人民群众根本利益相对立的官僚特权阶层，苏共在人民群众中的形象严重受损，其执政的合法性基础开始动摇。

官僚特权阶层因循守旧，不愿或反对进行任何涉及自身利益的变革。更为严重的是，官僚特权阶层完全脱离广大群众，使党的威信和社会主义声誉下降，为戈尔巴乔夫时期反共反社会主义势力的壮大培植了土壤。为使非法占有的国家资源合法化，特权阶层极力推动苏联社会制度演变，反共反社会主义势力将苏联引向解体。

马克思主义是人民的理论，人民立场是马克思主义政党的根本政治立场。苏联共产党历经革命和战争的考验，领导人民进行社会主义现代化建设，党和人民建立了血肉联系。然而，在和平发展年代，苏共却逐渐忽视了党的建设，党的领导人追名逐利、高高在上、自以为是，忘记了自己的初心使命，逐渐脱离群众，与人民离心离德，最终被人民抛弃、被历史抛弃，也就在情理之中了。

苏共败亡的历史表明，建立政党、夺取政权相对容易，但一朝倾覆、亡党亡国后再图崛起，就会异常艰难。苏联解体后，俄罗斯联邦共产党以和平方式参与国家政治，争取恢复社会主义，曾经发挥过重要影响。然而，进入 21 世纪以来，俄共发展并不稳定。2018 年 3 月，俄罗斯举行第七届总统大选，曾 4 次落选的俄共领导人久加诺夫没有参选，俄罗斯联邦共产党推举了无党派人士格鲁季宁（Павел Грудинин）作为其候选人。2021 年 9 月，俄罗斯官方公布了第八届杜马选举结果，“统一俄罗斯”党得票率为 49.82%，俄共为 18.93%。但俄共实际得票率为 30%，统俄党为 35%[①]。

2021 年 12 月 8 日，俄罗斯国家杜马主席沃洛金（Вячеслав Володин）发文回忆苏联解体时表示，苏共高层领导人在国家最困难的时期选择背叛理想、背叛国家、背叛人民，而政治精英们则从国家崩溃中攫取利益，美国和欧洲也因此得以消灭了一个强大的意识形态对手，将苏联分裂成不同的国家。但在这个过程中，苏联 15 个加盟共和国却没有任何一个从国家崩溃中获益。沃洛金强调，这些加盟国的经济、工业联系被切断，工业能力丧失，这一切综合要素导致了一场重大危机，而到目前为止，他们仍在承受着这场悲剧带来的后果[②]。

与此相反，以“非常规战争”即意识形态战、经济金融战等为主要手段摧垮苏联和东欧社会主义国家的美国，却从苏联解体、东欧剧变中收割了巨额财富，原用于军事对抗的计算机、互联网等高科技产业，转为民用，进一步形成“金融资本 + 技术资本”，共同推进了美国经济高增长，以美元霸权为基础和以美国为主导的经济全球化达到了一个新的巅峰。

2. 领袖的信仰信念、理论素养、人生观和价值观直接关系社会主义宏伟大业的成败

从苏联共产党兴亡的经验教训看，马克思主义政党的领导人，

① КолесниковА. Пересечениекраснойлинии. ПочемуРоссияопятьголосуетзакоммунистов，https：//carnegie. ru/commentary/85414.

② 参见《苏联解体 30 周年俄国家杜马主席：至今没有任何前加盟共和国从中获益》，搜狐网，2021 年 12 月 8 日，http：//news. sohu. com/a/506484055_ 115479。

必须如列宁所说是“最有威信、最有影响、最有经验、被选出担任最重要职务而称为领袖的人们”①，需要他们具备高瞻远瞩、领航掌舵的政治远见，坚定非凡、无所畏惧的革命勇气，开拓创新、驾驭复杂局势的卓越领导能力，更为重要的是，需要他们能够始终站在历史和时代发展的正确一边，带领党和人民始终沿着正确方向前进。

自列宁、斯大林之后，苏共主要领导人的思想政治素养下滑，意志品质低下，有的还变成了特权阶层利益的顽固维护者。“肉食者鄙，未能远谋。”他们更多的是考虑个人、家庭和小集团的利益。到了戈尔巴乔夫时期，苏共领导集团经不住复杂局势的考验和物质利益的诱惑，理想信念、意志品格、人生观、价值观等都发生了根本的变化，苏联社会主义事业遭遇覆亡的命运也就无法改变了。

历史是最好的老师。在列宁、斯大林领导时期，苏共之所以能够由弱到强、领导社会主义事业蒸蒸日上，是因为有列宁、斯大林这样坚强有力的领导核心和领导集体的存在，而斯大林逝世之后，苏共之所以由盛转衰，其所领导的社会主义事业最终毁于一旦，也是因为苏共缺乏坚强有力的领导核心和领导集体。中国共产党由小变大、由弱到强，历经百年风雨取得辉煌成就，正是因为有了毛泽东、邓小平、江泽民、胡锦涛、习近平等坚强有力的领导核心和领导集体，中国革命、建设和改革事业因此无往而不胜。

3. 思想上理论上政治上不清醒、不正确、不坚定，势必将党和国家引向歧途甚至邪路

如果党的领导人和领导集体缺乏马克思主义思想理论的科学武装，就容易在复杂多变的国内外形势面前迷失方向、失去动力。苏

---

① 《列宁专题文集·论无产阶级政党》，人民出版社 2009 年版，第 249 页。

共在思想上理论上政治上不清醒、不正确、不坚定，极大地危害了党和人民的事业。

在赫鲁晓夫和勃列日涅夫担任最高领导人时期，苏共看不清帝国主义的本性，淡化国际范围的阶级斗争，一厢情愿地提出“和平共处”“和平竞赛”“和平过渡”，并出于“苏美合作，主宰世界”的政治需要，在社会主义阵营搞大党主义和大国沙文主义，在世界范围推行霸权主义。为了加强对东欧盟国的控制，勃列日涅夫抛出了所谓“社会主义大家庭论”“有限主权论”和“国际专政论”，控制其他兄弟国家，甚至公然武装入侵捷克斯洛伐克，还打着“支持民族解放运动”的旗号对第三世界进行侵略扩张。苏共的这些错误做法，败坏了马克思主义政党的声誉，导致国际共产主义运动发生分裂等严重后果。

戈尔巴乔夫推行外交“新思维”，鼓吹“全人类的利益高于一切”，认同西方价值观为“全人类价值观”，抛弃马克思主义阶级斗争学说和阶级分析的方法，按照西方价值观指引国内改革，在思想上行动上完全投靠以美国为首的西方国家，甚至出卖苏联核心利益以换取西方的信任，结果换来的却是亡党亡国的悲剧，以及西方世界的弹冠相庆。苏联的教训深刻表明，社会主义国家如果走屈服、投降西方国家的道路，改旗易帜，必然自取灭亡。

要避免走改旗易帜的邪路，就必须坚持马克思主义立场观点方法，充分认识到在社会主义制度与资本主义制度并存和较量的时代，在国际垄断资产阶级仍主导世界的时代，决不能屈服于帝国主义的压力，搞不讲原则、不计后果的妥协退让。应当清醒地看到，自从出现社会主义国家以来，国际反动势力一直没有放弃敌视和颠覆社会主义制度的战略图谋，国际舞台上始终存在着渗透与反渗透、颠覆与反颠覆的斗争，有时还达到十分尖锐的程度。面对复杂尖锐的国际斗争形势，社会主义国家执政党既要善于把握时机，调整政策，尽可能将国际关系引向有利于和平、有利于发展、有利于人类进步事业的方面，又要时刻保持清醒正确的政治头脑，坚持原则，敢于斗争，确保国内的和平、稳定与发展。

4. 要把体现人民意志的根本制度体现在宪法的文本里和贯彻落实中，决不能动摇或变相动摇甚至取消这些根本原则

无产阶级的历史使命只有在其先锋队组织的领导下才能逐步实现。因此，无产阶级在夺取政权后，制定一部体现工人阶级和劳动人民意志的根本法，将国家人民民主专政的社会主义性质和共产党在社会主义国家中的核心领导地位，通过宪法法律文本明确予以确认与维护，并把这些根本制度通过各种基本制度、重要制度坚决落实到人民群众的经济、政治和文化以及外交等方方面面，决不能仅把这一根本制度通过各种基本制度、重要制度空悬在法律条文里，甚至从法律条文里就直接取消这些不可动摇的原则。只有这样，才能确保党和国家的社会主义性质，维护广大人民的根本利益。否则，这样的党和国家必将被人民所抛弃。

1989 年以后，在政治“多元化”、社会“民主化”等旗号下，戈尔巴乔夫采取所谓“自由”“公正”的方式，直接选举人民代表和最高苏维埃代表（议员），结果是一大批激进分子、反苏反共头面人物、持不同政见者当选。“跨地区议员团”提出“一切权力归苏维埃”，要求废除苏联宪法第六条关于苏共领导地位的内容。1990 年苏共中央二月全会决定放弃苏共执政地位，在苏联推行多党制。同年 3 月召开的苏联人民代表大会，正式废除了苏联宪法第六条，规定苏联实行多党制、总统制，建立三权分立的国家政治制度，这就从根本上摧毁了苏共执政的法理根基，给苏维埃政权和苏联社会主义制度以致命一击。

5. 坚持共产主义远大理想，坚定社会主义必胜信念，党才有凝聚力、战斗力

苏共软弱涣散，丧失战斗力，根本原因在于放弃了马克思主义政党的性质、宗旨和奋斗目标，放弃了为人民谋幸福、为人类谋解放的崇高追求。尤其是苏共领导人淡化、放弃、背离社会主义和共产主义理想信念，对于全体党员起到的是恶劣的“榜样作用”，教训极其惨痛。

赫鲁晓夫在思想上、政治上宣扬阶级调和的“全民党”“全民国家”论调，宣扬抽象的、超阶级的人道主义观，要求把所谓“伟大的人道主义”作为“我们的意识形态”，淡化马克思列宁主义指导地位。苏共在勃列日涅夫担任最高领导人后期普遍存在言行不一、形式主义、夸夸其谈、只说不做等现象，严重弱化党的影响力，使苏共的威信不断下降。到了戈尔巴乔夫时期，苏共彻底放弃马列主义指导地位，党内思想混乱，派别林立，乱象丛生，人心涣散，最终惨遭解散的命运。

苏联惨痛的教训表明，坚定理想信念对于马克思主义政党具有重大意义，对于社会主义国家具有重大意义。从一定意义上讲，理想信念是否坚定，直接关系到党和国家的生死存亡，必须始终如一地坚持和加强党的理想信念教育。理想信念是共产党人的政治灵魂和精神支柱，是克服一切困难、取得一切成就的思想保证。中国共产党持之以恒加强党的思想理论建设，坚持思想建党，推进理论强党，高度重视社会主义意识形态工作，加强意识形态阵地建设，牢牢把握意识形态工作领导权，这一系列重大举措是完全正确的。

6. 放弃马克思主义指导地位，违背科学社会主义原则，必然导致改旗易帜、亡党亡国的恶果

围绕改革问题，历来存在两种不同的改革观：一种是把改革看

作社会主义制度的自我完善和发展，把坚持社会主义根本制度、基本制度与完善不适应生产力发展要求的具体制度有机统一起来，既把改革视为一场根除体制机制弊端和突破思维、利益固化藩篱的革命性变革，又坚持科学社会主义基本原则，保证改革始终沿着社会主义方向和道路前进。这是在实践中被证明为正确的马克思主义改革观。另一种改革观主张本质上不属于社会主义性质的改革，它是借改革之名，打着“改革”旗号，根本否定社会主义根本制度、基本制度，把资本主义的那一套社会制度移植过来，实现国家的资本主义化，戈尔巴乔夫的改革就属于这种类型。

纵观苏联历史，如果说改革始于赫鲁晓夫的话，那么从赫鲁晓夫到戈尔巴乔夫上台之前，一方面，苏共领导集团在思想上、政治上已经开始偏离、背离马列主义基本原理与社会主义根本制度和基本制度；另一方面，仅在原来体制机制下采取一些修补措施。而从戈尔巴乔夫担任最高领导人至苏联解体，推行的则完全是否定社会主义制度、背离科学社会主义原则的所谓“改革”，把矛头指向社会主义制度本身，根本否定社会主义根本制度、基本制度。

从苏共的教训看，在改革问题上既不能走封闭僵化的老路，也不能走改旗易帜的邪路。其中，不走改旗易帜的邪路，避免犯颠覆性的错误，尤为关键。党的十八大以来，以习近平同志为核心的党中央，强调我国的改革是有着坚定正确的政治方向、立场和原则的，最核心的是坚持和改善党的领导、坚持和完善中国特色社会主义制度，强调我们要增强政治定力，坚守政治原则和底线，决不能把改革变成“改向”，变成对社会主义制度的改弦更张，这些重要论断是完全正确的。

7. 高度重视意识形态工作，及时回击各种非马克思主义、反马克思主义思潮，在思想政治理论上时刻保持党的革命性、先进性和纯洁性

纵观苏俄和苏联70余年的历史，苏共的意识形态工作经历了一个演化蜕变的过程。列宁时期坚持以马克思主义为指导，在长期的革命实践中为布尔什维克党确立了意识形态工作的原则、方针和理论指导，开了马克思主义意识形态工作的先河。斯大林时期的意识形态工作既有重大成就也出现过偏差，但总体上方向是正确的，坚持并发展了马克思列宁主义。在列宁、斯大林时期，苏共对各种反马克思主义思潮的批判和清算是坚决的、彻底的，使党在很长一个历史时期能够自觉抵御各种资产阶级思潮的侵蚀，尤其是对民主社会主义及其前身社会民主主义本质的认识是深刻的、清醒的。这显然与列宁、斯大林长期坚持与第二国际右派进行坚决的斗争有直接关系。

从赫鲁晓夫执政开始，苏共意识形态工作在偏离马克思主义的轨道上越走越远，苏联各种非马克思主义、反马克思主义思潮开始死灰复燃。另外，我们也要看到，第二次世界大战后，世界范围内资本主义与社会主义两种根本不同的社会制度和资产阶级与无产阶级两大阶级之间的对立和斗争有所缓和，当时流行的民主社会主义、西方资产阶级思想，借赫鲁晓夫大反斯大林之机以及匈牙利事件和波兹南事件造成的反共浪潮，也竭力拓展着自己的影响。

苏联亡党亡国的教训表明，意识形态工作贵在防微杜渐、防患于未然。意识形态这块阵地，马克思主义不去占领，非马克思主义、反马克思主义思潮就必然会去占领。社会主义国家必须高度重视意识形态工作，牢牢把握意识形态工作领导权，必须毫不动摇地

坚持马克思主义指导地位，加强党的思想理论建设，持之以恒地锤炼党性修养，同一切反马克思主义思潮作坚决斗争，将思想舆论阵地牢牢掌握在马克思主义者手里。

8. 毫不动摇坚持党对军队的绝对领导，决不能自断脊柱，沦为反动势力刀俎下的鱼肉

苏联红军自创立起，就遵循列宁的建军原则，确立了苏共对红军的绝对领导，将无产阶级的军队牢牢掌握在无产阶级政党手中。国际共产主义运动历史的经验和教训一再证明，坚持党对军队绝对领导的根本原则和制度，坚持把思想政治建设摆在军队各项建设首位，具有极端重要性。

1991 年苏联“8 · 19”事件中，奉命进入莫斯科的空降兵部队、克格勃“阿尔法”行动小组拒绝执行上级命令，调转枪口，支持“民主纲领派”的叶利钦。在国家面临生死存亡的关键时刻，苏共自己缔造的军队非但不履行自己的使命责任，反而临阵倒戈，加速了苏共的崩溃和国家的瓦解，究其根本原因是戈尔巴乔夫以“改革”为名，搞所谓“军队国家化”“军队非党化”的恶果，使苏共彻底放弃了对军队的领导权。

在思想上，戈尔巴乔夫极力宣扬军队“非政治化”“非党化”和军队“国家化”，其实质是把领导军队的最高指挥权由苏共中央转移到苏联总统那里。在政治上，撤销了军队总政治部，削减了军队各级政治机关，裁减了数万余名军官，取消了军官晋升的政治审查制度，使军队对党和国家的忠诚度、可靠性迅速下降。此外，1990 年 3 月制定的《关于设立苏联总统职位和苏联宪法（根本法）修改补充法》，从法律上剥夺了苏共领导和指挥苏联军队的最高权力。

9. 要高度警惕西方和平演变战略，决不能让第五纵队在国内甚至党内横行无忌尤其是在党的领导集团中出现“鸠占鹊巢”之现象，否则党和国家的倾覆将成为必然

西方敌对势力对苏联推行和平演变战略，首先是在苏联党、国家各级领导中及社会各界尤其是最高领导层培植西方的强大内应力量，也就是俗称的“第五纵队”①。西方利用文化交流、经济活动、人员往来等途径进行思想文化渗透，培植西方在苏联的代言人；主要通过广泛招募各学科的专家、学者，利用宣传、互访、侦察、谍报等手段，进行大规模的心理战；通过声援、收买等途径，支持苏联的持不同政见者；利用民族矛盾，制造民族分裂，煽动苏联社会的不满情绪；通过散布政治谣言，丑化列宁、斯大林等苏联领导人的形象，煽动群众对苏联制度的反感和仇恨及对西方社会的向往。

（三）苏共亡党、苏联解体的深刻启示

苏共亡党、苏联解体带给我们深刻的启示：必须增强“四个意识”，坚决维护习近平总书记党中央的核心、全党的核心地位，坚决维护党中央权威和集中统一领导，同时必须抓好后继有人这个根本大计；必须坚持党的自我革命，永葆党的生机活力，跳出政党、政权兴衰的历史周期率；必须切实抓好经济建设这一中心工作，巩固和壮大社会主义公有制经济，坚定不移促进全体人民共同富裕；必须坚持抓好党的意识形态工作，持续开展对各种错误观点和错误思潮的批判；必须始终坚持全心全意为人民服务的根本宗旨和党的优良作风，把人民当家作主这一根本要求落到实处；必须牢牢把握党对军队的绝对领导，坚决批判所谓“军队国家化”“军队非党化”等错误思潮；必须坚决反对一切形式的霸权主义、强权政治、

① “第五纵队”是指在内部进行破坏，与敌人里应外合，不择手段意图颠覆、破坏国家团结的团体。——笔者注

单边主义、保护主义，坚持独立自主大国和平外交，推动构建人类命运共同体；必须坚持党的组织路线及党的教育方针，努力培养和锻造担当民族复兴大任的社会主义事业建设者和接班人；必须坚持和发展马克思主义，深入持久地开展党的理论学习教育活动，不断开辟马克思主义中国化新境界；必须牢固树立正确的时代观与时代主题观，居安思危，坚定信心，时刻准备进行具有许多新的历史特点的伟大斗争，为创造和发展人类文明新形态做贡献。

1. 必须坚持和发展马克思主义，深入持久地开展党的理论学习教育活动，不断开辟马克思主义中国化新境界

2017 年 9 月 29 日，习近平总书记在中共中央政治局集体学习时指出："时代在变化，社会在发展，但马克思主义基本原理依然是科学真理""背离或放弃马克思主义，我们党就会失去灵魂、迷失方向。在坚持以马克思主义为指导这一根本问题上，我们必须坚定不移，任何时候任何情况下都不能动摇"①。

理论是政治和经济的最高抽象和凝结，是可以向 360 度任何方向辐射的原点。若理论这一原点错了，其他路线、方针、政策与战略、战术都是射线，最终都会、都要出大问题。没有革命的理论，便没有革命的运动；有了错误的理论，必然会有错误的行动。所以，我们的一切工作都必须始终坚持以马克思主义为指导，尤其是在意识形态领域。

马克思主义理论学习需要制度化。制度一经确定，就必须长期坚持。马克思主义理论学习制度由党中央组织部、宣传部统一安排。干部学习必须集中安排时间，提出具体要求，划定学习范围，提出各阶段要解决的重点问题，同时提供相关的学习参考书和参考

---

① 《习近平谈治国理政》第 2 卷，外文出版社 2017 年版，第 66 页。

材料。必须把读原著与原著学习辅导结合起来，把阶段性专题学习与对理论的整体性系统性学习结合起来，把学习马克思主义与学习“四史”结合起来，把学习马克思主义与其他必要的进修活动结合起来。

2. 必须增强“四个意识”，坚决维护习近平同志党中央的核心、全党的核心地位，坚决维护党中央权威和集中统一领导，同时必须抓好后继有人这个根本大计

以苏为鉴，有助于我们更加深刻理解无产阶级政党领袖人物在历史上的关键作用。共产主义者同盟、第一国际、第二国际前期，有马克思、恩格斯这样的领袖人物的领导，国际共产主义事业就取得伟大成就；马克思、恩格斯逝世后，第二国际及其大部分党的领导人滑向修正主义，第二国际就走向了破产。俄国布尔什维克党有列宁、斯大林的领导，就取得十月革命的胜利，创建社会主义制度，开辟人类历史新纪元；自赫鲁晓夫时期起，特别是在戈尔巴乔夫领导下，苏共就加速蜕变，发生了苏共亡党、苏联解体的悲剧。党的领袖人物是政治上层建筑中最为核心的部分。党的领袖人物是不是坚定清醒的马克思主义者，在一定条件下对于科学社会主义事业常常具有决定性的作用。

以苏为鉴，有助于我们更加深刻地理解产生和维护坚持马克思列宁主义的政党领袖具有关键意义。中国共产党人在历史重大关头能够实现伟大转折、化险为夷，关键就是因为遵义会议确立了毛泽东同志在党中央和红军的领导地位，从此从胜利走向胜利。中国改革开放几十年的平稳运转就是因为邓小平同志坚持了四项基本原则，维护了毛泽东同志的历史地位和毛泽东思想的指导地位，保证了国家的安定团结。党的十八大以来，我们党之所以攻克了许多长期没有解决的难题，办成了许多事关长远的大事要事，开辟了中华

民族伟大复兴的新时代，就是因为有了以习近平同志为核心的党中央坚强正确的领导。

我们党确立习近平同志党中央的核心、全党的核心地位，确立习近平新时代中国特色社会主义思想的指导地位，反映了全党全国各族人民的共同心愿，为党的二十大的胜利召开奠定了坚实的思想、理论、政治、组织以及舆论基础，对于推进中华民族伟大复兴历史进程和坚持发展中国特色社会主义宏伟事业具有决定性意义，要十分清醒地认识"两个确立"的重大现实意义与深远历史意义。

中国共产党的百年奋斗史，中华人民共和国70多年的发展史，苏联亡党亡国的深刻教训，都提示和警示我们：我们党形成坚持并发展马克思列宁主义的领导核心来之不易，得到这样一个坚强领导核心需要历经艰难困苦，因此要倍加珍惜当前来之不易的局面，采取有力措施保证党的事业始终掌握在马克思列宁主义者手里，保证党的事业永不褪色、永不变质。这既是实现中华民族伟大复兴的需要，也是实现共产主义千秋伟业的需要。

3. 必须坚持党的自我革命，永葆党的生机活力，跳出政党、政权兴衰的历史周期率

戈尔巴乔夫领导集团由于政治上彻底变质，煽动历史虚无主义思潮，全面丑化苏共历史和苏联历史，抹黑列宁和斯大林，完全脱离了人民群众，最后被广大人民群众抛弃。苏共失败的教训警示我们：共产党人带领无产阶级和人民群众夺取国家政权，并利用自己的政治统治建设社会主义，最终实现共产主义，这一初心和使命是不断增强党的生命力、革命性的源泉。忘记这一初心和使命，就是政治上对人民的背叛。

中国在改革开放的过程中也并非一帆风顺。有人企图借我们党纠正"文化大革命"错误之机，全面抹黑党的历史、中华人民共和

国历史，贬损党的伟大领袖的光辉形象，甚至否定邓小平同志作出的关于毛泽东同志发动“文化大革命”的出发点“主要是从反修防修的要求出发的”[①]科学分析，有的人甚至不顾人民大众对伟大领袖的深厚感情和承受能力，企图以历史虚无主义的思潮全盘否定毛泽东，不断引发国内民情激愤不安；有人还通过回忆录、小说、视频节目等形式，编造各种虚假的故事，离间领袖之间以及党和人民群众之间的血肉联系，以图掀起动乱，否定中国共产党的领导和颠覆中国社会主义制度。上述倾向直到党的十八大以后，才通过持续地批判历史虚无主义等错误思潮逐步得到了解决。只有注重及时化解多年以来反复出现的这一矛盾，才能维持社会的稳定发展，防止出现危及国家安全的政治风波，享有长期稳定发展的战略机遇。

在新时代，我们党又踏上了新的赶考之路。习近平总书记重新提出“跳出政党、政权兴衰的历史周期率”问题，他在庆祝中国共产党成立100周年大会上的讲话中提出的“发展全过程人民民主”，就是破解“跳出历史周期率问题”的新思路。毛泽东同志多次提到，只有真正发动人民起来管理国家事务，才能防止人亡政息。他强调：绝不能把人民的权利理解为国家由一部分人管理、人民在这些人的管理下享受劳动、教育、社会保险等权利；必须讲“劳动者管理国家、管理军队、管理各种企业、管理文化教育的权利”[②]。实际上，这是社会主义制度下劳动者最大的权利，最根本的权利。1952年“三反”“五反”时，我们党曾在资本主义企业中建立工人监督，权力完全掌握在工人的手中，厂方办事要看支部书记的“脸色”。后来又成立了增产节约委员会，由国家工作人员、职工群众、资本家三方面代表参加，实际上企业的管理权掌握在国家工作人员

① 《邓小平文选》第2卷，人民出版社1994年版，第149页。
② 《毛泽东文集》第8卷，人民出版社1999年版，第129页。

和工人手里。

在新时代，只有发扬这种主人翁精神，才能赢得人民的热心支持和广泛参与，才能充分调动最广大人民群众的积极性、主动性和创造性，才能有希望创造出令世界人民向往的人类文明新形态。

4. 必须切实抓好经济建设这一中心工作，巩固和壮大社会主义公有制经济，坚定不移推进人民共同富裕

苏共亡党、苏联解体结局的出现，实际上是政治上变质了的上层领导集团掠夺、瓦解和摧毁苏联公有制基础的结果。后来在俄罗斯，叶利钦等不遗余力地强行将私有化改革合法化。当人民发现上当后，为时已晚。

中国根据自己的国情在改革中对已建立的社会主义公有制进行了调整，形成了以公有制为主体、多种所有制经济共同发展的基本经济制度。尽管面对倚仗西方背景的私有化浪潮的不断冲击，但我们始终没有动摇对公有制主体地位的坚定认识。习近平总书记指出："我们要毫不动摇巩固和发展公有制经济，毫不动摇鼓励、支持、引导非公有制经济发展，推动各种所有制取长补短、相互促进、共同发展。同时，我们也要十分明确，我国基本经济制度是中国特色社会主义制度的重要支柱，也是社会主义市场经济体制的根基，公有制主体地位不能动摇，国有经济主导作用不能动摇。这是保证我国各族人民共享发展成果的制度性保证，也是巩固党的执政地位、坚持我国社会主义制度的重要保证。"① 我们要以苏为鉴，紧密团结在以习近平同志为核心的党中央周围，巩固和壮大以公有制为主体的社会主义经济基础，保护好人民当家作主赖以存续的这份最为重要的家业。

---

① 《十八大以来重要文献选编》（下），中央文献出版社2018年版，第5页。

共产党人的改革和奋斗始终都是为了最广大人民群众的根本利益，这是科学社会主义的要义。如果经济基础的调整和变革把人引导到为了自己或为了少数人，那就应该拨乱反正。只有切实确立共同富裕的目标，才能够纠正个人主义、两极分化等错误，始终走在为人民谋幸福的正确轨道上。

5. 必须坚持抓好党的意识形态工作，持续开展对各种错误观点和错误思潮的批判

苏联由于没有处理好阶级和阶级斗争等意识形态问题，最后背离和背叛马列主义。马克思说过："阶级的存在仅仅同生产发展的一定历史阶段相联系。"① 这是一个客观规律。在世界上还存在着资本主义制度的情况下，社会主义同资本主义这两种不同的意识形态和两种不同的社会制度之间的斗争必然长期存在；在一些社会主义国家消灭了剥削阶级之后，阶级斗争也仍然会在一定范围内长期存在，在某种条件下还可能激化。我们的党章和宪法中都依然标明着这些十分重要的观点与结论。看不到这一点，不承认这一点，就不是历史唯物主义者。当时，苏联只注意到社会主义在经济基础、国家政权领域取得胜利的情况，没有注意到意识形态领域的斗争还远没有结束，苏联社会还远没有消除阶级和阶级斗争，就急于宣布"阶级斗争消失了""资本主义在苏联复辟的危险已经没有了"②。最后，戈尔巴乔夫竟提出超阶级的"全人类的利益高于一切"，用所谓"人道的、民主的社会主义"取代了共产主义理想信念。这样一来，资本主义复辟的悲剧就必然找上门来。社会发展的现实无情地嘲笑了"资本主义在苏联复辟的危险已经没有了"的荒谬说法。

与苏联不同，我国从改革开放伊始，就对阶级斗争形势作出客

---

① 《马克思恩格斯选集》第4卷，人民出版社1995年版，第547页。

② 《苏联共产党第二十一次代表大会主要文件》，人民出版社1959年版，第141页。

观清醒的判断。自党的十二大开始，党章一直载明：“由于国内的因素和国际的影响，阶级斗争还在一定范围内长期存在，在某种条件下还有可能激化，但已经不是主要矛盾。”尽管阶级斗争不是社会主要矛盾，但“在社会主义现代化建设的整个过程中，必须坚持四项基本原则，反对资产阶级自由化”[①]。坚决批判资产阶级自由化思潮。

马克思、恩格斯、列宁和毛泽东、邓小平对在资本主义向共产主义过渡这一相当长时期的历史阶段始终存在阶级和阶级斗争都作出过大量论述。江泽民曾经指出：“我们纠正过去一度发生的‘以阶级斗争为纲’的错误是完全正确的。但是这不等于阶级斗争已不存在了，只要阶级斗争还在一定范围内存在，我们就不能丢弃马克思主义的阶级和阶级分析的观点与方法。这种观点与方法始终是我们观察社会主义与各种敌对势力斗争的复杂政治现象的一把钥匙。”[②] 有人说这已经落后于时代了，这种观点是不对的。我们说阶级斗争已经不再是我国社会主要矛盾，并不是说阶级斗争在一定范围内不存在了，在国际大范围中也不存在了。改革开放以来，我们在这个问题上的认识一直是明确的。2022 年 10 月，我们召开了党的二十大。我们不仅在经济上要坚持“稳字当头、稳中求进”，在政治上同样要坚持“稳字当头、稳中求进”。

意识形态斗争取得的成效振奋了思想理论界，艰巨的任务也激发着思想理论界的斗志。目前，意识形态领域的斗争依然复杂激烈，社会科学领域的研究导向、高校办学方向、学校教材导向和科学研究导向，都还存在不可低估的问题。境内外敌对势力利用种种

---

① 《中国共产党章程关于新形势下党内政治生活的若干准则　中国共产党廉洁自律准则　中国共产党纪律处分条例　中国共产党问责条例　中国共产党党内监督条例》，人民出版社 2016 年版，第 5、7—8 页。

② 《江泽民论有中国特色社会主义（专题摘编）》，中央文献出版社 2002 年版，第 34 页。

媒体，运用各种手段，刻意散布各种错误思想，并精心组织、支持围攻坚持马克思主义的学者。在有的高校和研究机构，由于党的领导软弱，爱惜自己的“羽毛”，放任一些坚持非马克思主义观点的人长期把持“学术委员会”、“学位委员会”、各种评奖评审机构等学术权威部门，许多研究人员望而生畏，怕遭到这些所谓“权威”人物的打压，甚至一些马克思主义学院的研究生都不敢选择苏联解体一类的政治问题作为自己的研究方向，从而使这些研究领域后继乏人。一些鼓吹历史虚无主义思潮的相关领头人物没有作起码的自我批评。早在20世纪90年代党中央就指出的“一些舆论阵地已经不在党和人民手里”[①] 的问题还没有得到彻底解决。对西方敌对势力的意识形态渗透应对不力的情况也有待全面地总结。西方敌对势力的渗透无孔不入，红色文化传统赓续长期被压抑或被抛弃，使得青少年被西方文化所浸润和熏染，这已经引起社会各界的不满。

苏联亡党亡国的深刻教训告诉我们，社会主义国家必须时刻警惕并抵制西方资产阶级意识形态渗透战略，筑牢抵御西方腐朽思想文化渗透的防线，打赢这场“没有硝烟的战争”。

6. 必须始终坚持全心全意为人民服务的根本宗旨和党的优良作风，把人民当家作主这一根本要求落到实处

2012年12月，习近平总书记在河北省阜平县考察扶贫开发工作时的讲话明确指出：“我们讲宗旨，讲了很多话，但说到底还是为人民服务这句话。我们党就是为人民服务的。”[②] 在马克思主义经典作家那里，有过“为大多数人谋利益”“为群众服务”等提法，

---

① 中共中央文献研究室编：《十三大以来重要文献选编》（中），人民出版社1991年版，第552页。

② 《坚定不移反对腐败的思想指南和行动纲领》，人民出版社2018年版，第230页。

但把“为人民服务”作为无产阶级政党的根本宗旨，是毛泽东的一大贡献。全心全意为人民服务的宗旨，建立在历史唯物主义基本原理的基础上，相信人民群众是历史的创造者，相信人民群众的力量、智慧和他们的未来。只有这样，才能真正做到把自己的人生价值同实现人民群众的利益紧密地结合在一起；也只有这样，才能正确处理个人同群众的关系，紧紧依靠群众，发挥群众的历史主动精神。确保党的性质、宗旨、指导思想与最高纲领的革命性、先进性和纯洁性，确保党和政权永不变质，这是我们党长期执政的根本法宝。中国共产党是为民族、为人民谋利益的政党，其本身就是人民的一部分，除了人民的利益之外，绝无其他任何私利。从根本上说，我们党绝不是靠也绝不能仅靠技巧执政，根本是靠为着人民、相信人民、依靠人民这一本色执政。这就必须坚持以人民为中心的发展思想，这是习近平总书记在新时代对毛泽东关于全心全意为人民服务思想的坚持和发展。这是中国共产党人的灵魂、生命和力量所在、所系。这不仅占领了价值道德高地，而且也是党的力量、生命之源，代表着人类社会的必然归宿。如此就能无往不胜，无难不克，无坚不摧。

要始终坚持全心全意为人民服务的宗旨和以人民为中心的发展思想，就必须始终牢记毛泽东关于“务必使同志们继续地保持谦虚、谨慎、不骄、不躁的作风，务必使同志们继续地保持艰苦奋斗的作风”的殷殷教导。“两个务必”是真正的共产党和共产党人内在与外在有机统一的鲜明标志和标识。从一定意义上讲，普通百姓看你是不是真正的共产党和共产党人，就是看你能否在任何时候任何情况下始终保持“两个务必”的作风。如果你能坚定不移、坚持不懈地始终保持“两个务必”作风，老百姓就会最终认定你是真共产党和真共产党人，就会赴汤蹈火跟你走，披荆斩棘共奋斗。否则，老百姓就可能三心二意地干，甚至消极怠工不出力。从长远和根本上说，人民群众最终还会毫不留情地抛弃这样的党。苏共这个有着93年历史、执政74年的大党最终消亡的教训，讲的就是这个道理。正因为如此，党的十八大后，我们党所进行的反腐斗争具有十分重大的意义，并得到了最广大人民群众的坚定拥护和热烈支持。

7. 必须牢牢把握党对军队的绝对领导，坚决批判所谓“军队国家化”“军队非党化”等错误思潮

苏联军队在西方敌对势力和平演变的作用下，长期受到历史虚无主义、“军队国家化”、“军队非党化”等思潮的影响，在苏联危难之时，苏军脱离了苏共的指挥，成为颠覆者的工具，教训十分深刻。

一段时期以来，我国不断有人鼓吹“军队非党化”“军队国家化”等错误思潮，特别是有人推出“中国需要新的改变”“零八宪章”等带有纲领性的主张，随着时间的推移，人们才逐渐明白这些口号的实质。他们打着“军队国家化”的名义，就是让我们党放弃对人民军队的绝对领导，效仿当年的苏共把党的组织从军队中完全撤出去。

没有一支人民的军队就没有人民的一切。社会主义国家的人民军队是保卫国家安全、保证社会安定的坚强柱石。党的十八大以来，我们党坚决抵制“军队非党化、非政治化”和“军队国家化”等错误政治观点，强调党对军队的绝对领导。在古田会议会址召开的新时代全军政治工作会议，提炼了新时代党的强军思想，使人民军队牢牢掌握在党和人民手里。习近平新时代中国特色社会主义思想明确规定了新时代的强军目标是建设一支听党指挥、能打胜仗、作风优良的人民军队，把人民军队建成世界一流军队。

8. 必须坚决反对一切形式的霸权主义、强权政治、单边主义、保护主义，坚持独立自主大国和平外交，推动构建人类命运共同体

苏联是世界上第一个社会主义国家，在列宁和斯大林领导时期，在对外关系上基本秉持无产阶级国际主义原则，支援了世界上许多国家包括中国的革命和民族解放事业。这些历史功绩至今还引起各国人民包括中国人民的敬仰和怀念。

第二次世界大战后，世界上出现了十多个社会主义国家，从这个时期开始，苏联逐步表现出大党主义、大国主义甚至霸权主义等错误倾向。针对苏联赫鲁晓夫等人的大国沙文主义行为，以毛泽东同志为主要代表的中国共产党人高举反对霸权主义、反对大国沙文主义的旗帜，挫败了苏联推行大党主义、苏美合作主宰世界等孤立中国的战略企图，推动并维护了世界各国独立自主、平等交往的地位和国际关系的民主化。改革开放后，邓小平同志倡导社会主义国家和各国共产党之间的正常关系准则，即独立自主、完全平等、互相尊重、互不干涉内部事务的党际关系四项原则，还制定了“超越意识形态的分歧，争取更大范围合作”的政策。

新时代以习近平同志为核心的党中央倡导中国特色大国外交，推动构建新型国际关系、推动构建人类命运共同体，展示了负责任大国的国际形象，赢得国际社会的尊重和广泛赞誉。

毛泽东同志鉴于美苏争霸给世界带来的危害，一再强调中国共产党和中国人民永远不称霸，即使成为富强的现代化大国也不称霸。在新时代，习近平总书记继往开来，更加信心百倍地团结带领中国人民创造人类文明新形态，推动构建人类命运共同体，让世界人民共享中国发展的机遇。

9. 必须坚持党的组织路线及党的教育方针，努力培养和锻造担当民族复兴大任的社会主义事业建设者和接班人

苏联赫鲁晓夫领导集团由于确定了“非斯大林化”的政治方向，否定苏共的历史，否定斯大林的丰功伟绩，也就否定了党的正确的组织路线和正确的教育方针。赫鲁晓夫淡化政治，取消学校思想政治理论课，走了一条“非斯大林化”的培养教育年青一代的历史虚无主义路线。在这样的教育环境中，被称作苏共“二十大产儿”的一代人中就出现了戈尔巴乔夫、叶利钦这种人。与此相反，毛泽东针对帝国主义和平演变战略，提出中国要培养无产阶级革命事业接班人，并规定了五项条件，指明了方向。此后，培养社会主义建设者和接班人这一党的教育方针一直没有动摇过。

党的教育方针服务于党和国家的人才战略，与党的组织路线有着密不可分的联系。培养社会主义建设者和接班人必须从青少年抓起，只有这样才能做到基础牢固。当前我国理想信念教育从中小学开始并延续到高校、各类成人教育，广大中小学生、大学生、研究生都要接受思想政治教育，这是完全正确的、必要的。

从苏共的教训看，为了保证社会主义江山不变色，选拔党的干部特别是选拔高级领导干部，必须突出五条政治标准：（1）政治忠诚标准：忠诚于马克思主义、忠诚于党、忠诚于人民，不断增强“四个意识”，自觉做到“两个维护”。（2）政治定力标准：坚定正确的理想信念和“四个自信”，有良好的政治鉴别力和决断力，经得起关键时刻、重大关头的严峻考验。（3）政治品质标准：敢于担当，敢于斗争；坚守立场，坚持原则；坚持团结，坚持光明正大。（4）政治能力标准：具有深厚的马克思主义理论功底，善于从政治上观察问题，拥有较高的政治执行力。（5）政治自律标准：严格遵守党的政治纪律和政治规矩，正派为人，干净处事。

10. 必须牢固树立正确的时代观与时代主题观，居安思危，坚定信心，时刻进行具有许多新的历史特点的伟大斗争，为创造和发展人类文明新形态做贡献

2017 年 9 月 29 日，习近平总书记在中共中央政治局集体学习时强调指出："我们依然处在马克思主义所指明的历史时代。这是我们对马克思主义保持坚定信心、对社会主义保持必胜信念的科学根据。"① 这一重大判断十分重要，完全正确。另外，毛泽东和邓小平、江泽民、胡锦涛、习近平总书记在肯定我们依然处在马克思主义所指明的历史时代的同时，都直接或间接地肯定我们依然处于帝国主义时代。我们党还审慎处理同一个大时代中不同时代主题的变化。邓小平看到时代主题从战争与革命向和平与发展的转换，及时作出改革开放这一重大抉择，在中国共产党的领导下中国人民取得举世瞩目的重大成就。但是，帝国主义还存在，帝国主义本质没有改变，只是表现形式和表现方式有了较大的变化。1969 年 3 月，毛泽东在召集有关人员的碰头会上明确指出："列宁是帝国主义时代的马克思主义。现在还是帝国主义时代。"② 以邓小平同志为主要代表的党的第二代中央领导集体的另一位重要成员陈云在 1989 年十分明确地指出："列宁论帝国主义的五大特点和侵略别国、互相争霸的本质，是不是过时了？我看，没有过时""那种认为列宁的帝国主义论已经过时的观点，是完全错误的，非常有害的。这个问题，到了大呼特呼的时候了"③。

对于爱好和平的世界各国人民来说，中华人民共和国历来都是受欢迎的，今天更是如此。正如习近平总书记 2014 年 3 月 27 日在

---

① 《习近平谈治国理政》第 2 卷，外文出版社 2017 年版，第 66 页。

② 《毛泽东年谱（一九四九——九七六）》第 6 卷，中央文献出版社 2013 年版，第 233 页。

③ 《陈云文选》第 3 卷，人民出版社 1995 年版，第 370 页。

中法建交50周年纪念大会上所说："实现中国梦给世界带来的是机遇不是威胁，是和平不是动荡，是进步不是倒退。拿破仑说过，中国是一头沉睡的狮子，当这头睡狮醒来时，世界都会为之发抖。中国这头狮子已经醒了，但这是一只和平的、可亲的、文明的狮子。"① 世界人民对习近平总书记描绘的中国这一大国形象高度认同，构建人类命运共同体和发展人类文明新形态有着无比光明灿烂的未来！

二　坚持和发展马克思主义，必须始终不渝地坚持列宁主义

2020年是无产阶级伟大领袖列宁诞辰150周年。纪念列宁最好的方式，就是坚持和发展列宁主义。列宁运用马克思主义立场、观点、方法，分析、认识、把握时代本质和俄国具体国情，把马克思主义与无产阶级革命和帝国主义的时代条件和俄国的国情实际相结合，科学地解答了马克思主义在当时历史条件下所面临的时代课题，制定了适合俄国国情的社会主义革命理论、路线、方针和政策，推动马克思主义付诸俄国革命实践，成功地发动了十月社会主义革命，建立了人类历史上第一个社会主义国家，创造性地领导了社会主义建设的实践探索，开创了人类历史的新纪元，创造了马克思主义新的理论形态，把马克思主义推向列宁主义阶段。

（一）马克思列宁主义是紧密联系在一起的科学完整的理论体系，始终是我们党的指导思想

中国共产党人是在俄国十月社会主义革命的影响下，在列宁主义

① 习近平：《出席第三届核安全峰会并访问欧洲四国和联合国教科文组织总部、欧盟总部时的演讲》，人民出版社2014年版，第25页。

的教育下，接受和掌握了马克思主义，总结俄国的革命经验，将马克思主义具体运用到中国实际的。中国新民主主义革命和社会主义革命的成功如此，中国社会主义建设和改革开放的成功亦是如此。

毛泽东同志代表中国共产党斩钉截铁地宣称："指导我们思想的理论基础是马克思列宁主义。"① 中国共产党人把马克思主义作为自己的旗帜和理论指南，从来都是把马克思和列宁主义放在一起，作为一个完整的思想体系，作为最锐利的思想武器用以指导中国实践的。中国共产党的全部理论和实践表明，马克思主义和列宁主义是不可分割的，马克思列宁主义是完整的、系统的、科学的理论体系，在中国革命、建设和改革近百年的历史进程中，正是由于马克思列宁主义的指导，中国共产党才能够领导中国人民取得了一个又一个伟大胜利。坚持和发展马克思主义，必须坚持和发展列宁主义，必须把马克思列宁主义作为我们党始终坚持而不可改变的指导思想，这是我们党的一条根本经验。

中国革命、建设、改革和新时代的成功充分证明，坚持马克思列宁主义，并根据新的实践不断丰富和创新马克思列宁主义，是我们党必须始终不渝坚持的重大原则。如果不坚持马克思列宁主义，会出现严重后果。例如苏联和东欧社会主义失败的根本原因就在于背离和放弃了马克思主义，而背离和放弃马克思主义的一个重要表现，就是背离和放弃了列宁主义。马克思主义的敌人和背叛者们背离和放弃马克思列宁主义的主要方式有如下两种。一是大肆抹黑列宁，否定列宁领导的俄国十月社会主义革命。把列宁说成"阴谋家""德国间谍"，拆列宁像、提出迁列宁墓，肆意贬低、恶意谩骂列宁，把十月革命说成充满暴力的"超恐怖的革命""最悲惨的

① 《毛泽东年谱（一九四九—一九七六）》第2卷，中央文献出版社2013年版，第283页。

事件”，批评列宁为俄国发展选择了一条错误的道路，彻底否定了列宁所领导的十月社会主义革命的正确道路，掀起一股抹黑列宁、否定列宁主义的妖风。二是制造列宁主义和马克思主义的分离和对立，否定列宁主义。胡说列宁主义离开了马克思主义，列宁主义不是马克思主义，丢掉了列宁主义“这把刀子”。受国际上抹黑列宁、否定列宁主义妖风的影响，国内也出现了一股抹黑列宁、否定列宁主义的错误思潮，有的只提马克思主义，不提列宁主义或批判列宁主义，把我们党的马克思列宁主义旗帜砍掉，理论基础抽掉。这股抹黑列宁、否定列宁主义思潮的目的，就在于通过抹黑列宁、否定列宁主义达到否定马克思主义，进而否定继承和发展列宁主义的毛泽东思想和中国特色社会主义理论体系，从而达到取消马克思主义的指导地位，否定中国共产党的领导，颠覆社会主义制度的不可告人的目的。

马克思列宁主义是不可分割的，取消列宁主义，不提马克思列宁主义，就丢掉了列宁主义“这把刀子”，从而铲除了党的正确的指导思想和理论基础，彻底改变党的马克思主义性质。针对否定列宁主义，把马克思主义与列宁主义对立起来的错误思潮，习近平总书记坚定地高举马克思列宁主义伟大旗帜，针锋相对地强调坚持和发展马克思列宁主义。他明确指出：“马克思列宁主义、毛泽东思想一定不能丢，丢了就丧失根本。”[①] “马克思列宁主义，为中国人民点亮了前进的灯塔。”[②] 习近平总书记在党的十九大报告中再次强调，“新时代中国特色社会主义思想，是对马克思列宁主义、毛泽东思想、邓小平理论、‘三个代表’重要思想、科学发展观的继承和发展”[③]。

① 《习近平谈治国理政》，外文出版社 2014 年版，第 9 页。

② 习近平：《在纪念毛泽东同志诞辰 120 周年座谈会上的讲话》，人民出版社 2013 年版，第 4 页。

③ 习近平：《决胜全面建成小康社会　夺取新时代中国特色社会主义伟大胜利——在中国共产党第十九次全国代表大会上的报告》，人民出版社 2017 年版，第 20 页。

马克思列宁主义是中国共产党的根和魂，丢掉了马克思列宁主义这个根和魂，中国共产党就失去了灵魂和方向，就会走上一条完全相反的道路。这样的结局，已被苏联解体、东欧剧变的残酷斗争事实所证明。

（二）列宁是无产阶级的伟大领袖，为国际共产主义运动和人类社会进步做出了伟大的贡献

列宁作为无产阶级的伟大领袖，准确地把握当时时代的发展脉搏，回答了新的时代之问，发动了适应当时时代发展需要的实际的革命行动，在实践上引领了当时时代发展和社会进步新潮流。列宁为俄国十月社会主义革命和苏联社会主义建设，为全世界无产阶级解放做出了历史性功绩，为人类历史进步做出了伟大的贡献。列宁不仅成功地领导了俄国十月社会主义革命，建立了全世界第一个社会主义国家，捍卫和巩固了苏维埃社会主义政权，而且在领导社会主义建设的进程中取得了伟大成就。列宁所领导的十月社会主义革命和所创造的社会主义事业，突破了帝国主义在全球统治的薄弱环节，创造了新的社会主义社会形态。世界上出现了资本主义社会与社会主义社会并存竞争的新格局，人类历史开启从资本主义社会向社会主义社会过渡的新纪元。

从实践方面说，列宁的主要贡献概括起来说，主要有以下五个方面：第一，领导了十月社会主义革命，建立第一个社会主义国家；第二，坚持马克思主义指导思想，创建无产阶级革命政党；第三，坚持党对军队的绝对领导，缔造第一支人民的军队；第四，依靠无产阶级专政，巩固社会主义苏维埃的人民政权；第五，实行新经济政策，领导了社会主义建设实践探索。

1. 领导十月社会主义革命，建立第一个社会主义国家

第一次世界大战爆发，激化了资产阶级与无产阶级之间的矛

盾，也给世界人民群众的生产和生活带来深重的灾难。俄国作为经济文化相对落后的国家，俄国劳动人民的生活颇为艰难，俄国无产阶级及广大劳动人民要求革命的需求极为迫切，革命热情极为高涨。第一次世界大战加剧了俄国原有的尖锐的社会矛盾。“如果没有战争，俄国也许会过上几年甚至几十年而不发生反对资本家的革命。”① 1917年3月，俄国爆发了二月革命，推翻了沙皇的专制统治，取得了俄国资产阶级革命的成功。二月革命胜利后，俄国同时存在着苏维埃政府和资产阶级临时政府两个政权。“这种史无前例的异常独特的情况，使两种专政交织在一起：一种是资产阶级专政（因为李沃夫之流的政府是一种专政，就是说，是既不依靠法律，也不依靠预先表示出来的民意，而是依靠暴力夺取的一种政权，而且这种夺取是由一定的阶级即资产阶级来实现的）；另一种是无产阶级和农民的专政（工兵代表苏维埃）。”② 孟什维克和小资产阶级社会革命党占据苏维埃政权中的多数，自愿把政权让给资产阶级临时政府，“自己则只是充当监视和监督立宪会议的召开”③。资产阶级临时政府执行反动政策，“在各处拼命用各种办法排除、削弱和消灭工兵代表苏维埃”④，试图扑灭国内革命的火焰，实现资产阶级的统治。

在这种局势之下，列宁主张从资产阶级民主革命转变为社会主义革命，为布尔什维克统一到这一思想上而进行不懈的努力。当时党内有人主张继续资产阶级民主革命，反对转向社会主义革命；有的支持临时政府，对其进行监督。列宁严肃地批评党内的错误观点，宣传资产阶级民主革命转变为社会主义革命的可能性、现实性

---

① 《列宁全集》第30卷，人民出版社1985年版，第27页。
② 《列宁全集》第29卷，人民出版社1985年版，第153页。
③ 《列宁全集》第29卷，人民出版社1985年版，第153页。
④ 《列宁全集》第29卷，人民出版社1985年版，第154页。

和必要性，揭露临时政府的虚伪性，批判孟什维克和社会革命党人的背叛行为，争取群众的支持，推动全党的认识趋于统一，努力实现“全部政权归苏维埃”的目标。他在1917年4月的《论无产阶级在这次革命中的任务》中明确指出：“俄国当前形势的特点是从革命的第一阶段向革命的第二阶段过渡，第一阶段由于无产阶级的觉悟和组织程度不够，政权落到了资产阶级手中，第二阶段则应当使政权转到无产阶级和贫苦农民手中。”①他明确表示：“只有苏维埃政权才能成为真正依靠大多数人民的稳固的政权，只有苏维埃政权才能是稳固的政权，才是在最猛烈的革命风暴中也不会被推翻的政权，只有这个政权才能保证革命不断地广泛地发展，保证苏维埃内部和平地进行党派斗争。不建立这个政权，就必然会产生犹豫、动荡和摇摆，不断发生‘政权危机’和更换阁员的滑稽剧，忽而从左面、忽而从右面爆发。”②

列宁反复强调，只有苏维埃政权才能真正地代表人民的利益，解决人民的关切。无产阶级通过武装夺取政权，要按照武装斗争的策略，部署起义的各项工作。1917年7月至10月间，列宁给党中央写了《布尔什维克应当夺取政权》和《马克思主义和起义》两封信，根据形势的发展制定了社会主义革命的系列纲领。1917年11月，布尔什维克发动彼得格勒武装起义，占领了临时政府所在地——冬宫，通过全俄工人士兵苏维埃代表大会选举产生人民委员会，列宁当选为委员会的主席，列宁领导的布尔什维克成功取得了十月社会主义革命的胜利，建立了第一个无产阶级和劳动人民群众的苏维埃政权，创立了第一个社会主义国家，为全世界无产阶级及其广大劳动人民获得解放提供了成功的经验。毛泽东同志多次高度

---

① 《列宁全集》第29卷，人民出版社1985年版，第114页。
② 《列宁全集》第32卷，人民出版社1985年版，第159页。

评价十月革命的世界意义，指出："第一次帝国主义世界大战和第一次胜利的社会主义十月革命，改变了整个世界历史的方向，划分了整个世界历史的时代"[①]，"从此以后，开始了第二种世界革命，即无产阶级的社会主义的世界革命"[②]，"十月革命给世界人民解放事业开辟了广大的可能性和现实的道路，十月革命建立了一条从西方无产者经过俄国革命到东方被压迫民族的新的反对世界帝国主义的革命战线"[③]。他充分肯定列宁领导的俄国十月革命的成功给我国带来的深远影响，指出："一向孤立的中国革命斗争，自从十月革命胜利以后，就不再感觉孤立了。我们有全世界的共产党和工人阶级的援助"[④]，"中国人从思想到生活，才出现了一个崭新的时期。中国人找到了马克思列宁主义这个放之四海而皆准的普遍真理，中国的面目就起了变化了"[⑤]。列宁所领导的无产阶级革命实践，为世界社会主义革命、殖民地半殖民地人民民主解放运动提供了实践榜样。

2. 坚持马克思主义指导思想、创建无产阶级革命政党

马克思恩格斯强调，无产阶级要实现推翻资本主义、实现共产主义的历史使命，必须建立一个不同于资产阶级、小资产阶级民主派和其他社会主义流派的无产阶级政党。恩格斯在1889年《致格·特利尔》一文中指出："无产阶级要在决定关头强大到足以取得胜利，就必须（马克思和我从1847年以来就坚持这种立场）组成一个不同于其他所有政党并与它们对立的特殊政党，一个自觉的

① 《毛泽东选集》第2卷，人民出版社1991年版，第667页。
② 《毛泽东选集》第2卷，人民出版社1991年版，第671页。
③ 《毛泽东选集》第4卷，人民出版社1991年版，第1357页。
④ 《毛泽东选集》第4卷，人民出版社1991年版，第1359页。
⑤ 《毛泽东选集》第4卷，人民出版社1991年版，第1470页。

阶级政党。”[①] 19 世纪末 20 世纪初，世界资本主义从自由竞争向垄断过渡，阶级矛盾更加尖锐，工人革命运动不断爆发，无产阶级斗争精神尤为高涨，亟须无产阶级政党的领导。以列宁为代表的俄国无产阶级先进分子，勇敢地承担起光荣的历史使命。在领导俄国无产阶级革命的斗争实践中，列宁运用马克思主义建党原理创立了统一的俄国无产阶级政党——布尔什维克，坚持和巩固无产阶级政党在俄国革命中的领导地位，积极地解决和探索党的建设的一系列重大问题，深刻地影响着世界各国无产阶级政党的建设和发展。

最初，俄国工人运动依靠恐怖活动、经济手段等方式开展革命活动，往往实现不了自己的目标，甚至屡屡失败。失败的教训使列宁认识到，俄国无产阶级必须在先进的思想——马克思主义的指导之下，组建属于无产阶级自己的政党。如何建立统一的无产阶级政党呢？列宁始终坚持思想上建党，坚持把马克思主义作为党的根本指导思想，主张要把党员思想统一到马克思主义上来，并把是否坚持思想建党，坚持马克思主义理论指导，作为划清马克思主义政党与受其他社会思潮影响的工人运动派别的根本差别。1902 年，列宁在《怎么办?》这部著作中论证了建立统一无产阶级政党的必要性，明确马克思主义是党的指导思想，奠定无产阶级政党建设的思想基础。针对什么人都可以加入无产阶级政党的问题，列宁是持反对态度的，他所领导的布尔什维克是马克思主义指导下的俄国工人阶级政党，布尔什维克主义就是列宁所坚持的马克思主义。列宁领导布尔什维克，坚持马克思主义，同各种机会主义思潮作坚决斗争，赢得了广大群众的认可，不断地扩大布尔什维克的队伍。布尔什维克领导俄国无产阶级取得十月革命的胜利，建立了苏维埃政权，在苏

① 《马克思恩格斯文集》第 10 卷，人民出版社 2009 年版，第 578 页。

联社会主义建设过程中发挥着引领作用。布尔什维克的建党经验深深地影响了世界其他国家无产阶级政党的建立，特别是中国共产党的建立，促进了无产阶级革命事业的开展，极大地推进了无产阶级的解放进程。毛泽东同志指出："中国共产党就是依照苏联共产党的榜样建立起来和发展起来的一个党。自从有了中国共产党，中国革命的面目就焕然一新了。"①

3. 坚持党对军队的绝对领导，缔造了第一支人民的军队，保卫了革命的成果

毛泽东同志曾说："按照马列主义的观点，国家组织第一是军队，没有军队就没有力量。"② 面对帝国主义的瓦解和国内激烈的战争态势，列宁认为，不能利用过去的、资产阶级的军队，必须"建立新的军队"③，使其成为"完全由无产阶级和接近无产阶级的半无产的农民阶级组成"④。列宁建立了第一支无产阶级专政的工农红军，也是世界上第一支真正代表人民利益的军队。

列宁始终坚持党在红军中的领导地位，强调党支部工作在军队建设中的重要性，蕴含了党指挥枪的无产阶级军队建设的根本原则。早在 1916 年，他就指出："在青年入伍以前和服役期间，都要扩大和加强社会民主党在军队中的工作。在各个部队里建立社会民主党小组。用社会主义观点说明在唯一正当的战争中，即在无产阶级为了从雇佣奴隶制下解放人类而对资产阶级进行的战争中，使用武器的历史必然性和正当性。"⑤ 他强调军队思想建设的重要性，以纲领的形式要求在每个部队中成立党支部，设立政治委员。他主持

① 《毛泽东选集》第 4 卷，人民出版社 1991 年版，第 1357 页。
② 《毛泽东文集》第 4 卷，人民出版社 1996 年版，第 326 页。
③ 《列宁全集》第 34 卷，人民出版社 1985 年版，第 23 页。
④ 《列宁全集》第 36 卷，人民出版社 1985 年版，第 410 页。
⑤ 《列宁全集》第 28 卷，人民出版社 1990 年版，第 211 页。

制定的《俄国共产党（布尔什维克）纲领》规定："除军事首长外，还必须设政治委员，由可靠的、具有忘我精神的共产党员担任，并在每一个部队中成立共产党支部，以建立内部思想的联系和自觉的纪律。"[①] 他积极地肯定党支部和党员干部的宣传工作在战争中的极端重要性，在总结党支部在战争中的作用时谈道："尽管有一些军事专家叛变，我们仍然打垮了高尔察克和尤登尼奇，在各条战线上都取得了胜利。这是因为在红军中有共产党支部，它们起了巨大的宣传鼓动作用，人数不多的军官被这种环境所包围，受到共产党员的巨大压力，他们中间的大多数人就逃不出我们用来包围他们的共产主义组织和宣传网。"[②]

列宁坚持人民军队要为人民的利益而斗争，主张通过严明的纪律来保证军队为人民服务。他认为，苏维埃工农红军不同于以往旧社会的军队，是为无产阶级解放事业而奋斗的革命武装。在红军建设的过程之中，他指明红军的本质，表明"红军是无产阶级专政的工具，它必然具有鲜明的阶级性质"[③]，而红军的使命就是"保卫革命的成果，保卫我们的人民政权，保卫兵工农代表苏维埃，保卫整个真正民主的新制度，抗击一切为了消灭革命而不择手段的人民的敌人"[④]。正因为红军明白维护人民利益是自身使命所在，才能为俄国无产阶级革命、苏维埃政权而自觉自愿地进行斗争。他重视军队纪律的作用，强调严明的纪律是红军巩固、壮大的基础，是取得战争胜利的关键，更是同损害人民群众利益进行斗争的依据。1920年，在总结国内外战争经验的时候就强调建立军队纪律的重要性，他说："我们已经熬过了我们被帝国主义军队四面包围而俄国劳动

① 《列宁全集》第36卷，人民出版社1985年版，第410页。
② 《列宁全集》第37卷，人民出版社1986年版，第311页。
③ 《列宁全集》第36卷，人民出版社1985年版，第410页。
④ 《列宁全集》第33卷，人民出版社1985年版，第225页。

者还不能自觉执行我们的任务的那个时期。当时游击习气盛行，谁都想抓到武器，毫不考虑整体，地方上胡作非为的现象和抢劫行为到处可见。在这两年里，我们建立了统一的、纪律严明的军队。”①

4. 依靠无产阶级专政，巩固社会主义苏维埃的人民政权

十月革命胜利之后，苏维埃政权遭到了十余个帝国主义国家的封锁和武装干涉，而苏维埃政权尚未建立自己的军队。面对这一严峻形势，列宁发现帝国主义之间的矛盾异常尖锐，可以利用帝国主义的激烈竞争来为苏维埃政权赢得生存的机会。例如，面对德军的强大进攻，列宁主张与德国签订《布列斯特和约》。面对帝国主义纠集国内反动派发动反对苏维埃政权的反革命战争，他领导工农红军通过革命战争反对反革命战争，保卫了社会主义制度。为了打赢战争，捍卫新生的社会主义政权，他领导布尔什维克在 1918 年至 1921 年间实行了战时共产主义政策。战时共产主义政策的主要内容是：实行工业国有化，剥夺剥夺者，从没收大企业到没收中小企业；从粮食垄断、禁止私人买卖粮食到余粮征集制，国家用极低的价格购买农民的“余粮”，保证军民有饭吃；限制市场和私人贸易；推行平均主义的分配制度；实行劳动义务制和劳动军事化，贯彻不劳动者不得食的原则。战时共产主义政策最大限度地集中人力、物力、财力，为赢得战争的胜利、捍卫十月革命的成果、保卫苏维埃政权提供了非常必要的物质支持。他领导布尔什维克、红军和人民捍卫了社会主义苏维埃政权。

5. 根据当时的实际情况实行新经济政策，领导了社会主义建设实践探索

十月革命胜利，俄国成为全世界第一个社会主义国家，如何过

① 《列宁全集》第 38 卷，人民出版社 1986 年版，第 200 页。

渡到社会主义社会、建设社会主义成为苏维埃政权面临的首要问题，也是马克思主义在当时所亟须解决的现实问题。随着俄国社会主义实践出现了许多新情况、新问题，列宁不是以书本为标准来认识社会主义，而是从具体实践出发来认识社会主义，开展社会主义建设的。他指出，“现在一切都在于实践，现在已经到了这样一个历史关头：理论在变为实践，理论由实践赋予活力，由实践来修正，由实践来检验”①，“对俄国来说，根据书本争论社会主义纲领的时代也已经过去了，我深信已经一去不复返了。今天只能根据经验来谈论社会主义”②。也就是说，他开始从经济文化落后的国情实际出发来领导俄国的社会主义建设。

战时共产主义政策对于赢得国内战争胜利、保卫苏维埃政权是必要的，但战争结束后这一政策需要调整。列宁反思战时共产主义政策，指出“‘战时共产主义’是战争和经济破坏迫使我们实行的。它不是而且也不能是一项适应无产阶级经济任务的政策。它是一种临时的办法”③，认为“我们计划（说我们计划欠周地设想也许较确切）用无产阶级国家直接下命令的办法在一个小农国家里按共产主义原则来调整国家的产品生产和分配。现实生活说明我们错了。为了做好向共产主义过渡的准备（通过多年的工作来准备），需要经过国家资本主义和社会主义这些过渡阶段。不能直接凭热情，而要借助于伟大革命所产生的热情，靠个人利益，靠同个人利益的结合，靠经济核算，在这个小农国家里先建立起牢固的桥梁，通过国家资本主义走向社会主义”④。正因为战时共产主义政策存在的这些问题，苏维埃政权在取得战争胜利后继续实行这一政策，在

① 《列宁全集》第33卷，人民出版社1985年版，第212页。
② 《列宁全集》第34卷，人民出版社1985年版，第466页。
③ 《列宁全集》第41卷，人民出版社1986年版，第208页。
④ 《列宁全集》第42卷，人民出版社1987年版，第187页。

一定程度上引起广大人民群众的不满。列宁及时认识到不改变政策就会失去群众的支持，适时从战时共产主义政策调整到适合当时苏维埃政权生产力水平的新经济政策。

列宁把发展生产力和提高生产率作为社会主义建设的重要任务和发展目标，重视社会主义发展的物质基础。他指出："无产阶级取得国家政权以后，它的最主要最根本的需要就是增加产品数量，大大提高社会生产力。"① 他清醒地认识到社会主义制度高于资本主义制度，但是生产力水平还远远落后于发达资本主义国家，提出社会主义一定要创造比资本主义更高生产率的任务。"劳动生产率，归根到底是使新社会制度取得胜利的最重要最主要的东西。资本主义创造了在农奴制度下所没有过的劳动生产率。资本主义可以被最终战胜，而且一定会被最终战胜，因为社会主义能创造新的高得多的劳动生产率。"②

基于这一判断，列宁认为现代大工业意味着发展电气化，提出"共产主义就是苏维埃政权加全国电气化"③ 的著名口号，指出："一定要努力把小农经济基础变成大工业经济基础。只有当国家实现了电气化，为工业、农业和运输业打下了现代大工业的技术基础的时候，我们才能得到最后的胜利。"④ 为了加快苏联的生产力发展水平，他认为经济文化落后的社会主义国家需要充分地利用资本主义的优秀成果来建设社会主义，形象地用"苏维埃政权＋普鲁士的铁路秩序＋美国的技术和托拉斯组织＋美国的国民教育等等等等＋＋＝总和＝社会主义"⑤ 来描述社会主义，指出"社会主义能

---

① 《列宁全集》第 42 卷，人民出版社 1987 年版，第 380 页。
② 《列宁全集》第 37 卷，人民出版社 1986 年版，第 20 页。
③ 《列宁全集》第 40 卷，人民出版社 1986 年版，第 30 页。
④ 《列宁全集》第 40 卷，人民出版社 1986 年版，第 159 页。
⑤ 《列宁全集》第 34 卷，人民出版社 1985 年版，第 520 页。

否实现，就取决于我们把苏维埃政权和苏维埃管理组织同资本主义最新的进步的东西结合得好坏”[①]。

为了更好地建设社会主义，列宁提出新经济政策，进行经济、政治、文化在内的全面改革，以适应当时苏维埃政权生产力的发展需要，增进同人民群众的密切联系，更好地服务群众。一方面，列宁提出改革苏维埃国家机关。因为苏维埃国家机关虽然是社会主义国家机关，但是建立在打碎旧的国家机器之上仍然存有旧机关的弊端。另一方面，列宁重视进行文化改革，强调加强教育，提高人们的文化素质。为了发展教育，提出把其他部门削减下来的经费专门用于教育领域，“使我们的整个国家预算首先去满足初级国民教育的需要”[②]，增加教师的工资待遇，提高教师地位，而这些本身是无产阶级文化发展的必然要求。在列宁的正确领导下，苏维埃政权领导人民迅速地恢复了国内经济发展，展开了大规模的社会主义建设。

（三）列宁是伟大的马克思主义者，把马克思主义推进到列宁主义新境界

斯大林曾高度评价列宁的伟大之处，指出：“列宁的伟大，正在于他……善于抓住马克思主义的实质，并从这个实质出发，向前发展了马克思和恩格斯的学说。”[③] 列宁在发展马克思主义方面做出了很多贡献。列宁准确判断和把握时代本质和特征，结合俄国国情和无产阶级革命、社会主义建设实际的特点，创造性运用和发展了马克思主义，把马克思主义发展到列宁主义阶段。列宁主义既是马克思主义在新的历史条件下的丰富和发展，又为马克思主义随着时

① 《列宁全集》第34卷，人民出版社1985年版，第170页。
② 《列宁全集》第43卷，人民出版社1987年版，第361页。
③ 《斯大林全集》第8卷，人民出版社1954年版，第222页。

代条件和实践的变化而不断发展创新提供重要前提和必要准备，在马克思主义发展到今天的历史进程中，起着承上启下、继往开来的伟大历史作用。列宁主义使马克思列宁主义成为中国共产党人和世界共产党人的行动指南，为社会主义国家现实问题的解决提供了科学的世界观和方法论指导。列宁在发展马克思主义方面所做出的杰出理论贡献主要有以下方面：第一，关于时代本质特征、帝国主义和无产阶级革命的理论；第二，关于国家、无产阶级专政和无产阶级新型民主的理论；第三，关于新型无产阶级政党的理论；第四，关于新经济政策和社会主义建设的理论；第五，关于创新和发展马克思主义的哲学。

1. 关于时代本质特征、帝国主义和无产阶级革命方面的理论贡献

19 世纪末 20 世纪初，资本主义从自由竞争阶段发展到垄断阶段，也就是帝国主义阶段。如何科学把握时代本质、特征及发展规律，正确地认识资本主义产生的新变化，科学地把握帝国主义的本质及其发展规律，全面地把握帝国主义发展对无产阶级革命产生的深远影响，成为当时社会面临的重大时代课题，也是当时俄国社会发展所必须回应的现实问题。

列宁运用马克思主义立场、观点和方法，敏锐地洞察到全球资本主义进入垄断资本主义阶段，即帝国主义阶段，揭示了帝国主义的垄断、寄生或腐朽、垂死的资本主义基本特征，指出了垄断资本主义是资本主义发展的最高阶段，发现了帝国主义各国经济社会发展的不平衡性，认识到帝国主义国家之间、社会主义和资本主义之间、资本主义各国与殖民地人民之间、资产阶级与无产阶级之间的矛盾更加尖锐，俄国作为当时经济文化相对落后的国家，各类矛盾聚集，矛盾程度更为严重，是帝国主义统治的薄

弱环节，指出帝国主义对无产阶级，特别是对俄国无产阶级的重大影响，俄国无产阶级可以率先进行社会主义革命，并取得成功。列宁关于时代本质、特征和发展规律以及帝国主义和资产阶级革命历史阶段的科学判断，为俄国十月社会主义革命，也为全世界无产阶级革命和国际共产主义运动，包括中国革命提供了理论依据和实践指南。

列宁运用马克思主义立场、观点、方法研究帝国主义的产生、发展和本质特征，准确预测帝国主义的发展趋势。他所著的《帝国主义是资本主义的最高阶段》一书集中体现了马克思主义的帝国主义理论。他指出："必须给帝国主义下一个尽量确切和完备的定义。帝国主义是资本主义的特殊历史阶段。这个特点分三个方面：（1）帝国主义是垄断的资本主义；（2）帝国主义是寄生的或腐朽的资本主义；（3）帝国主义是垂死的资本主义。"[①] 他的定义深刻揭示了帝国主义的经济基础和实质，明确了帝国主义的历史地位，分析了帝国主义矛盾的尖锐性和不可调和性，把握了垄断资本主义即帝国主义的历史阶段。他从经济基础出发来把握帝国主义"经济上的基本事实，就是资本主义的自由竞争为资本主义的垄断所代替"[②]，明确垄断是帝国主义的本质特征，帝国主义是资本主义的垄断阶段。这种垄断的资本主义阶段是生产集中到一定阶段的必然产物，是资本主义生产关系的阶段性质变。从资本主义经济基础出发，他科学概括了帝国主义五个方面的特征，并认为，垄断资本主义的经济基础和实质决定了帝国主义掠夺、侵略和争夺世界霸权的本性，其结果必然引发帝国主义国内外矛盾的尖锐化，也决定了其必将会向更高的社会形态演进："帝国主义就其经济实质来说，是垄断资本主义。这就

① 《列宁全集》第 28 卷，人民出版社 1990 年版，第 69 页。
② 《列宁全集》第 27 卷，人民出版社 1990 年版，第 400 页。

决定了帝国主义的历史地位，因为在自由竞争的基础上，而且正是从自由竞争中生长起来的垄断，是从资本主义社会经济结构向更高级的结构的过渡。”[①] 他明确判断：“帝国主义是无产阶级社会革命的前夜”[②]，预测了无产阶级革命的到来，指出帝国主义必将被更高级的社会形态——社会主义所取代。

马克思、恩格斯基于自由竞争资本主义发展的现状，认为社会主义革命将在几个发达的资本主义国家同时爆发并取得胜利。无产阶级革命“将不是仅仅一个国家的革命，而是将在一切文明国家里，至少在英国、美国、法国、德国同时发生的革命，在这些国家的每一个国家中，共产主义革命发展得较快或较慢，要看这个国家是否有较发达的工业，较多的财富和比较大量的生产力”[③]。列宁发现垄断资本主义经济政治发展不平衡的规律，帝国主义体系必然存在的薄弱环节，当时的俄国是帝国主义统治链条上的薄弱环节，成为国内外各种矛盾的聚焦点。俄国当时的国内外条件，为无产阶级提供了突破帝国主义战线、赢得无产阶级革命胜利的机会。列宁作为无产阶级的领袖，提出社会主义可能在一国或多国首先取得胜利的理论，从根本上解决了帝国主义阶段无产阶级进行革命斗争的理论和实践问题。他在《无产阶级革命的军事纲领》中阐释道：“资本主义的发展在各个国家是极不平衡的。而且在商品生产下也只能是这样。由此得出一个必然的结论：‘社会主义不能在所有国家内同时获得胜利。它将首先在一个或者几个国家内获得胜利，而其余的国家在一段时间内将仍然是资产阶级的或资产阶级以前的国家’。”[④] 如何评判是否构成帝国主义的薄弱环节呢？列宁认为应该

---

① 《列宁全集》第 27 卷，人民出版社 1990 年版，第 434 页。
② 《列宁全集》第 27 卷，人民出版社 1990 年版，第 330 页。
③ 《马克思恩格斯文集》第 1 卷，人民出版社 2009 年版，第 687 页。
④ 《列宁全集》第 28 卷，人民出版社 1990 年版，第 88 页。

至少具备四个条件：一定的大工业和现代无产阶级；统治阶级的统治基础和统治能力比较薄弱，难以照旧统治下去；无产阶级和劳动群众具有高度的革命热忱，不想照旧生活下去；有一个政治上成熟的马克思主义政党的领导与指导。他认为，当时的俄国正处于帝国主义体系的薄弱环节，可以进行社会主义革命。

列宁提出了殖民地民族解放运动是世界无产阶级革命一部分的理论。随着帝国主义瓜分世界，他敏锐地认识到帝国主义把民族问题扩大为民族殖民地问题，把马克思主义关于民族问题的理论发展为殖民地民族解放运动理论。他认为，在帝国主义阶段，民族问题出现了新的特点，是一个“全世界殖民政策的特殊时代”[①]。也就是说，所有殖民地民族都受到帝国主义国家的剥削与压迫，世界已经被分为压迫民族和被压迫民族。他在《民族和殖民地问题提纲初稿》中指出：“全世界已经划分为两部分，一部分是为数众多的被压迫民族，另一部分是少数几个拥有巨量财富和强大军事实力的压迫民族。”[②] 这表明，被压迫民族的解放问题已经不仅仅是地区性的问题，而成为一个世界性的问题。他基于马克思主义民族理论，结合帝国主义时代特征，认为“应当把争取社会主义的革命斗争同民族问题的革命纲领联系起来”[③]。他阐述殖民地国家无产阶级斗争的策略，指出殖民地国家民族解放运动的前途和实现过程，提出殖民地国家可以不经过资本主义道路而直接过渡到社会主义的理论：“在一切殖民地和落后国家，我们不仅应该组成能够独立进行斗争的基干队伍，即党的组织，不仅应该立即宣传组织农民苏维埃并使这种苏维埃适应资本主义前的条件，而且共产国际还应该指出，还

① 《列宁全集》第 22 卷，人民出版社 1958 年版，第 247 页。
② 《列宁全集》第 39 卷，人民出版社 1986 年版，第 232 页。
③ 《列宁全集》第 27 卷，人民出版社 1990 年版，第 78 页。

应该从理论上说明，在先进国家无产阶级的帮助下，落后国家可以不经过资本主义发展阶段而过渡到苏维埃制度，然后经过一定的发展阶段过渡到共产主义。”① 列宁的这些思想指导了无产阶级领导殖民地国家的民族解放运动，也是对马克思主义关于民族解放问题的重大贡献。

2. 关于国家、无产阶级专政和无产阶级新型民主的理论贡献

列宁丰富和发展了马克思主义的国家学说，坚持和发展了马克思主义关于无产阶级专政的理论。为了俄国无产阶级夺取政权、建立社会主义国家，他认真研究了马克思主义国家学说，撰写了《国家与革命》这部著作。他坚持马克思主义关于国家起源、本质、职能和主要构成的观点，关于无产阶级夺取资产阶级国家政权后必须彻底打碎旧的国家机器，建立新的无产阶级国家机器的观点，关于实行无产阶级政治统治的观点，关于无产阶级专政和无产阶级新型民主的观点。他指出，无产阶级专政是无产阶级反对资产阶级的必然结果，也是科学社会主义的重要组成部分。他继承和发展了马克思关于无产阶级专政学说。

早在1917年二月革命之后，列宁提出无产阶级应该独立地掌握政权，并且通过领导十月革命推翻资产阶级政权，建立无产阶级政权。十月革命后，列宁分析苏维埃俄国经济政治结构特点，阐述建立无产阶级专政的必然性——一个阶级的专政“不仅对推翻了资产阶级的无产阶级是必要的，而且对介于资本主义和‘无阶级社会’即共产主义之间的整整一个历史时期都是必要的，——只有懂得这一点的人，才算掌握了马克思国家学说的实质”②。

列宁在领导俄国无产阶级革命过程中，发现苏维埃是俄国无产

① 《列宁全集》第39卷，人民出版社1986年版，第236页。
② 《列宁全集》第31卷，人民出版社1985年版，第33页。

阶级专政的具体形式和最好形式，指出“苏维埃是无产阶级专政的俄国形式”[①]。也就是说，各个民族和国家走向社会主义的方式是不一样的，各国应该基于本国的国情和民族特点来确定革命和政权的具体形式，而不能照搬俄国的形式。

列宁论述了无产阶级专政的实质和任务。他指出，马克思主义认为在无产阶级专政的暴力方面，主要不在于暴力，而是比资产阶级专政更加民主的新型专政，是对资产阶级实行专政，对无产者和广大人民实行民主。正因为如此，无产阶级专政的任务是改造旧的、压迫无产者和广大人民群众的生产关系，建立新型的社会主义生产关系。“无产阶级专政不只是对剥削者使用的暴力，甚至主要的不是暴力。这种革命暴力的经济基础，它的生命力和成功的保证，就在于无产阶级代表着并实现着比资本主义更高类型的社会劳动组织。实质就在这里。”[②] 正因为如此，无产阶级专政的“主要实质在于劳动者的先进部队、先锋队、唯一领导者即无产阶级的组织性和纪律性”[③]。

列宁反复强调，无产阶级及其先锋队共产党是无产阶级专政的领导力量。关于无产阶级专政领导的问题，列宁指出，只有共产党才能实现这种专政，党是无产阶级专政的最高领导力量，这是由共产党的本质所决定的，因为“只有这个先锋队才能抵制这些群众中不可避免的小资产阶级动摇性，抵制无产阶级中不可避免的种种行业狭隘性或行业偏见的传统和恶习的复发，并领导全体无产阶级的一切联合行动，也就是说在政治上领导无产阶级，并且通过无产阶级领导全体劳动群众。不这样，便不能实现无产阶级专政”[④]。他对

① 《列宁全集》第35卷，人民出版社1985年版，第258页。
② 《列宁全集》第37卷，人民出版社1986年版，第13页。
③ 《列宁全集》第36卷，人民出版社1985年版，第375页。
④ 《列宁全集》第41卷，人民出版社1986年版，第95页。

无产阶级专政的实质、形式、内容、任务、领导等问题进行详细论述，极大地发展了马克思主义无产阶级专政学说。

列宁第一次在理论和实践上确立人民军队的建立，肯定共产党对人民军队的领导，使人民军队成为维护工人和农民利益、反抗资产阶级压迫、巩固无产阶级政权的强有力工具，发展和完善了马克思主义关于军队建设的观点和国家学说。

在建立无产阶级专政的过程中，列宁探索了比资产阶级民主更为民主的无产阶级新型民主，提出了社会主义新型民主的理论。无产阶级夺取政权之后采取什么样的无产阶级新型民主形式，成为列宁面临的重要课题。他指出："彻底发展民主，找出彻底发展的种种形式，用实践来检验这些形式等等，这一切都是为社会革命进行斗争的基本任务之一。"[①] 探索建立彻底的、社会主义的新型民主，一直是他考虑并探索的重大问题。他领导俄国党从十月革命胜利之初实行的人民自治、直接民主制转向党代表人民进行管理的间接民主制，他领导俄国党一直探索新型民主的实现形式。在探索中，他认为苏维埃新型民主政治体制有利于集中全国的力量实行统一的行动和统一的纪律，但是这种民主形式在一定程度上限制了人民群众的民主权利，滋生了官僚主义，因而他领导布尔什维克党改革高度集中的政治体制，通过在党内实行"工人民主制"、建立党内监察体制、实行党政分工、精简机构等措施来改造国家机构，扩大无产阶级监督权，推动党内民主逐步走向一种真正体现人民民主和社会主义新型民主的政治民主。列宁关于无产阶级新型民主思想是对马克思主义关于社会主义民主政治建设的继承和发展，构成社会主义民主建设理论的重要内容。

① 《列宁全集》第31卷，人民出版社1985年版，第75页。

3. 关于新型无产阶级政党的理论

列宁结合国内外的实际情况深入地思考建设什么样的党、如何建设党的问题，逐渐形成了关于新型无产阶级政党建设的一系列理论成果，在实践中探求、丰富和发展马克思主义政党建设学说，形成了列宁主义党建理论。列宁在《我们运动的迫切任务》《从何着手》《怎么办?》等著作中，提出比较完整的无产阶级建党理论，将无产阶级政党建设与社会主义建设实际相结合，系统地阐释无产阶级政党的思想基础、力量源泉、组织原则。

列宁认为，无产阶级政党要把党的思想建设放在首位，以马克思主义为指导，坚持共产主义理想信念，始终作为马克思主义政党和无产阶级的先锋队，始终作为无产阶级革命和社会主义国家的领导力量。在俄国党建党之初，他明确表示，把坚持马克思主义提高到关乎无产阶级政党和无产阶级革命事业生死存亡的高度。他认为，坚持马克思主义指导，是马克思主义科学性和先进性的必然要求，更是解决俄国社会现实发展问题的必然选择。列宁在《怎么办?》中明确表示，“我们完全以马克思的理论为依据，因为它第一次把社会主义从空想变成科学，给这个科学奠定了巩固的基础，指出了继承发展和详细研究这个科学所应遵循的道路”[①]，强调“只有以先进理论为指南的党，才能实现先进战士的作用”[②]。他主张坚持马克思主义要结合本国国情，强调“对于俄国社会党人来说，尤其需要独立地探讨马克思的理论，因为它所提供的只是总的指导原理，而这些原理的应用具体地说，在英国不同于法国，在法国不同于德国，在德国又不同于俄国”[③]。

① 《列宁全集》第30卷，人民出版社1957年版，第160页。
② 《列宁全集》第6卷，人民出版社2013年版，第24页。
③ 《列宁全集》第4卷，人民出版社2013年版，第161页。

列宁特别强调无产阶级政党领导权在革命和建设过程中的至关重要性，阐明无产阶级政党是苏维埃政权的领导力量，开创性地表明共产党无论在革命时期还是在社会主义建设的过程中，都要牢牢地掌握领导权。他指出："只有工人阶级的先进部分，只有工人阶级的先锋队，才能领导自己的国家。"①

列宁明确指出，无产阶级政党要善于保持和加强与群众的密切联系，才能成为强有力的政党，成为不可战胜的政党。列宁在俄国党建立之后，认为人民群众的支持是俄国革命和社会主义建设取得成功的关键，明确无产阶级政党的先进性在于紧密联系群众，代表人民群众的根本利益。他指出"先锋队只有当它不脱离自己领导的群众并真正引导全体群众前进时，才能完成其先锋队的任务"②，"劳动群众拥护我们。我们的力量就在这里。全世界共产主义运动不可战胜的根源就在这里。多吸收群众中新的工作者入党，使他们独立参加建设新生活的工作，这就是我们克服一切困难的手段，这就是我们走向胜利的道路"③。他充分认识到脱离群众对于党的危害，表示"对于领导一个大国（现在还没有得到比较先进国家的直接援助）向社会主义过渡的工人阶级先锋队来说，最大最严重的危险之一，就是脱离群众"④。斯大林清晰阐释了列宁的党与群众密切联系的思想，指出"应该记住列宁的不朽名言：我们党的力量在于保持党和千百万非党群众之间的活的联系，这种联系愈实际，我们的成就就愈可靠"⑤。

列宁明确指出了无产阶级政党的根本组织原则——民主集中

① 《列宁全集》第37卷，人民出版社1986年版，第354页。
② 《列宁全集》第43卷，人民出版社1987年版，第23页。
③ 《列宁全集》第37卷，人民出版社1986年版，第219页。
④ 《列宁全集》第33卷，人民出版社1985年版，第162页。
⑤ 《斯大林全集》第6卷，人民出版社1953年版，第270页。

制，强调把无产阶级政党建设成为有纪律、有组织、有权威的新型政党。习近平总书记指出：“列宁认为，党应该具有严密的组织、统一的意志和行动，只有按照集中制原则建立起来的党才是一个‘真正钢铁般的组织’。”[①] 正如习近平总书记所指出的那样，列宁强调党的组织建设是完成无产阶级政党历史任务的重要保证，表示“无产阶级在争取政权的斗争中，除了组织，没有别的武器”，而无产阶级“所以能够成为而且必然会成为不可战胜的力量，就是因为它根据马克思主义原则形成的思想一致是用组织的物质统一来巩固的，这个组织把千百万劳动者团结成一支工人阶级的大军”[②]。无产阶级政党的根本组织原则是什么呢？他把民主集中制作为俄共（布）的组织原则，并在1906年召开的俄国社会民主工党第四次代表大会上主持把民主集中制写入党章。他在起草《加入共产国际的条件》时，把民主集中制的原则又推广到共产国际中，规定“加入共产国际的党，应该是按照民主集中制的原则建立起来的”[③]。在革命时期，他更多的是强调集中，而随着战争的结束，他强调扩大党内民主，加强党内监督，发挥无产阶级政党的创造性，促进社会主义建设的生机与活力。他主张党要吸引社会上的先进分子加入党组织之中，更要通过严格的纪律来治理党。他强调党员应在各个方面发挥模范带头作用，通过规定新党员预备期、严格入党手续、加强党员教育等方式来严格党的管理，将党员置于党纪国法的监督之下。他要求在苏维埃俄国，共产党员犯罪，要受到比普通人更大的处罚。

4. 关于新经济政策和社会主义建设的理论贡献

列宁根据俄国社会主义建设的实际，提出新经济政策和社会主

---

① 习近平：《推进党的建设新的伟大工程要一以贯之》，《求是》2019年第19期。

② 《列宁全集》第8卷，人民出版社2017年版，第415页。

③ 《列宁全集》第39卷，人民出版社1986年版，第205页。

义建设的理论，这是他对马克思主义、对科学社会主义的重大理论贡献。新经济政策是他基于苏维埃政权面临的国际形势和当时的社会现实而进行的政策调整，是为了战后经济的发展而不得不进行的经济政策改革，是他关于社会主义建设理论与现实结合的产物，也是他由十月革命夺取政权过渡到社会主义的理论与实践。他指出，“我们不顾一切旧事物，完全按照新的方式开始建设新经济。如果我们不开始建设新经济，那我们在头几个月或头几年就被打垮了”①，“目前我们踏上了实干的道路，我们必须走向社会主义，但不是把它当作用庄严的色彩画成的圣像”②。农民占优势，是小农经济的汪洋大海。正是在这样的客观条件下，“新经济政策的实质是无产阶级同农民的联盟，是先锋队无产阶级同广大农民群众的结合”③，“我们正在学习怎样在一个小农国家里进一步建设社会主义大厦而不犯这些错误”④。新经济政策开始于1921年，主要内容是用粮食税代替余粮征集制，使农民有权支配纳税后的余粮；工业企业停止推行国有化，允许私人经营企业；大力发展商业，充分利用市场和商品货币关系，促进工农业商品的流通；加强与资本主义国家的经济合作与交往，同资本主义交往的最主要形式是实行租让制。新经济政策实施之后，国内经济得以迅速恢复与发展。

在俄国这样相对落后的国家怎样建设社会主义，这是俄国共产主义运动的一个重大课题。马克思主义经典作家设想的社会主义，是在高度成熟的资本主义国家通过无产阶级革命而建立的，而俄国是一个相对落后的国家。在推行新经济政策时，列宁不仅认识到新经济政策的积极方面，而且敏锐地观察到了它的消极方面。他认识

① 《列宁全集》第43卷，人民出版社1987年版，第79页。
② 《列宁全集》第43卷，人民出版社1987年版，第305页。
③ 《列宁全集》第42卷，人民出版社1987年版，第358页。
④ 《列宁全集》第42卷，人民出版社1987年版，第186页。

到新经济政策包含了一些与社会主义方面不相符合的内容，将新经济政策作为一种暂时的、又是必要的“退却”，意识到新经济政策背后所蕴含的政治风险，体现了列宁坚定的马克思主义原则性与灵活性的统一。他指出，“这个政策之所以叫新经济政策，是因为它在向后转。我们现在退却，好像是在向后退，但是我们这样做是为了先后退几步，然后再起跑，更有力地向前跳”[①]，“这个新经济政策所采取的每一个步骤都包含着许许多多的危险”[②]。“资本主义的恢复、资产阶级的发展和资产阶级关系在商业领域的发展等等，这些就是我们目前的经济建设所遇到的危险，就是我们目前逐步解决远比过去困难的任务时所遇到的危险。在这一点上切不可有丝毫的糊涂。”[③] 新经济政策就是要利用资本主义的一些经济手段发展社会生产力，改善工人阶级的生活状况，目的是巩固工人阶级的地位，而不是利用资本主义来破坏社会主义的发展。新经济政策是必要的，但又不完全是社会主义性质的。他提醒全党不要把新经济政策当成社会主义的最终方向，否则就会导向资本主义。新经济政策体现了列宁坚持社会主义理想与现实、马克思主义原则性与策略灵活性的高度统一，为经济落后国家走向社会主义作了有益探索。

列宁在总结新经济政策经验的基础上提出了建设社会主义的构想。一方面，深刻地总结和论证十月革命道路的合理性，对社会主义有了新认识。他提出，俄国作为一个经济文化落后的国家，进行社会主义革命是否符合马克思主义呢？孟什维克派的苏汉诺夫1918—1921年写了《革命札记》，以回忆录的形式描述了俄国二月革命到十月革命的历史，提出俄国不具备进行社会主义革命和社会

---

① 《列宁全集》第43卷，人民出版社1987年版，第300页。
② 《列宁全集》第42卷，人民出版社1987年版，第242页。
③ 《列宁全集》第42卷，人民出版社1987年版，第243页。

主义建设的错误观点。列宁肯定苏汉诺夫“俄国生产力还没有发展到足以实现社会主义的水平”的观点是“无可争辩的论点”，但是同时指出，同苏汉诺夫争论的焦点不在于俄国生产力是否达到实现社会主义的水平，而是不应以俄国生产力水平为借口否定俄国社会主义革命、否定社会主义建设。列宁认为：“既然建立社会主义需要有一定的文化水平（虽然谁也说不出这个一定的‘文化水平’究竟是什么样的，因为这在各个西欧国家都是不同的），我们为什么不能首先用革命手段取得达到这个一定水平的前提，然后在工农政权和苏维埃制度的基础上赶上别国人民呢?”[①] 他的这一论证体现了其所坚持的“个别发展阶段在发展的形式或顺序上表现出特殊性”[②]。

另一方面，结合社会主义的实践经验，提出更为科学的社会主义建设的新构想。在农业方面，列宁认为合作社的性质取决于政权和基本生产资料掌握在哪个阶级手里，提出通过农业合作社用社会主义原则改造农业；在工业方面，他指出通过实现工业化和电气化来发展建设社会主义的经济基础；在政治方面，他主张加强国家政权建设和执政党建设，使党成为名副其实的工人阶级先锋队；在文化方面，他强调开展文化建设和文化革命，提出“只要实现了这个文化革命，我们的国家就能成为完全社会主义的国家了”[③]。列宁关于建设社会主义的构想反映了他对社会主义认识的深化，体现了他努力从俄国经济文化落后的国情出发，来考虑建设一个“什么样的社会主义、怎样建设社会主义”的问题，坚持了马克思主义基本原理与社会主义建设具体实际相结合。

---

① 《列宁全集》第43卷，人民出版社1987年版，第375页。
② 《列宁全集》第43卷，人民出版社1987年版，第374页。
③ 《列宁全集》第43卷，人民出版社1987年版，第372页。

5. 列宁关于创新和发展马克思主义哲学的理论贡献

列宁之所以能够成为无产阶级的伟大领袖，成功地缔造第一个社会主义国家，并领导社会主义建设，关键在于始终坚持运用马克思主义的立场、观点和方法来认识和解决实践问题，创新和发展了马克思主义哲学，开辟了马克思主义哲学新境界，形成了列宁哲学思想。列宁哲学思想是对马克思主义哲学在无产阶级革命和帝国主义历史条件下的继承和发展。

列宁高度肯定马克思主义哲学的指导作用，“马克思的哲学是完备的哲学唯物主义，它把伟大的认识工具给了人类，特别是给了工人阶级”[①]，“只有马克思的哲学唯物主义，才给无产阶级指明了如何摆脱一切被压迫阶级至今深受其害的精神奴役的出路”[②]。结合社会主义革命和建设实际，列宁坚持和创新了辩证唯物主义和历史唯物主义。1894 年，列宁撰写《什么是“人民之友”以及他们如何攻击社会民主党人?》，批判民粹派的唯心史观，坚持和丰富唯物史观；1902 年撰写《怎么办?》，系统批判新的机会主义经济派的经济主义，进一步捍卫和发展唯物史观；1908 年撰写《唯物主义和经验批判主义》，批判波格丹诺夫等哲学修正主义者之流，用马赫主义修正辩证唯物主义的荒谬性和反动性，捍卫和发展了辩证唯物主义和历史唯物主义；1914—1917 年，为了掌握分析帝国主义和帝国主义战争、批判修正主义和社会沙文主义的思想武器，撰写《哲学笔记》《帝国主义是资本主义发展的最高阶段》和《国家与革命》，深入研究和阐述了辩证唯物主义和历史唯物主义，丰富和发展了马克思主义哲学，特别是丰富和发展了马克思主义辩证法；1917—1924 年，为了巩固无产阶级专政和探索社会主义建设，撰写

① 《列宁全集》第 23 卷，人民出版社 1990 年版，第 45 页。
② 《列宁全集》第 23 卷，人民出版社 1990 年版，第 48 页。

一系列重要著作，创造性地运用辩证唯物主义和历史唯物主义探索社会主义建设规律，极大地丰富和发展了马克思主义哲学。

6. 对马克思主义哲学原理进行了丰富和发展

概括地说，列宁丰富和发展了辩证唯物主义原理和历史唯物主义原理。关于丰富和发展辩证唯物主义基本原理：列宁概括出关于两条哲学基本路线的原理，“从物到感觉和思想呢，还是从思想和感觉到物？恩格斯坚持第一条基本的路线，即唯物主义的路线”①；把物质和物质的具体形态相区分，从哲学高度提出科学的物质定义，揭示物质的客观实在性，即“物质是标志客观实在的哲学范畴，这种客观实在是人通过感觉感知的，它不依赖于我们的感觉而存在，为我们的感觉所复写、摄影、反映”②；阐明物质与运动不可分的原理，坚持马克思主义唯物论物质第一性的基本原理；全面研究两种根本对立的发展观，明确提出对立统一规律是辩证法的核心；强调认识对象的客观实在性和可知性，阐明认识的辩证法，在认识论上区分唯物主义和唯心主义，坚持唯物主义反映论，指出唯心主义认识论的根源是“直线性和片面性，死板和僵化，主观主义和主观盲目性就是唯心主义的认识论根源”③；强调实践观点在认识论中的重要地位，指出“生活、实践的观点，应该是认识论的首要的和基本的观点”④，把实践作为检验真理的标准，指出理论与实践的统一；反对分裂唯物论和辩证法，指出辩证法也就是马克思主义认识论；坚持真理的客观性，阐明绝对真理与相对真理的辩证关系，认识到绝对真理与相对真理在特定条件下可以相互转换，指出“人类思维按其本性是能够给我们提供并且正在提供由相对真理的

---

① 《列宁全集》第18卷，人民出版社2017年版，第35页。
② 《列宁全集》第18卷，人民出版社2017年版，第130页。
③ 《列宁全集》第55卷，人民出版社1990年版，第311页。
④ 《列宁全集》第18卷，人民出版社2017年版，第144页。

总和所构成的绝对真理的。科学发展的每一阶段，都在给绝对真理这一总和增添新的一粟，可是每一科学原理的真理的界限都是相对的，它随着知识的增加时而扩张、时而缩小”①；着重论述真理标准的确定性与不确定性的辩证关系，“这个标准也是这样的‘不确定’，以便不让人的知识变成‘绝对’，同时它又是这样的确定，以便同唯心主义和不可知论的一切变种进行无情的斗争”②；他指出真理是一个过程，阐明具体情况具体分析是马克思主义的灵魂。

关于丰富和发展历史唯物主义的基本原理：列宁论证社会发展的客观规律，阐述“经济的社会形态”的基本范畴，指出经济的社会形态的发展是以生产力为基础的，主张社会发展规律像自然规律一样，不以人的意志为转移；提出“只有把社会关系归结于生产关系，把生产关系归结于生产力的水平，才能有可靠的根据把社会形态的发展看作自然历史过程”③；论述历史发展必然性与个人在历史上的作用的辩证关系，阐明群众、阶级、政党和领袖的辩证关系，论述人民群众创造历史的思想；结合俄国社会的性质，指出改造俄国社会的唯一出路是：“俄国经济制度是资产阶级社会，要摆脱这个社会只能有一条从资产阶级制度本质中必然产生的出路，这就是无产阶级反对资产阶级的阶级斗争”④；阐述上层建筑在社会发展中的能动作用，强调“没有革命的理论，就不会有革命的运动”⑤；提出俄国马克思主义者的迫切任务是组织无产阶级进行自觉的阶级斗争，阐发经济斗争与政治斗争关系，为无产阶级的阶级斗争指明方向；论述经济与政治的辩证关系，提出政治以经济为基础，但是

---

① 《列宁全集》第18卷，人民出版社2017年版，第135页。
② 《列宁全集》第18卷，人民出版社2017年版，第144页。
③ 《列宁全集》第1卷，人民出版社2013年版，第112页。
④ 《列宁全集》第1卷，人民出版社2013年版，第131页。
⑤ 《列宁专题文集·论无产阶级政党》，人民出版社2009年版，第70页。

只有把经济斗争提高到政治斗争，通过政治革命才能实现无产阶级的根本利益，主张把政治斗争与经济斗争相结合，“一切经济斗争都必然要变成政治斗争……应该把这两种斗争紧紧地结合成无产阶级统一的阶级斗争，这种斗争的首要目的应该是争取政治权利，争取政治自由”[①]；揭示马克思主义哲学的真理性和科学性的统一关系，提出哲学上的党性原则，强调无产阶级党性是真正科学性的必要条件。认为只有坚持党性原则，才能掌握马克思主义哲学：指出资本主义向社会主义过渡时期存在阶级和阶级斗争，揭示无产阶级专政的实质，作出社会主义就是消灭阶级的著名论断。

（四）列宁主义是马克思主义的重要组成部分，对中国特色社会主义建设具有极强的现实指导意义

列宁主义是对马克思主义的丰富和发展，是毛泽东思想和中国特色社会主义理论体系的理论来源。否定和背离列宁主义，最终必将否定马克思主义，否定“四项基本原则”。在新时代中国特色社会主义实践中，加强马克思主义学习，就必须加强列宁主义学习。简要说来，主要有三个方面：第一，要像列宁那样重视理论；第二，要像列宁那样重视实践；第三，要像列宁那样重视党的建设。

首先，要像列宁那样重视理论。列宁始终重视学习，特别是学习理论，“我们一定要给自己提出这样的任务：第一是学习，第二是学习，第三还是学习，然后是检查，使我们学到的东西真正深入血肉，真正地完全地成为生活的组成部分”，而这“是向一个以发展成社会主义国家为宗旨的国家应该提出的恰如其分的要求”[②]。学懂马克思列宁主义是我们认识当今世界和解决时代课题的必然要求，是成功推进中国特色社会主义建设的必然要求，也是新时代坚

① 《列宁全集》第4卷，人民出版社2013年版，第163页。
② 《列宁全集》第43卷，人民出版社1987年版，第384页。

持和发展马克思列宁主义的必然要求。习近平总书记指出："只有学懂了马克思列宁主义、毛泽东思想、邓小平理论、'三个代表'重要思想、科学发展观，特别是领会了贯穿其中的马克思主义立场、观点、方法，才能心明眼亮，才能深刻认识和准确把握共产党执政规律、社会主义建设规律、人类社会发展规律，才能始终坚定理想信念，才能在纷繁复杂的形势下坚持科学指导思想和正确前进方向，才能带领人民走对路，才能把中国特色社会主义不断推向前进。"①

其次，要像列宁那样重视实践。列宁的伟大之处，就在于将马克思主义理论与实践相结合，解答革命和建设发展中所面临的理论挑战和现实难题，基于当时时代背景和俄国具体国情提出适合俄国发展需要的理论、路线、方针、政策，勇于实践、善于实践，引领俄国走上社会主义道路。实践在发展，理论也要回答实践提出的新问题。要像列宁那样，既要敢于实践，同时当已有的理论、路线、方针、政策不适应社会发展需要之际，又要及时地进行调整并不断推进理论创新与实践创新的双向互动。要提高运用马克思主义解决实践问题的能力，回应新时代中国特色社会主义所面临的实践问题，解答中国特色社会主义发展面临的难题，总结中国特色社会主义发展的成功经验，通过理论创新指导实践创新，通过实践创新引领理论创新。

最后，要像列宁那样重视党的建设。马克思列宁主义经典作家高度重视党的建设，强调加强党的领导，充分发挥党的无产阶级先锋模范作用。列宁紧密结合无产阶级政党建设实际，提出无产阶级政党建设理论。对于拥有 9100 多万名党员、460 多万个基层党组织

---

① 《习近平谈治国理政》，外文出版社 2014 年版，第 404—405 页。

的中国共产党，习近平总书记强调："把党建设成为始终走在时代前列、人民衷心拥护、勇于自我革命、经得起各种风浪考验、朝气蓬勃的马克思主义执政党。"① "这既是我们党领导人民进行伟大社会革命的客观要求，也是我们党作为马克思主义政党建设和发展的内在需要。"② 中国共产党作为马克思主义政党，必须加强党的建设，充分地发挥党在新时代中国特色社会主义事业中的领导作用，坚定马克思主义的理想信念，真正地以人民群众的利益为出发点和落脚点，赢得人民群众的支持，真正发挥中国特色社会主义领导核心的历史作用。

三　正确认识斯大林，科学评价斯大林

2023年3月5日是斯大林逝世70周年，笔者撰写此文以纪念斯大林。对斯大林最好的纪念，就是正确认识斯大林、科学评价斯大林。恰逢此文完稿之际，国际舞台风云突变，爆发了乌克兰危机。乌克兰危机正是继斯大林之后的苏联共产党主要领导人赫鲁晓夫、戈尔巴乔夫等人彻底否定斯大林，丢掉列宁、斯大林这"两把刀子"，背离马克思列宁主义路线，最终导致苏联解体、东欧剧变的历史必然结局。规律是反复出现的历史发展的必然逻辑联系，历史何等相似。历史规律不可违背，违背了就要受到惩罚。历史是一面镜子，历史是最好的先生。让我们从赫鲁晓夫到戈尔巴乔夫等人一路否定斯大林演变至今的历史演义中吸取深刻的历史教训吧。现在已经到了正确认识斯大林、科学评价斯大林，恢复斯大林的应有面貌，在

---

① 习近平：《决胜全面建成小康社会　夺取新时代中国特色社会主义伟大胜利——在中国共产党第十九次全国代表大会上的报告》，人民出版社2017年版，第62页。

② 《习近平关于"不忘初心、牢记使命"论述摘编》，中央文献出版社、党建读物出版社2019年版，第171页。

新的时代条件下，再给予斯大林以马克思列宁主义的科学评定的时候了。

（一）关于斯大林的评价是一个重大的马克思列宁主义政治原则问题

关于斯大林的评价问题，不是一个单纯的恢复斯大林的个人名誉问题，也不是一个对历史人物的科学定论问题，而是一个关乎对马克思列宁主义，对苏联十月社会主义革命和社会主义建设、对国际共产主义和科学社会主义运动，对世界马克思主义政党及其领袖，包括中国共产党及其领袖的历史地位和作用的正确认识问题，更是一个关乎马克思列宁主义、科学社会主义、中国特色社会主义，工人阶级政党和工人阶级、全人类的前途命运问题，是马克思列宁主义的一个重大政治原则问题。

斯大林是一个世界级的历史人物，是苏联共产党和社会主义建设的主要领导人，伟大的马克思列宁主义者和无产阶级革命家，也是公认的国际共产主义领袖，对科学社会主义和国际共产主义运动，对人类历史上第一个社会主义国家苏联的捍卫和建设，对开展世界反法西斯斗争赢得第二次世界大战的胜利和推进世界和平，对人类社会进步和发展、对马克思列宁主义发展做出重要贡献。

历史的经验教训值得吸取和借鉴。歪曲、否定、抹黑斯大林，是苏联东欧共产党放弃背叛马克思列宁主义、科学社会主义、无产阶级专政和共产党领导，最终导致苏联东欧社会主义政权丧失、垮台、剧变的一个最直接的影响原因，也是我国社会主义建设和改革开放进程中一度出现的否定和反对四项基本原则，企图误导我国社会主义发展方向的资产阶级自由化错误思潮，险些造成严重后果的一个最直接的影响原因。苏联东欧社会主义的垮台和中国特色社会主义的成功，从正反两方面说明了对斯大林的正确或错误的评价必然会导致两个后果：一个是苏联东欧剧变的后果。彻底否定斯大林，全面抹黑斯大林，就是影响苏联东欧执政党放弃马克思列宁主义，放弃科学社会主义，导致苏联东欧无产阶级执政党垮台、苏联东欧社会主义政权剧变的原因之一。“中国共产党一贯认为，怎样认识和对待斯大林的问题，不只是对斯大林的个人评价问题，更重要的是，怎样总结列宁逝世以后无产阶级专政的历史经验问题，怎样总结列宁逝世以后国际共产主义运动的历史经验问题。”① “对历史人物的评价，应该放在其所处时代和社会的历史条件下去分析，不能离开对历史条件、历史过程的全面认识和对历史规律的科学把握，不能忽略历史必然性和历史偶然性的关系。不能把历史顺境中的成功简单归功于个人，也不能把历史逆境中的挫折简单归咎于个人。不能用今天的时代条件、发展水平、认识水平去衡量和要求前人，不能苛求前人干出只有后人才能干出的业绩来。”② 只有从理论、实践上搞清楚斯大林在马克思列宁主义发展史、社会主义发展史、苏联共产党和社会主义发展史上的地位、作用及其功过是非，才能对斯大林及其领导的苏联社会主义建设事业作出适当正确的评价，才能在正确对待和评价斯大林问题上树立正确的政治导向、思想导向、理论导向和行动导向，才能批判并粉碎反对科学社会主义的一切反动势力及其代言人在斯大林问题上大做文章，散布荒谬观点和观念，通过“和平演变”“颜色革命”以达到反对马克思列宁主义，反对科学社会主义，反对无产阶级专政、反对共产党及其领导的不可告人的目的，以起到改变、演

① 中央文献研究室编：《建国以来重要文献选编》第 17 册，中央文献出版社 1997 年版，第 57—58 页。

② 《论中国共产党历史》，中央文献出版社 2021 年版，第 56—57 页。

变、颠覆无产阶级专政（在我国是人民民主专政）的社会主义国家政权的作用。

如何认识、评价斯大林，苏联地区人民经历了一个由全面肯定、无限崇拜斯大林的阶段，到全盘否定、彻底抹黑斯大林的阶段，现在又回到了重新认识、评价斯大林，逐步还原斯大林本来面貌的阶段。正是因为经历了巨大的亲身感受到的痛苦的动荡转型，俄罗斯人越来越感觉到斯大林评价问题的重要性，越来越多的人倾向于对于斯大林必须给予充分的正面评定。2008 年，俄罗斯国家电视台举行了一次“最伟大的俄罗斯人”的评选活动，斯大林高居第三（第四至第六位分别是普希金、彼得大帝、列宁），仅次于亚历山大·涅夫斯基和斯托雷平。2016 年初，俄罗斯联邦政府教育与科学部要求全国中小学在 2—3 年内全部使用新版教材，其中对斯大林采取了较为全面的态度进行评价，强调了斯大林在卫国战争中的领导作用。近年来在俄罗斯的公共文化设施中，出现不少关于斯大林主题的城市雕塑，在北奥塞梯、赤塔、奔萨、坦波夫等地民众自愿筹资竖立了一批关于斯大林的塑像或纪念碑。2016 年时值赫鲁晓夫在苏共二十大抛出《反对个人崇拜及其后果》的报告（以下简称“秘密报告”）六十周年之际，特维尔州等地竖立了斯大林雕像。据俄罗斯《共青团真理报》报道，俄罗斯人对于百年来历届领导人的功过进行评价，斯大林与列宁、普京得分均为正面，并列第一。[①] 2017 年 7 月，俄罗斯著名民意调查机构列瓦达中心经过数据分析，指出“目前俄罗斯社会已经出现‘民间再斯大林化’现象”。2019 年，这项长期持续的民意调查显示对斯大林持完全肯定态度的受访者比例为 51%，为 18 年来的历史最高点。2019 年 5 月

① 参见李朋、高德宝《纵横捭阖》，红旗出版社 2017 年版，第 1 页。

9日，新西伯利亚市市长阿纳托利·洛科季为一座斯大林半身像揭幕，该座斯大林塑像位于俄罗斯共产党新西伯利亚州委所在地。这些事实充分表明，俄罗斯人正在扭转对于斯大林的负面认识。作为一个著名的历史人物，尽管斯大林的理论和实践存在许多需要深入全面研究之处，应当慎重辩证地进行科学研究。但在对斯大林的评价问题上，越来越多的俄罗斯人更为客观、更为理性、更为全面。譬如，雷巴斯认为："问题不在斯大林，问题在于俄罗斯。俄罗斯作为一个世界现象，它在千年之中经历了数次大的劫难，但还是能够站立起来。俄罗斯若是否定斯大林和他的残酷的合理性，就是不愿意了解他之所以会出现的环境及已经为此付出的代价。斯大林对国家是一个统一经济体和一种地缘政治现象的认知，在后苏联时期所出现的众多问题的解决中都表现了出来。"① 更多的俄罗斯人认识到，关于斯大林评价的各种问题，都要在历史材料的精准系统分析中得出合理结论，而不是主观臆想、歪曲是非。如针对第二次世界大战中的军事领导的争论，卡尔波夫指出："斯大林作为最高统帅的作用在涉及战争进程、做出进行重大战役的决策的各个战略问题上是头等重要的。"② 朱可夫元帅说："斯大林在领导整个武装斗争方面，得力于他的天赋的智慧和巨大的洞察力，他善于从战略上考虑问题，抓住主要环节，采取对策，适时组织大规模的战役。可以肯定地说，斯大林是当之无愧的最高统帅……斯大林的功绩在于，他正确地采纳了军事专家的意见，加以充实和提高，然后形成教令、指令、守则，推广到部队中去指导实践。此外，斯大林在战役保障方面，在建立战略预备队方面，在组织技术和兵器生产方面，总之在为

---

① ［俄］雷巴斯父女：《斯大林传》下，吴昊、张彬译，上海人民出版社2014年版，第1077页。

② ［俄］弗拉基米尔·卡尔波夫：《大元帅斯大林》，何宏江等译，社会科学文献出版社2005年版，第1页。

前线提供一切必需品方面，表现出杰出的组织才能。不承认这一点是不正确的。”[①] 关于斯大林时期大清洗、民族等其他问题，同样需要进行客观辩证全面的分析研究。

俄罗斯总统普京对斯大林的评价颇具典型代表性。他 2009 年 12 月 3 日在电视直播连线交流特别节目中，被问及“您对斯大林的行为是肯定的还是否定的”时说：“我保留了这个问题，我能看到这里的‘圈套’：你说‘是肯定的’，一部分人就会不满意；而你说‘是否定的’，另一部分人又会不满意。不过既然时至今日有关斯大林和斯大林主义的话题仍然争论不休，我就特意留下了这一问题。依我之见，这个问题无法笼统地下结论。显而易见，从 1924 年到 1953 年，这个国家，这个当时由斯大林领导的国家发生了翻天覆地的变化：它从一个农业国变成了工业国。诚然，农业未能得以保留，我们大家都清楚地记得农业方面的困境，特别是在集体化的后期，记得人们排着长队去购买食品等等。在这一领域当时所发生的一切均未给农村带来任何积极的效应。不过工业化的确实现了。我们赢得了伟大卫国战争的胜利。不管怎么说，我们取得了胜利。即使我们还是要谈损失，你们知道，现在谁也无权指责那些组织和领导了这场胜利的人们，因为如果我们输掉了这场战争，那么对我国产生的后果将是惨不忍睹的，甚至是难以想象的。这是不容置疑、客观存在的正面的东西……对任何历史事件都需要进行全面的分析。这就是我想要说明的。”[②] 以马克思主义唯物史观的观点来看，普京的看法还有许多值得商榷的地方，但他毕竟在力争客观全面历史地评价斯大林。这里所列举的各方评价所涉及的斯大林的各

---

① ［苏］朱可夫：《第二次世界大战——朱可夫亲历记》，翔文、张兵编译，国防大学出版社 1995 年版，第 51 页。

② ［俄］雷巴斯父女：《斯大林传》上，吴昊、张彬译，上海人民出版社 2014 年版，译者前言第 1 页。

类功绩，都堪称苏联历史上值得骄傲的重大历史事件，是永远抹不去的历史记忆，如果依然对此置疑、罔顾就是在可笑地有意混淆是非，颠倒黑白。

与苏联以往全盘否定、彻底抹黑斯大林的错误思潮相呼应，在国际上也掀起了一股全盘否定、彻底抹黑斯大林的逆流，与这股逆流相呼应，在国际共产主义运动中也有一股全面否定斯大林的暗流涌动，并一度在国际舆论场上起到主流作用。这股否定斯大林的错误思潮在苏联现俄罗斯，在国际上，乃至在我国与反马克思列宁主义、反社会主义、反党的领导、反无产阶级专政的资产阶级自由化思潮沆瀣一气，形成一股顽固坚持资本主义道路的恶浪黑潮。彻底否定斯大林的错误思潮在我国思想政治、意识形态领域曾一度推波助澜，产生一定的负面效应。必须坚决与歪曲、否定、抹黑斯大林的反动思潮和错误倾向作坚决不懈的斗争，与乘歪曲、否定、抹黑斯大林之机，行歪曲、否定、抹黑马克思列宁主义、科学社会主义和共产党之实的言论和行为，作坚决不懈的斗争。

歪曲、否定、抹黑斯大林，有两种情况。一种是认识问题，属于我们自己阵营内部的不同意见；一种是立场问题，站在反马克思列宁主义、反社会主义、反人民的立场上，属于我们对立面的反面舆论。利用对斯大林的歪曲、否定、抹黑，借以歪曲、否定、抹黑马克思列宁主义、社会主义，是反马克思列宁主义、反社会主义、反共产党的敌对势力的如意算盘和政治手法。对此如果不予以深刻严厉地揭露、批判、防范和纠正，就会坠入其预设的思想政治陷阱，模糊了我们的视线，给人民的社会主义事业造成严重的危害。

科学评价斯大林，首先要解决的是必须坚持运用马克思主义的立场、观点和方法科学对待斯大林问题。坚持马克思列宁主义的立场、观点和方法，说到底就是坚持历史唯物主义运用于历史人物的分析与认识。如何对待历史人物，与历史唯物主义相对立的就是历史唯心主义，也就是我们所批判的历史虚无主义，历史虚无主义就是政治上的历史唯心主义。坚持运用马克思主义立场、观点、方法科学评价斯大林，首先必须坚持唯物史观的人民的立场、历史进步的立场、正面的立场、公正的立场。如果站在人民的立场、历史进步的立场、正面的立场、公正的立场上，就会认清斯大林的一生活动所具有的人民性、进步性、积极性和主流性。斯大林的一生是与无产阶级及其广大人民群众的利益和事业，与代表人类进步的社会主义事业相联系的，是与反对一切腐朽、落后的剥削阶级的利益及其政治主张、行为相联系的。从这一立场出发认识和评价斯大林，我们就可以看到具有历史进步意义的、正面的、功大于过的斯大林。

在坚持正确立场的前提下，还要坚持运用马克思主义的观点和方法，全面、客观、历史、辩证、公正地分析认识斯大林。对斯大林的评价，必须坚持客观性、准确性、科学性，避免主观性、随意性、情绪性，尊重历史发展的客观进程和规律，尊重历史事实，实事求是地全面分析把握其所处的历史场景、所发挥的历史作用，防止任何歪曲、想象、妄议、附会、滥加的评价，防止无限放大斯大林个人的缺点、失误，乃至个人性格方面的某些缺憾，无限放大斯大林领导下的苏联社会主义事业的某些问题、某些阴暗面、某些枝节零散的错事，甚至不加区别地全部附加在斯大林一人的责任上，以达到全盘否定斯大林正确的、主要的、成绩的方面。应当充分承认斯大林作为一个无产阶级领袖人物对于历史进步的推动作用，充分把握斯大林在理论和实践上对于历史规律、历史趋势、历史战略的理论认识和社会实践，还斯大林以正面、客观和公正的形象。

对斯大林的科学评价，必须坚持全面性、系统性、完整性、辩证性，分清主次，认清历史条件所造成的历史人物的局限性，给予斯大林的历史实践活动以整体性把握，既充分承认其应有的历史业绩，肯定其优点、贡献，肯定其应有地位，防止人为削弱其历史作用，同时又适度把握斯大林在领导苏联社会主义建设探索进程中的失误之处及其复杂成因和后果，既不能随意任意将斯大林拔高，同时又避免将斯大林凭空贬低，把所有脏水一股脑儿都泼到一个人身上。对于斯大林的一些指责需要进行辩证、全面、客观的分析把握，而不是用有色眼镜加以无限放大。譬如，在1937—1938年间肃反过程中发生了扩大化的严重错误，但不能完全说成斯大林一个人的责任，当然也不能完全推掉斯大林的领导责任。在总结斯大林的生活和活动时，首先必须不重复帝国主义的中伤和谣言，以革命的、科学的、党的、列宁主义的态度对正反两方面都作出应有的评价。不要用敌对势力的大喊大叫，不要耸人听闻，不要过分夸张，不能用错误和缺点来偷换斯大林为党、人民和国家所取得的所有成绩。

对斯大林的科学评价，涉及哲学、科学社会主义、政治经济学等马克思主义全部学说的科学全面认识。对斯大林提出的一系列理论观点的评价，关系到是否承认马克思主义的科学性、真理性、先进性，是否承认马克思主义的人民价值，是否承认马克思主义的实际应用及与具体实践相结合的必要性和重要性、可能性和现实性。对斯大林关于社会主义建设探索的理论与实践意义的评价，关系到是否承认共产主义、社会主义必将战胜资本主义的科学社会主义学说的科学性、真理性和价值性，是否承认科学社会主义理论的普遍性、适用性，是否承认现实社会主义发展的曲折性、复杂性和长期性，是否承认科学社会主义原理可以随时随地与不同的国情实践相结合，为不同的国家所实际运用，并发展创新。对斯大林关于商品、市场、货币、所有制、工业化、集体化、经济政策等重大政治经济学问题的理论观点的评价，关系到是否承认马克思主义政治经济学的基本范畴、基本规律、基本内容、基本方法等，是否承认可以结合实际进一步运用马克思主义政治经济学基本理论体系，是否承认不断坚持和完善社会主义市场经济的必要性。总之，对斯大林全部理论和实践活动的科学评价，关系到增强对马克思列宁主义、科学社会主义所揭示的历史发展趋势必然实现的信心和定力，自觉做辩证唯物主义和历史唯物主义的信奉者、遵从者和探索者。

对斯大林的科学评价，与对斯大林主义、斯大林模式的评价密切相关。斯大林主义也好，斯大林模式也好，无非是一种称谓、名称，严格来讲是对某种思想体系的定义，对某种社会发展形态、制度、体制、道路、价值方式的定义。斯大林在世时不同意使用“斯大林主义”的称谓概括他在马克思列宁主义理论上的继承和建树，是出于斯大林的谦虚，他认为自己是列宁的学生，不配称“斯大林主义”，所以一直不使用“斯大林主义”的说法。西方资产阶级思想家、政治家出于反苏、反社、反马、反共的需要，把攻击斯大林作为打击的重点，在他们对斯大林的攻击谩骂中所使用的“斯大林主义”“斯大林模式”等用语被描绘成“邪恶”的贬义代称，成为对斯大林所坚持、继承和发展的马克思列宁主义的恶意贬损，对斯大林领导的苏联社会主义建设成就和经验的恶毒攻击。当然敌对势力使用“斯大林主义”“斯大林模式”是指斯大林所坚持和发展的马克思列宁主义，也是指苏联社会主义制度，甚至无限外延泛指整个社会主义制度，是企图妖魔化斯大林和苏联社会主义，妖魔化马克思列宁主义和科学社会主义。当然，对苏联社会主义建设的实践与理论的研究，离不开对斯大林的研究，对苏联社会主义建设的评价，也离不开对斯大林的评价，离不开对斯大林在马克思主义理论方面的继承和建树的评价。斯大林在领导苏联社会主义建设的过程中，依据苏联的国情，创造一系列苏联社会主义建设的经验与做法，有成功、可取的，也有失败、可借鉴的。斯大林的理论创造，主流方面是坚持和发展马克思列宁主义的，支流方面是有时在某些方面离开了马克思列宁主义的。当然，在研究斯大林及斯大林所从事的苏联人民事业时使用“斯大林主义”“斯大林模式”的提法，与西方敌对势力对斯大林的攻击抹黑是有区别的，也就是说，在正确评价斯大林时，“斯大林主义”“斯大林模式”也不是不可使用的，但必须以科学的态度使用。毛泽东同志曾说过：“如果一定要说什么‘斯大林主义’的话，就只能说，首先，它是共产主义，是马克思列宁主义，这是主要的一面；其次，它包含一些极为严重的、必须彻底纠正的、违反马克思列宁主义的错误”，但“我们认为，斯大林的错误同他的成绩比较起来，只居第二位”。[①] 毛泽东同志主张如果说“斯大林主义”，那就要肯定“斯大林主义就是马克思主义”，但“确切地说，是有缺点的马克思主义”。我国几代党和国家领导人一般不使用“斯大林主义”和“斯大林模式”的说法，而是使用“苏联模式”的提法。对斯大林一生功过是非的研究、斯大林领导的苏联社会主义建设经验教训的研究反思，关系社会主义理论和实践中的一系列深层次问题，关系马克思列宁主义、科学社会主义的生死存亡，需要冷静、谨慎、系统、全面，杜绝以偏概全、挂一漏万、鱼目混珠，在研究评价中要做到历史与现实、一般与个别、抽象与具体、主流与支流的辩证统一，增强解释力、说服力和实践力。

---

① 吴冷西：《回忆主席与战友》，人民出版社 2015 年版，第 30 页。

为了反击西方敌对势力彻底否定斯大林，贬低苏联社会主义建设成绩，在普京领导和支持下，2016 年由国家审定的《俄罗斯历史 10 年级教科书》把“十月革命”称为“伟大的俄国革命”，高度评价了苏联社会主义建立的历史意义，与此相联系把一度被西方势力贬低为“极权主义”的“斯大林模式”，重新定义为“苏联独特的社会主义现代化模式”，这无疑否定了西方势力关于“斯大林模式”的贬义提法。教科书坚决否认“苏联的解体是因为苏联的体制已经无可救药”的观点，认为苏联解体的主要原因是领导人戈尔巴乔夫、叶利钦犯下了搞“公开性”“私有化”“历史虚无主义”的严重错误。

历史的经验教训最为宝贵醇绵，历史的代价沉重艰辛而令人深思，从历史中不断学习前进是共产党人的必经之途和重要秘诀。斯大林作为曾经叱咤风云、纵横捭阖、历经铅华、终身矢志的共产主义战士、无产阶级及其政党的领袖，坚持、运用、发展了马克思列宁主义基本原理，提出实施了一系列建设社会主义、巩固社会主义、完善社会主义的新思路新战略新理论，带领人民取得反法西斯侵略战争的重大胜利，稳固了苏联社会主义国家政权和共产党的全面领导，促进了苏联社会主义建设和人民生活水平的极大改善，在实践中证实了马克思主义、社会主义的真理和价值力量。历史是客观的、公正的，斯大林的功绩不可磨灭，斯大林对于社会主义的发展进步所起的历史作用值得总结铭记。值此百年未有之大变局中多种历史际遇复杂交汇时期，为了最大限度地增强历史清醒和定力，不断奋勇前进，必须认真总结吸取斯大林评价中的得失是非，以科学公正的态度正视恢复历史事实，重新认识斯大林，科学评价斯大林，这是坚持和发展马克思列宁主义，坚持和发展科学社会主义的重大原则问题。

（二）歪曲、否定、抹黑斯大林，给马克思主义和科学社会主义事业带来灾难性、颠覆性、历史性的严重恶果

关于斯大林的评价问题是马克思主义发展史、国际共产主义运动史中的科学社会主义的重大焦点、难点、热点、疑点问题，也是一个牵一发而动全身的关键问题。赫鲁晓夫开了一个充满危险、带来极其恶劣后果的先例。斯大林去世之后不久，赫鲁晓夫于1956年2月25日在苏共二十大党代会最后一天抛出了“秘密报告”，以颠倒黑白、歪曲事实、简单粗暴、否定一切的质疑方式，彻底否定了斯大林。赫鲁晓夫的“秘密报告”以反对肃反扩大化和个人迷信为切入点，以“讲事实真相”为幌子，以夸大次要、支流而掩盖否定主要、主流的相对主义，以非此即彼的否定一切成绩的绝对主义，以只讲错误和负面的极端片面性的方法，以煽动、挑拨、搬弄是非、假造、销毁和隐匿文件的手段，以非理性、非客观、非历史、非全面、非辩证的方式全盘否定、彻底抹黑了斯大林，提出了“阶级斗争熄灭论”“无产阶级专政无用论”“笼络高官的治党新原则”“向西方乞求和平的‘和平共处’外交原则”等，全面放弃和篡改了马克思主义原理和科学社会主义基本原则。赫鲁晓夫1964年10月被解除职务，其继承者勃列日涅夫继续坚持非斯大林化，以反对个人迷信、恢复斯大林时期受到处理的某些人物（有些处理是对的，有些处理是错误的）名誉为由继续贬低否定斯大林。戈尔巴乔夫上台后，在苏联大搞彻底颠覆斯大林运动，全面否定攻击斯大林的理论和实践，大肆推行所谓人道的、民主的社会主义改革，放弃马克思列宁主义的意识形态的指导地位和共产党的领导地位，让西方敌对势力在极短时间内得手，最终导致苏联解体、苏共丧失执政权，引发东欧社会主义国家一系列剧变，酿成20世纪的最重大社会历史和科学社会主义的悲剧。

彻底否定斯大林，大搞所谓非斯大林化逆流的实质并不在于反对个人崇拜，纠正斯大林的错误，而在于以此为借口彻底否定社会历史发展的客观规律和必然趋势，否定马克思列宁主义和科学社会主义，否定无产阶级专政和共产党的领导，背叛马克思列宁主义，抛弃科学社会主义事业，投入西方资本主义势力的怀抱。彻底否定、抹黑斯大林给苏联东欧人民和世界社会主义事业带来后患无穷的严重冲击和损失。毛泽东同志 1956 年 3 月 23 日主持召开中共中央书记处扩大会议，讨论赫鲁晓夫的“秘密报告”和中国共产党的对策时指出：“赫鲁晓夫这次揭了盖子，又捅了娄子。”① 所谓“揭了盖子”，就是说，揭开了斯大林“个人迷信”的盖子。所谓“捅了娄子”，就是说，赫鲁晓夫彻底否定斯大林，丑化和毁灭斯大林的形象，在斯大林评价问题上的严重失误，造成极端恶劣的后果，使国际共产主义运动声誉和实践严重受损，最终导致彻底否定马克思列宁主义，否定十月社会主义革命，否定苏联社会主义建设的成就，导致苏联东欧社会主义失败。后来的历史发展完全证明了毛泽东同志的分析与预测。“捅了娄子”所造成的恶果大大超过反对斯大林“个人迷信”“揭了盖子”所带来的正面效应。

第一，导致了对马克思列宁主义信仰理念的迷乱丧失。

马克思列宁主义是共产党人的旗帜、灵魂和指导思想。颠覆社会主义政权，必须首先从思想上、理论上砍掉旗帜、丢弃灵魂、放弃马克思主义指导。斯大林坚持和发展了马克思列宁主义，强调马克思列宁主义的理论意义和指导意义。全盘否定斯大林，后果就是否定斯大林所始终不渝地坚持、捍卫和发展的马克思列宁主义。赫鲁晓夫在苏共二十大总结报告中在一系列原则性问题上背弃了马克

① 《毛泽东年谱（一九四九——九七六）》第 2 卷，中央文献出版社 2013 年版，第 550 页。

思列宁主义，他提出所谓“和平过渡”的论点，认为十月革命的道路“在当时的历史条件下”是“唯一正确的道路”，现在情况变化了，资本主义有可能“通过议会的道路”向社会主义过渡，继而提倡抽象的人道主义的社会主义。这不仅在理论上是完全错误的，而且带来了巨大的意识形态恶果。他以反斯大林为名，质疑列宁领导的苏联社会主义十月革命，质疑苏联社会主义建设的巨大成绩和人民生活水平的提高，彻底背叛了马克思列宁主义、科学社会主义，致使许多苏联人长期以来心理上对于马克思列宁主义的极度信任产生了自我动摇，对于过去极其崇拜的党的领袖产生自我怀疑，使相当多的苏共党员和人们放弃了对于马克思列宁主义的信仰，造成了思想上理论上的混乱和失误。这是苏联党的最高领导逐步放弃了马克思列宁主义的指导地位，颠覆了马克思列宁主义意识形态的主流地位，否定了苏联社会主义政权的合法性，从思想意识上轻松地葬送了列宁、斯大林领导了30多年、好不容易建立和建设起来的社会主义大国的最根本的思想理论原因。放弃背叛马克思列宁主义的历史教训是极其深刻的，我们必须时时警醒，牢牢记取和全力避免这类历史悲剧的重演。习近平总书记指出：“一个政权的瓦解往往是从思想领域开始的，政治动荡、政权更迭可能在一夜之间发生，但思想演化是个长期过程。思想防线被攻破了，其他防线就很难守住。我们必须把意识形态工作的领导权、管理权、话语权牢牢掌握在手中，任何时候都不能旁落，否则就要犯无可挽回的历史性错误。”①

第二，引发了对于科学社会主义和共产主义理想信念的怀疑背离。

走什么样的道路，选择什么样的制度，这是由马克思主义真理

① 《习近平关于防范风险挑战、应对突发事件论述摘编》，中央文献出版社2020年版，第36页。

所揭示的人类社会发展必然趋势所决定的，是由根本利益一致的人民群众所选择的，不是由哪一个人或哪一部分人的主观意志所决定的。斯大林时期是苏联社会主义建设取得巨大成就的时期，斯大林领导苏联人民所取得的社会主义建设的伟大成绩和反法西斯战争的伟大胜利，以铁的事实证明了社会主义必定焕发的巨大活力，具有资本主义无可比拟的优越性，说明了社会主义是人类社会发展的必然历史趋势，由社会主义过渡到共产主义是人类历史发展的必然规律。不能以斯大林在领导苏联社会主义建设中的失误来否定社会主义道路和制度，否定社会主义、共产主义的历史必然性。赫鲁晓夫对于斯大林的彻底否定批判，败坏了社会主义苏联的整体形象，颠覆了马克思列宁主义关于社会主义和共产主义历史必然性的原理，动摇了社会主义理论、道路和制度的根基，与赫鲁晓夫所掀起的否定斯大林的逆流相配合，一些别有用心之人以反对斯大林模式为借口，把科学社会主义贬低为不可能实现的虚假幻想，甚至当作集权专制加以反对，借助否定斯大林，以达到彻底否定马克思主义关于社会主义、共产主义学说的反动目的。无论作为未来理想社会的形态、道路、意识、价值，还是实际运动和现实实践，社会主义的科学性、客观性、必然性、人民性已经并将继续得到充分证明。

马克思主义科学社会主义价值观在反斯大林的逆流中被歪曲颠倒了，苏联东欧社会主义国家已经初步建立起来的以共产主义远大理想为核心的社会主义价值观受到极大冲击，所谓“人权、民主、自由、平等、普世价值”等抽象空泛的资产阶级价值体系逐步取代了社会主义价值观，造成无产阶级政党和社会主义社会的价值堕矩和失范，造成社会主义国家的价值观念、社会理想、制度模式、道路走向、战略选择上的明显倒退，造成执政党政治立场的错位、失位，造成社会主义、共产主义理想信念的丧失，从而使科学社会主义和共产主义事业遭受重大挫折。“世界社会主义实践的曲折历程告诉我们，马克思主义政党一旦放弃马克思主义信仰、社会主义和共产主义信念，就会土崩瓦解。”①

第三，造成了对于坚持共产党领导信心和定力的挑战削弱乃至颠覆取消。

对斯大林的否定，不只是对其个人的彻底否定，而是对列宁缔造的苏联共产党的彻底否定，是对马克思主义经典作家关于无产阶级政党学说的彻底否定，是对坚持共产党领导这个重大原则问题的彻底否定。无产阶级政党领袖是无产阶级及其政党的代表，否定、抹黑无产阶级政党领袖实质上就是否定无产阶级政党的事业及其业绩，否定人民的事业和业绩。人为抹杀领袖的功绩不仅不符合客观历史，而且会造成对党的事业和党本身的损害。按照列宁关于群众、阶级、政党、领袖的学说，社会主义作为全新持久的无产阶级社会革命运动，需要强有力的无产阶级政党的领导，需要强有力的无产阶级政党领袖的核心权威。斯大林在领导苏联社会主义建设过程中，明确提出并十分注重加强党的建设，培养了一大批信念强、作风硬的领导干部，锻造了一个领导有方、能力出众、威信力极强的党，形成了以斯大林为核心的坚强的领袖集团，这是苏联社会主义建设取得成功的根本组织保证。反对社会主义苏联，必然集中力量反对苏联共产党的领导，集中火力否定攻击丑化反对苏联共产党的领袖。

从俄国十月革命成功到社会主义苏联屹立于世界之林以来，蓄谋颠覆推翻人类历史上第一个社会主义国家苏联的反动势力，一直

---

① 《论党的宣传思想工作》，中央文献出版社 2020 年版，第 148 页。

就集中火力对准苏联共产党和党的最高领袖斯大林。对斯大林的怀疑和否定，造成了党的整体形象强烈的负面影响，严重动摇了党在人民心目中的地位、动摇了党的领导。从苏共二十大否定斯大林一直发展到苏共二十八大，公然建议取消宪法第6条关于共产党是国家执政党的规定："苏共同其他社会政治团体和群众运动一样，参加国家事务的管理……党将不再独揽国家大权。它的作用是通过共产党员发挥作用的、经民主认可的政治领袖，不觊觎特权和在苏联宪法中巩固自己的特殊地位。有鉴于此，党认为有必要以立法动议方式，就国家根本法第6条向苏联人民代表大会提出有关建议。"①这不啻引火自燃、自毁长城，把一个在十月革命烈火中诞生成熟起来、执政了70余年的大党在人民心中，甚至在国家宪法中给予了结，从而否定共产党的地位和作用，最终达到取消乃至推翻苏联共产党的执政地位。苏共二十大"秘密报告"及其以后的非斯大林化在社会主义阵营，在国际共产主义内部引发了对共产党及其领导、对党的领袖及其权威的质疑和反对，导致多数社会主义各国先后都发生了一系列持续的旨在推翻党的领导的社会动荡事件，在国际共产主义运动史上产生了极其恶劣的后果。

第四，导致了对坚持无产阶级专政理论和实践的质疑、背叛和放弃。

资本主义及其背后的旧势力具有前所未有的顽固性，不会也不愿意自动退出历史舞台，千方百计采取各种形式保护自己的既得利益要求，利用资产阶级专政，无情打击和镇压无产阶级，这就决定了代表无产阶级及广大劳动人民利益的无产阶级政党必须以革命方式推翻资产阶级的政治统治，建立无产阶级专政的社会主义国家政

---

① 《苏联问题资料》，东方出版社1990年版，第26页。

权。在取得政权以后特别是在实现共产主义社会之前的整个过渡时期，必须以新型无产阶级专政的方式不断巩固社会主义的经济基础、保护巩固社会主义政权和社会主义意识形态的统治地位，反对各种敌对势力的破坏颠覆，防范化解各种潜在的重大风险，发展社会主义生产力，维护有利于社会主义稳定发展的社会秩序、最终彻底战胜资本主义。斯大林领导的苏联社会主义建设采取了一系列保卫苏联社会主义政权和建设成果的无产阶级专政措施。赫鲁晓夫打着反对专制、反对暴君的口号，看起来好像是在为遭受大清洗的人进行所谓人道辩护，实质上引发了对于无产阶级专政必要性、对于苏联社会主义社会国家政权合法性的怀疑否定，对于马克思列宁主义无产阶级专政理论的怀疑、否定和抛弃，使得苏联东欧各国面对各种社会矛盾、面对西方敌对势力渗透引发的严重挑战冲击十分被动，使得社会主义党和国家政权遭到蚕食颠覆，使得曾经在内战和第二次世界大战中叱咤风云的社会主义苏联的大党大国顷刻间灰飞烟灭。赫鲁晓夫等人主动放弃无产阶级专政所带来的严重后果深刻启示我们，坚持和巩固无产阶级专政，始终是社会主义不可放弃的基本原则。邓小平同志指出："依靠无产阶级专政保卫社会主义制度，这是马克思主义的一个基本观点。马克思说过，阶级斗争学说不是他的发明，真正的发明是关于无产阶级专政的理论。历史经验证明，刚刚掌握政权的新兴阶级，一般来说，总是弱于敌对阶级的力量，因此要用专政的手段来巩固政权。对人民实行民主，对敌人实行专政，这就是人民民主专政。运用人民民主专政的力量，巩固人民的政权，是正义的事情，没有什么输理的地方。我们搞社会主义才几十年，还处在初级阶段。巩固和发展社会主义制度，还需要一个很长的历史阶段，需要我们几代人、十几代人，甚至几十代人坚持不懈地努力奋斗，决不能掉以轻心。”[①]

赫鲁晓夫彻底否定斯大林，其险恶用心直指是不是坚持马克思列宁主义，是不是坚持社会主义，是不是坚持党的领导，是不是坚持无产阶级专政这四项基本原则。彻底否定斯大林，也就彻底否定了斯大林所坚持的科学社会主义的基本原则。1979 年 3 月 30 日，邓小平同志在党的理论工作务虚会上发表《坚持四项基本原则》重要讲话，提出了必须坚持社会主义道路、必须坚持人民民主专政、必须坚持共产党的领导、必须坚持马列主义毛泽东思想四项原则。他在 1992 年南方谈话中指出：“在整个改革开放的过程中，必须始终注意坚持四项基本原则。”[②] 习近平总书记多次谈到总结吸取苏联解体、东欧剧变的历史教训问题，反复要求在新长征中始终防止犯颠覆性方向性错误，对新时代坚持四项基本原则进一步作出了深刻全面的阐述。习近平总书记强调：“马克思主义是我们立党立国的根本指导思想。背离或放弃马克思主义，我们党就会失去灵魂、迷失方向。在坚持马克思主义指导地位这一根本问题上，我们必须坚定不移，任何时候任何情况下都不能有丝毫动摇。”[③] 习近平总书记指出：“中国共产党领导是中国特色社会主义最本质的特征，是中国特色社会主义制度的最大优势，是党和国家的根本所在、命脉所在，是全国各族人民的利益所系、命运所系。”[④] 习近平总书记反复强调坚持党的全面领导，坚持人民民主专政，随时准备进行具有许多新的历史特点的伟大斗争。党的十九届六中全会通过的《中共中央关于党的百年奋斗重大成就和历史经验的决议》对此再次作了

---

① 《邓小平文选》第 3 卷，人民出版社 1993 年版，第 379—380 页。

② 《邓小平文选》第 3 卷，人民出版社 1993 年版，第 379 页。

③ 习近平：《在庆祝中国共产党成立 95 周年大会上的讲话》，《求是》2021 年第 8 期。

④ 习近平：《在庆祝中国共产党成立 100 周年大会上的讲话》，《人民日报》2021 年 7 月 2 日第 2 版。

强调。

（三）斯特朗1956年写的《斯大林时代》，旗帜鲜明地回答了关于斯大林评价这一历史性的问题

“一切反动派都是纸老虎”，这是毛泽东同志1946年在延安窑洞与美国女记者安娜·路易斯·斯特朗谈话时讲的一句震撼世界的名言。同样是斯特朗，1956年赫鲁晓夫在苏共二十大发表了反对斯大林的“秘密报告”后，没过多久，还是1956年，她就针锋相对地撰写了《斯大林时代》这本书，依据大量确凿事实，据理反驳了赫鲁晓夫全盘否定斯大林的论点和论据。

斯特朗是对苏联人民、苏联共产党和苏联社会主义事业，对中国人民、中国共产党和中国社会主义事业抱有深切同情和支持的美国友人。她1885年出生在美国内布拉斯加州弗兰德城，1921年旅居苏联，创办和编辑了英文报纸《莫斯科新闻》，正面报道苏联人民在苏联共产党领导下所从事的社会主义事业。1949年被诬陷为帝国主义间谍，关进苏联监狱，1955年被释放，并被驱逐出境。尽管受到极不公正的待遇，但是她对斯大林领导下的苏联社会主义事业和斯大林本人的感情和看法并没有因此而发生改变。她于1925年、1927年、1937—1938年、1940年4次访问中国。她在72岁高龄时决定离开美国定居北京，直到1970年3月29日在北京逝世。她一直在国际上宣传中国的革命和建设成就。在《斯大林时代》一书中，她凭借自己丰富的历史知识和在苏联长期居留及广泛旅行的亲身感受，给予斯大林以科学、客观、公正的评价。在她的笔下，斯大林领导的苏联社会主义建设的成绩、反法西斯战争的胜利和苏联第二次世界大战后重建的成就跃然纸上。当然她也没有回避斯大林和苏联社会主义的错误，但她采取了科学的态度，平心静气地分析了产生这些错误的不可避免的客观和主观原因。为了纪念1917年俄国十月革命100周年，斯大林诞辰100周年，1979年12月21日，世界知识出版社出版了这本书的中译本。

《斯大林时代》写于1956年，距今已经过去60多年了，社会主义苏联已经不复存在，社会主义阵营已经瓦解，世界社会主义一度跌入低谷。然而，从苏联解体、东欧剧变至今时隔30年，国际共产主义运动由低潮始升高潮，中国特色社会主义成功于当今世界，当代资本主义，即当代帝国主义发生了巨大的变化，不可避免地进入衰落期，但其本性未改，世界正处于百年未有之大变局之中。全盘否定斯大林的阴风已疯狂地刮了多年，给国际共产主义运动和世界社会主义事业造成极大的伤害，也给我国社会主义事业带来了不可估量的损害。

时间过去了65年，但现在读起斯特朗的《斯大林时代》仍然感觉到她对斯大林的评价是那么的客观、那么的公正、那么的合情、那么的合理，至今仍然没有失去其深刻的现实价值，时光荏苒，反而增添了其珍贵性。在反对历史虚无主义，捍卫马克思列宁主义、捍卫社会主义、捍卫党和人民的事业的激烈斗争的今天，重新阅读这本书，让我们重新思考，认识关于斯大林评价问题的历史价值和现实意义，领会书中的观点，是十分必要的，此书很值得一读。

读了全书，我们可以看出斯特朗在评价斯大林问题上：

第一，站在人民的立场上，以客观、全面、公正的历史观点评价斯大林。

如何正确评价斯大林？首先，要解决的是站在什么人的立场上，从什么立场出发评价斯大林，是从工人阶级及广大劳动群众的立场出发，还是从资产阶级及一切反动势力的立场出发评价斯大林，这是如何评价斯大林的根本问题。

斯特朗站在苏联人民的立场上、站在苏联人民利益的立场上来看待斯大林问题。她引用了斯大林 1937 年 10 月对苏联金属工人演说时的一句话："领袖来复去，人民却留着。只有人民是不朽的。"斯特朗坚定地认为："1953 年 3 月初旬，斯大林去世了，而人民则留着。斯大林在历史上的地位要由人民来评定。"①

历史是人民的历史，人民的历史要由人民来评定，历史人物的功过也应该由人民来判定。斯大林去世后，如何评价斯大林，产生了截然相反的两极观点：一极是站在人民立场上正确评价斯大林的观点。斯特朗引用了亲眼所见、亲耳所闻的大量的真实事实，引用了大量苏联人民发自内心的对斯大林的好评和怀念，这是公正地认识判定斯大林的态度。与此截然相反，另一极是全面否定斯大林的观点。全面否定斯大林的观点，有两种情况：一种是认识问题，另一种是站在人民对立面的立场问题。当然说到底，任何认识问题都有一个立场问题，都受立场所影响制约。这里所批评的否定斯大林的观点是指站在人民对立面的立场上彻底否定斯大林的观点。斯特朗引用美国反共报纸《洛杉矶时报》的评论："斯大林去地狱的路条生效了……我们所能希望的最好的事，就是发生继承权的内战。"斯特朗用确凿的事实说明，艾森豪威尔总统已经着手去实现这个残酷的愿望。美国政府"正在准备一项野心勃勃的计划，来利用苏联的处境——运用一切宣传工具及其他来煽起俄国内部的纷争，并且使俄国的卫星国脱离俄国"。美国在朝鲜的部队利用共产党世界各地静默 5 分钟致哀的时机，"发射了猛烈的排炮"。这就是站在人民的对立面的一极对斯大林逝世的极端反应。

① 转引自《斯大林时代》，世界知识出版社 1979 年版。以下引文皆转引自《斯大林时代》一书，不再注明（笔者注）。

来自不同立场的根本对立的评价说明了一个道理："凡是敌人反对的，我们就要拥护；凡是敌人拥护的，我们就要反对。"[①] 对历史人物的评价，站在不同的立场上，从不同的阶级利益出发，就会产生截然相反的结论，发出根本不同的声音。

只有从人民的立场出发，才能作出客观、公正、全面的历史判断。什么是客观的态度？客观的态度就是尊重历史事实的历史观点。客观的历史的事实是人民认可的历史事实，而不是人民反对的历史事实，是体现历史进步、历史真相的历史事实，而不是体现历史退步、历史表面现象的历史事实，是体现历史主流，而不是体现历史支流的历史事实。什么是全面的态度？全面的态度就是既要看到问题的主要方面，又要看到问题的次要方面；既要看到成绩的一面，又要看到错误的一面；既要看到问题的这一面，又要看到问题的那一面，而不是用枝节的、细微的、次要的、局部的、个别的事实来否定整体、全部的历史事实的历史观点。什么是公正的态度？公正的态度就是站在人民的立场上，以客观、全面、公允的眼光来评价历史人物的历史观点。所谓公正，就是不带任何个人阶级偏见的，不偏不倚的，既肯定主流一面，又指出支流一面，公平地判断历史人物的功过是非。斯特朗对斯大林的评价采取了客观、全面、公正的历史观。立场错了，看问题的观点必然错，立场错了，观点错了，那么评价的结论就一定是错的。

第二，凡是代表人民利益、反映人民要求、促进生产力发展，有利历史进步的历史人物，其功大于过，是应当肯定的，而不是否定的，这是评价历史人物的正确标准。

《斯大林时代》全书分为十章：第一章，"一国建成社会主

① 《毛泽东选集》第2卷，人民出版社1991年版，第590页。

义”；第二章，“5 年计划”；第三章，“农业革命”；第四章，“新人”；第五章，“大疯狂”；第六章，“争取和平的斗争失败了”；第七章，“希特勒止步的条约”；第八章，“全民战争”；第九章，“第二次建设”，第十章，“斯大林和斯大林死后”。以不容辩驳、不可否定的历史事实，客观、全面地肯定了斯大林领导下的苏联人民事业的历史进步性，肯定了斯大林的历史功绩。

全书十章从十个方面的历史的真实出发，全面肯定了斯大林的历史贡献，同时不加隐晦地指出了斯大林的错误。斯特朗在书中集中阐述了两个问题：一是全面肯定了斯大林领导下的苏联社会主义事业的伟大成就和斯大林的伟大功绩；二是客观、公正地分析了斯大林领导的苏联社会主义事业存在的问题和斯大林的失误，明确指出这些问题和错误有其产生的客观和主观的必然原因。

斯特朗在该书前言中把斯大林领导的时期定义为“斯大林时代”。她指出：“这是历史上一个生气勃勃的伟大时代，也是最伟大的时代。它不仅改变了俄国的生活，而且也改变了全世界的生活。”她认为，在这个时代，斯大林的功绩是第一位的，苏联社会主义的成就是第一位的。她认为，斯大林时代建成了世界上第一个社会主义国家，建设了占世界人口 1/3 的社会主义各国的经济基础，创造了富裕的物质财富和足以制止希特勒侵略的力量，让亚洲前殖民地人民能自由地选择发展的道路。她引用了大量的事实论证了斯大林提出的“一国建成社会主义”的设想如何在苏联成为现实，她从论据到论点令人信服。尽管后来的事实是苏联社会主义失败了，但这并不等于“一国建成社会主义”理论的错误。斯特朗在第一章开宗明义地指出，世界上第一个社会主义国家是在一个落后的农业国建成的。她分析指出，列宁领导十月革命成功，接收的是一个相当落后的农业国。尽管列宁为了俄国社会主义建设设计了美好的远景，认为俄国在社会主义制度下可能成功地建设成为世界上最进步的最繁荣的国家。列宁通过领导国内战争，保卫了苏维埃的社会主义政权，提出了新经济政策，恢复和发展了经济。但是由于十月革命成功后，列宁领导俄国人民集中精力投入保卫苏维埃政权的战争，使得努力解决国家发展问题的时间很短等，这些原因造成 1924 年 1 月列宁逝世时，俄国的生活水平甚至仍然远低于战前沙皇统治下的那种穷困贫乏的状态。

列宁不幸去世，但列宁所从事的社会主义事业并没有中断。斯大林接过列宁的接力棒，继续列宁的事业。一开始斯大林曾经认为单靠一个国家的努力，特别是像俄国这样的一个农民国家的努力是不够的，为了达到这个目的，就必然有几个先进国家中无产阶级的共同努力。可见斯大林当时还不持有“一国建成社会主义”的观点。而仅仅几个月之后，即 1924 年 8 月斯大林在与托洛斯基的斗争中，明确提出了“在没有外援情况下，在俄国一国是可以建成社会主义的”。他这个观点得到了季诺维也夫和加米涅夫等人的坚决反对。然而他带领全党全体人民实施组织了第一个五年计划，从 1928 年 10 月到 1932 年 12 月又基本完成第二个五年计划，调动了人民的劳动热情和创造，完成了苏联社会主义工业化。1933 年 1 月，斯大林宣布从前的落后的农业国的俄国，已经成为世界上第二个工业国了。

从 1930 年到 1933 年，在推进工业化的同时，斯大林领导全党全体人民推进了农业集体化，进行了农业革命，完成了农业社会主义所有制的改造。

为了在俄国一国建成社会主义，斯大林尽了最大的努力来为俄国争取和平建设的国际环境。然而帝国主义依然发动了剿灭苏联的战争，尽管斯大林在反法西斯战争前缺少必要的警惕，但在斯大林的领导下，苏联人民浴血奋战打败了德国法西斯，取得了第二次世界大战的胜利。第二次世界大战后，斯大林领导苏联人民投入第二次社会主义建设，终于把俄国建成了世界上第一个社会主义强国。斯特朗以无法辩驳的历史事实，说明了苏联社会主义建设的伟大成就，说明了斯大林的功劳。在用历史的事实述说斯大林的功劳时，她提出了一个历史性的结论："今天没有人能对斯大林时代作出最后的评断。斯大林是那些需要由长期历史来加以评价的人物之一，他的工作离现在越远，其性质也就会越清楚。我们至少知道，他从1928年起在一个国家，在一个为敌人的世界所包围的落后的农业国家里，开始建设社会主义。当他开始的时候，俄国是一个农业的和文盲的国家；当他结束的时候，俄国已成为世界上第二个工业强国。他两度这样建设了俄国，一次是在希特勒入侵之前，再一次是在战争的废墟上。这要永远归功于他；他是这项工程的工程师。"斯特朗对斯大林无疑做出了一个客观公正的评定。

第三，一定要把历史人物的过错放在当时的历史条件下来评价，既不能扩大，当然也不能缩小或者抹掉，而是客观地、实事求是地加以分析，心平气和地指出历史人物产生错误的不可避免的历史主客观原因，这才是对待历史人物所犯错误的科学态度。

对斯大林的过错，对斯大林个人失误给苏联社会主义建设带来的严重影响，斯特朗没有视而不见，更没有无限扩大，而是做了客观的描述，实事求是地，同时又是一分为二地分析造成这些问题的客观和主观原因的必然性。斯特朗尽管歌颂了社会主义苏联的成绩和斯大林的功劳，但她并没有回避斯大林的错误，对于斯大林的错误，她采取了客观、公正、历史的态度。她明确指出，任何历史进步都要付出代价，然而代价又是不可避免的。为了历史进步而付出的代价远远超出历史退步给人类带来的灾难。她认为："人类一切进步都是要用极大的代价去换取的，不仅要有英雄们死于疆场，也要有人受冤屈而死去……在斯大林领导下的社会主义建设中所发生的一些坏事，不论是产生于必要、错误和罪恶，都远远不及西方世界在武装干涉和希特勒侵略中蓄意加于他们的祸害，甚至也不及美国拖延开辟'第二战场'给他们带来的损失。"

针对反动势力攻击斯大林过于依赖强权和暴力，甚至攻击斯大林"独裁""暴君"的说法，斯特朗从唯物史观的角度加以批驳。她认为，巩固和稳定一个政权需要"强力和暴力"，但到底哪些"强力和暴力"是必要的，哪些"强力和暴力"又是不必要的，必须从大的历史进步的进程中来做判断，而不是纠缠于细枝末节的争论。斯特朗认为，斯大林建成一个强国是事实，建成强国使用"强力和暴力"，哪些是必要的、哪些是不必要的，哪些多了，哪些少了，这些争论是没有多少实质意义的，不能责难最后的成功者。取得政权容易，但保持政权就难多了，没有必要的"强力和暴力"，是无法维持、巩固一个政权的。因为被剥夺的剥夺者是不甘心退出历史舞台的。当被剥夺的剥夺者使用"强力和暴力"反抗并企图夺回丧失的政权时，只有使用"强力和暴力"才能战胜这种反抗。这使我们想起了一个通俗的比喻，两个拳师博弈，我们很难判断胜者哪一拳是必要的，哪一拳又是多余的或失误的，只能用最终击倒对手来作总的最终的判定。

斯特朗没有回避列宁对斯大林作过严肃批评的事实，她引用了列宁的政治遗嘱："斯大林太粗暴，这个缺点……在总书记职位上则是不可容忍的了。我建议代表大会想个办法把斯大林从这个位置上调开，并另外指定一个人担任总书记，这个人要更耐心、更忠顺、更和蔼并且更关心同志。"斯特朗没有认为列宁对斯大林的严肃批评是不对的，但是她认为，从斯大林的现实表现来看，斯大林不愧为列宁最忠实的学生，实践也证明斯大林是列宁的忠诚继承者。

斯特朗实事求是地分析了斯大林产生错误的主观原因，而不是抓住一点不及其余，一概否定。斯特朗指出，斯大林主持制定苏联第一个民主宪法，这是斯大林的功绩，但同时他又违背了宪法，违反了民主法制。苏联宪法是受到它的作者斯大林自己的损坏，斯大林显然是以他的“民主宪法”而自豪，然而他却犯了一种奇怪的两面做法的错误。当这部宪法是苏联的根本法，被人民政府和法院自豪地遵守着的时候，斯大林却过度使用了政治警察，由斯大林在1922年给予集中权力的机关已经成了国中之国。“它既不尊重宪法，也不尊重苏联任何其他法律。从这里出发就产生了以后这些年的黑暗事件。”斯特朗认为肃反扩大化的错误是极其严重的，但她认为要把对肃反扩大化错误的揭露批评与敌对分子的恶毒攻击区别开来，要同赫鲁晓夫把责任全部归结于斯大林区别开来。斯特朗对肃反扩大化错误的产生做了客观的分析，她认为，由于帝国主义围剿的存在，对敌人的戒备，斯大林抱着猜疑的心情进行工作，他默许了，甚至批准了政治警察对无辜的人的暴行，但迄今为止还找不到证据来说明他是有意制造这些暴行的。这些暴行看来还是由于复杂的原因，其中包括斯大林的猜疑的倾向和中央委员会不加审视地批准斯大林所说的一切的倾向。

斯特朗严正地批评了斯大林“个人崇拜”的错误，然而又对“个人崇拜”的错误作了实事求是的分析。但她客观地认为：“然而，现在被斥为过去一切坏事的根源的‘个人崇拜’，不但是被崇拜者身上的缺点，也是崇拜者身上的缺点。”斯特朗认为：“当把所有能对斯大林提出的批评都加起来以后，我仍然很怀疑：任何小于斯大林从1928年起驾驭俄国所用的巨大鞭策力量是否有可能把俄国建成一个社会主义国家。回顾过去，人们可以看到其他领袖——托洛斯基、季诺维也夫、加米涅夫、布哈林——是怎样会把俄国引向毁灭的。我认为他们这些人既缺乏斯大林所具有的对人民的需要的洞察力，也缺乏斯大林所具有的必要的魄力和意志。”“就任何个人能自称对他领导下的事态发展起了决定性作用而言，列宁创造了俄国革命，斯大林建成了世界上第一个社会主义国家。它的缺点可以在现在加以纠正。”

斯特朗引用了大量篇幅说明斯大林一直致力于争取世界和平，但帝国主义者颠覆俄国社会主义的狼子野心不死，战争是不可避免的。斯大林为了赢得战争已经做了一些准备，最大的准备就是建设了一个强大的社会主义工业国，奠定了赢得战争的物质基础。

总而言之，斯特朗所说明的一切，都证明斯大林的功劳是主要的，过错是次要的，这是一个完全正确的对斯大林的科学评价。她指出，赫鲁晓夫虽然攻击斯大林，但“他把事情搞得更糟，如对铁托的道歉，对斯大林的攻击，鼓励东欧的离心离德，他比斯大林差远了”。正如俄罗斯民谣中所说的：“鹰有时比鸡飞得低，但鸡永远不能飞得像鹰那样高。”列宁也曾引用这个寓言讽刺修正主义者。

（四）围绕着斯大林功过是非评价的斗争，实质上是无产阶级与资产阶级、社会主义与资本主义两个阶级、两种社会制度的生死博弈

对任何一个历史人物的评价，特别是对国际共产主义运动重要政治人物的评价，绝不能单凭个人恩怨，也不能单独以个人善恶角度来看待其功过是非，而是应当放在大的历史时代、历史条件上来认识。对斯大林的评价绝不是其个人的事情，也不是俄罗斯一个民族的事情，更不是苏联一个国家的事情，而是科学社会主义的大事，国际共产主义的大事，是社会主义与资本主义两条道路斗争的大事，绝不是简单的学术之争。看起来是关于一个历史人物的评价定位问题、盖棺论定问题，实质是与现实斗争中一系列重大问题相关联，说到底是关系到无产阶级与资产阶级、社会主义与资本主义的一方必定战胜另一方生死命运的博弈问题，千万不可小视，不能大意失荆州。

第一，彻底否定斯大林，其实质就是西方敌对势力颠覆社会主义政权的意识形态进攻。

苏联和世界社会主义事业的蓬勃发展，引起资本主义世界的恐慌和不安，他们担心马克思主义科学社会主义学说在全世界变成现实。妖魔化斯大林是阻止马克思主义科学社会主义成功的秘密手段，是西方在冷战时期“人心之争”阴谋得逞的重要手段。第二次世界大战之后，以美国为首的西方敌对势力试图通过科技、经济、社会等快速发展获得与社会主义竞争的优势，开启了资本主义与社会主义的冷战。持续进行的反斯大林运动，恰恰迎合了以美国为首的西方敌对势力的需要，在动荡中扰乱社会主义的阵脚，在本已日渐巩固的社会主义阵营在意识形态领域打开了一个大缺口，其必然的结局是造成社会主义国家在思想上政治上的日益混乱和各类矛盾冲突凸显。美国把赫鲁晓夫大反斯大林看作是“空前未有的合乎我们目的”的举动，中情局长杜勒斯曾出价 100 万美元四处悬赏搞到赫鲁晓夫的“秘密报告”并率先在《纽约时报》发表这一文件，试图以赫鲁晓夫反斯大林的“秘密报告”“作为武器来摧毁共产党运动的威望和影响”。苏共二十大是以美国为首的西方敌对势力对社会主义国家采取的更加严厉紧密、有计划的颠覆渗透和“和平演变”的产物。值得我们今天仍然高度警惕的是，这种颠覆意图和活动至今仍然在加紧进行，并没有减弱，而是更为加重。以美国为首的西方诸新型帝国主义国家对社会主义诸国，对中东、北非、中南美、东欧、中亚等国家的形形色色“颜色革命”活动就是明证。

第二，彻底否定斯大林，其实质就是以资产阶级的阶级利益替代无产阶级及广大人民群众的阶级利益。

以无产阶级为代表的广大人民群众是社会历史发展的真正力量，是历史的主人、主体，是社会一切物质财富、精神财富的创造者和社会革命变革的推动者。社会主义是代表无产阶级及其广大群众根本利益的新的社会形态。资本家是靠攫取工人阶级劳动的剩余价值获生，资本主义是人类历史最后一个剥削社会，资本主义是代表资产阶级利益的落后的社会形态，社会主义与资本主义之争是两个根本对立阶级利益之争。资本主义由自由竞争进入垄断阶段，已经进入总体衰退落后阶段，资产阶级已由资本主义上升期的革命阶级堕落为反动的、没落的、落后的阶级。随着资本主义不可克服的内在矛盾的不断激化，资产阶级和资本主义会日益走向腐朽堕落，但它们从来不甘心自动退出历史舞台，拼死加大了对无产阶级、社会主义的压制打击的力度。社会主义是最大限度地维护无产阶级及其广大人民根本利益的社会制度。斯大林认为：“社会主义需要的不是好逸恶劳，而是所有的人都诚实地劳动，不是为别人劳动，不是为富豪和剥削者劳动，而是为自己、为社会劳动。”① 他认为：“集体主义、社会主义并不否认个人利益，而是把个人利益和集体利益结合起来。社会主义是不能撇开个人利益的。只有社会主义社会才能给这种个人利益以最充分的满足。此外，社会主义社会是保护个人利益的唯一可靠的保证。”② 斯大林领导下的苏联社会主义实现了国家实力和人民群众利益的极大改善，创造了人类历史上前所未有的奇迹。赫鲁晓夫完全置这些基本事实于不顾，彻底否定斯大

① 《斯大林选集》下卷，人民出版社 1979 年版，第 323 页。

② 《斯大林选集》下卷，人民出版社 1979 年版，第 355 页。

林，在立场上发生了大逆转，在鼓吹利益和谐和动荡转型中重新培植投向西方资产阶级怀抱的资本主义性质的特权集团，干了敌人想干而干不成的事情，给整个苏联社会主义和世界广大人民带来深重灾难。诚如普兰姆佩所言："赫鲁晓夫 1956 年 2 月的秘密报告带来一个巨大的讽刺性运动，寻求移去斯大林形象和声誉在苏联公共空间的每一个痕迹。由于将斯大林变成一个符号，以下这些先河变得有了意义——这个符号是一个意义的集中地——他代表的是一个符号而不是斯大林本人：苏联式共产主义，苏联的国家政策，苏联的宗教政策，以及其他更多。但这些大众和国家的讽刺性运动都没能导致意义的终结。"[①] 以美国为首的西方敌对势力利用反斯大林的"秘密报告"，对苏联及一切社会主义力量大打出手，从根本上来说，是为着两个阶级的利益而进行的根本博弈。

第三，彻底否定斯大林，其实质就是否定社会主义战胜资本主义的历史必然趋势。

彻底否定斯大林的反斯大林思潮的实质，就是借反对斯大林来彻底否定苏联社会主义革命和建设的巨大成就，从而彻底否定社会主义代替资本主义的历史必然性。对于社会历史发展的必然趋势，对于社会主义代替资本主义的历史必然规律，代表不同阶级利益，就会站在不同的立场上，产生不同的甚至相反的结论。按照近代以来资本主义政治家编造的理论，胡说什么资本及其利润是人类本性和自然秩序的需要，资本对社会和劳动的统治具有永恒的合理性，保护以资本为代表的私人利益是现代社会神圣不可侵犯的核心秩序，资本就是永恒的。这完全是资本的理性逻辑。按照历史唯物主义的基本观点，社会历史发展是社会基本矛盾运动的产物，资本主

① Jan Plamper, *The Stalin Cult, A Study in The Alchemy of Power*, New Haven and London: Yale University Press, 2012, p. 221.

义通过对劳动的剥削的持续扩大致使资本主义社会生产资料私人所有制和社会化大生产之间的深层次矛盾及其在社会各个领域的日益激化，必然导致无产阶级革命和社会主义运动，“资产阶级的灭亡和无产阶级的胜利是同样不可避免的”。[①] 资本主义虽然以各种臆想理由编造出资本主义不朽的神话，以各种措施调整、变革、完善、延续或延迟自身命运的衰落，强化与社会主义的斗争，对社会主义采取从军事到经济、政治、文化的打压举措，乃至采取某些让步与合作以挽救自身不可避免的衰败和灭亡的趋势，但是无论怎么做都不可能从根本上改变历史的必然趋向，即使在当代西方资本主义世界也有不少有识之士公开承认这一点。十月革命的伟大成功，列宁和斯大林领导的苏联社会主义建设事业的快速发展，中国特色社会主义继苏联失败之后而后发成功，都充分证明了历史唯物主义的科学性、正确性。一切反对斯大林的敌对势力主张彻底否定斯大林，实质是彻底否定十月革命和苏联社会主义的成就，彻底否定社会主义代替资本主义的历史必然性。

（五）中国共产党一贯采取公正客观的态度对待斯大林评价问题，始终坚持科学评价斯大林

我们党从毛泽东同志开始，就始终坚持对斯大林的全面、客观、辩证的马克思主义的科学评价。我们党关于斯大林评价问题的态度和观点集中体现在根据中国共产党中央政治局扩大会议的讨论由《人民日报》编辑部1956年4月5日发表的《关于无产阶级专政的历史经验》，1956年12月29日发表的《再论无产阶级专政的历史经验》和1963年9月13日由《人民日报》《红旗》杂志发表的《关于斯大林问题——二评苏共中央公开信（1963年9月13

① 《马克思恩格斯选集》第1卷，人民出版社2012年版，第413页。

日)》(以下简称《关于斯大林问题》) 的三篇文献中。毛泽东同志指出:“斯大林同志在理论的活动上和在实际的活动上所给予我们当代的贡献,是不可估量的。”[①] 毛泽东同志在修改《关于斯大林问题》一文时指出:“斯大林问题,是一个世界范围内的大问题,曾经引起了世界各国一切阶级的反响,至今还在议论纷纷。各个不同的阶级,代表各个不同阶级的政党或政治派别,意见不同。估计在本世纪内,这个问题还不可能作出定论。但是,在国际工人阶级和革命人民范围之内,多数人的意见其实是相同的,他们不赞成全盘否定斯大林,而且越来越怀念斯大林。就是在苏联,也是如此。”[②] “对于斯大林的只占第二位的一些错误方面,应当作为历史教训,使苏联共产党人和各国共产党人引以为戒,不再重犯,或者少犯一些,这也是有益的。正反两面的历史经验,只要是总结得正确,合乎历史实际,而不加以任何歪曲,对于一切共产党人,都是有益的。”“倍倍尔、卢森堡等人在历史上所起的作用,远不能同斯大林相比。斯大林是一个历史时代的无产阶级专政和共产主义运动的伟大的领导人,对他的评价,应当更加慎重些。”“绝大多数苏联人,不赞成这样谩骂斯大林。他们越来越怀念斯大林。苏共领导人严重地脱离了群众。他们时时刻刻感觉到斯大林的阴魂不散,在威胁着他们,其实是广大人民群众对于全盘否定斯大林表示非常不满意。赫鲁晓夫在苏共第二十次代表大会上所作的全盘否定斯大林的“秘密报告”,至今不敢拿出来同苏联人民和整个社会主义阵营各国人民见面,其原因就在于是这个报告是一个见不得人的报告,是一个严重脱离实际的报告。”[③]

---

① 《毛泽东年谱(一九四九——一九七六)》第2卷,中央文献出版社2013年版,第52页。

② 中央文献研究室编:《建国以来重要文献选编》第十七册,中央文献出版社1997年版,第56页。

③ 《毛泽东传》下卷,中央文献出版社2003年版,第1285—1287页。

毛泽东同志亲自主持撰写的《关于斯大林问题》一文指出：“斯大林作为十月革命开始的第一个社会主义国家的主要领导人，有近30年之久；他在列宁逝世以后，不仅是苏联党和政府的领导人，而且是国际共产主义运动公认的领袖”；“中国共产党历来认为，斯大林是有过一些错误的”；但是，“斯大林的一生是一个伟大的马克思列宁主义者的一生，是一个伟大的无产阶级革命家的一生”；“斯大林的功绩同他的错误比较起来，是功大过小的。他的主要方面是正确的，错误是第二位的”；“所谓反对个人迷信，全盘否定斯大林，是完全错误的，是别有用心的”。“所谓‘反对个人迷信’，是违反列宁关于领袖、政党、阶级、群众之间的相互关系的完整学说的，是破坏党的民主集中制的原则的”；“赫鲁晓夫这样咒骂斯大林，是对伟大的苏联人民的莫大污辱，是对苏联共产党的莫大污辱，是对苏联军队的莫大污辱，是对无产阶级专政和社会主义制度的莫大污辱，是对国际共产主义运动的莫大污辱，是对全世界革命人民的莫大污辱，是对马克思列宁主义的莫大污辱”；“中国共产党一贯认为，怎样认识和对待斯大林的问题，不只是斯大林的个人评价问题，更重要的是，怎样总结列宁逝世以后无产阶级的历史经验的问题，怎样总结列宁逝世以后国际共产主义运动的历史经验的问题”；“每一个正直的、尊重历史的共产党人，在总结斯大林的全部思想和工作的时候，一定会首先看到斯大林的主要方面”①。毛泽东同志深刻地指出：“把斯大林丑化，除了其他原因以外，一个重要原因是，斯大林坚决同帝国主义斗争。他们把自己和斯大林区别开来，是要得到帝国主义的赏识。”②

---

① 人民日报编辑部、红旗杂志编辑部：《关于斯大林问题——二评苏共中央的公开信(1963年9月13日)》，人民出版社1963年版，第1—5页。

② 《毛泽东年谱（一九四九——一九七六）》第4卷，中央文献出版社2013年版，第322页。

当然中国共产党从总结历史经验的角度并没有忌讳、无视、隐蔽斯大林的错误，而是采取了历史唯物主义科学态度正确对待斯大林的错误，正确地分析了斯大林的错误及其产生的原因。“中国共产党历来认为，必须用历史唯物主义的方法，按照历史的本来面目，全面地、客观地、科学地分析斯大林的功绩和错误；而不应当用历史唯心主义的方法，任意歪曲和篡改历史，主观地、粗暴地全盘否定斯大林。”[①] 我们党在《关于无产阶级专政的历史经验》中指出：“当着斯大林正确地运用列宁主义的路线而在国内外人民中获得很高的荣誉的时候，他却错误地把自己的作用夸大到不适当的地位，把他个人的权力放在和集体领导相对立的地位，结果也就使自己的某些行动和自己原来所宣传的某些马克思列宁主义的基本观点处于相对立的地位。一方面承认人民群众是历史的创造者，承认党必须永远地联系群众，必须发展党内民主，发展自我批评和自下而上的批评，另一方面却又接受和鼓励个人崇拜，实行个人专断，这就使得斯大林后一时期在这个问题上陷于理论与实践相脱节的矛盾”“斯大林在他一生的后期，愈陷愈深地欣赏个人崇拜，违反党的民主集中制，违反集体领导和个人负责相结合的制度，因而发生了例如以下的一些重大的错误：在肃反问题上扩大化；在反法西斯战争前夜缺乏必要的警惕，对于农业的进一步发展和农民的物质福利缺乏应有的注意；在国际共产主义运动中出了一些错误的主意，特别是在南斯拉夫问题上作了错误的决定。斯大林在这些问题上，陷入了主观性和片面性，脱离了客观实际状况，脱离了群众”。[②] 中国共产党实事求是地分析了斯大林所犯错误的历史原因。“一个在世界上史无前例的首先实行无产阶级专政的社会主义国家，怎样能

---

① 《关于斯大林问题》，《人民日报》1963 年 6 月 13 日。

② 《关于无产阶级专政的历史经验》，《人民日报》1956 年 4 月 5 日。

够设想它不会犯这样那样的错误呢？”[①]“为着战胜强大的敌人，无产阶级专政要求权力的高度集中。这个高度集中的权力，是必须和高度的民主相结合的。当着集中制被片面地强调了的时候，就会出现许多错误。”[②]“作为党和国家主要领导人的斯大林，在他后一个时期的工作中所以犯了某些严重的错误，就是因为他没有这样做。他骄傲了，不谨慎了，他的思想里产生了主观主义，产生了片面性，对于某些重大问题做出了错误的决定，造成了严重的不良后果。”[③]

由于中国的国情和中国革命、建设和改革所走的独特道路，使得中国共产党及其领导的事业与斯大林所领导的苏联社会主义建设事业，从而与斯大林的一生作为，有着一定的紧密联系。中国共产党的成立和发展，中国进行新民主主义和社会主义革命，走上社会主义道路，推进社会主义建设，曾受到苏联党和人民的影响和支持，中苏两党、两国和人民长期保持友好协作关系。中国共产党为人民谋幸福、为民族谋复兴、为世界谋大同的社会主义伟大事业，是以马克思列宁主义的坚持、运用和发展为基础的，符合社会历史发展和人类文明共同发展的主潮大势。如何看待斯大林，实际是如何科学评价苏联社会主义建设的宝贵经验和沉痛教训问题。在对待斯大林问题上，要像对待国际共产主义发展史上的其他重要历史人物一样，要采取爱惜与反思、总结经验与吸取教训并重的态度，必须力求科学、全面、客观、准确。

对于赫鲁晓夫全盘否定斯大林，中国共产党从一开始就保持清醒头脑，主张对斯大林要采取科学的站得住脚的评价。赫鲁晓夫在

① 《关于无产阶级专政的历史经验》，《人民日报》1956 年 4 月 5 日。
② 《关于无产阶级专政的历史经验》，《人民日报》1956 年 4 月 5 日。
③ 《关于无产阶级专政的历史经验》，《人民日报》1956 年 4 月 5 日。

苏共二十大作了反对斯大林的“秘密报告”之后，中国共产党立刻公开表示了对斯大林评价的马克思主义态度，提出：“中国共产党历来认为，斯大林是有过一些错误的。这些错误，有思想认识的根源，也有社会历史的根源。如果站在正确的立场，采取正确的方法，批判斯大林确实犯过的错误，而不是凭空加给他的所谓错误，是必要的。但是，我们历来反对采取错误的立场、错误的方法，对斯大林进行不正确的批评。”① “斯大林的错误，有些是原则性的错误，有些是具体工作中的错误；有些是可以避免的错误，有些是在无产阶级专政没有先例的情况下难以避免的错误。”② “中国共产党为斯大林辩护，是为斯大林的正确声誉辩护，是为十月革命创造出来的世界第一个无产阶级专政国家的光荣斗争历史辩护，是为苏联共产党的光荣斗争历史辩护，是为国际共产主义运动在全世界劳动人民中的光荣斗争历史辩护。一句话，是为马克思列宁主义的理论和实践辩护。不仅中国共产党人要这样做，一切忠实于马克思列宁主义的共产党人，一切坚决革命的人，一切正直的人，也都已经或者正在这样做。”③

苏共二十大之后，毛泽东同志在讨论《关于无产阶级专政的历史经验》和《再论无产阶级专政的历史经验》两篇文章时多次谈到对斯大林的评价，他说：“苏联建设时期，斯大林的路线、方针是正确的，应明确加以肯定。有缺点，是难以避免的，可以理解的。斯大林过分强调专政，破坏了一部分法制，但他没有破坏全部

① 中央文献研究室编：《建国以来重要文献选编》第十七册，中央文献出版社 1997 年版，第 58 页。

② 中央文献研究室编：《建国以来重要文献选编》第十七册，中央文献出版社 1997 年版，第 62 页。

③ 中央文献研究室编：《建国以来重要文献选编》第十七册，中央文献出版社 1997 年版，第 62 页。

法制；破坏了一部分宪法，但民法、刑事诉讼法只破坏了一部分。没有完全破坏。他过分强调专政，但苏联的专政基本上还是对的。民主不够，但也有苏维埃民主。有缺点，有官僚主义，但他终究把苏联建设成为一个工业化的国家，打败了希特勒。如果都是官僚主义，都是官僚机构，怎么能做到这些呢？说苏联是由官僚主义者统治不能说服人。”① “所谓非斯大林主义化就是非马克思主义化，就是搞修正主义。”② “我们现在要为苏联两个阶段辩护，既为它的革命阶段辩护，又为它的建设阶段辩护。苏联的革命不仅仅是一个民族的现象，而是一种国际现象，是带有时代特点的国际现象。所以无论它的成就和挫折，都是整个国际共产主义运动的财富。如果苏联的革命和建设是所谓‘斯大林主义’，这种‘斯大林主义’就是好的主义，所谓斯大林主义分子就是好的共产党人。如果苏联的这种革命和建设是所谓‘官僚主义’，那么所谓这种‘官僚主义’也是好的，因为它取得这么伟大的成就和胜利，可见它不是百分之百的官僚主义。百分之百的官僚主义是绝不会取得这么伟大成就的。所以我们要为苏联的两个阶段辩护，这是我们的义务。”③

毛泽东同志在《论十大关系》中说：“苏联过去把斯大林捧得一万丈高的人，现在一下子把他贬到地下九千丈。我们国内也有人跟着转。中央认为斯大林是三分错误，七分成绩，总起来还是一个伟大的马克思主义者。”④ “斯大林对中国做了一些错事……可是，

① 转引自《十年论点——1956—1966，中苏关系回忆录》上册，中央文献出版社1999年版，第67页。

② 转引自《十年论点——1956—1966，中苏关系回忆录》上册，中央文献出版社1999年版，第68页。

③ 转引自《十年论点——1956—1966，中苏关系回忆录》上册，中央文献出版社1999年版，第78—79页。

④ 《毛泽东文集》第7卷，人民出版社1999年版，第42页。

我们还认为他是三分错误，七分成绩。这是公正的。”① 毛泽东同志曾说过：“个人崇拜有两种，一种是正确的崇拜，如对马克思、恩格斯、列宁、斯大林正确的东西，我们必须崇拜……另一种是不正确的崇拜，不加分析，盲目服从，这就不对了。”“反个人崇拜的目的也有两种，一种是反对不正确的崇拜，一种反对崇拜别人，要求崇拜自己。”② 中国共产党在斯大林评价问题上表现出辩证全面的客观态度，提出了“三七开”“伟大的马克思主义者”的评价，是真正的马克思主义态度。

改革开放以来，中国共产党历任领导人对斯大林和苏联问题的评价都注意采取唯物辩证的科学全面态度。1981 年 10 月，党的十一届六中全会通过的《关于建国以来党的若干历史问题的决议》指出：“马克思、恩格斯、列宁、斯大林的科学著作是我们行动的指针，但是不可能给我国社会主义事业中的各种问题提供现成答案。”③ 邓小平同志结合改革开放条件下国内外环境的变化，提出了一整套中国特色社会主义理论、路线和方针政策，这都是在充分吸收列宁、斯大林领导苏联社会主义建设的历史经验教训基础上慎重提出和推行的，是对马克思列宁主义的坚持和发展。他对斯大林的个人崇拜等失误作出过批判，对苏联解体、东欧剧变的严重后果作出过评价，但从来没有全盘否定斯大林时期的历史成就。在他的主导下，中国共产党坚持了对斯大林“三七开”的科学评价，摒弃了对于斯大林评价的错误，坚持了对于毛泽东和毛泽东思想的科学的评价，开创了中国特色社会主义道路。

江泽民同志多次谈到对苏联解体、东欧剧变要全面认识，他指

---

① 《毛泽东文集》第 7 卷，人民出版社 1999 年版，第 42 页。

② 《毛泽东文集》第 7 卷，人民出版社 1999 年版，第 36 页。

③ 中共中央党校教务部编：《十一届三中全会以来党和国家重要文献选编》，中共中央党校出版社 2015 年版，第 81 页。

出："冷战结束，苏联解体，给我们许多启迪。"①"总结过去几十年的经验，可以看出，列宁、斯大林和毛泽东同志确实在俄国十月革命后把世界变了样。同时，也应该看到，某些人在一些国家丢掉社会主义事业上也起了关键作用。"②胡锦涛同志分析指出："二十世纪八十年代末九十年代初，国际国内发生严重政治风波，世界社会主义出现严重曲折，我国社会主义事业发展面临新的巨大困难和压力，我们党面临着又一个重大历史关头。"③"在改革开放三十多年一以贯之的接力探索中，我们坚定不移高举中国特色社会主义伟大旗帜。"④

前事不忘，后事之师。坚持和发展中国特色社会主义必须始终正确对待历史，特别是正确对待国际共产主义运动的重大历史事件、重要历史人物，时刻注意吸取历史的经验教训。习近平同志强调："坚定理想信念，坚守共产党人精神追求，始终是共产党人安身立命的根本。对马克思主义的信仰，对社会主义和共产主义的信念，是共产党人的政治灵魂，是共产党人经受住任何考验的精神支柱。"⑤"世界社会主义实践的曲折历程告诉我们，马克思主义政党一旦放弃马克思主义信仰、社会主义和共产主义信念，就会土崩瓦解。""冷战结束以来，在西方价值观念鼓捣下，一些国家被折腾得不成样子了，有的四分五裂，有的战火纷飞，有的整天乱哄哄的……如果我们用西方资本主义价值体系来剪裁我们的实践，用西方资本主义评价体系来衡量我国发展，符合西方标准就行，不

---

① 《江泽民文选》第1卷，人民出版社2006年版，第336页。

② 《江泽民文选》第1卷，人民出版社2006年版，第336—338页。

③ 《胡锦涛文选》第2卷，人民出版社2016年版，第137页。

④ 《胡锦涛文选》第3卷，人民出版社2016年版，第621页。

⑤ 中共中央文献研究室编：《习近平总书记重要讲话文章选编》，党建读物出版社2016年版，第15页。

符合西方标准就是落后的陈旧的，就要批判、攻击，那后果不堪设想！最后要么就是跟在人家后面亦步亦趋，要么就是只有挨骂的份。”①

正确评价斯大林，说明中国共产党人对社会主义事业，对苏联的经验教训采取了科学的态度，这个科学的态度就是中国共产党人取得中国革命、建设、改革和新时代成功的科学态度。在苏联解体、东欧剧变之后，经历艰难曲折的努力奋斗，正因为中国共产党始终坚持这种科学的态度，才领导中国特色社会主义取得了历史性成就和变革，治党有方、人民幸福、国家富强，正在稳步迈进建设社会主义现代化国家新征程，为世界上那些既想加速发展又不想走西方资本主义道路的广大发展中国家提供了宝贵经验，为世界经济社会健康发展、人类文明和平繁荣做出了重大贡献。

当今，2008 年爆发的国际金融危机和 2020 年初暴发的新冠疫情充分说明，资本主义的衰落已成定局，中国特色社会主义呈现欣欣向荣的生机活力，世界面临百年未有之大变局。西方资本主义国家中极端反动保守势力崛起，社会主义与资本主义的斗争呈现更加复杂多变的态势，重新认识斯大林，科学评价斯大林已经成为一个必须面对的重大现实问题。

（六）斯大林是伟大的马克思主义者，必须坚持“三七开”，充分肯定斯大林及其历史功绩

对于任何历史人物的评价，首先要看他在历史上是起进步作用的，还是起促退作用的。起进步作用的就是正面的、肯定的，起促退作用的就是反面的、否定的。在这个大前提下，就可以判断一个

① 《习近平谈治国理政》第 2 卷，外文出版社 2017 年版，第 326、327 页。

历史人物成绩是主要的，还是问题是主要的。

科学评价历史人物，必须把握唯物史观最基本的判断标准，这就是毛泽东同志所指出的“中国一切政党的政策及其实践在中国人民中所表现的作用的好坏、大小，归根到底，看它对于中国人民的生产力的发展是否有帮助及其帮助之大小，看它是束缚生产力的，还是解放生产力的”。[①] 是否有利于生产力的发展，不仅是判断一个政党及其政策与实践是不是肯定的、正面的、进步的根本标准，也是判断一个历史人物是肯定的、正面的、进步的根本标准。凡有利于生产力发展的就是进步的、革命的，否则就是反动的、落后的。这个标准是从人民的立场出发的唯物史观的判断标准，是唯物的、辩证的、全面的标准，而不是否定一切、抹黑一切的标准。

以斯大林为首的苏联共产党领导下的社会主义苏联曾经创造了世界历史上的辉煌篇章，切实实现和保护了苏联无产阶级及其广大劳动人民利益，也体现和代表了世界无产阶级及其广大劳动人民的利益。斯大林的历史功绩不可抹杀，也抹杀不了，他的历史功绩是第一位、主要的，永远值得肯定和怀念。斯大林不愧为伟大的马克思列宁主义继承者、实践者和探索者，他注意坚持和加强马克思列宁主义在社会主义意识形态领域的主流地位和主导作用，注意坚持和加强共产党的长期全面领导，注意反对各种错误思想和异己分子对苏联社会主义的侵袭，领导苏联实现了社会主义工业化、农业集体化，取得了科学、技术、国防、文化、教育、体育、医疗卫生等事业的全面突破性进展，带领苏联人民获得了伟大卫国战争的胜利、彻底击败了德国法西斯，保卫了苏联社会主义国家政权和领土

① 《毛泽东选集》第3卷，人民出版社1991年版，第1079页。

完整。米尔斯海默指出："第二次世界大战后欧洲只剩下惟一的大国，那就是'苏联'。"[①] 杨格提出："以世界性野心为标准，斯大林是现代历史中伟大的成功故事之一。""即使在今天他仍体现为惊奇和神秘式存在，这解释了他为何仍是镌刻在苏联文化中最强力的人物。""斯大林在确定苏联社会形态和社会类型方面作出了巨大的个人贡献。"[②] 就连丘吉尔也对斯大林如此评价："他是一位杰出的人物，赢得了他所生活的我们这个残酷时代的敬仰……斯大林具有深刻的、逻辑性极强的、清新的智慧，绝不会惊慌失措。他是无人能比的大师，能够在困难时刻找到摆脱绝境的出路……他是一个能够假敌人之手消灭敌人的人，他迫使我们这些被他公然称为帝国主义者的人去同帝国主义者作战……斯大林接受的是还在使用木犁的俄罗斯，而他留下的却是装备了原子武器的俄罗斯。"[③]

第一，继续列宁的事业建设第一个社会主义国家。斯大林在十月革命时期就坚定地站在列宁的立场上，支持、拥护、积极参与列宁发动的十月社会主义革命。革命胜利后，支持、拥护并积极参与列宁领导的苏俄社会主义政权的保卫和建设。列宁逝世后，斯大林根据马克思主义、科学社会主义原则和列宁关于在苏联如何建立社会主义的五条原则，积极推行工业国有化和农业集体化。斯大林指出，苏联的社会主义制度这一人类历史上新型社会制度具有以下特点：（一）资产阶级和地主阶级的政权已经被推翻而代之以工人阶级和劳动农民的政权；（二）生产工具和生产资料即土地和工厂

---

① ［美］米尔斯海默：《大国政治的悲剧》，王义桅、唐小松译，上海人民出版社 2003 年版，第 498 页。

② Alexde Jonge, *Stalin and the Shaping of the Soviet Union*, INC., New York: William Morrow Company, 1986, Introduction, p. 13.

③ ［俄］弗拉基米尔·卡尔波夫：《大元帅斯大林》，社会科学文献出版社 2005 年版，第 792—793 页。

等已经从资本家那里夺取过来并转为工人阶级和劳动群众所有；（三）生产的发展所服从的不是竞争和保证资本主义利润的原则，而是计划领导和不断提高劳动者物质和文化生活水平的原则；（四）国民收入的分配不是为了保证剥削阶级及其为数众多的寄生仆役发财致富，而是为了不断提高工农的物质生活和扩大城乡社会主义生产；（五）劳动者的物质生活状况的不断改善和劳动者的需求（购买力）的不断增长既然是扩大生产的日益增长的源泉，因而也就保证劳动者免遭生产过剩的危机，免受失业增长和贫困的痛苦。（六）工人阶级和劳动农民是国家的主人，他们不是为资本家而是为自己劳动做工的。[①] 斯大林主持制定了1936年苏联宪法，以国家根本大法的形式把社会主义制度固定下来。对于如何建成社会主义，斯大林提出并实施了全面加强党的领导、农业集体化、工业国有化、纯洁党的队伍等的一系列重要且有效的战略举措。

第二，统率苏联军队和人民取得了反法西斯战争的胜利。斯大林是苏联卫国战争的最高统帅，领导苏联人民取得了反法西斯战争的伟大胜利，保卫了苏联社会主义政权，保卫了世界和平。他领导苏联红军成为战胜德日意法西斯的主力，最终攻克柏林，战胜了德国法西斯，起到了世界反法西斯战争的中流砥柱作用。斯大林领导苏联与英、美、中等国结成了世界反法西斯同盟，团结了世界上一切爱好和平的人们和支持社会主义的进步力量，团结了世界上一切反法西斯的统一战线力量。拯救了社会主义苏联，也拯救了世界，凝聚了苏联党和人民，极大地提高了社会主义在世界人民心目中的威望。

第三，领导苏联社会主义建设取得了伟大成就。斯大林接过列

---

① 《斯大林全集》第12卷，人民出版社1955年版，第280、281页。

宁的交接棒，领导了苏联的社会主义建设。在第二次世界大战前，苏联工业从一个落后国家迅速上升到欧洲第一位、世界第二位，充分展现了社会主义经济欣欣向荣的巨大活力。1913—1940 年间，苏联工业增长 6.6 倍，美国同期增长 20%，英国为 13.3%，德国为 31.6%。苏联重工业产值已由美国的 6.8% 提高到 33%。[①] 斯大林提出技术决定一切等口号，以多种方式大力发展科学技术，取得斐然成就。苏联研发运用新兴科技的能力快速提升，掌握现代科技的专家和人才大量增加，对外科技援助加大，极大地增强了科技和国防实力。苏联 1943 年就开始研制原子弹，1949 年爆炸了第一颗原子弹，1953 年 8 月又先于美国爆炸了第一颗氢弹，航空航天技术、军事技术等不断取得突破，处于世界领先地位。近来，俄罗斯出版了经济学家亚历山大·加卢什卡的新书《经济增长结晶——迈向俄罗斯经济奇迹》。作者认为，斯大林模式创造了迄今为止仍未被打破的苏联经济持续快速增长的纪录。到 1955 年，苏联经济增长近 14 倍，平均增长率 13.8%（第二次世界大战时期除外），是 20 世纪经济体增速最高的国家。而 1956 年开始，也就是从赫鲁晓夫抛出“秘密报告”开始，苏联已经进入“衰退期”。作者以一系列确凿有力的论据和数字彻底推翻了关于斯大林经济模式精华和封闭的结论说法。[②]

第四，支持了全世界的无产阶级革命和社会主义运动。斯大林认为，苏联革命是世界革命的组成部分，苏联无产阶级的民族任务和国际任务融合成一个共同的世界无产阶级解放的任务，苏联社会主义的利益和各国革命运动的利益融合成一个共同的世界革命的利

① 苏联科学院经济研究所编：《苏联社会主义经济史》第四卷，生活·读书·新知三联书店 1982 年版，第 644—645 页。

② 参见王晓泉《斯大林经济模式取得巨大成功》，《世界社会主义研究动态》2021 年 12 月 29 日。

益。无产阶级革命的“民族”任务是取得社会主义在一个国家的胜利，而国际任务则是动员和支持全世界无产者与资本主义做斗争，两者存在着一致性和不可分割性。以此为基础，斯大林大力支持第三国际发挥作用，以各种方式支持世界各国无产阶级在本国开展革命运动。战后，全力组织社会主义国家阵营，反对帝国主义国家集团。

第五，给予殖民地半殖民地地区国家与人民反帝反殖民统治的争取民族独立的斗争以极大支持。斯大林遵循了马克思列宁主义关于民族和殖民地理论的一般原则。他强调：“一分钟也不能忘记东方，至少因为它是世界帝国主义‘取之不尽的’后备力量和‘最可靠的’后方。”“必须彻底领会这个真理：谁想要社会主义胜利，谁就不能忘记东方。”① 在他的领导下，对东方各国包括中国革命给予了直接或间接的支持和援助。

第六，坚持、捍卫、发展了马克思列宁主义。斯大林有没有马克思主义的理论坚持和理论创新，有多大程度上的理论创新，对其理论贡献如何评价，需要以马克思主义的宏阔视野、无私立场和辩证方法来作出准确综合评判，得出可资借鉴的历史结论。斯大林毫无疑问是马克思列宁主义的继承者、坚持者、运用者和发展者。

其一，充分肯定列宁的功绩，全面阐述、坚决捍卫列宁主义。1920 年斯大林在列宁五十寿辰纪念文集中发表了《列宁是俄国共产党的组织者和领袖》，对列宁的功绩作了充分肯定，他认为：列宁是“无产阶级革命和无产阶级政党的领袖”，是“一身兼备理论力量和无产阶级运动的实际组织经验”。② 他在《论列宁主义基础》一文中从历史根源、方法、理论、无产阶级专政、农民问题、民族

① 《斯大林选集》上卷，人民出版社 1979 年版，第 127、128 页。
② 《斯大林选集》上卷，人民出版社 1979 年版，第 136 页。

问题、战略和策略、党、工作作风九个方面阐述了列宁主义。他认为："列宁主义不仅复活了马克思主义，而且更进一步，在资本主义和无产阶级阶级斗争的新条件下向前发展了马克思主义。""列宁主义是帝国主义和无产阶级革命时代的马克思主义。"[①] 斯大林对列宁主义作出科学的定义。他论述了列宁主义科学方法论的四个要点：一是消灭理论和实践分离的状态，创立具有革命理论武装的真正无产阶级政党，二是根据第二国际各党的实际行动而不是口号和决议来检查政策，三是按新的革命方式，用教育群众和训练群众去进行革命斗争的精神改造全部党的工作，四是无产阶级政党进行自我批评，培养出党的真正干部和真正领导者。在《论列宁主义的几个问题》中，他又对这四个基本点作了进一步论述。1931 年 12 月，他在和德国作家路德维希的谈话中说："我不过是列宁的学生，我一生的目的就是要做到不愧为列宁的学生。"[②] 斯大林一生的实践和所创造的功绩，证明他努力做到了自己所说的这一点。

其二，强调马克思主义与具体实际相结合的必要性。他指出，必须重视马克思主义在现实中的运用，"马克思主义不承认绝对适应于一切时代和时期的不变的结论和公式。马克思主义是一切教条主义的敌人"[③]。

其三，坚持列宁一国胜利论并发展了这一理论，提出并深入系统论述了一国建成社会主义理论。十月革命的成功，证实了列宁一国胜利论的可行性。列宁领导俄国党成功进行了十月社会主义革命，革命成功后，社会主义能否在俄国这样的相对落后的一个国家首先建成，却有较大争议。托洛斯基主张不断革命论和世界分工

① 《斯大林选集》上卷，人民出版社 1979 年版，第 185 页。
② 《斯大林选集》下卷，人民出版社 1979 年版，第 298—299 页。
③ 《斯大林选集》下卷，人民出版社 1979 年版，第 538 页。

论，反对一国能够建成社会主义；季诺维也夫断言一个国家不可能建成社会主义。1924 年底，斯大林在《十月革命和俄国共产党人的策略》一文中阐述了苏联一国建成社会主义的含义、国内外的条件和最终胜利的问题。斯大林在与各种错误思潮的争论和批判中论证了社会主义在苏联首先建成的必要性和可能性，为刚刚从战争中新生的苏联社会主义建设增添了信心，明确了战略重点。他指出："被资本家包围的无产阶级专政国家不但能够用自身的力量解决内部的矛盾即无产阶级和农民之间的矛盾，而且还能够、还必须建成社会主义，在本国组织社会主义经济和建立一支武装力量，以便帮助周围各国的无产者去进行推翻资产阶级的斗争。列宁主义关于社会主义在一个国家内胜利的基本原理就是这样。""在无产阶级专政下，我们有克服所有一切内部困难而建成完全的社会主义社会所必需的一切条件，因为我们能够而且必须用自身的力量来克服这些困难。""谁否认社会主义在一个国家内建成的可能性，谁也就一定要否认十月革命的合理性。"① 1936 年 11 月，斯大林在苏维埃第八次（非常）代表大会上宣布："我们苏联社会已经做到在基本上实现了社会主义，建立了社会主义制度，即实现了马克思主义者又称为共产主义第一阶段或低级阶段的制度。这就是说，我们已经基本上实现了共产主义第一阶段，即社会主义。"② 这一宣布从现在看是过早地下了结论。但斯大林关于一国建成社会主义的理论，的确为苏联社会主义建设已经取得的经济社会发展成就和社会主义制度的快速巩固强大提供了理论依据。

其四，从理论上阐述了发展社会主义生产力，实现工业化的重要性。斯大林坚持和发挥了马克思主义关于生产力的理论，提出发

① 《斯大林选集》上卷，人民出版社 1979 年版，第 339、341 页。
② 《斯大林文集（1934—1952 年）》，人民出版社 1985 年版，第 107—108 页。

展社会主义生产力、实现工业化的重要观点，采取措施积极推进实践，这是对马克思列宁主义基本原理的运用和丰富。他阐述了对于社会主义生产率的理解。“为什么资本主义打破和战胜了封建制度呢？因为它创造了更高的劳动生产率，它使社会有可能得到比在封建制度下多得多的产品。因为它使社会更加富足了。为什么社会主义能够、应当而且一定会战胜资本主义经济制度呢？因为它能比资本主义经济制度创造出更高的劳动典范，更高的劳动生产率。因为它能比资本主义经济制度给予社会更多的产品，使社会更加富足起来。”[①] 关于如何抓住重点开展社会主义建设、赶超资本主义社会，斯大林提出了自己的观点。他领导联共（布）第十四次代表大会提出工业化任务，他提出：“把我国从农业国变成能自力生产必需的装备的工业国——这就是我们的总路线的实质和基础。”[②] 1946年2月，斯大林说：“苏维埃的国家工业化方法，与资本主义的工业化方法根本不同……党知道战争日益逼近，没有重工业就无法保卫国家，所以必须赶快着手发展重工业，如果这件事做迟了，那就要失败。”“在这方面，工业国有化和银行国有化大大帮助了我们，使我们能够迅速地聚集资金，并使它流入重工业。”[③]

其五，针对苏联实际，阐述了农业集体化的必要性。斯大林认为：“共产党决不能走上资本主义的农业发展道路，这不仅是出于原则上的考虑，而且因为这条道路需要有一个过长的发展过程，而且先要使农民破产，使他们变成雇农。因此，共产党走上了农业集体化的道路，走上了把农户联合为集体农庄，以扩大农业规模的道路。结果表明，集体化的方法是最进步的方法，这不仅是因为它并

① 《斯大林选集》下卷，人民出版社1979年版，第375页。
② 《斯大林全集》第7卷，人民出版社1964年版，第294页。
③ 《斯大林文集（1934—1952年）》，人民出版社1985年版，第480页。

不要让农民破产，而特别是因为它使我们能够在几年以内就使全国各地布满了能够采用新技术、利用农艺上的一切成就和向国家提供更多的商品产品的巨大集体农庄。毫无疑问，如果不实行集体化政策，我们就不能在这样短的时期内消灭我国农业历来落后的状况。”①

斯大林关于社会主义建设的一系列想法和做法，出发点是好的，取得的效果也是明显的，提出和实践了不少新思路，坚持和发展了马克思列宁主义的基本原则。当然，由于是在做前人没有做过的事情，出现问题和失误也是不可避免的。贬低斯大林的思想和做法，并对其进行彻底的批判否定显然是站不住脚的。

其六，关于社会主义社会经济规律、商品、市场等重要问题提出了一些创新观点。对于社会主义社会的经济规律，社会主义社会中的商品、市场等重要问题，斯大林曾一度忽视过，但后期也作出了一定思考，提出了一些创新性的观点。1952 年，斯大林发表《苏联社会主义经济问题》一书。他提出：“马克思主义把科学规律——无论指自然科学规律或政治经济学规律都是一样——了解为不以人们的意志为转移的客观过程的反映。人们能发现这些规律，认识它们，研究它们，在自己的行动中考虑到它们，利用它们以利于社会，但是人们不能改变或废除这些规律，尤其不能制定或创造新的科学规律。”②“不能把商品生产和资本主义生产混为一谈。这是两种不同的东西。”③“保证最大限度地满足整个社会经常增长的物质和文化的需要，就是社会主义生产的目的；在高度技术基础上使社会主义生产不断增长和不断完善，就是达到这一目的的

① 《斯大林文集（1934—1952 年）》，人民出版社 1985 年版，第 481 页。
② 《斯大林选集》下卷，人民出版社 1979 年版，第 540 页。
③ 《斯大林选集》下卷，人民出版社 1979 年版，第 548—549 页。

手段。”①

其七，重视无产阶级的政权建设、无产阶级专政和无产阶级政党的全面领导，注重培养合格的接班人。1925 年 6 月 9 日，他指出：“无产阶级专政不只是暴力，而且是对非无产阶级的劳动群众实行领导，是建设比资本主义经济类型更高的、具有比资本主义经济更高的劳动生产率的社会主义经济。无产阶级专政是：（一）对资本家和地主使用不受法律限制的暴力，（二）无产阶级对农民实行领导，（三）对整个社会进行社会主义建设。”② 他阐述党的建设的着力点，强调：“必须有新的党，战斗的党，革命的党。”③ 这个新的党具有工人阶级的先进部队、工人阶级有组织的部队、无产阶级组织的最高形式、无产阶级专政的工具、意志的统一等特点。他非常重视党的干部队伍建设和组织领导问题，对干部队伍建设提出“铁一般”的要求，他提出：“在正确的政治路线提出以后，组织工作就决定一切，其中也决定政治路线本身的命运，即决定它的实现或失败。”④

其八，对社会主义条件下的民族问题作出了新思考。他认为，1924 年苏联第一个宪法中各族人民关系没有得到应有调整，对大俄罗斯人的不信任心理残余尚未消失，当时必须在经济、政治和军事互助基础上调整，联合成一个多民族的联盟国家，得出这一结论，是以资产阶级国家建立多民族国家的失败经验、旧奥匈帝国瓦解经验等为基础的。在 1936 年，他指出：“制造民族纠纷的主要势力即剥削阶级已不存在，培植民族互不信任心理和燃起民族主义狂热的剥削制度已不存在，反对一切奴役而忠实地实现国际主义思想的工

① 《斯大林选集》下卷，人民出版社 1979 年版，第 598 页。
② 《斯大林全集》第 7 卷，人民出版社 1964 年版，第 155 页。
③ 《斯大林选集》上卷，人民出版社 1979 年版，第 260 页。
④ 《斯大林选集》下卷，人民出版社 1979 年版，第 343 页。

人阶级已经掌握了政权，各族人民在经济和社会生活一切方面已经切实实行互助，最后，苏联各族人民的民族文化，即民族形式和社会主义内容的文化，已经有了蓬勃的发展，——所有这些因素以及诸如此类的因素，导致苏联各族人民的面貌发生根本改变，他们中间互不信任的心理已经消失，而相互友爱的感情已经发展，因而建立了各族人民在统一的国家体系中真正兄弟合作的关系。”[①] 当然，斯大林关于制造民族纠纷的剥削阶级和剥削制度的社会基础已经不存在，各民族已经实现了切实的团结互助的基本判断是基本正确的；但对影响民族团结的不利因素估计不足，对民族关系的存在问题过于乐观。

其九，还作出了其他一些马克思主义理论方面的创造。1950 年 5—7 月，《真理报》组织了语言学问题讨论。他针对一些青年的提问写了一系列文章，以“马克思主义和语言学问题”为书名出版。他提出：“马克思主义者不能认为语言是基础的上层建筑。”[②] 他认为，语言和上层建筑根本不同，在一定程度上是为了满足整个社会的需要。语言是同人的生产活动直接联系，比上层建筑的活动范围要广泛得多、方面也多得多。语言作为交际的工具对社会是统一的，方言和习惯语的存在并不否定而是肯定全民语言的存在。了解语言及其发展规律，必须把语言同社会的历史，同创造这种语言、使用这种语言的人民的历史密切联系起来研究。斯大林对国际上社会主义与资本主义、无产阶级与资产阶级的斗争也有清醒的认识。他提出了社会主义与资本主义“两个平行市场”理论。同时也开始看到了社会主义与资本主义两种制度之间的复杂联系，认为：“只要有资本主义存在，资产者和无产者相互之间便有千丝万缕的经济

---

① 《斯大林文集（1934—1952 年）》，人民出版社 1985 年版，第 106—107 页。
② 《斯大林选集》下卷，人民出版社 1979 年版，第 506 页。

联系，他们是一个资本主义社会里的两个部分。”①

当然，斯大林作为一个历史人物，必然受一定的历史条件局限，具有一定的历史局限性，出现缺点和失误，甚至严重的缺点和错误。譬如，个人崇拜、个人迷信和“一言堂”方面，他存在着明显的缺陷。然而，我们也应当看到，斯大林关于个人崇拜问题也曾表现过冷静客观的态度，他认为历史人物与人民群众的作用并不矛盾，“凡是新的一代都要遇到在他们诞生的时候就已经具备的一定的现成条件。伟大人物只有善于正确地认识这些条件，懂得怎样改变这些条件，才有一些价值”②。再譬如，在民主与法制、民主与专政等重大关系问题上，他也存在严重的错误，如犯有肃反扩大化的错误。还譬如，在苏联社会主义建设规律的认识和实践上，逐步形成某些僵化的认识和体制，对商品经济缺乏重视，对轻工业和直接关系民生的生活资料生产上某种程度的一度忽视，等等。还有对兄弟党和兄弟国家，存在老子党和大国沙文主义倾向等。然而，缺点、失误、错误毕竟是支流，在缺乏可资借鉴的前人经验的基础上进行社会主义建设，有些错误是在所难免的，不可能十全十美。

（七）反对历史人物评价中的历史虚无主义是一场严肃的政治斗争，必须吸取在斯大林评价问题上的历史教训

习近平总书记2013年1月5日在新进中央委员、候补中央委员学习贯彻党的十八大精神研讨班开班式上的重要讲话指出：“苏联为什么解体？苏共为什么垮台？一个重要原因就是意识形态领域的斗争十分激烈，全面否定苏联历史、苏共历史，否定列宁，否定斯大林，搞历史虚无主义，思想搞乱了，各级党组织几乎没任何作用了，军队都不在党的领导之下了。最后，苏联共产党偌大一个党就

---

① 《斯大林选集》下卷，人民出版社1979年版，第512页。

② 《斯大林选集》下卷，人民出版社1979年版，第299页。

作鸟兽散了，苏联偌大一个社会主义国家就分崩离析了。这是前车之鉴啊！”[①] 彻底否定斯大林，抹黑斯大林，在苏联、在社会主义阵营，在世界范围内，在我国，掀起了一股历史虚无主义的逆潮。赫鲁晓夫是否定斯大林历史虚无主义的始作俑者。“灭人之国，必先去其史；隳人之枋，败人之纲纪，必先去其史；绝人之材，湮塞人之教，必先去其史；夷人之祖宗，必先去其史。”[②] 历史中的精神、实践、案例和人物，体现了可传后世的优秀传统精华。尊重历史，尊重优秀历史人物，吸取运用历史中的经验教训，才能在已有的基础上不断开拓前进。忘记历史，虚无历史，必然导致对于已经被实践证明为正确的理论和实践的质疑、否定和背叛。对于无产阶级政党所领导、开创的社会主义事业来说，借鉴历史的成功实践，吸取历史的沉痛教训，就能够在社会主义与资本主义的激烈交锋斗争中取得胜利。正是由于始自彻底否定斯大林而掀起的历史虚无主义思潮，全面渗透到斯大林逝世后的世界社会主义论和国际共产主义的各个领域、各个层面，使得马克思主义、社会主义、共产党执政经受了一场真刀真枪的意识形态的严峻考验，留下了漫长惨重的历史教训和记忆。智者善省己，如果对此不予以足够深刻充分的审察借鉴和超越，则将再次遭受辩证法的惩罚，使党、国家和人民蒙羞受损，在徒留叹惜中丧失历史赋予的难得机遇。

从赫鲁晓夫带头否定斯大林，掀起历史虚无主义的逆流，到今天，西方敌对势力掀起一股又一股历史虚无主义的逆流，给世界社会主义和国际共产主义事业，也给我国的社会主义事业带来不可估量的极大的损害。

---

① 习近平：《关于坚持和发展中国特色社会主义的几个问题》，《求是》2019 年第 7 期。

② ［清］龚自珍：《定庵续集》卷二《古史钩沉二》，选自《龚自珍全集》，上海人民出版社 1975 年版，第 22 页。

第一，历史虚无主义质疑否定马克思列宁主义，必然导致最终走到放弃背离马克思列宁主义的背叛道路上。

马克思列宁主义是关于世界一般发展规律，当然包括社会历史发展规律的科学总结，是无产阶级政党一切理论路线和战略策略的基础。坚持捍卫马克思列宁主义是无产阶级政党不可放弃的重大政治原则。历史虚无主义对于历史的客观规律持相对主义、怀疑主义、主观主义、极端主义态度，无视已经发生的历史进程中已见实际效果的进步做法，或采取完全否定历史事实、歪曲历史事实的否定一切的做法，或一味放大历史中一些局部性、枝节性、中断性的历史事件，轻视、鄙视乃至仇视无产阶级和广大人民群众的根本利益和宏大事业。表现在斯大林评价问题上的历史虚无主义，极尽对斯大林等无产阶级领袖及其业绩诋毁之能事，无限夸大各种失误及其后果，这些做法不仅违背了马克思主义的常识，而且违背了一般的历史常识。俄罗斯已故著名哲学家、曾经因公开反对斯大林个人崇拜而被捕的季诺维也夫自称经过多年科学研究后认为："列宁与斯大林之间当然有不同之处，但是无论在理论上，还是在现实共产主义建设实践中，斯大林主义都是列宁主义的继承和发展。斯大林对作为意识形态的列宁主义进行了最好的诠释，是列宁忠实的学生和继承者。"[①] 历史虚无主义带来的对马克思主义的虚无歪曲，是世界社会主义和国际共产主义运动中的错误思想理论的根源。

第二，历史虚无主义抹黑否定无产阶级政党领袖，必然导致完全否定社会主义战胜并代替资本主义的历史必然趋势。

历史虚无主义者不会简单地停留在历史领域谈论历史人物的是非，而往往是以对历史本来面貌颠倒黑白、混淆是非的荒谬结论推

---

① ［俄］亚·季诺维也夫：《斯大林和斯大林主义》，马维先译，《世界社会主义研究》2019 年第 8 期。

翻现实中正确的理论、路线和举措，用虚假的评判、谬论来推翻对历史人物的定论。否定、歪曲和无限放大枝节问题是历史虚无主义的重要表现，否定现实是历史虚无主义的要害。历史虚无主义否定抹黑革命领袖，有的打着“还原历史”口号对无产阶级领袖的生平、家庭、言论、行为乃至细节，进行不恰当的描绘，有的对毫无根据的所谓秘闻、资料加以不当披露，其本意在于毁坏领袖的形象、诋毁领袖所从事的无产阶级社会主义事业，诋毁无产阶级领袖所提出的正确理论。这样的历史还原根本不是什么还原历史，而是站在错误的，甚至反动的一方，极尽歪曲之能事，动摇社会主义的政权、旗帜和方向。“美国史学家罗威尔·费尔将赫鲁晓夫报告的内容进行仔细分析，于2007年前后出版著作《反斯大林的下流做法》认为，秘密报告中关于斯大林或贝利亚的‘揭露’没一句话得到证实，几乎全是假话；并详细列出赫鲁晓夫报告中61处不实之处……因而这一被称为‘20世纪影响最深远’的报告其实是一场骗局。”① 毛泽东同志指出：“苏共二十大揭了盖子，也捅了娄子。揭了盖子之后，各国共产党都可以破除迷信，努力使马列主义的基本原理同本国革命和建设的具体实际相结合，寻求本国革命和建设的道路。我们党正在探索，其他兄弟党也没有解决。捅了娄子的后果是全世界出现了反苏反共高潮。帝国主义幸灾乐祸，国际共产主义队伍思想混乱。”②

第三，历史虚无主义使人民群众丧失理想信念支撑和思想理论指导，必然导致对科学社会主义理论造成致命的伤害。

一个民族如果没有信仰，就是毫无希望的民族，是走上毁灭的

---

① 吴恩远等：《苏联社会主义研究》，中国社会科学出版社2013年版，第187页。

② 参见吴冷西《忆毛主席——我亲自经历的若干重大历史事件片断》，新华出版社1992年版，第4—5页。

民族。历史虚无主义通过否定斯大林，进而否定斯大林主张的共产主义理想与信念，从而造成人们理想的丧失和思想的沉沦。赫鲁晓夫发起的非斯大林运动，虚无斯大林领导苏联社会主义建设的功绩，使苏联党内和整个社会震惊，导致思想混乱，在戈尔巴乔夫掀起的所谓“公开性”和“民主化”“改革”过程中，最终酿成一股全盘否定马克思列宁主义、否定苏联社会主义发展历史、否定共产主义历史必然性的恶劣思想倾向，成为彻底颠覆社会主义国家和共产党执政的导火线。“改革的意识形态机器在破坏苏联社会集体的历史记忆方面做了大量工作，国家历史上的象征和里程碑被抹上了黑，受到嘲笑，黑白被颠倒。”① 1986—1988 年间苏联在改革时期开始讨论要回到列宁时，由于修正主义分子雅科夫列夫的干预，回到列宁的话题很快转变成攻击否定斯大林，把斯大林说成是一个歪曲列宁主义的党的主要责任人，到了戈尔巴乔夫所谓“改革”时期，这种观点成为苏联党的官方立场。1990 年苏共中央委员会马列主义研究所所长格·斯米尔诺夫写道：“斯大林歪曲了马克思主义观点并冒充自己是真正的列宁主义者。”② 苏联党内如沃多拉佐夫、布金科、普里马克、沃尔科戈诺夫、拉齐斯等人都持有这种观点。雅科夫列夫不打自招地自我表白：“我们选择一种简单的宣传列宁晚期思想的方法作为武器，一群实际的人，而不是虚伪的改革者制定了（也许是口头的）下面的计划：用列宁的权威打击斯大林和斯大林主义，如果成功，再用普列汉诺夫和社会民主党打击列宁，然后再用自由主义和人道的社会主义从根本上打击暴力革命的主张……苏联的极权体制只能用公开性和党极权纪律来摧毁，而且要

① ［俄］谢·卡拉－穆尔扎：《论意识操纵》上，社会科学文献出版社 2004 年版，第 401 页。

② СмирновГ. Л. Квопросуоленинскойконцепцииесоциализма. //Ленинскаяконцепциясоциализма. Ред. кол. СмирновГ. Л. идр. М. , 1990. С. 26 – 27.

用完善社会主义的好处来遮掩……回顾过去，我可以骄傲地说，狡滑、聪明但又十分简单的策略——用权权主义反对极权主义的办法成功了”。[①] 发展到今天，在世界舆论场上，依然有一批打着所谓“民主”或“普世价值”的“斗士”招牌、敌视社会主义的各种异见分子、资本主义的各种卫道士不时地幻想以各种手法来反对直至消灭社会主义，而社会主义阵营内部依然有一批附和迎合此种危险思想的声音，这种潜在的意识形态的危险性是极其可怕的。

第四，历史虚无主义流毒的作用和影响呈现深层次、全方位、长期性的特点，一定要从根源上加以全面辨析批驳并最终战胜历史虚无主义。

历史虚无主义一旦形成一股压倒性的错误思潮，就会产生冲击整个社会的黑风恶浪。战胜历史虚无主义，既要在历史问题上正本清源，准确把握分析历史的实质，还历史以本来面貌，又要从长期着眼着手，铲除历史虚无的社会根源，持之以恒地宣传传播历史唯物主义，让历史唯物主义成为占据绝对优势地位的主流意识形态。

回顾苏联从赫鲁晓夫自苏共二十大彻底否定斯大林起，到苏联解体、苏共解散的整个历史，可以看出，在对斯大林的评价问题上一旦打开缺口，就像被打开缺口的大堤一样，任由洪水肆虐，不可避免使苏联党和整个社会发生思想意识的严重退坡，酿成了惨烈持久、不可扭转的历史悲剧。1956 年，赫鲁晓夫的“秘密报告”作出“斯大林的不良性格在列宁在世时尚处于萌芽状态，但在以后的岁月里，斯大林滥用其重大的权力，给党以无法估计的毒害”[②] 的

---

① ЯковлевА. Н. БольшевизмсоциальнаяболезньXXвека. Вступительнаястатья//КуртуаС. ид р. Чёрнаякнигакоммунизма：преступления，террор，репрессии. М.，2001. 2 – еизд. С. 14 – 15.

② 赫鲁晓夫：《苏共二十大秘密报告》，参见刘应杰《斯大林之谜》，中国经济出版社 1994 年版，第 187 页。

错误结论。6 月 30 日，苏共中央作出《关于克服个人崇拜及其后果的决定》。1961 年苏共二十二大，赫鲁晓夫进一步全面抨击斯大林，会议通过将斯大林遗体搬出列宁墓的特别决议。1964 年 10 月，勃列日涅夫上台执政，曾一度试图为斯大林恢复名誉，但由于匈牙利党中央第一书记卡达尔和波兰党中央书记哥穆尔卡对莫斯科紧急访问劝说苏共中央不要进行为斯大林恢复名誉的活动，其他一些国家共产党也有类似反应，导致没有能够公开而全面地为斯大林恢复名誉。1979 年 12 月 21 日，《真理报》发表社论《纪念约·维·斯大林诞辰 100 周年》，称他“是一位极其复杂而又矛盾的历史人物”，是苏联党和国家杰出领导人，肯定他在领导党和人民建设社会主义和反法西斯斗争中的巨大功绩，同时谴责他“破坏法制、粗暴地滥用权力、背离列宁的集体领导原则，以及由于个人迷信所造成的种种颠倒”。即便这样的评价也由于整个社会久久弥漫着否定反思的情绪，致使非斯大林化愈演愈烈，最终使得政权易手、社会危乱、国家倾覆。

历史不会永远沉沦，而总是以曲折的方式走向公正，走向理想和进步。伟人不会因遭受无数讥笑而降低成色，人民作为历史的最高评判者，必定会怀念那些与之心心相印的真正领袖。2001 年 7 月 21 日，以舍宁为首的“共产党联盟——苏共”（该党经过注册、自称继承苏联共产党。俄罗斯共产党也参加了该组织。后该党分为以舍宁、久加诺夫分别为首的两个党“共产党联盟——苏共”和“俄罗斯共产党”，也都自称继承苏联共产党）召开该党第三十二次非常代表大会，舍宁在大会作“历史的教训：斯大林时代——人类通向共产主义最重要阶段”报告。报告充分肯定斯大林的历史功绩指出：当年苏共二十大赫鲁晓夫所作反对个人崇拜的报告，实际上是在会议结束后，既没有通过苏共中央委员会，也没有通过大会主席团的赞同而作的。报告充满对苏共和斯大林的诬陷之词。表面上是反对个人崇拜，实际上打击了整个党、社会主义体制和马列主义学说。2007 年出版的菲利波夫主编的教学参考书《俄罗斯现代史（1945—2006）》对苏联社会主义建设曾经的成就作出肯定性评价，将斯大林称为“苏联最成功的领导人”。经过历史的长久沉淀之后，斯大林所遭受的不公以这种方式而被逐渐抛弃，这在某种程度上正是反映了历史规律的不可违抗，反映了人民群众经过实践的深刻教育而逐步走向思想上政治上行动上的自觉成熟。

斯大林是苏联人民的领袖，但作为历史人物，对中国社会主义革命和建设的影响千丝万缕。中国革命、建设和改革的长期实践曾经受到过斯大林的一定影响，包括受到斯大林的某些不适合中国国情的某些意见的影响，斯大林自己对此也作过自我批评，毛泽东、邓小平等领导人也有过出于大局的评判。但在今天，依然不乏有些人以否定斯大林为借口怀疑乃至否定中国共产党的理论与实践。今天新时代中国特色社会主义的伟大实践面临一系列重大问题需要破解，这些问题既带共性和普遍性，又带有个性和特殊性，是共性与个性、抽象与具体、理论与现实的辩证统一于一体的问题，有的是世界社会主义和国际共产主义运动共同遇到的普遍性问题，有的则是中国特色社会主义的特殊性问题，有的是斯大林时期已经有所探索乃至开始回答的问题，有的仍需中国共产党人在中国特色社会主义的实践中深入探索、逐步解答。然而，不论是普遍性问题，还是特殊性问题，都会归结为“什么是社会主义、怎样建设社会主义”这一首要的基本问题。必须在中国特色社会主义的伟大实践中，从理论与实践的互动中，不断推动“什么是社会主义、怎样建设社会主义”的持续深入探索解答。这也是我们重新提出和研究斯大林问题的重大深远意义之所在。然而要站在马克思列宁主义原则立场上科学回答“什么是社会主义、怎样建设社会主义”这一首要的基本问题，必须坚决地、毫不留情地反对历史虚无主义。

（此部分以王伟光教授、李慎明教授的研究成果为主）

第六章　百年未有之大变局与国际时局

每当国内外时局发生重大转折的关键时刻，我们党总是客观、冷静地研判时局的变化，科学、认真地把握时局变化的特点、规律和趋势，从而提出正确的理论路线、战略策略、方针政策和工作任务，引导斗争不断从胜利走向胜利。处在国际时局大变之势的当今，怎样认识国内外时局，是关系执政党的既定目标能否实现的重大问题。

近年来国际局势因新冠疫情的大暴发、乌克兰危机、巴以战争、世界经济大萧条等世情突变，风起云涌、波诡云谲、变化多端、扑朔迷离，令人眼花缭乱，难以揣摩。然而以社会主义与资本主义两种社会制度的斗争为主线的国际时局本质却始终没有改变，万变不离其宗。当今世情之变只是增添了国际时局的不确定性，增添了复杂的变数，增添了形形色色的迷惑人眼的表象，并没有从根本上改变世界局势发展变化的内在逻辑和总的趋势。这就好比煮在热锅里上下翻滚的牛肉汤，增添了汤的佐料，只是改变了汤的颜色和口味，牛肉汤的本色并无改变。**我们观察今天的国际时局，既要看到当今世情之变给国际时局带来的新变化，又要看到国际时局的本来面貌和实质，既不因突如其来的当今世情之变而看不清大势，又不因看不到当今世情之变带来的新变化而识不清变数。既要看清**

时局的本质和总趋势，又要认清疫情带来的变化，才能处变不惊，“乱云飞渡仍从容”[①]，从容地采取正确的应对之策。

一　科学判断不变之中大变的国际时局，做到胸中自有雄兵百万

如何认识当下的国际时局呢？观察、分析、认清当前国际时局，看不到当今世界之变给国际时局所带来的重大冲击，肯定是片面的，但要认清当今世界之变渗透影响制约下的国际时局，就必须灵活掌握马克思在《资本论》中所运用的分析方法，即从具体到抽象，再从抽象到具体的方法。

马克思在《资本论》中彻底揭示资本主义内在矛盾及资本主义剥削的实质，科学指出资本主义必然灭亡的历史趋势，首先从资本主义活生生的经济现实中抽取最基本的细胞——商品，从资本主义商品二重性矛盾的抽象分析入手，进入劳动二重性矛盾的抽象分析，从而揭示出资本主义社会不可克服的基本矛盾及其运行规律的全部秘密。这就是从具体到抽象，再从抽象到具体的分析方法。也就是说，认识事物必须从具体开始，但分析事物，认识事物本质，必须进行抽象分析。人类认识事物总是从具体事物开始，进入抽象分析，然后找出事物一般规律，再用一般规律的概括去认识具体事物，这是人类的一般认识逻辑。也就是说，从具体的、活生生的疫情搅局的社会现实中抽取出世界局势的本质、逻辑、趋势，即抽去疫情给当今社会带来的表面现象，找出世界局势的本质、逻辑和趋势，然后再从国际局势的本质、逻辑、趋势的一般规律，去认知疫

① 《毛泽东年谱（一九四九——一九七六）》第5卷，中央文献出版社2013年版，第18页。

情所带来的时局变化。

如何理解我们当前所面临的国际时局呢？最重要的是深刻理解习近平总书记的两句话，这两句话极端重要。第一句话，“尽管我们所处的时代同马克思所处的时代相比发生了巨大而深刻的变化，但从世界社会主义500年的大视野来看，我们依然处在马克思主义所指明的历史时代”[①]。这句话告诉我们，马克思主义经典作家所判定的“大的历史时代”没有改变。第二句话，“当前，我国处于近代以来最好的发展时期，世界处于百年未有之大变局”[②]。这句话告诉我们，在“大的历史时代”没有变的前提下，我们正处于百年未有之大变局。习近平总书记这两句话深刻揭示了国际时局的辩证法。第一句话讲的是不变，第二句话讲的是大变，不变中有大变，大变中有不变。要学会善于用马克思主义的辩证思维来分析国际形势，从不变中看到大变，从大变中看到不变，才能真正认清今天的国际时局的内在逻辑、发展趋势和变化主线。如果只看到了大变，没看到不变，就会错误地认为马克思主义经典作家所指明的历史时代根本改变了，就会认为马克思主义经典作家关于“大的历史时代”的性质、矛盾、战略、策略的判断不管用了，就会得出马克思主义“过时了”的错误结论，就会从根本上否定马克思主义的指导地位，看不清今天国际时局的主线、主流和本质；如果只看到了不变，没看到大变，就会陷入教条主义泥坑，无法说明和应对今天国际局势的大变，同样也会犯重大错误。

那么如何理解关于国际时局“不变”的一面呢？

第一，马克思所指明的历史时代没有改变。

马克思指明的历史时代是什么呢？马克思、恩格斯在《共产党

---

① 习近平：《习近平谈治国理政》第2卷，外文出版社2017年版，第66页。

② 习近平：《论坚持推动构建人类命运共同体》，中央文献出版社2018年版，第539页。

宣言》中讲了一句话，“我们的时代，资产阶级时代”[①]。我们今天的历史时代仍然是资本主义的生产方式占主体的历史时代，资本主义的历史时代并没有结束。从资本主义确立一直到现在，就全世界来说，资本主义的生产方式仍然是占主体、起主导的，资本主义“大的历史时代”根本性质没有改变。时代这个概念，有广义和狭义两个用法。狭义的用法，比如我国进入中国特色社会主义新时代，是从中国特色社会主义发展角度所提出的用法。广义的用法，就是马克思所判定的“历史时代”的用法。马克思所判定的“历史时代”概念就是指，运用唯物史观以生产方式作为判定标准所形成的马克思主义时代观。马克思主义经典作家认为，以社会生产方式为标准来判断，人类历史发展经过了原始社会、奴隶社会、封建社会、资本主义社会生产方式，经过社会主义生产方式过渡，最后到达共产主义社会生产方式（社会主义生产方式是共产主义生产方式的第一阶段）。这五种社会生产方式，构成了人类历史的“五种社会形态”，也就是五个“大的历史时代”，原始社会、奴隶社会、封建社会、资本主义社会、共产主义社会历史时代，社会主义社会是共产主义社会第一阶段。“五个历史时代”的时代观也就是马克思主义唯物史观所讲的“五种社会形态说”，人类历史的一般规律都是经过五种社会形态或五个历史时代。当然，个别国家、地区、民族也会有特例，发生跨越式发展，但一般规律是客观的历史趋势，不能否定。否定了“五种社会形态说”或“五种历史时代观”，也就否定了唯物史观，否定了人类历史发展的事实。历史虚无主义错误之一，就是否定人类社会形态发展历史，不承认人类社会经过原始社会、奴隶社会、封建社会、资本主义社会，最后经过

① 《马克思恩格斯选集》第1卷，人民出版社2012年版，第401页。

社会主义社会过渡到共产主义社会，从而否定人类历史经过阶级社会，存在阶级斗争，否定一种社会形态代替另一种社会形态的社会革命。关于“五种社会形态”或“五大历史时代”的观点，是马克思主义唯物史观最基本的原理之一。否定了五种社会形态发展一般规律，否定了马克思主义时代观，就会出现否定革命、“告别革命”，抹黑“革命历史人物”的严重错误。历史虚无主义错误思潮泛滥的根子，就是否定历史唯物主义的“五种社会形态”演变一般规律理论，否定马克思主义时代观。“五种社会形态”发展的历史时代不讲了，根本的东西、基础的东西就被抽掉了。任何一个旧的历史时代被新的历史时代所替代都是一场社会革命。奴隶社会代替原始社会是一场革命，封建社会代替奴隶社会也是一场革命，资本主义社会代替封建社会，同样是一场革命。今天社会主义社会代替资本主义社会，要消灭剥削制度，最终消灭阶级，更是一场深刻的社会革命。历史虚无主义从根本上否定了唯物史观“五种社会形态”发展史，否定了唯物史观的时代观，就否定了历史上的一切社会革命。历史就变成了皇权更替史、王权更替史了。

我们今天所处的时代，正如习近平总书记所讲“依然处在马克思主义所指明的历史时代”，也就是资本主义生产方式占主导地位的时代。在这个历史时代，始终贯穿着两种社会制度的斗争，世界资本主义发展历史也正是世界社会主义发展历史，资本主义历史时代始终贯穿了工人阶级和资产阶级的斗争，贯穿着两种社会制度的斗争。

第二，资本主义社会基本矛盾没有改变。

资本主义社会基本矛盾是社会化的大生产与资本主义的私人占有制的矛盾，这对矛盾是不可调和的，越来越激烈，最终矛盾激化、白热化，导致资本主义灭亡。这就是马克思的《资本论》、列宁的《帝国主义论》深刻揭示资本主义的内在矛盾运动规律所得出的科学结论。马克思在《资本论》中指出，资本主义社会基本矛盾具体表现为资本主义各个企业内部生产的有组织与整个社会生产的无政府状态的矛盾，资本主义生产的无限扩大的趋势和劳动人民有支付能力的需求相对缩小的矛盾，资本主义财富的无限积累和劳动人民的相对贫困的矛盾。这些矛盾的激化表现为周期性的经济危机，危机—缓解—再危机—再缓解……资本主义世界几乎是十年左右一次大的经济危机，一直到2008年的国际金融危机，这场疫情可能又会带来新一轮危机，资本主义的发展进程就是不断在危机中演变的历史，就是在周期性危机中一步一步走向灭亡的进程。美国所发生的国内暴乱，就是马克思在《资本论》中所判定的资本主义基本矛盾没有改变的体现。资本主义社会基本矛盾在全球的现实生活中，表现为社会主义国家与资本主义国家之间的矛盾，资本主义国家之间的矛盾，垄断资本主义国家同广大新兴国家和发展中国家的矛盾，资本主义国家内部工人阶级及其广大人民群众与少数垄断资本统治集团的矛盾。世界上一切时局的变化，都是这些矛盾错综复杂的表现，与这些矛盾的变化密切关联，并由这些变化的矛盾所致。

第三，社会主义与资本主义两种制度的国际斗争主线没有改变。

社会主义必然代替资本主义，资本主义必然拼命反对，这就产生了两种社会制度你死我活的斗争。中国和美国的斗争，更根本的是制度之争。为什么美国历届总统从来都没有放弃颠覆社会主义中国？是因为中国是社会主义国家，是共产党领导的国家，是人民的国家。不管美国总统是民主党人，还是共和党人，在反华这个问题上尽管在策略上有所不同，在根本目的上是完全一致的，因为它们反对中国的社会主义制度，反对中国共产党的领导。社会主义制度代替资本主义制度是制度之争，也是人民的利益与资本的利益的根本利益之争，这是贯穿整个资产阶级历史时代的历史主线。按照矛盾辩证法的法则，在任一事物中都存在一对起主导作用的主要矛盾，它的存在、发展和变化决定其他矛盾，决定该事物存在、发展、变化的本质、规律和趋势，社会历史也不例外。资本主义社会形态的生产社会化与私人占有之间的基本矛盾，其一方面表现为工人阶级作为先进生产力的代表所要求的社会主义制度，代表了社会化的大生产，代表了新生的社会形态；另一方面则表现为资产阶级作为落后生产关系的代表所要求的资本主义制度，代表了落后的资本主义私有制，代表了落后的社会形态，这就是资本主义历史时代的矛盾主线，即体现为社会主义制度作为新的生产关系发展新的生产力与资本主义制度作为旧的生产关系阻碍生产力发展的斗争。这对主要矛盾可能在某个国家、某个地点、某个时间会有暂时的地位变化，但不可能改变其总的主导地位。比如，第二次世界大战世界反法西斯统一战线的形成，使世界社会主义与资本主义的主要矛盾暂时降为次要矛盾。

第四，资本主义强，社会主义弱的总格局没有改变。

资本主义强、社会主义弱的总格局至今还没有改变。十月革命开创了人类历史的新纪元，标志着社会主义社会形态第一次走上人类历史的舞台，何为新纪元，就是指在资本主义社会形态发展的历程中，产生了新的社会主义的社会形态。也就是说，在资本主义的母体中，产生了新社会制度的新生儿。从哲学上来讲，母亲是旧事物，儿子是新事物。资本主义是旧事物，社会主义是新事物。任何新事物都是在旧事物之中孕育产生的，新生儿是在母体之中孕育产生的。新生儿出生后，因为太脆弱了，有可能夭折。1917 年第一个社会主义国家诞生，70 多年后失败了，社会主义阵营多数国家也失败了，这说明新生事物的成长并不是一帆风顺的。然而新生事物作为整体是不可战胜的，社会主义作为新生事物，会有夭折，但总体却是不可战胜的，是一定要取代旧事物的。占全球四分之一人口的中国特色社会主义成功了，这是在新的历史条件下，开创了社会主义制度的又一个新的纪元，这是一件历史大事变。资本主义的美国和西方诸国怎么会甘心呢？必然拚死抵抗，痴心妄想企图改变历史发展的总趋势。中国特色社会主义强大了，但是在总的实力方面还是不如西方资本主义，这是客观事实，这也决定了社会主义与资本主义两种制度斗争的残酷性、艰巨性、长期性和反复性。

第五，社会主义进入上升期、资本主义进入衰落期的总趋势，社会主义战胜资本主义的总规律没有改变。

资本主义已经一步一步从少年、到青年、到壮年，已经走过了最高的时期，现在开始衰落下来了。社会主义已经顽强地成长起来了，特别是中国特色社会主义，标志着社会主义发展进入了上升期。历史发展总趋势就是新的东西一定会战胜旧的东西，共产主义一定要实现，社会主义一定能胜利，不管出现多少曲折，不管各种各样的“特朗普”如何使尽招数来搞垮我们，只会增加我们前进中的困难，但永远不能改变历史的发展趋势，“螳臂当车，自不量力”。中华人民共和国成立以来，从杜鲁门、艾森豪威尔一直到特朗普、拜登，不论哪届总统，都是江山易改、本性难移，帝国主义的贪婪、侵略、战争本性丝毫没有改变。列宁的《帝国主义论》对帝国主义的垄断性、腐朽性（寄生性）、垂死性的本性揭示入木三分。毛泽东同志教导我们，“帝国主义的本性是不会随着技术进步而变化的”[①]。帝国主义本性不变，帝国主义亡我之心不死。毛泽东

① 《毛泽东年谱（一九四九——一九七六）》第4卷，中央文献出版社2013年版，第407页。

的这些政治结论是从把握历史大趋势而得出来的。毛泽东同志指出，帝国主义的逻辑就是捣乱、失败、再捣乱、再失败，直至灭亡。社会主义的逻辑就是斗争、失败、再斗争、再失败，直到胜利。[①] 我们只有清醒地认识到总的历史必然和历史趋势，坚信“英特纳雄耐尔”一定要实现，充满社会主义必胜的信心，就不会被暂时的困难吓倒，也不会因对手暂时的强大凶狠而失去信心。

资本主义发展至今，总体上已进入衰退期，社会主义进入了上升期，这个判断是就历史发展总体规律而言的。但任何社会形态在演进过程中，不是总保持一种发展趋势，在一个历史阶段的总体发展进程中，会有特殊情况发生，在上升期也会有倒退、衰落，在下降期也会有前进、上升。比如，在资本主义发展的上升期，也不会总是上升，也有个别、部分、局部、暂时的衰退，在爆发经济危机时，资本主义就有可能在上升进程中出现倒退和衰败，但相对总体上升来说，这又是暂时、局部的。同理，在资本主义衰退期，也会有暂时、局部或个别的上升，甚至一时繁荣，但这不会持久，不过是回光返照。历史的辩证法同样适用于幼稚期和上升期的社会主义。这同人类个体在青春期也会生病，甚至会出现个体夭折的特例一样。社会主义进入上升期，资本主义进入下降期，只是讲总趋势和一般规律，并不排除个别、特殊情况，因此，即使在今天社会主义上升了，中国特色社会主义成功了，也不能忽视还会出现新的困难，面临新的困境。

又如何理解关于国际时局“大变”的一面呢？

第一，科技创新日新月异，给人类生产和生活方式带来了颠覆性的变化，促使国际竞争异常激烈。

邓小平同志指出，“科学技术是第一生产力”。[②] 科技大发展，

---

① 《毛泽东选集》第4卷，人民出版社1991年版，第1486—1487页。

② 《邓小平文选》第3卷，人民出版社1993年版，第274页。

造成生产更加社会化。就拿手机来说，1G、2G、3G、4G、5G，变化飞快。5G将彻底改变人们的生产和生活方式。社会主义如果不抓住科技创新就没有出路。和西方资本主义的竞争，无论是制度竞争，还是军事竞争、政治竞争、经济竞争、意识形态竞争，都要拿科技来说话。科技竞争，加剧了制度竞争，引起世界性竞争，造成世界局势瞬息万变，不确定性因素很多。科技创新一方面促进了社会化大生产的发展，另一方面社会化大生产同资本主义私人占有的矛盾也更为激化、尖锐，科技创新不仅没有改变资本主义的基本矛盾，反而进一步加剧。

第二，全球化席卷世界，加剧了两种制度之争，世界格局更为复杂多变。

马克思在研究资本主义给世界带来的巨大变化时，提出了世界化和世界历史理论的著名命题。马克思、恩格斯在《共产党宣言》中指出："资产阶级，由于开拓了世界市场，使一切国家的生产和消费都成为世界性的。"[①] 这肯定了资本主义在开拓世界性方面的历史贡献，提出"世界性"的重要概念。同时，马克思、恩格斯在《共产党宣言》中分析了世界性的两重性：一方面，促进了世界性的生产和生活交往，使世界生产和消费发生巨大变化；另一方面，推动了资本主义世界性的掠夺、压迫和剥削，促进了世界性两极分化。一方面发展了资本主义生产、市场和消费方式；另一方面加剧了资本主义内在矛盾，产生了埋葬资本主义的物质力量和取代资本主义新的社会因素。1879—1882年，晚年的马克思通过对东方社会变革的研究，又提出了著名的世界历史理论。世界已经连成一片，谁也离不开谁。马克思主义经典作家关于世界性和世界历史理论，

① 《马克思恩格斯选集》第1卷，人民出版社2012年版，第404页。

已经预测到当今全球化发展趋势，全球化就是世界性和世界历史理论所指出的状况与趋势。现代资本主义高新技术产业、互联网、人工智能、现代金融业……使全球化进一步突飞猛进地狂扫全世界，如今全球再没有哪一个死角不属于世界性的。一方面，全球化促进了世界生产和生活方式的变革和发展，另一方面，进一步激化了资本主义固有矛盾，加重了两极分化，使矛盾更加激化。

全球化说到底就是资本主义世界市场化。全球化具有两重性：一方面促进了社会生产力的发展，造成更大广度和深度的生产社会化，另一方面使资本财富更加集中在少数资本垄断寡头手里，加剧世界范围内资本主义基本矛盾的激化和两极分化。以中国为代表的社会主义国家与以美国为代表的垄断资本主义国家的矛盾激化，表现为中美全方位之争。垄断资本主义国家之间的矛盾也在激化，西欧诸国也好，日本也好，跟美国不全是一条心。垄断资本主义与新兴国家和发展中国家的矛盾也在激化，美俄的矛盾、欧俄的矛盾，美国和一系列发展中国家的矛盾难以调和。霸权主义、单边主义、贸易保护主义、保守主义、种族主义，甚至法西斯主义……各种反动的社会思潮沉渣泛起，国际斗争更为世界性，更为复杂化，更为尖锐、多变，我们将面对世界性的严峻挑战和考验。

第三，世界历史时代发生了重大的阶段性变化，资本主义历史时代进入了一个新的发展阶段。

马克思所讲的资本主义历史时代没有改变，但是发生了巨大变化，至今已经经过了三个发展阶段，进入第三个发展阶段的国际金融垄断资本主义时期。现在的资本主义同500年前、400年前、300年前、200年前、100年前都大不一样了。资本主义的第一个发展阶段是原始积累资本阶段，就是共产主义确立阶段。第二个发展阶段是自由竞争资本主义阶段，是资本主义的成熟阶段，这就是《资本论》产生的年代。第三个发展阶段是垄断资本主义阶段，即帝国主义阶段，这就是列宁《帝国主义论》所分析的阶段。资本主义第三个发展阶段经过私人垄断资本主义时期、国家垄断资本主义时期，这两个时期就是第一次世界大战至第二次世界大战前后，直至冷战结束。今天已经发展到了国际金融垄断资本主义时期了。资本垄断从私人垄断，到国家垄断，现在发展到美国华尔街极少数金融寡头所控制的国际金融垄断资本利益集团的垄断。列宁在《帝国主义论》中指出："资本主义已经发展到这样的程度，商品生产虽然依旧'占统治地位'，依旧被看作全部经济的基础，但实际上已经被破坏了，大部分利润都被那些干金融勾当的'天才'拿去了。这种金融勾当和欺骗行为的基础是生产社会化，人类历尽艰辛所达到的生产社会化这一巨大进步，却造福于……投机者。"[①] 列宁在分析资本主义由自由竞争走向垄断时已经指出，垄断越发向高度集中的、极少数金融寡头的控制垄断发展，现在已经发展到国际金融垄断资本主义了。尽管垄断的方式、形式发生了极大变化，但垄断的、寄生或腐朽的、垂死的资本主义特性没有改变，只不过是更为垄断，更为寄生或腐朽，更濒临垂死。当然，概括为国际金融垄断主义，也有不同意见，可以讨论。国际金融垄断资本主义还是帝国主义，只不过是更残忍、更阴险、更狠毒、更狡猾、更腐朽、更反动、更垂死的帝国主义，有人称之为新帝国主义。现在国际性金融垄断资本主义表现为美国一超独霸世界，支持它独霸世界的经济基础就是国际金融寡头垄断经济。今天的美国是靠"两美"撑"一美"。"一美"是美元，"一美"是美军，再"一美"是美霸，美元加美军支持美霸。现在美国国内连口罩生产都满足不了需要，它的

① 《列宁全集》第 27 卷，人民出版社 1990 年版，第 342 页。

实业产业大量外移，主要靠金融服务业，这也是国际金融垄断资本主义越发食利化、寄生化、腐朽化的重要表现。美国靠美元的垄断，不断地印美元，不断地剪全世界的羊毛。特朗普所谓的“救市”举措，无非是让美联储多印美元，没有“任何上限的量化”，用金融语言来讲，就是不受任何限制地印发美元，把金融风险转移到全世界。这叫作“美国消费，全世界埋单，美国闯祸，全世界出钱”。印一批美元，剪一层羊毛，通过金融垄断，掠夺全世界的财富。美国通过大印美元掠夺世界财富，用其中相当部分扩军备战搞现代化军事，长期保持 11 个航母战斗群，谁不听美国指挥，就用军事手段打压谁。用“两美”来维持美国制度，维持美霸。可以说，美帝国主义是全世界的敌人，美帝国主义就是战争，就是掠夺，它不会放弃与世界人民为敌的。

第四，世界力量对比发生了根本变化，越来越有利于社会主义。

任何一种社会形态都经历由出生、兴盛、衰落到死亡阶段，资本主义也不例外，现在不可避免地进入衰落阶段，这是不以任何一个资产阶级政治家的意志为转移的。社会主义由新生儿的初生脆弱阶段，已经进入以中国特色社会主义成功为重要体现的发展上升阶段。当然，也不完全排除出现受挫的可能。力量对比的变化，使热爱社会主义的人们看到希望，看到未来。特别是 2008 年的国际金融危机和 2019 年暴发的疫情，再到当今乌克兰危机、巴以战争，以及世界经济大萧条等变化，加速了资本主义衰落的进度。以美国为代表的西方现代资本主义还没有完全从 2008 年国际金融危机的阴影中走出来，又陷入了世情各种变化带来的经济、政治、社会囧境，天灾加人祸所造成美国之乱，使其固有的资本主义内在矛盾更加激化、更加白热化、更加尖锐化。美国之乱，西方之难，中国之治，中国特色社会主义之好，力量对比天平开始向社会主义一方倾斜。

第五，中美战略关系发生了根本变化，美国把中国作为主要战略对手的战略调整已经到位。

以苏联解体、东欧剧变为转折点，美国从把苏联作为主要战略对手逐步转移到把中国作为主要战略对手。经过苏联解体、东欧剧变，至今30多年的调整，美国的战略修补已经完成。冷战结束前，美国把苏联作为第一战略对手，集中主要精力打压苏联，妄图实现搞垮苏联的战略意图。这才使得当年我们有可能争取美国总统尼克松访华，利用中美俄国际三角关系，打美国牌，改善中美关系，为我国争取和平发展的外部环境。20世纪80年代末、90年代初苏联解体、东欧剧变，冷战结束，国际关系根本逆转，两超变一超，两霸变一霸，两极变一极，反对单边主义，反对霸权主义，成为世界主流。两个超级大国变成一个超级大国，美国大肆推行霸权主义、单边主义。一方面，美国继续打压俄罗斯，最大限度地压缩俄罗斯的战略空间，以美国为首的西方势力已经基本形成了对俄罗斯的战略合围之势。现在除了白俄罗斯与俄罗斯联盟，其他中东欧诸国都已经脱离了俄罗斯势力范围。直到现在的乌克兰危机，表明俄罗斯逐步丧失中东欧的战略缓冲地带，被西方帝国主义集团逼到忍无可忍的地步。从美国轰炸我国驻南斯拉夫使馆，到南海撞机事件，到支持“台独”“藏独”“疆独”“港独”等敌对和分裂势力……美国一直在做战略重点转移。从奥巴马“亚太战略”到特朗普“印太战略”，再到拜登的全方位对俄打压，现在已经完成了把中国作为主要战略对手的战略调整，中美敌对战略关系的转变已经形成。如果没有发生“9·11”事件，美国需要在反恐问题上与我国寻求暂时局部的合作，美对华战略转变可能会更快地完成。特朗普、拜登执政以来的一系列“反华”举动频频，特别是2020年7月22日美国宣布关闭我国驻休斯敦总领馆，7月23日美国国务卿蓬佩奥在具有世界影响的尼克松总统图书馆暨博物馆发表“共产主义中国和自由世界的未来”的反华演讲，已把美国视中国为主要战略对手，亡我之心不死的战略企图暴露得一览无余，真是“司马昭之心，路人皆知”。

第六，两种制度之斗从局部发展到全局越发激烈，以美为首的国内外敌对势力连成一气对我国形成总体打压战略态势。

当前，社会主义与资本主义的矛盾在激化，集中表现在中美关系上。从根本上说，中美关系（这里所说的是社会主义中国与资本主义美国的两种不同制度国家的关系）不可能最终和解，只能是谈谈打打，打打谈谈，美国是捣乱、失败、再捣乱、再失败……美国把境内外“港独”“台独”“藏独”“疆独”民族分裂势力和宗教极端势力全部连在一起，把香港问题与台湾问题、南海问题、西藏问题、新疆问题、西南边疆问题搅在一起，把“反修例”与蔡英文谋独、赖清德选举上台连在一起，把反香港国安法与联手西方敌对势力、整合国内外反华力量连在一起，把政治战、经济战、文化战、军事战、科技战、意识形态战、民族宗教战协调起来，下连手棋，打组合拳、协调战，妄图实现对我国全面西化、分化、私有化和资本主义化。

二　当今世情之变并没有改变国际时局的本质与趋势，但起到加速大变的历史加速器作用

世界历史进入资本主义历史时代，是一个漫长而曲折，充满血与火的生死博弈的历史进程。在这个历史进程的资产阶级革命运动

阶段，一方面贯穿了新兴资产阶级与封建统治阶级的殊死搏斗；另一方面又贯穿了资产阶级对农民阶级和无产阶级的剥削和压迫，贯穿了剥削阶级与被剥削阶级的压迫与反压迫、剥削与反剥削的斗争。也就是说，在资产阶级形成发展壮大的过程中，同时孕育了它的对立面，无产阶级的形成和壮大，贯穿着资本主义与社会主义两种意识形态、两种力量、两种社会因素的反复较量。资本主义社会和世界上一切事物一样，同人类社会以往历史时代一样，都有一个孕育、产生、确立、发展、兴盛、衰落，直至灭亡的历史过程。从世界近代以来的历史来看，资本主义经历了孕育、成长、发展的革命上升阶段，到了发展高峰期，开始下降，逐步走向它的反面，始入下降衰落阶段，直至走向灭亡。

2008 年爆发的国际金融危机是人类社会进入 21 世纪的一件带有转折性的历史事变。以 2008 年爆发的美国次贷危机所引发的国际金融危机，乃至经济危机为转折点，现代资本主义不可避免地跨进下降衰退期，美国的衰落就是典型。

苏联解体，社会主义阵营不复存在，美国一超独霸，大打“单边主义”“霸权主义”牌，意味着资本主义发展到了其生命的壮年高峰期。发展至高至极，恰恰是开始衰落走向反面的起始，资本主义发展高峰的到来就是资本主义衰落的开始。苏联解体以来，独霸全球控制全世界财富的欲望推动美国接连发动了一系列世界性的局部战争，消耗了它的力量，踏上了衰落下降的不归之路。2008 年国际金融危机对美国是重拳一击，疫情暴发，再加上乌克兰危机、巴以战争、世界经济大萧条，对美更是雪上加霜，加速其衰落的进程。与此形成鲜明对照，中国特色社会主义成功战胜了 2008 年的国际金融危机，在国际斗争中不断取得胜利，彰显了社会主义制度的优越性，意味着社会主义从低谷始出，向上向前发展，高歌猛进。

如果从资本主义萌生孕育开始算起，迄今资本主义已经走过了六七百年的历史了，如果从它形成确立算起，也已经走过了四五百年的历史了。**回顾资本主义，孕育、出生、确立、成长、发展，直至从顶峰开始下降的历史进程，观潮起潮落，可以得出这样几个结论性的判断：**

一是资本主义及其代表性阶级——资产阶级在上升期曾是进步的、革命的。“资产阶级在历史上曾经起过非常革命的作用。”[①] 资本主义社会代替封建主义社会，是人类社会生产方式的一次伟大革命，是人类历史的伟大进步。资本主义在形成发展进程中，以极大的创造力和极迅猛的速度，创造了超过封建社会几千年才能创造出来的经济政治文明，创造了强大的社会生产力和巨大的物质财富、精神财富和制度财富，对人类社会做出了重大的历史性贡献。资本主义在全世界夺取生产方式的统治地位，夺取政治统治权的进程中，经过了前赴后继、曲折反复的革命过程，显示出资产阶级的历史进步性和革命性，显示出资本主义社会相比封建社会的制度优越。

二是资本主义及其统治阶级资产阶级步入衰落期，成为落后的、反动的阶级。当资产阶级建立并巩固了自己的政治经济统治，并作为统治阶级把资本主义经济政治制度推向了发展顶峰，主导了全世界，也就开始了资本主义及其统治阶级资产阶级的下降衰落，资产阶级堕落为落后的、反动的阶级，这是资本主义作为剥削社会其不可克服的内在矛盾运动所决定的，也是资产阶级的剥削阶级本性所决定的，是改变不了的。

---

① 《马克思恩格斯选集》第1卷，人民出版社1995年版，第274页。

三是资本主义无论是在上升革命时期还是在下降落后时期，其剥削的本性都是一如既往不可改变的。马克思说："资本来到世间，从头到脚，每个毛孔都滴着血和肮脏的东西。"① 在封建社会母体中，资本主义一产生就暴露出嗜血的本性。新兴的资产阶级是靠剥夺农民阶级，剥削工人阶级，靠强盗般的殖民掠夺、屠杀，而完成资本主义原始积累的，不论是在上升期还是下降期，其本性都是不可改变的。尤其进入了下降衰落期，寄生、腐朽和垂死性更加强了其残酷、狡猾地压迫剥削世界人民的本性。当人民奋起反抗，建立新的社会制度时，它就会拼命地反对，甚至不惜血本，用战争和屠杀保证资本主义制度的存在，保障资产阶级政治稳固。

四是资本主义历史时代始终贯穿社会主义对资本主义，无产阶级对资产阶级的矛盾斗争。资本主义在其萌芽期就产生了社会主义思想和运动，资产阶级一出现就锻造了它的对立面和掘墓人无产阶级。"资产阶级不仅锻造了置自身于死地的武器；他还产生了将要运用这种武器的人——现代工人，即无产者。"② 当资产阶级处于革命期，资本主义与封建主义、资产阶级与封建阶级是社会的主要矛盾，资产阶级与工人阶级、社会主义与资本主义的矛盾会暂时让位。当封建制度被消灭，资本主义社会替代了封建社会以后，无产阶级和资产阶级、社会主义与资本主义之间的矛盾就会上升为社会的主要矛盾。尽管如此，在资本主义从萌生、发展，到衰落，直至灭亡的整个历史进程中，始终贯穿着资产阶级和工人阶级两大社会力量，资本主义与社会主义两种社会制度的矛盾斗争，只不过经过了从非主要矛盾到主要矛盾的转化。历史越前进，社会主义越发展，无产阶级越强大，资本主义越下降，资产阶级越落后退步，这

① 《马克思恩格斯选集》第2卷，人民出版社1995年版，第266页。
② 《马克思恩格斯选集》第1卷，人民出版社1995年版，第278页。

种斗争就越激烈，这是不以人们的意志为转移的。

综上所述，只是运用历史唯物主义的立场、观点和方法，把历史事实的大逻辑、大趋势、大变化抽取梳理出来，清晰地呈现出一条历史发展的必然逻辑，体现了历史的必然性。所谓历史必然性，就是说历史只能按照如此的逻辑发展，不以任何人的主观意志为转移。

马克思主义辩证法告诉我们，必然性和偶然性是反映事物发展过程中确定性和非确定性关系的一对范畴。必然性是事物发展过程中不可避免的，一定要如此的规律和趋势，这种确定不移性由事物内部的根本矛盾所决定。人们是不能通过自己的感官直接感受到必然性的，必然性是隐藏在事物表象内部的必然逻辑，是必然存在的、起决定性作用的，但不是活生生的具体东西，人们只能通过对表象的、活生生的东西进行抽象，通过理性才能认识到。偶然性是事物发展过程中不确定的因素和联系，可能出现，也可能不出现，可能此时出现，也可能彼时出现，可能这样出现，也可能那样出现。它虽然最终受事物内部矛盾所决定，但怎样出现是受外部条件和外部联系所直接决定的。它是活生生的、具体的，是人的感官所直接感受到的，比如糖是甜的，人通过味觉是可以感受到的，但为什么是甜的，则需要通过理性的抽象才能认识到。必然性与偶然性是事物发展过程中不可分割的两个方面，互为前提，辩证统一。必然性不直接表现出来，它寓于偶然性之中，必然性是通过无数的偶然性表现出来的，偶然性背后总是隐藏着必然性，最终受必然性的约束和支配，是必然性的表现和补充。这就好比一个人总归是要死亡的，但什么时候死，是早死还是晚死，是病死还是老死，是正常死还是非正常死，受各种复杂的外部不可确定的因素影响，某个人的具体死法死期是偶然的，但人总是要死的，这又是必然的。社会形态也是如此，总有一个形成、发展、灭亡的过程，但何时形成，何时发展，何时灭亡，又受不同国家、地区、民族及其各种复杂的外部因素和关系所影响，有哪些历史人物登上历史舞台，哪些历史事件发生，甚至成为历史变数导火索又是偶然的，不确定的，是由各种外部条件和外部联系所造成的。譬如，墨西哥玛雅文明是非常灿烂的，也是伟大的，但考古考证，它莫名其妙地中断了，无影无踪了，到底为什么突然消失了呢？人们还没有找到原因，看来其灭亡是由某种偶然原因决定的，当然，玛雅文化所代表的社会形态随着历史的发展，肯定是要灭亡的，然而它为什么突然灭亡了是有具体偶然原因的。

历史的必然性总是通过偶然性体现出来的，历史必然性的外部偶然表现是大量的、不确定性的、偶发性的历史人物与历史事件。上文所梳理的资本主义发展线索，只是运用理性的抽象把偶然性的人物和事件过滤去、屏蔽去，只留下干巴巴的历史必然规律。历史唯物主义是对历史发展一般规律、一般逻辑、一般趋势的抽象理论概括。资本主义的发展历史总是由一个个活生生的人物活动、事件变故而构成的，每一个历史人物、每一个历史事件、每一项历史变故都具有一定的偶发性、不确定性，或者是这样，或者是那样。比如，美国如果没有特朗普，也会有其他人跳出来。总之，每一个历史人物、每一个历史事件、每一项历史变数背后总是隐藏着必然规律，这就好比木偶剧舞台上的木偶是受背后力量所支配的一样。

前文关于资本主义历史时代的发展必然逻辑的概括，是对资本主义历史规律必然性的理论抽象，这种抽象已经把活生生的历史变得干巴巴的、抽象的，却又体现了不可抗拒的历史发展规律，然而资本主义的历史发展又是活生生的、惊心动魄的，甚至是戏剧性的，充斥了偶发性和不确定性。

从资本主义发展线索来看，17世纪英国资产阶级革命与妥协反反复复的50年，18世纪法国资产阶级大革命的复辟与反复辟的拉锯战，1848年欧洲大陆资产阶级革命和封建阶级的拼死抵抗，俄、日、美19世纪的资本主义变革与反变革，第一次世界大战和第二次世界大战，美苏冷战、苏联解体、美国独霸世界的复杂争斗，等等，多少历史人物在历史舞台上拼命地表演，无数英雄豪杰上演了一波又一波人间活剧，发生了多少惊心动魄的历史事变……

从社会主义发展线索来看，从圣西门、傅立叶、欧文的三大空想主义的风生水起和无产阶级的早期自发运动，到马克思、恩格斯的《共产党宣言》和科学社会主义的诞生，风起云涌的19世纪欧洲三大工人运动、巴黎公社起义和国际共产主义运动，十月社会主义革命和苏维埃政权的建立，中国革命和东方殖民地半殖民地人民民主解放和民族独立运动，社会主义阵营出现和东西方对垒冷战，社会主义阵营解体，中华人民共和国成立到中国特色社会主义取得成功，又有多少历史人物和历史事件在世界舞台上展现。

资本主义和社会主义两大历史线索的演进，展示了新事物与旧事物、进步与落后、革命与反革命的拼搏历史，如果过滤去历史演义中具体的事件和人物，可以看出，这段历史进程是遵循着人类社会内部的必然发展规律而演变，展现了资本主义从新生走向衰落，从革命走向反动的进程，社会主义从弱小走向逐步发展，不断斗争、失败、再斗争的历史进程。总而言之，无数的历史偶然性背后总有一个必然的规律在起作用。任何历史人物、历史事件都无法违背这个规律，都受该规律的支配和制约，都是该规律的具体表现。

从苏联解体，社会主义落入低谷，美国独霸世界，资本主义发展到高峰，福山提出社会主义“终结论”的历史结论至今，世界发生了三大历史事件，在整个历史发展必然线索中起到了转折点的历史催化剂作用：一是苏联解体、东欧剧变，社会主义阵营解体；二是2008 年的美国次贷危机，演变成国际金融危机乃至资本主义制度危机、三是2019 年暴发的新冠疫情到现今的乌克兰危机、巴以战争，世界经济大萧条等变情。这一系列事件，说到底，都最终表现为世界资本主义基本矛盾演变的必然结果，当时不发生，早晚会发生。当然，疫情是自然灾害，与人类社会发展的总矛盾、总规律、总趋势相纠结，与社会主义与资本主义的斗争主线相互影响，受人类社会总矛盾、总规律、总趋势支配制约。今日之时局依然是由社会主义与资本主义两大社会阶级力量、两种社会制度、两大历史命运所决定的。

三　世情之变使国际格局发生重大变化

人类历史近代以来百年大变局就呈现在我们面前，世界必将发生翻天覆地的变化。中国人民深深体会到社会主义制度的优越性，中国共产党的英明正确。

世情之变给百年未有之大变局增添了极大的不确定性，使国际时局充满了变数。世情之变是时局大变的加油机、加速器，使大变加快、力度加大、变数益增，从宏观的、大局的、长远的、根本的战略角度来观察，世情之变给国际时局带来怎样的重大影响？使国际格局发生了怎样的变化？应当怎样认识和应对？

第一，世界出现 21 世纪以来最严重的经济大萧条，人类社会面临最重大的困难和挑战。

第二，世界资本主义整体实力不可遏制地全面加快下滑，美国垄断资本主义的霸主实力显见减退。

第三，世界力量对比变化愈益朝着有利于人民的方向发展，世界出现新一轮的大调整、大改组、大重构的国际新格局。

第四，资本主义和社会主义两种制度的斗争更加激烈，美国把中国当作主要战略对手全面遏制，打压力度加大、频率加快。

第五，中国特色社会主义面临极大的压力，同时又遇到新的战略机遇。

压力、困难、挑战，同时就是机遇，必须抓住新的战略机遇，乘胜而上。要高度重视中美战略斗争的长期性、全面性、严峻性和复杂性，做好中美战略对抗升级和应对爆发局部战争风险的充分准备。既要争取合作的可能，又要为准备战争做好一切准备，准备越充足，合作的可能性越大。做好“开展具有新的历史特点的伟大斗争”的一切思想上、理论上、政治上、经济上、军事上和实际上的一切准备。

我们一定要团结在以习近平同志为核心的党中央周围，做好充分的思想准备，认清时局，沉着应对，丢掉幻想，准备斗争，迎接更大的挑战，争取更大的胜利。

（此部分以王伟光教授的研究成果为主）

第七章　国际金融垄断资本主义是垄断资本主义的最新阶段、是新型帝国主义

彻底搞清楚资本主义从哪里来，到哪里去，科学认清资本主义的本质、特征和发展变化规律，正确认识今天新的历史条件下的资本主义，即帝国主义的新变化、新特征，是制定并实施正确的国际斗争和国内建设的战略策略的基础和前提。

当代资本主义发展到什么样的阶段？具有什么样的特征？还是不是帝国主义？列宁当年所判定的垄断资本主义，即帝国主义是资本主义的最高阶段，垄断资本主义，即帝国主义的本质与特征，还存不存在？列宁由此对垄断资本主义，即帝国主义的科学判断所得出的一系列马克思主义的科学结论还管不管用？……对这些重大问题必须给出正确的回答。本章力图回答这一重大问题，并认为国际金融垄断资本主义是垄断资本主义发展的最新阶段，是新型帝国主义。

一　资本主义历史时代所经历的不同历史阶段和发展时期

列宁指出："只有首先分析从一个时代转变到另一个时代的客

观条件，才能理解我们面前发生的各种重大历史事件。这里谈的是*大的历史时代*。每个时代都有而且总会有个别的、局部的、有时前进、有时后退的运动，都有而且总会有各种偏离运动的一般形式和一般速度的情形。我们无法知道，一个时代的各个历史运动的发展会有多快，有多少成就。但是我们能够知道，而且确实知道，**哪一个阶级**是这个或那个时代的中心，决定着时代的主要内容、时代发展的主要方向、时代的历史背景的主要特点等等。”① 要认识资本主义发展规律、必然灭亡趋势及特征，必须从它们所处的时代及该时代主要阶段的主要状况入手加以分析。

世界历史进入资本主义历史时代，这是一个漫长而曲折，充满血与火的生死博弈的历史进程。在这个历史进程中，一方面贯穿了新兴资产阶级与封建统治阶级的殊死搏斗；另一方面又贯穿了资产阶级对农民阶级和无产阶级的剥削和压迫，贯穿了剥削阶级与被剥削阶级的压迫与反压迫、剥削与被剥削的斗争。资产阶级与封建地主阶级的激烈斗争主要是在资本主义发展的革命时期，在这一时期，资产阶级与农民阶级、工人阶级的矛盾又是次要的。在资产阶级形成、发展、壮大的过程中，同时孕育了它的对立面无产阶级的形成和壮大，资本主义的发展过程始终贯穿着与社会主义两种意识形态、两种阶级力量、两种社会命运的反复较量。资本主义社会和世界上一切事物一样，同人类以往社会形态一样，都有一个孕育、产生、确立、发展、兴盛、衰落，直至灭亡的历史过程。从世界近代以来的历史来看，资本主义经历了孕育、成长、形成、发展的革命上升阶段，发展到高峰后，开始下降，逐步走向它的反面，进入下降衰落阶段，直至走向灭亡。

---

① 《列宁全集》第26卷，人民出版社1988年版，第142—143页。着重号为作者所加。

按照唯物史观的观点来看，“经济的社会形态”是人类社会不同历史时代的标志。唯物史观认为，人类历史经过了原始社会、奴隶社会、封建社会、资本主义社会，经过社会主义社会的过渡而发展到共产主义社会五种社会形态，社会生产方式是决定社会形态性质的根本因素，每一种社会形态都体现了人类历史发展的一个历史时代，这就是马克思主义的历史时代观。我们的时代是“资产阶级时代”[①]，这就是马克思主义经典作家对我们所处时代的科学判定，我们所处的时代，仍然是资本主义生产方式占统治地位的历史时代。在资本主义历史时代，如果不算资本主义的孕育准备阶段，资本主义已经经历了两个发展阶段，正在经历着第三个发展阶段。每个发展阶段又经历若干不同的发展时期。在资本主义历史时代，在资本主义社会形态母体内已经孕育形成了社会主义这一新的社会形态因素，但目前尚不占据世界体系的统治和主导地位。

第一，资本主义孕育阶段，即向资本主义社会过渡的准备阶段（14 世纪到 15、16 世纪之交）。

马克思指出：“资本主义社会的经济结构是从封建社会的经济结构中产生的。后者的解体使前者的要素得到解放。”[②] 在全世界普遍处于封建社会历史时代，资本主义在封建社会母体中度过了二三百年的孕育阶段，资本主义生产方式的形成是在封建母体内不断孕育生长，最后破壳而出的过程。14 世纪到 15、16 世纪之交，是封建社会逐步瓦解，资本主义社会因素逐步形成，资本主义萌芽出现，向资本主义社会过渡的准备阶段。

从世界历史进程来看，资本主义生产关系最早发生在西欧。14—15 世纪，伴随西欧若干城市封建结构的逐步解体，西欧手工业

① 《马克思恩格斯文集》第 2 卷，人民出版社 2009 年版，第 32 页。
② 《马克思恩格斯文集》第 5 卷，人民出版社 2009 年版，第 822 页。

生产技术和农业生产技术取得进步，扩大了社会分工，商品生产和交换也发展起来了，在地中海沿岸的某些城市已经零星而稀疏地孕育了资本主义生产的萌芽。资本主义生产关系率先并主要在西欧开始萌生，至16世纪初西欧诸国手工业生产分成许多专业化部门，专门行业数量大为增加，在西欧的一些城市已经开始孕育了资本主义生产方式萌芽。资本主义萌芽产生的具体体现如下：一是由商人资本家掌握的资本主义手工工场出现形成了；二是商人资本家控制小生产者，把他们变成雇佣工人，雇佣关系的出现标志着资本主义生产关系的产生。资本主义的产生成长过程，也就是在封建社会母体中孕育形成的过程，是资本主义社会逐步代替封建社会的过程，这个过程是一个漫长的、不断较量、逐步发展的过程。

圈地运动、舆论斗争、宗教改革是向资本主义过渡的“三板斧”。经过14世纪由封建贵族开始的直到18世纪由新生资产阶级继续的圈地运动，发端于14世纪的意大利，经15世纪到16世纪极盛的资产阶级文艺复兴运动和16世纪始于德国的宗教改革，资本主义在欧洲封建社会的母体中逐步孕育成熟。

剥夺农民的圈地运动，对于开始出现的资本主义生产关系产生了巨大的推动作用。早在14世纪，随着养羊业、毛纺业的发展，封建地主贵族圈占农村公有土地、农民私有土地和租用农民土地这一现象在英国已经出现。15世纪的最后30年到16世纪，直至18世纪，新兴资产阶级对农民土地的暴力剥夺，已经成为资本主义生产方式成熟发展的重要推力。圈地运动实现了生产者和生产资料的分离，为资本主义农业夺取了土地资源，为资本主义的城市工业提供了劳动力和原材料。一方面造就了新的生产力的活劳动——工人阶级，即圈地运动让农民失去生产资料，使其成为到市场上出卖劳动力、为别人劳动才能生存的自由劳动者，为资本主义准备了活劳动；另一方面又造就了新生的资产阶级，剥夺了农民的土地，为资产阶级积累了财富和资本，也使资产阶级发展起来了。圈地运动使封建社会自给自足的生产方式逐步解体，让位给资本主义的手工业工场，如纺织工场。

毛泽东同志指出："凡是要推翻一个政权，总要先造成舆论，总要先搞意识形态方面的工作。无论革命也好，反革命也好。"[①] 始于意大利的资产阶级文艺复兴运动是资产阶级革命的舆论准备，是资产阶级的意识形态斗争。

16 世纪最早爆发于德国的宗教改革是一场反对封建教会的革命运动，它由意识形态斗争转变成群众的政治斗争。在中世纪的欧洲，天主教是封建制度最顽固的政治堡垒，它"把整个封建的西欧联合为一个大的政治体系……它给封建制度绕上一圈神圣的灵光。它按照封建的方式建立了自己的教阶制，最后，它本身就是最有势力的封建领主，……想把每个国家的世俗的封建制度成功地各个击败，就必须先摧毁它的这个神圣的中心组织"[②]。宗教改革是资产阶级政治斗争的工具，宗教斗争是资产阶级的政治斗争。16 世纪欧洲宗教改革拉开了资产阶级革命的帷幕，反对天主教会的宗教改革浪潮席卷欧洲社会，农民和平民成为反对教会的主力，爆发了农民战争，农民起义斗争极大地动摇了欧洲封建制度的基础。

资本主义生产关系的形成与资产阶级的形成是一个同步的过程。在资本主义生产关系形成过程中，资产阶级作为人类历史上最后一个剥削阶级也逐步形成了。资产阶级在它形成的过程中，造就了它的对立面工人阶级，资产阶级形成了，同时早期的工人阶级也就孕育产生了。

---

① 《毛泽东年谱（一九四九—一九七六）》第 5 卷，中央文献出版社 2013 年版，第 153 页。
② 《马克思恩格斯选集》第 3 卷，人民出版社 2012 年版，第 761 页。

第二，资本主义确立阶段，即资本主义原始积累阶段（16 世纪到 18 世纪中期）。

马克思在《资本论》中指出："虽然在十四和十五世纪，在地中海沿岸的某些城市已经稀疏地出现了资本主义生产的最初萌芽，但是资本主义时代是从十六世纪才开始的。"[①]"世界贸易和世界市场在 16 世纪揭开了资本主义现代生活史。"[②] 16 世纪是资本主义原始积累的开端，是欧洲资本主义生产方式形成确立的开端，是资本主义社会形态形成确立的开端，也是世界资本主义历史时代的开端。从经济基础、生产关系上来看，资本主义历史时代开端的标志是资本主义工场手工业的出现。从上层建筑、政治制度上看，资产阶级的经济实力发展到一定程度，产生了政治要求，需要掌握国家政治权力，爆发了资产阶级革命。资产阶级革命导致资本主义经济和政治制度的全面确立。16 世纪恰恰是欧洲资本主义工场手工业形成，并爆发资产阶级革命，建立资本主义经济制度和政治制度的开端时期。从 16 世纪到 18 世纪中期是资本主义的原始积累阶段，有人也称其为重商主义或手工工场阶段。

任何新的生产方式的孕育形成，首先应归功于生产力的发展，生产力的变化引起了生产关系的变化，新的生产力与新的生产关系的结合，产生了新的生产方式。资本主义生产方式是封建社会自给自足经济发展到资本主义商品经济的必然产物。资本主义生产关系形成的过程是封建生产关系在广大农村逐步衰落并解体，资本主义生产关系逐渐伴随着城市发展而兴起的过程。资本主义生产方式萌发的具体体现是工场手工业的出现。雇佣关系是资本主义生产关系的基础和本质特征，这种关系的出现标志着资本主义生产关系的产

---

① 《马克思恩格斯全集》第 23 卷，人民出版社 1972 年版，第 784 页。

② 《资本论》第 1 卷，人民出版社 2004 年版，第 171 页。

生，工场手工业的形成是资本主义生产方式开始成熟的重要表现。工场手工业集中体现了资本主义生产方式的雇佣关系。15 世纪到 16 世纪，资本主义生产关系在欧洲孕育成长，完成了从家庭手工业向工场手工业的转变。从 16 世纪开始，资本主义在欧洲逐渐成熟起来，逐步形成了工场手工业生产方式，16 世纪下半叶资本主义工场手工业生产方式在欧洲已经开始占据统治地位。在 16 世纪资本主义生产方式因素逐步成熟的基础上，欧洲爆发了价格革命，促进了商业贸易，商业资本发展起来了，推动封建社会向资本主义社会过渡。资本主义世界的商业中心随之而改变，由葡萄牙转到西班牙，到 16—18 世纪，英国成为世界经济最活跃的国家，逐步发展成为资本主义的商业中心。

资本主义生产方式的确立过程就是资本主义原始积累的过程。所谓原始积累，首先是资本主义物质基础、资本财富的积累，是资本主义生产力的积累，同时又是资本主义生产关系、经济基础、上层建筑的全面积累。原始积累是资本主义生产方式最初的积累方式，是建立资本主义经济基础的最野蛮的经济剥夺，是资本主义经济实力的积累，是资本的积累，是资产阶级为了建立资本主义生产方式而进行的经济斗争。资本主义的原始积累主要是通过圈地运动、地理大发现、殖民制度、奴隶贸易、商业战争、价格革命而完成的，充满了血腥的剥夺、杀戮、流血和战争。除了赤裸裸的暴力掠夺，资产阶级还利用国债制度、税收制度、保护制度等，以比较隐蔽的方式掠夺人民的财富。

圈地运动是资本主义原始积累的起点。从 14 世纪开始，到 15 世纪末形成的大规模的圈地运动，至 16 世纪得到更大程度的推进，17—18 世纪进入鼎盛，圈地运动是资本主义原始积累的始作俑者，这血淋淋的原始积累手段，使资本主义快速发展。原始积累实际上从14世纪圈地运动就开始了，一直发展到15世纪80年代，特别是经过16世纪的高潮至18世纪资本主义原始积累完成。原始积累一方面发展了资本主义的生产力，另一方面在发展资本主义生产力的同时，发展了资本主义的生产关系。原始积累为资本主义工业革命创造了物质条件，进行了财富准备，极大地推动了资本主义生产力和生产关系的发展，促进了资本主义生产方式逐步占据世界历史的统治地位。16世纪至18世纪中期，是资本主义占领欧洲，进而从欧洲向全世界进军的阶段，或称资本主义工场手工业阶段，是资本主义生产方式逐步占据统治地位的阶段，是资本主义的确立阶段，也是资本主义的原始积累阶段。

15世纪末到16世纪初的地理大发现，是资本主义原始积累的重要手段，并导致欧洲国家的殖民扩张，是世界历史上的一次重要事变，为新兴资产阶级提供了广阔的活动舞台，推动资本主义生产力加速成长，是加速资本主义生产方式孕育形成的重要因素。马克思和恩格斯说："美洲的发现、绕过非洲的航行，给新兴的资产阶级开辟了新天地。东印度和中国的市场、美洲的殖民化、对殖民地的贸易、交换手段和一般商品的增加，使商业、航海业和工业空前高涨，因而使正在崩溃的封建社会内部的革命因素迅速发展。"①1492年哥伦布发现美洲，1522年麦哲伦所率领的船队完成绕地球一周的航行，地理大发现、新大陆的发现，引发了16世纪欧洲的殖民扩张，殖民扩张中的野蛮掠杀，如屠杀土著居民、抢夺金银财宝、侵占土地、奴役土著居民等，促成了殖民制度、奴隶贸易和殖民掠夺，这些残酷野蛮的行动加大了资本主义原始积累的力度和速度。

---

① 《马克思恩格斯文集》第2卷，人民出版社2009年版，第32页。

16—17 世纪，和地理大发现一同发生并迅速促进商业资本发展的商业革命，在封建社会生产方式过渡到资本主义生产方式的过程中起着主要推动作用，促进了新航路的开辟、殖民扩张和世界市场的形成，促进了世界贸易，促成了价格革命，促进了资本主义经济的兴盛，加速了封建主义的衰落和资本主义的发展。原始积累为资本主义的兴起提供了动力，为资本主义生产方式的形成积累了财富和资本，奠定了资本主义物质基础，推动了资本主义发展。

任何一个历史时代，即社会形态，无论是原始社会、奴隶社会、封建社会，还是资本主义社会，其成熟确立的标志是该社会的经济制度和政治制度是否占据该社会的主体地位。任何社会形态的经济制度都是该社会生产关系的总和，即经济基础的本质体现，任何一个社会形态的政治制度都是与该社会经济基础相适应的政治的上层建筑的本质体现，当一个社会形态的经济制度和政治制度占据该社会的主体地位，就标志着该社会形态已经确立，也就是该历史时代已经确立。换句话说，看一个历史时代即社会形态是否成熟确定，首先要看该社会的生产方式是否占据了该社会的主体地位，与经济基础相适应的政治的上层建筑是否占据该社会的主体地位。一个社会形态的经济制度和政治制度，社会的经济基础和上层建筑在该社会中是否占据主体地位，是衡量一个社会形态是否成熟确立的标志。

随着资本主义经济基础在欧洲的形成，欧洲的资产阶级提出了掌握政权的政治要求，利用国家的力量维护和发展资本主义生产方式，于是资产阶级革命的时代就来临了。在西欧，爆发了四场疾风暴雨式的资产阶级革命，在欧洲乃至世界上产生了重大影响：一是 16 世纪的尼德兰革命；二是 17 世纪的英国革命；三是 18 世纪的法国大革命；四是 19 世纪的欧洲革命。

16 世纪初期到下半叶，欧洲在尼德兰爆发了第一场资产阶级革命，建立了欧洲第一个资产阶级共和国，史称“尼德兰革命”，这意味着代表资本主义生产方式的新兴的资产阶级，已经带着夺取政权的要求走上政治舞台，标志着疾风暴雨式的欧洲资产阶级革命的到来。

人类历史上任何一场社会革命都经过腥风血雨的反复斗争，没有任何一场社会革命是顺顺利利一蹴而就的。英国 17 世纪 40 年代爆发了资产阶级革命，到 1688 年资产阶级革命成功，经过半个世纪的反复争夺，终于推翻了封建制度，确立了资产阶级专政的政治统治，彻底确立了在英国占统治地位的资本主义生产方式。马克思把英国革命看作“欧洲范围的革命”，认为它“宣告欧洲新社会的政治制度”，“意味着新社会制度的胜利，资产阶级所有制对封建所有制的胜利”。[①] 英国革命是资本主义历史时代替代封建主义历史时代的一场标志性的革命。英国资产阶级革命是一种剥削制度替代另一种剥削制度的革命，是资本主义历史时代的大革命，是人类历史由封建社会历史时代向资本主义历史时代转变的标志性的历史事件。

17 世纪的英国革命迅速引起了欧洲及全世界接二连三的资产阶级革命。从 17 世纪的英国革命到 18 世纪法国大革命，再到 1848 年欧洲革命，欧洲资产阶级在反反复复的反封建斗争中取得了决定性胜利。资产阶级革命说明，具备经济实力的资产阶级已不满足于自身的经济地位，需要掌握政权，并通过政权的力量巩固自己的经济实力。资产阶级革命的成功表明资本主义经济制度和政治制度在世界历史上占据了统治地位，宣告资本主义制度在世界历史上战胜

① 《马克思恩格斯选集》第 1 卷，人民出版社 1995 年版，第 318 页。

了封建主义制度。资产阶级革命确立了资产阶级经济制度和政治制度的统治地位，资本主义经济制度和政治制度的确立标志着资本主义社会的确立。

第三，资本主义成熟阶段，即资本主义自由竞争阶段（18世纪中期到19、20世纪之交）。

18世纪中叶爆发的英国工业革命是资本主义成熟并发展到自由竞争阶段的开端和标志。从18世纪60年代到19、20世纪之交，是资本主义自由竞争阶段，其基本经济特征主要表现为自由竞争占据经济主导地位，工业资本居资本统治地位，商品输出是对外输出的主要形式，由大规模的商品输出、激烈的商品和贸易竞争，疯狂的殖民掠夺发展到对世界领土的瓜分和争夺。

17世纪英国资产阶级革命为18世纪英国工业革命扫清了政治上的障碍。英国18世纪工业革命是资本主义从工场手工业到大工业生产的一次重大转变。从家庭手工业到工场手工业是资本主义生产的第一次历史性转变，从工场手工业到大工业生产又是资本主义生产的第二次重大历史性转变。这两次转变彻底确立了资本主义生产方式的统治地位，并使资本主义社会走向成熟。16世纪以来工场手工业在欧洲逐渐成熟起来，到18世纪中期英国爆发了工业革命，标志着资本主义从工场手工业已开始向大机器工业过渡，过渡到自由竞争资本主义阶段。英国工业革命从18世纪中期开始一直到19世纪40年代，以蒸汽机的发明和应用为标志，实现了自然力代替人力的革命，致使机器制造业和交通运输业的革命性变革和蓬勃发展。工业革命给资本主义带来了三大转变，一是由农业社会转变为工业社会；二是从手工业生产转变为机器生产；三是由手工业生产机器转变成机器生产机器。英国工业革命带来了欧洲乃至北美更大范围的工业革命，推动资本主义加速成熟。

经历工业革命，英国乃至整个资本主义社会阶级对立简单明了化了，整个社会日益分裂为两大直接对立的阶级——资产阶级和工人阶级。关于英国工人阶级的最终形成的大致时间，恩格斯指出："英国工人阶级的历史是从上个世纪后半期，随着蒸汽机和棉花加工机的发明而开始的。"[①] 工人阶级最终成为一个阶级，是伴随着工业革命所造就的大工业生产方式的形成而完成的。

资产阶级的形成发展是不平衡的，资本主义的发展确立也是不平衡的，从欧洲到北美，再向亚洲、拉美、南美、非洲扩展，全世界逐步进入资本主义世界历史。

欧洲资产阶级革命的成功，向横跨欧亚大陆的俄罗斯蔓延。1861年俄国废除封建农奴制后，开始迅速走上了资本主义发展道路。

随后资产阶级革命向美洲进军。在北美洲，美国资本主义的生产方式也已经发展到了非革命不可的地步。18 世纪 70、80 年代爆发了独立战争，使美国摆脱了殖民统治，19 世纪 60 年代爆发了南北战争，美国资产阶级民族民主运动全面扫清了资本主义发展道路上的障碍，资本主义政治制度在美国占据了统治地位，美国迅速走上了资本主义的发展道路。

19 世纪 60 年代，资产阶级革命向亚非拉进军。在亚洲，19 世纪的日本明治维新是不彻底的资产阶级革命，日本进行了从封建社会向资本主义社会的转变。中国 1911 年爆发了民族资产阶级领导的辛亥革命。19 世纪中叶，亚洲掀起了反对封建主义和殖民主义的资产阶级民族民主革命的高潮。这些历史事件标志着亚洲进入了资本主义历史时代。

18 世纪末到 19 世纪初，拉美殖民地爆发了一系列独立解放战

① 《马克思恩格斯文集》第 1 卷，人民出版社 2009 年版，第 388 页。

争，属于资产阶级民族民主革命范畴。

在非洲，19 世纪中叶以来展开了反殖民主义斗争，到 20 世纪中叶以来，许多殖民地国家和民族陆陆续续相继独立，选择了资本主义的发展道路。

资产阶级革命向全世界蔓延，资本主义生产方式及其经济、政治制度向全球进军。经过 150 多年的资产阶级革命，资本主义从欧洲扩展到全世界，确立了资本主义生产方式和经济政治制度在全世界的统治地位，资本主义完成了统治世界历史时代的历史使命。

资本主义历史时代的确立并占据世界历史的主体地位，是一个漫长的、由量变到质变的过程。资本主义在世界各国的发展是不平衡的，发生并确立的时间有早有晚，先是资本主义生产方式萌芽在封建社会母体内的生成发展，逐渐成熟，经过几个世纪的成长，直至工业革命才使资本主义生产方式占据了世界经济的主导地位，最后形成确立，代替了封建社会生产方式。

资本主义生产方式发展使得资产阶级产生了政治要求，开始了旨在夺取政权的资产阶级政治革命。资产阶级政治革命取得成功和胜利后，建立了资产阶级专政的国家，凭借上层建筑的力量进一步推进资本主义生产关系的发展。19 世纪中期以来，资本主义生产方式在世界的统治地位得以巩固，在全球全面确立了资本主义经济政治制度。刚开始的英国资产阶级革命是带有妥协性的革命，建立了君主立宪制，后来爆发的一系列的资产阶级的彻底革命，使得资产阶级民主制也发展起来了。资本主义经济政治制度统治地位得以巩固，封建社会退出历史统治舞台，资本主义进入了自由竞争资本主义成熟阶段。

第四，资本主义最高阶段，即垄断资本主义，也即帝国主义阶段（19、20 世纪之交至今）。

19 世纪末到 20 世纪初，资本主义由自由竞争发展至垄断，进入垄断资本主义发展阶段。垄断资本主义，即帝国主义是资本主义发展的最高阶段，也是资本主义的最后阶段。

从整体上来说，到了垄断资本主义阶段，资本主义从上升革命阶段进入了下降反动阶段。当然垄断资本主义阶段也分若干个时期，最高阶段是一个过程，这个过程呈现出波浪式的、有升有降的逐步发展的过程，最高阶段发展到高峰期则开始下降。说资本主义进入下降、衰退、反动阶段是就总体、长期而言，并不排斥垄断资本主义在某个时期的发展、某个局部（如某些国家、地区）的发展。垄断资本主义的发展，有一个从私人垄断发展到国家垄断，再发展到今天的国际金融垄断的逐步发展的过程。垄断资本主义发展迄今为止大体上分三个时期，已经经过了两个时期，从私人垄断时期到国家垄断时期，现在进入第三个时期国际金融垄断。

与垄断资本主义发展的三个历史时期相一致，科学社会主义运动发展也经历了三个历史时期。第一个时期是与私人垄断资本主义大体吻合的帝国主义和无产阶级革命时期；第二个时期是与国家垄断资本主义大体吻合的社会主义发展由高潮进入相对低潮时期；第三个时期是与国际金融垄断资本主义时期大体吻合的社会主义始出低潮时期。

第一个时期，私人垄断资本主义时期（19、20 世纪之交至 20 世纪 40 年代）。经过 19 世纪中叶以来的自由竞争资本主义的迅速发展，从 19 世纪 70—90 年代世界资本主义向帝国主义过渡，到 19 世纪末 20 世纪初，资本主义由自由竞争发展到垄断，进入私人垄断资本主义时期。私人垄断是资本主义发展的第一个垄断形式，也是垄断资本主义发展的第一个时期。

19 世纪最后 30 年，资本主义开始由自由竞争阶段向垄断阶段发展。自由竞争资本主义在 19 世纪 60 年代到 70 年代发展到顶点。

于1873年爆发了严重的经济危机和欧洲经济的长期萧条，促使资本快速集中，垄断组织加速成长，促成了资本主义从自由竞争向垄断阶段的过渡转折。列宁指出："帝国主义作为资本主义的最高阶段，到1898—1914年间先在欧美然后在亚洲最终形成了。美西战争（1898年），英布战争（1899—1902年），日俄战争（1904—1905年）以及欧洲1900年的经济危机，这就是世界历史新时代的主要历史标志。"[①] 在私人垄断资本主义时期，一方面，资本主义有了更加迅速长足的发展，比18—19世纪资本主义的发展更为迅猛，科技创新带动了生产力的发展，资本主义大工业生产从"棉纺时代"依次进入"钢铁时代""电气时代"，社会化大农业生产方式已经形成，国际贸易、资本输出、金融资本有了极大发展，整个世界全部卷入资本主义市场体系的旋涡，形成了资本主义世界体系。另一方面，资本主义基本矛盾越来越激化，越来越尖锐，19世纪上半叶，即1825年英国爆发了第一次经济危机。从那时开始，资本主义进入了轮番爆发经济危机的阵痛之中。第一次世界大战、第二次世界大战前后的世界性经济危机，导致资本主义社会矛盾异常激烈，致使两次世界大战爆发，第一次世界大战、第二次世界大战是资本主义基本矛盾白热化的集中表现。特别是1929—1933年世界性经济危机爆发，使资本主义的矛盾空前激化、引发第二次世界大战。接连爆发的世界经济危机和两次世界大战表明，资本主义逐渐呈现严重的下降衰退迹象，资产阶级越发走向反动。

第二个时期，国家垄断资本主义时期（第二次世界大战后至20世纪80、90年代）。第二次世界大战结束以来，在西方主要发达资本主义国家，主要是在北美、欧洲和日本，凯恩斯主义盛行，主张

① 《列宁选集》第2卷，人民出版社1972年版，第884页。

国家干预经济，尤为在美国，资本主义由个人垄断发展到国家垄断，国家垄断资本主义在全球空前而普遍地发展起来，垄断资本主义进入国家垄断时期。国家垄断资本主义的特征是垄断资本同国家政权相结合，国家的经济干预调控作用日益加强，国家直接干预经济的一切部门，推进国有化，以保证垄断资本的最大利润和资本主义制度的巩固。20 世纪 50—70 年代既是资本主义国家垄断发展时期，又是工人运动和社会主义运动风起云涌的时期。

在国家垄断资本主义时期，社会主义力量、民族民主力量经历了一个由高潮到低潮乃至低谷的过程，资本主义却呈现了由低潮向高潮的发展过程，世界资本主义经历了一个较长时期的和平发展。

第二次世界大战后，两大阵营冷战、国际局势紧张、美苏争霸，资本主义进入一个新的发展时期。一方面，社会主义和民族民主解放运动出现高潮，社会主义力量和争取独立解放的民主主义力量得到极大加强，形成了以苏联为首的社会主义阵营和争取民族解放的反帝反封建反殖民运动的最广泛的统一战线；另一方面，资本主义陷入空前的困难而不得不进行改良，资本主义不得不放低身段，改变过去的某些政策，导致资本主义开始呈现相对缓和的发展。推动资本主义自我改良的动力，一方面来自蓬勃兴起的社会主义运动。20 世纪上半叶兴起的社会主义高潮对资本主义自我调整和改良产生了巨大压力，如果资本主义不进行改良和调整就难以生存，同时社会主义运动成功的因素也使资本主义有了可资吸取的经验；另一方面，资本主义自身存在的严重危机和矛盾也迫使其必须进行调整与改良。否则，它必难以为继。

20 世纪 30 年代发生的史无前例的资本主义经济大危机、大萧条，第二次世界大战的战争动乱，几乎把资本主义制度逼上灭绝的边缘，迫使资产阶级政治家进行反思，在一定程度上吸取了资本主义矛盾激化所带来的第一次世界大战、第二次世界大战的惨痛教训，较为深入地认识到资本主义在发展进程中所暴露出来的，把其带入毁灭的某些制度弊端，吸取社会主义所主张的某些社会政策，同时采纳了凯恩斯的国家干预理论作为对自由放任的资本主义市场经济理论的补充和替代，进行了一系列的资本主义的自我调整和改良，调整资本主义及其发展模式的某些弊端，对资本主义做了某些必要的社会改良。譬如，资本主义统治阶级从剥削工人阶级和劳动人民的高额利润中，拿出一部分利润用于民生，实行高额累进税和遗产继承税，对工人阶级及人民大众实行“福利政策”，以缓和社会矛盾，倡导高福利、高工资、高税收的“三高”政策，加大社会保障、社会救助、社会福利的力度，增加中等收入群体数量，形成“两头小中间大”一度稳定的“橄榄形”社会格局，这在一定程度上缓和了第二次世界大战之前变得十分紧张的阶级矛盾。再譬如，垄断资本主义各国的资本家利益集团收买并豢养了一批工人贵族，一些工人政党和工会组织堕落成资本家阶级的帮佣。经过资产阶级的某些改良和政策调整，工人阶级和其他劳动人民群众的生活条件比第二次世界大战前有较大改善，阶级矛盾和阶级斗争在一定程度上有所缓和，资本主义进入了相对缓和的发展时期。一方面，资本主义生产力高速发展，高新技术的发展带动了生产力的发展，从“电气时代”进入“电子时代”“信息时代”“人工智能时代”，资本主义进入全球化进程；另一方面，资本主义生产关系的局部改良使其生产关系、经济基础有了很多新的变化，国家垄断代替私人垄断，成为资本主义最基本的重要特征。

大体从1948年前后到1970年前后是资本主义国家发展的“黄金时期”。资本主义经过20多年的高速发展，积累了社会财富，也造成了生产过剩和矛盾，产生了严重的“滞胀”问题，出现了

"滞胀"综合征和经济危机，产生了经济停滞、高失业率与高物价上涨同时并存的现象。1973—1975 年波及各主要资本主义国家的极其严重的经济危机是发达资本主义各国从高增长趋于相对停滞的转折点。凯恩斯主义的实施到 20 世纪 70 年代以来的资本主义危机、衰退，造成新自由主义取代凯恩斯主义的契机。紧接着 1979—1983 年美国和西欧诸国爆发了又一轮严重的经济危机，陷入比 1973—1975 年更为严重的危机旋涡，时间长达四年之久尚未见底。这两次经济危机表明，国家干预和调节经济的凯恩斯主义并不是万灵药方，于是 20 世纪 80 年代以后，英国首相撒切尔夫人和美国总统里根极力推介新自由主义以取代凯恩斯主义，主张国家干预经济的凯恩斯主义失去了魅力，新自由主义逐渐兴起。当然虽有"滞胀"综合征，但资本主义不是没有发展，也并不排斥某些发展，只是发展整体放缓、下降。进入 20 世纪 90 年代初，西方发达国家又陷入一场新的经济衰退和增长停滞，于是时任英国首相布莱尔又提出"第三条道路"，企图把国家干预主义与新自由放任主义的某些方面结合起来，以推进经济的发展。布莱尔"第三条道路"的本质还是遵从新自由主义的原则。

20 世纪 70 年代末至 80 年代初，新自由主义受到美国当政者的青睐与推崇，成为西方国家主流经济学派和西方经济政策的指导思想。到了 20 世纪下半叶，以美苏为首的两大阵营的对峙冷战加剧，发展到 20 世纪 80、90 年代苏联解体、东欧剧变，垄断失去对手和制衡力量，社会主义进入低潮。新自由主义嚣张一时，不可一世，资本主义再次进入相对高速发展时期。当然，资本主义的缓和只是相对缓和，发展只是相对发展，并没有消除资本主义整体停滞下降的趋势和固有矛盾。

20 世纪 80、90 年代苏联解体、东欧剧变，标志着社会主义跌入低谷，而国家垄断资本主义却发展到了高峰。20 世纪 80、90 年代到世纪末，新自由主义取代凯恩斯主义，成为资本主义主流意识形态，新自由主义是对全球产生重大影响的资产阶级政治经济学理论，“华盛顿共识”就是新自由主义的“杰作”。经过凯恩斯主义到新自由主义的政策调整，资本主义又有了一定发展。资本主义的少数预言家鼓吹的社会主义“终结论”和资本主义“千年王国论”就是其理论反映。西方掀起反共反社会主义的高潮，新自由主义大肆流行，巩固和扩大了西方垄断资本主义的影响力。

第三个时期，国际金融垄断资本主义时期，即当代资本主义、又当代帝国主义时期（20 世纪末至今）。20 世纪末以来，新一代超巨型跨国公司，特别是超巨型跨国金融公司的大发展和对外扩张，促进资本主义由国家垄断时期进入了国际金融垄断时期。

资本主义在这个时期也有一个从高向低的发展进程，从发展的最高处开始下降。在这一进程中，自 20 世纪 80、90 年代苏联解体、东欧剧变之后，又发生两起国际性的重大事变：一是 2008 年爆发的国际金融危机；二是 2020 年暴发的世界性新冠疫情。大肆推行新自由主义，带来近 30 年的资本主义无序和持续扩张发展，造成严重的生产过剩，必然结果是 2008 年爆发国际金融危机，新自由主义破产。

2008 年爆发的国际金融危机是人类进入 21 世纪的一件带有转折性的历史事件，是资本主义发展至高峰开始迅速衰退的标志。2008 年国际金融危机和欧洲债务危机开启新一轮资本主义经济下行，这是 20 世纪 80、90 年代以来资本主义扩张所积累的严重的全球生产过剩及其所产生的一系列结构性矛盾的必然结果。以 2008 年爆发的美国次贷危机所引发的国际金融危机为转折点，当代资本主义不可避免地跨进了萧条期，美国的衰落就是典型。

"两超变一超"，美国一超独霸，大打"单边主义""霸权主义"牌，少数社会主义国家被围剿，发展中国家成为其军事入侵和经济盘剥的对象，标志着资本主义发展到了其生命的最高阶段的高峰期。发展至高至极，恰恰是进一步衰落并日益走向反面的起始。从苏联解体、东欧剧变至2008年国际金融危机仅仅不到30年时间，资本主义整体开始呈现明显的又一轮衰退。苏联解体、东欧剧变之后，独霸全球控制全世界财富的欲望推动美国帝国主义接连发动了一系列世界性的局部战争，消耗了它的力量，使美国踏上了衰落下降的不归之路。不可一世的美国，从支持北约东扩，打压俄罗斯，到打着反恐旗号，接连发动海湾战争、阿富汗战争、南斯拉夫战争、利比亚战争、叙利亚战争……从美苏对立到美俄对仗、美朝对峙、美委对斗、美伊对决……美国虽然穷凶极恶、不可一世，但色厉内荏、力不从心。

2008年国际金融危机对美国是重拳一击，十年后2020年新冠疫情暴发更是雪上加霜，造成世界经济大衰退，加速了资本主义的整体衰落，特别是加速了美国帝国主义衰落的速度。在美国衰退之前，经过第一次世界大战、第二次世界大战的折腾，英国早已从"日不落"帝国落魄成美国的小伙伴，欧洲其他国家，如法国、意大利等自第二次世界大战后也进入了衰退期。日本、德国在第二次世界大战后，作为战败国，在美国扶持下很快地发展起来了，但又迅速开始了下降期。

与此形成鲜明对照的是，中国特色社会主义成功战胜了2008年的国际金融危机，并在抗疫斗争中取得了决定性胜利，彰显了社会主义制度的优越性，意味着社会主义从低谷始出，向上向前发展，高歌猛进。

由于资本主义生产方式从私人垄断、国家垄断发展到国际垄断，从工业资本垄断发展到商业资本垄断，再到金融资本垄断，在资本主义私有制条件下，生产资料和财富越来越集中到少数金融资本垄断寡头和少数金融资本垄断寡头利益集团手中。高新技术的发展和经济全球化带来更大规模的生产社会化与更加集中的资本主义私人占有的矛盾越发激化，表现为一系列危机与局部战争的爆发。垄断资本主义的生产力越来越社会化、全球化，促成了生产关系的调整和转化，生产资料私有制向更为集中、更为垄断的方向发展，也就是说，资本主义的生产力和生产关系相背而行、越发矛盾，私人占有更向少数国际金融垄断资本寡头手里集中，而生产却越发社会化，资本主义的基本矛盾不仅没有消除，反而更为尖锐激化。从自由竞争到私人垄断，到国家垄断，再到国际金融垄断，三次转变并没有解决资本主义的基本矛盾，反而使基本矛盾更加激化，导致经济危机每10年左右爆发一次，愈演愈烈，规模越来越大，从没有间断过。第二次世界大战后的世界性局部战争也从未间断过。资本主义的基本矛盾表现为无产阶级与资产阶级、社会主义国家与资本主义国家、垄断资本主义发达国家与发展中国家之间的矛盾越发激化。

关于国际金融危机垄断资本主义，本书专门辟章论述，这里点到为止，不多赘言。

二　当今仍处于马克思恩格斯所判定的资本主义历史时代，仍处于列宁所判定的垄断资本主义，即帝国主义发展阶段

如果从资本主义萌生孕育开始算起，资本主义已经走过了六七百年的历史了；如果从它形成确立算起，也已经走过了四五百年的

历史了。回顾资本主义孕育、出生、确立、成长、发展直至从顶峰开始下降的历史进程，观潮起潮落，可以得出以下几个结论性的判断：

第一，我们现在仍处在马克思、恩格斯所判定的资本主义历史时代，处于列宁所判定的垄断资本主义，即帝国主义发展阶段。

习近平总书记在2017年9月29日中共中央政治局集体学习时明确指出："时代在变化，社会在发展，但马克思主义基本原理依然是科学真理。尽管我们所处的时代同马克思所处的时代相比发生了巨大而深刻的变化，但从世界社会主义500年的大视野来看，我们依然处在马克思主义所指明的历史时代。这是我们对马克思主义保持坚定信心、对社会主义保持必胜信念的科学根据。"① 马克思主义所指明的历史时代是什么样的时代呢？笔者在第二章中已经阐明，马克思、恩格斯按照唯物史观关于社会形态演变理论，根据"经济的社会形态"的根本性质来划分历史时代，把历史时代划分为原始社会、奴隶社会、封建社会、资产阶级社会等历史时代，经过无产阶级专政的社会主义过渡，将进入共产主义社会历史时代。社会主义社会是共产主义社会的第一阶段。他们在《共产党宣言》中明确指出："我们的时代，资产阶级时代。"② 他们在这里所讲的"时代"概念不是我们从党和国家发展角度所提出的中国特色社会主义进入"新时代"的时代概念，而是唯物史观所阐述的大的"历史时代"的时代概念。从时代的根本性质和大的历史进程来看，从全球范围来讲，我们现在仍然处于资本主义社会形态占主导地位的历史时代，而这个时代又发展到经过社会主义过渡，最终取代资本主义而进入共产主义的历史阶段，充满了社会主义与资本主义两

① 《习近平谈治国理政》第2卷，外文出版社2017年版，第66页。
② 《马克思恩格斯选集》第1卷，人民出版社1995年版，第273页。

种制度、两条道路、两种命运的斗争。

当然，我们当下所处的大的历史时代，在其发展进程中，又分为不同的发展阶段。如果从资本主义原始积累算起（当然，在原始积累资本主义阶段之前，资本主义还有一个孕育准备阶段），到完成原始积累，确立资本主义制度的自由竞争资本主义，到垄断资本主义，再到今天的当代资本主义，我们所处的资本主义历史时代已经经历了两个阶段，正处在第三个阶段。第一个阶段是原始积累资本主义阶段，这是资本主义形成确立阶段，也是资本主义的上升、革命阶段，这个阶段一方面是资本主义血腥残酷的物质财富积累阶段，也是资本主义生产方式的积累阶段，既存在资产阶级对工人阶级、农民阶级和其他劳动人民的剥削，又存在资产阶级领导受封建阶级统治压迫的各阶级向封建主义展开的革命斗争，资产阶级革命是该时代阶段性主题。第二个阶段是自由竞争资本主义阶段，这就是马克思恩格斯写作《资本论》时所看到的世界，工人阶级和社会主义运动的兴起是该时代的阶段性主题。第三个阶段是垄断资本主义阶段，又可以称作帝国主义阶段。资本主义从竞争走向垄断，就是列宁写作《帝国主义论》时所看到的世界。资本主义以垄断代替竞争，进入资本主义发展进程中最后的、腐朽的、垂死的发展阶段。垄断资本主义就是帝国主义，帝国主义是资本主义的最高阶段，也是最后阶段。在该阶段，帝国主义把世界瓜分完毕，为争夺殖民地而“狗咬狗”地打了起来，爆发了两次世界大战。无产阶级革命兴起，科学社会主义从理论走向实践。列宁把这个阶段称作帝国主义和无产阶级革命时代。列宁这里所讲的时代不是大的“历史时代”，而是指大的“历史时代”的特定历史阶段，列宁所处的垄断资本主义是垄断资本主义的私人垄断资本主义时期。列宁认为该阶段、该时期的阶段性时代主题是革命与战争。当然列宁关于垄断资本主义的科学判断，既是对垄断资本主义一般规律、本质特征的科学认识，也包括对私人垄断资本主义特征、规律的科学认识。列宁的判断是正确的，在帝国主义和无产阶级革命时代，爆发了十月革命、中国革命以及东方殖民地与半殖民地国家的民主革命，出现了一个社会主义阵营和一系列摆脱殖民统治的发展中国家。

对于现在处在什么样的阶段，有三种不同的看法。一种看法认为现在仍处在列宁所判定的垄断资本主义，即帝国主义阶段，然而情况发生了巨大变化，已经从私人垄断发展到国家垄断，现在进入了垄断资本主义新的发展时期，即国际金融垄断时期；还有一种看法认为现在已经进入一个新的阶段，即资本主义的第四个发展阶段，有的叫新帝国主义阶段，有的叫国际垄断资本主义阶段，有的叫金融垄断资本主义阶段，有的叫现代资本主义阶段，等等。第三种看法认为，当代资本主义已经发展到可以“和平过渡”到社会主义的阶段了。究竟是处于原来的阶段还是新阶段，是什么样的阶段？可以讨论。笔者认为，历史发展的每一个阶段和每一个阶段之间并不是截然分开，完全不同的，历史发展阶段是有连续性的，同时每个阶段又具有与其他阶段不同的特征。比如，整个资本主义历史时代是一个完整的、连续的、具有自己本质特征的历史进程，同时它又在发展进程中形成不同的发展阶段，如原始积累资本主义阶段、自由竞争资本主义阶段、垄断资本主义阶段。而资本主义历史时代的每一发展阶段，又分为不同的发展时期，如垄断资本主义阶段，已经经过私人垄断时期、国家垄断时期，发展到当代的国际金融垄断时期。然而，不论资本主义发展到何阶段何时期，它都不能完全截断与前后阶段以及不同时期的连续性与同一性。垄断资本主义以垄断为主，但竞争依然存在。当今的垄断资本主义仍然保留着垄断资本主义，即帝国主义的特征，但又有新的变化。列宁分析的垄断资本主义，即帝国主义的特征，当代资本主义，即当代帝国主义都有，同时它又形成新的特征。笔者认为，当代资本主义，即当代帝国主义呈现出新的变化和特征，但它仍然是垄断资本主义，仍然是帝国主义，只不过是经过私人垄断、国际垄断两个发展时期，进入国际金融垄断新的发展时期，呈现出许多新型帝国主义的新特征，但资本主义、垄断资本主义，即帝国主义的基本特征依然存在，当代资本主义更不是已经发展到“和平过渡”到社会主义的新阶段，当代资本主义“和平过渡”到社会主义的新阶段的判断是错误的。

不管如何判断，马克思主义所指明的大的历史时代没有改变，资本主义的基本矛盾没有改变，垄断资本主义，即帝国主义的基本特征没有改变，资本主义灭亡，社会主义胜利的历史必然趋势没有改变。由于殖民地或半殖民地人民的斗争、工人阶级的斗争，争取独立和社会主义的斗争、争取和平与发展的斗争成为一波又一波的时代潮流。当今，垄断资本再用过去压迫剥削本国工人阶级及其广大人民群众的榨取办法，以及直接野蛮掠夺殖民地或半殖民地人民的盘剥办法已经过时了，形势迫使垄断资本改变了掠夺方式，采取了间接的盘剥办法，如金融掠夺。争取和平与发展成为阶段性时代主题。

总体上看，当下我们仍然处于资本主义生产关系占统治地位的历史时代，然而该历史时代已经前进到社会主义逐步取代资本主义的历史进程，也就是说资本主义经过革命阶段、兴盛阶段以后，正处于衰落阶段，当然其衰落期也是很漫长的，在漫长的衰落过程中并不排斥个别的、局部的、一时的发展。资本主义的替代物——社会主义以及将来的共产主义，已经从“一个幽灵”即弱小的新生儿阶段走向现实实践阶段，在资本主义社会体系内部形成了崭新的社会形态——社会主义社会，占世界人口不到1/5的中国，已经成功地走出了中国特色社会主义道路，世界社会主义力量不断壮大，进入一个新的发展进程。资本主义下降，社会主义上升。虽然在该进程中，社会主义相比资本主义来说仍然不占优势，但它却是不可忽视的社会进步力量，代表着人类的未来。

在准确判断历史时代的基础上，可以对当前国际社会基本矛盾、主要矛盾和发展态势作出判断。当今世界是资本主义生产方式占统治地位的世界，分析当今世界基本矛盾，绕不开对资本主义社会基本矛盾的分析。马克思主义经典作家认为资本主义社会基本矛盾是生产的社会化和资本主义私人占有的矛盾，这个基本矛盾表现在阶级关系上就是工人阶级及广大劳动人民与资产阶级的矛盾；表现在社会制度上、发展走势和道路选择上，则为社会主义与资本主义两条道路、两种制度、两个前途、两种命运、两股阶级力量的矛盾与斗争。特别是在今天，社会主义代替资本主义的博弈更为尖锐、更为激烈，也更为突出。正如习近平总书记所指出的那样，科学社会主义创立至今，社会主义和资本主义两条道路、两种制度的斗争一刻也没有停止，绝不是今天才有的。①

当然，按照辩证法来看，社会主义的发展也是曲折地前进、波浪式发展、螺旋式上升的，绝不是一帆风顺、一马平川、一路凯歌的。放在大的历史时空跨度上观察，作为代表新的社会形态的社会主义，从空想主义到科学社会主义理论，从科学社会主义理论到社会主义实践运动，从社会主义实践运动到社会主义制度现实；从1848年《共产党宣言》问世，到十月革命胜利，再到中国革命胜利和社会主义阵营的形成，一路向前发展，当然其中也有挫折和起

① 参见洪晓楠、邱金英《当代文化帝国主义思潮研究》，人民出版社2018年版，第277—278页。

伏。20世纪80年代末90年代初，苏联解体、东欧剧变，社会主义一下子跌入低谷。从那时到现在三十多年过去了。“三十年河东，三十年河西”，中国高举社会主义旗帜，坚持改革开放，走出了一条中国特色社会主义道路，“风景这边独好”。而西方资本主义诸国经过2008年的国际金融危机和2020年新冠疫情的打击，迅速呈现大萧条。社会主义始出低谷，资本主义进入新一轮衰落。这就是社会主义与资本主义两种社会形态斗争的现状与趋势。

资本主义发展到今天，资本主义社会基本矛盾没有改变，而是更为尖锐、更为激化。资本主义社会的基本矛盾，展开为社会主义与资本主义之间的矛盾、资本主义国家内部工人阶级及广大人民群众与资产阶级之间的矛盾、国际金融垄断资本主义国家与其他发展中国家之间的矛盾、国际垄断资本主义国家之间的矛盾。从这些矛盾现实出发观察世界，就可以对国际问题、国际关系、国际局势及其走向作出科学判定。资本主义的基本矛盾在国际金融垄断资本主义时期，必然转为不断爆发的国际性金融危机，乃至全面性的国际金融危机、资本主义的制度危机。这种危机是国际社会的各类矛盾更加激化的集中表现。这是当前一切国际斗争激化、争端激烈、战争爆发的总根源、总原因，当前国际上的各类热点、焦点问题，爆发的各类争端，都是由这类矛盾引发的。

第二，资本主义及其代表性阶级——资产阶级在上升期曾是进步的、革命的。

“资产阶级在历史上曾经起过非常革命的作用。”[①] 资本主义社会代替封建社会是人类社会生产方式的一次伟大革命，是人类历史的一次伟大进步。资本主义在形成发展进程中，以极大的创造力和

① 《马克思恩格斯选集》第1卷，人民出版社1995年版，第274页。

极其迅猛的速度，创造了超过封建社会几千年才能创造出来的经济政治文明，推动生产力的发展，创造了强大的物质财富、精神财富和制度财富，对人类社会做出了历史性的重大贡献。资本主义在全世界夺取经济统治地位和政治统治权的进程中，经历了前赴后继、曲折反复的革命过程，显示出资产阶级的历史进步性和革命性，显示出资本主义社会相较封建社会的制度优越性。

第三，资本主义及其统治阶级资产阶级步入衰落期，变得落后和反动。

当资产阶级建立并巩固了自己的经济政治统治，并作为统治阶级把资本主义经济政治制度推向了顶峰，主导了全世界，也就开始了资本主义及其统治阶级资产阶级的下降衰落，资产阶级堕落为落后的、反动的阶级，资本主义社会进入了不可遏制的下降期，这是资本主义作为人类最后一个剥削社会不可克服的内在矛盾运动所决定的，也是资产阶级的剥削阶级本性所决定的，是任何人所改变不了的。19 世纪末 20 世纪初资本主义由自由竞争阶段发展到垄断阶段，资本主义开始进入整体的衰退期。当然，资本主义进入发展的衰退期，是就总体趋势而言的，并不排除在整个衰退进程中会出现一时的发展，局部的上升，暂时的稳定，间隔的繁荣。

第四，资本主义无论是在上升的革命时期，还是在下降的落后时期，其剥削的本性都是一如既往不可改变的。

马克思说："资本来到世间，从头到脚，每个毛孔都滴着血和肮脏的东西。"① 在封建社会母体中，资本主义一出生就暴露出嗜血的剥削阶级本性。新兴的资产阶级是靠剥夺农民阶级，剥削工

① 《马克思恩格斯选集》第 2 卷，人民出版社 1995 年版，第 266 页。

人阶级，靠强盗般的圈地运动、殖民掠夺，以及战争屠杀，而完成资本主义原始积累，进入高速发展阶段，并维持至今的世界统治地位。然而不论是在上升期还是下降期，其剥削阶级本性都是不可改变的。尤其是进入下降衰落期后，寄生、腐朽和垂死性更强化了其残酷、狡猾地压迫剥削世界人民的本性。当人民奋起反抗，建立新的社会制度时，它会拼命地反对，甚至不惜血本，用战争和屠杀维护资本主义制度的存在，保障资产阶级政权的稳固。

第五，资本主义历史时代一方面积累财富，另一方面积累贫困，始终贯穿着两极分化、阶级矛盾激化和激烈的阶级斗争。

资产阶级出于对该阶级整体利益、根本利益的考量权衡，也会采取一些缓和矛盾、减缓两极分化的政策和举措，但无法从根本上解决两极分化和阶级对立问题。资本主义的两极分化表现为两个方面，一方面是穷人与富人的分化与对立，另一方面是穷国与富国的分化与对立。西方发达资本主义国家凭借雄厚的国家实力，通过资本垄断、不等价交换、资本输出等手段，特别是依靠国际金融垄断资本的输出和国际循环，加强对发展中国家的盘剥，在国际市场上大肆掠夺，攫取高额利润，导致穷人越穷、富人越富，穷国越来越穷、富国越来越富，两极分化和对立越来越大。

第六，资本主义历史时代始终贯穿社会主义与资本主义、无产阶级与资产阶级的矛盾斗争。

资本主义在其萌芽期就产生了社会主义思想和运动，资产阶级一出现就造就了它的对立面和掘墓人无产阶级。“资产阶级不仅锻造了置自身于死地的武器；它还产生了将要运用这种武器的人——

现代的工人，即无产者。”[①] 在资本主义从萌生、发展到衰落，直至灭亡的整个历史进程中，始终贯穿着资产阶级和工人阶级两大社会力量、资本主义与社会主义两种社会前途命运的矛盾斗争，只不过经过了从社会次要矛盾上升为社会主要矛盾的转化。当资产阶级处于革命期，资本主义与封建主义、资产阶级与封建阶级的矛盾是社会主要矛盾，资产阶级与工人阶级、社会主义与资本主义的矛盾会暂时处于次要矛盾地位。当资本主义社会替代了封建社会以后，无产阶级和资产阶级、社会主义与资本主义之间的矛盾就会上升为社会主要矛盾。历史越前进，社会主义越发展，无产阶级越强大，资本主义越下降，资产阶级越落后退步，这种斗争就越激烈，这不以人的意志为转移。

总而言之，正如习近平总书记指出的：“就从国际金融危机看，许多西方国家经济持续低迷、两极分化加剧、社会矛盾加深，说明资本主义固有的生产社会化和生产资料私人占有之间的矛盾依然存在，但表现形式、存在特点有所不同。”[②] 我们现在所处的仍然是列宁所判定的资本主义发展的最高阶段，即垄断资本主义，也即帝国主义阶段，垄断的基本特征没有改变，帝国主义的本性没有改变，资本主义的基本矛盾没有改变。当然也发生了重大改变，垄断的特征从个人垄断发展到国家垄断，再到国际金融垄断，形成了垄断资本主义经济基础垄断的第三个重要形式，进入了垄断资本主义，即当代帝国主义发展的第三个时期。当代资本主义就是国际金融垄断资本主义，即新型帝国主义，出现了一系列新矛盾、新问题和新特点。

---

① 《马克思恩格斯选集》第 1 卷，人民出版社 1995 年版，第 278 页。
② 习近平：《在哲学社会科学工作座谈会上的讲话》，人民出版社 2016 年版，第 14 页。

三　资本主义发展当代新形态
——国际金融垄断资本主义，即新型帝国主义及其新变化、新特征

对当代资本主义，即当代帝国主义的认识，实质上是同一个问题的两个方面，当代资本主义就是当代帝国主义。当代资本主义已经发展到什么样的程度？特征是什么？如何定义当代资本主义？当代资本主义还是不是帝国主义？当代帝国主义又发生了哪些变化？这是必须回答的重大理论与现实问题。如果对这些重大理论与现实问题缺乏科学的认识和判断，就很难正确地认识和判断当前的国际形势和世界格局，就很难制定开展国际斗争和推动国内发展的正确的战略策略。

关于当代资本主义，即帝国主义，这一重大的理论和实践问题，国内外理论界、学术界从多方面、多层次、多角度开展研究，学者们议论纷纷，各持己见，仁者见仁，智者见智。依据当代资本主义，即当代帝国主义的发展新特征，冠之以各种称谓。大体上分为两派：一派是站在垄断资本主义的立场上，为帝国主义寻找理论论据，为帝国主义的侵略政策和行径作辩护，甚至提出建议，如最早提出当代资本主义是“新帝国主义”的首推罗伯特·库珀，他从新自由主义的立场出发，把当今“新帝国主义”分为“自愿帝国主义”“邻国帝国主义”“合作帝国主义”三类，为西方垄断资本主义大国对发达落后国家的政治、经济、军事上的侵略的政策和行为提供合理化的论证，库珀的“新帝国主义”论，是以美国为首的西方霸权主义理论的延伸。[①]

---

① 参见孙玉健《“新帝国主义论”与马克思主义的帝国主义理论》，中国社会科学出版社2017年版，第16—20页。

另一派是站在批判当代资本主义，即当代帝国主义的立场上，对当代帝国主义作出某些批评，力图对其给出新的定义，其中西方马克思主义思潮和西方左翼的许多学者就属于这一派。譬如，第二次世界大战结束后，安东尼·布鲁厄的《马克思主义的帝国主义理论》、哈里·马格多夫的《帝国主义时代——美国对外政策的经济学》、罗纳德·H. 奇尔科特的《批判的范式：帝国主义政治经济学》都在一定程度上肯定了马克思列宁主义的帝国主义理论，对当代帝国主义新发展进行了批判研究。冷战结束后，迈克尔·哈特与安东尼奥·奈格里著的《帝国》、迈克尔·赫德森的《金融帝国——美国金融霸权的来源和基础》、威廉·J. 罗宾逊的《全球资本主义论——跨国世界中的生产、阶级与国家》、约翰·贝拉米·福斯特的对晚期帝国主义的研究等，都对金融垄断资本主义进行了批判性的研究。20 世纪 80、90 年代，美国学者道格拉斯·凯尔纳认为，当代资本主义已进入技术经济、技术政治和技术文化高度结合的技术资本主义阶段。关于资本主义是技术资本主义等与技术相接近的称谓纷纷被提了出来。如还有的人认为当代资本主义已经发展到新福特资本主义、后福特资本主义、福利资本主义、公司帝国主义、赌场资本主义、涡轮资本主义、景观资本主义、超工业资本主义、后工业资本主义、认知资本主义、媒介资本主义、虚拟资本主义、信息资本主义、数字资本主义、生态资本主义、知识垄断资本主义等。法国学者托马斯·皮凯蒂在《21 世纪资本论》中，考察了西方发达资本主义国家自 18 世纪工业革命以来（1700—2012 年）在收入、资本、人口、增长率等方面的历史数据，认为不平等、两极分化在资本主义历史上长期存在，并没有随着经济增长而衰减、解决，在今天更为尖锐激烈。[①] 正如习近平总书记指出的："当代世界马克思主义思潮，一个很重要的特点就是他们中很多人对资本主义结构性矛盾以及生产方式矛盾、阶级矛盾、社会矛盾等进行了批判性揭示，对资本主义危机、资本主义演进过程、资本主义新形态及本质进行了深入分析。这些观点有助于我们正确认识资本主义发展趋势和命运，准确把握当代资本主义新变化、新特征，加深对当代资本主义变化趋势的理解。"[②] 其中许多人肯定了列宁帝国主义理论的基本方面，对帝国主义的新变化、新特征作出了较为深入的研究，提出了一些新的理论根据，对当代资本主义作出揭露和批判。巴西的特奥尼托奥·多斯桑多斯提出依附理论，明确指出了帝国主义是一种腐朽的制度，趋向于形成食利国，资产阶级越来越依靠"剪息票"过日子。[③] 但是，许多人对当代资本主义的认识都有一个根本的缺陷，就是离开了马克思列宁主义关于资本主义的科学认识。有人称之为在当代资本主义研究中，存在"马克思主义失语""帝国主义失踪"的问题。

对于当代资本主义还是不是帝国主义，绝大多数人认为现在仍然是帝国主义。比较一致的意见是帝国主义依然存在，并且发展到了新帝国主义阶段，称之为新帝国主义，有的称之为晚期帝国主义，还有的称之为文化帝国主义、媒介帝国主义、信息帝国主义、公司帝国主义等。当然，这里讲到的相当多的持"新帝国主义"的说法同最早称之为"新帝国主义"的罗伯特·库珀的说法是不同的，他们中间的绝大多数不是站在维护帝国主义的立场上，而是站在批判帝国主义的立场上。美国《每月评论》主编约翰·贝拉米·

---

① 参见［法］托马斯·皮凯蒂《21世纪资本论》，巴曙松等译，中信出版社2014年版。

② 《习近平谈治国理政》，外文出版社2017年版，第67页。

③ 参见［巴西］特奥托尼奥·多斯桑托斯《帝国主义与依附》，毛金里、白凤森等译，社会科学文献出版社1999年版。

福斯特把当代帝国主义称为晚期帝国主义。他认为，晚期帝国主义就是帝国主义发展的一个新阶段，既是经济停滞时代，又是美国霸权衰落和全球代谢断裂时代的帝国主义。晚期帝国主义具有普遍垄断金融资本、生产全球化、新形式的价值转移等特征。晚期帝国主义更具有侵略性，在意识形态上表现为新自由主义，代表了资本主义世界秩序的历史终点。① 比较一致的意见是，当代资本主义已经由国家垄断向国际垄断转变，新帝国主义是垄断资本主义发展阶段的最新表现。

学界对当代帝国主义的本质特征、当代帝国主义产生的时代条件、当代帝国主义的经济基础、当代帝国主义的类型、当代帝国主义的霸权逻辑、当代帝国主义与新自由主义、当代帝国主义全球化、当代帝国主义的矛盾和危机、当代帝国主义与民族国家的关系、当代帝国主义的发展趋势等重要问题，均展开了广泛深入的研究。

对当代资本主义，即当代帝国主义种种称谓判定往往都只是注重从生产力方面做出某些分析判断。科学技术也是生产力，是第一生产力，从科学技术角度观察当代资本主义的新变化是毫无疑问的。譬如技术资本主义的类似提法，实质上也是从生产力视角观察当代资本主义新特征所作出的判断，认为资本主义已经进入与技术高度结合的阶段，即技术资本主义阶段，也并非毫无道理。马克思主义政治经济学当然注重对于生产力的研究，认为生产力是社会历史发展的最终原因，也是资本主义发展的最终原因，但是马克思主义政治经济学更强调政治的经济学，强调研究生产关系，从生产关系看生产力，看社会形态的发展变化。因此，不仅要从生产力视

① 参见牛田盛《晚期帝国主义：资本主义世界秩序的历史终点》，《世界社会主义研究》2020 年第 6 期。

角，更要从生产关系视角对当代资本主义的本质特征作出科学的分析判断，仅仅从生产力方面对当代资本主义作出判断定义，显然是不充分、不深刻的，不能触及当代资本主义的社会阶级关系本质。

尽管如此，虽然说法不一，但有一条共识：当代资本主义已经发生了新的变化，具有了新的形式，呈现新的特征，发展到了一个新的时期。笔者认为，资本主义在第二次世界大战后虽然仍然保持着垄断特征，但是已经从私人垄断转向了国家垄断，转变的时间大体是第二次世界大战以后到20世纪80、90年代。在进入20世纪苏联解体、东欧剧变之后的一段时期以来，当代资本主义又由国家垄断发展到国际金融垄断。当代资本主义的经济基础是国际金融资本垄断，当前正处于国际金融垄断资本主义时期，帝国主义也进入了一个新的发展时期，成为新型帝国主义。这个判断笔者在前文中已经提出，下面继续展开论证。

其表现特征为：**第一，科技创新和生产力发展呈现前所未有的速度和质量，极大地推动了国际金融垄断资本的迅速聚集、集中和发展。**

“生产的不断变革，一切社会状况不停的动荡，永远的不安定和变动，这就是资产阶级时代不同于过去一切时代的地方。”① 当垄断资本主义发展到当代国际金融垄断时期，全球掀起了新一轮科技革命浪潮，科技创新日新月异，生产力发展突飞猛进，呈现前所未有的态势。科技革命是资本主义生产力和经济快速发展的直接动力。科技革命促进了资本主义的发展，在资本主义发展史上，已经发生了三次科技革命，当前正在进行着第四次科技革命。

第一次科技革命发生在19世纪20年代至19世纪中期，是由新

---

① 《马克思恩格斯选集》第1卷，人民出版社1995年版，第275页。

的工具机引发产生新的动力机，即蒸汽机的发明与应用所带来的一次科技革命，可称“蒸汽革命”。到了19世纪60年代，英国爆发了由第一次科技革命带来的工业革命。英国纺织业完成了由以人力、畜力和水力为基本动力的工场手工业向以蒸汽技术为动力的机器大工业的转变，科技革命引发了工业革命。第一次科技革命乃至工业革命期间，资本剥夺了农民和手工业劳动者，使他们沦为雇佣劳动者，土地、机器、厂房等生产资料越来越集中到少数资本家手中，资本主义私有制得以巩固成熟确立，进入了自由竞争资本主义阶段。

第二次科技革命发生于19世纪70年代至20世纪初第一次世界大战结束，电力动力克服了蒸汽动力的局限性，蒸汽技术转变为电气技术，电的发明应用使人类社会生产方式和生活方式发生了深刻变革，也称“电力革命”。第二次科技革命带来了第二次工业革命，电动机、内燃机、化学工业、钢铁工业获得了突破性进展，极大地推动垄断取代自由竞争成为全部经济生活的主要现象，资本主义从自由竞争发展到私人垄断，资本主义走向最后阶段。

第三次科技革命，萌发于19世纪末20世纪初叶，兴起于第二次世界大战后，20世纪40—60年代进入高潮，是一场电子技术的革命，又称“电子革命”。第三次科技革命引发了以电子计算机的发明和应用为标志的第三次工业革命，称之为产业革命更为合适，资本主义由电气时代进入电子时代，生产的自动化和专业化程度极大提升，创造了巨大的劳动生产力，发达资本主义国家的生产总值超过了此前200多年生产产值的总和，1948—1973年，世界工业增长了353%，故人们称这一时期为“世界经济黄金时代”。

20世纪70年代以来，在世界范围内又掀起了一轮新的科技浪潮，发生了第四次科技革命，即以信息技术的广泛应用为标志的科技革命，也可称“信息革命”。第四次科技革命引发第四次工业革命，更准确地说是第四次产业革命，信息技术、智能技术、生物技术、新材料和新能源极大发展。信息革命，一方面，大大提高了劳动生产率，为生产力发展开辟了新的空间，推动金融业、信息产业、智能产业、生物生命产业、新能源新材料产业等新业态诞生和发展，促使产业结构发生重大变化，第一产业比重大大下降，第二产业不升不降、有升有降，第三产业比重迅速提升，达到60%以上，造就了资本主义物质财富的进一步积累和增加；另一方面，致使金融垄断资本加快了聚集化、国际化的进程。信息化、人工智能、机器人、互联网、大数据、云计算、物联网、5G技术、区块链等前沿技术驱动下的科技风潮，推动资本主义生产方式向数字化、智能化方向发展，生产关系趋向松散化、多元化、复杂化，形成以技术创新为手段的获取超额利润的新方式。资本主义以技术创新作为资本积累和扩张的新手段，极大地促进了国际金融垄断资本的聚集和集中发展，极大地强化了国际金融垄断资本对全球一切产业的渗透、融合和控制，推动金融垄断资本越发全球化。此外，生产力越来越社会化，推动资本主义生产关系和上层建筑向更为私有化、更为垄断化方向发展的同时，新的社会因素，如股份制、工人持股、国有化等，在资本主义内部也日益积累。然而，资本主义私有制本质并没有改变，技术创新是在私有制条件下的创新，技术创新导致技术私有化和技术垄断，私有化和垄断从根本上遏制生产力和新产业发展，制造高科技产业泡沫，加剧资本主义业已存在的内在矛盾。新技术革命既是资本主义不断发生新变化的重要表现，又是资本主义不断出现新变化的推动原因。

第二，垄断资本主义已经形成了新的垄断形式——国际金融资本垄断，到了其最新的发展时期——国际金融垄断资本主义，国际金融资本主义是新型帝国主义。

列宁在《帝国主义论》中指出："生产的集中；由集中而成长起来的垄断；银行和工业的溶合或混合生长，——这就是金融资本产生的历史和这一概念的内容。"① "集中在少数人手里并且享有实际垄断权的金融资本，由于创办企业……等等而获得大量的、愈来愈多的利润，巩固了金融寡头的统治，替垄断者向整个社会征收贡税。"② 列宁明确论述并预见了金融资本与金融寡头的形成及其作用，认为金融资本垄断就是垄断资本主义经济基础。对于当代资本主义来说，生产和集中进一步扩大、加深、加剧了垄断，并日益向国际化金融垄断资本聚集，国际金融垄断资本在全球的统治进一步扩张和加深。剩余价值生产是资本主义的客观规律，获取垄断利润是垄断资本主义的绝对规律。可以说，国际金融资本垄断就是国际金融垄断资本主义最深厚的经济基础。获取超额金融垄断利润是国际金融垄断资本剥削掠夺的基本方式。在国际金融垄断资本主义条件下，国际金融垄断资本利用国际跨国股份公司、通过世界金融市场从全球获取超额利润。

当今，国际金融资本垄断成为当代资本主义最突出、最鲜明、最主要的特征。金融资本垄断是发达资本主义剥削全世界的最重要的手段。金融垄断资本具有极强的流动性，天然具有跨国资本特性。20 世纪 70 年代以来，在全球化的世界进程中，在新自由主义思想的影响引导下，西方发达资本主义国家，首先是美国加速了金融资本聚集、集中、垄断的速度。特别是进入 21 世纪，资本主义一个最鲜明的特征就是金融垄断资本越来越国际化，国际金融垄断资本的世界性统治地位越发确立。金融垄断资本在世界经济中占据主导地位，一方面造成国际金融垄断资本主义的经济更加虚拟化，

---

① 《列宁选集》第 2 卷，人民出版社 1972 年版，第 769 页。

② 《列宁选集》第 2 卷，人民出版社 1972 年版，第 775 页。

国际金融市场日益扩大，金融衍生工具迅速发展；另一方面，发展中国家越加贫困，受到国际金融危机的冲击，以及国际金融垄断资本的控制。资本的本性是不断实现自身的增殖和扩张，金融垄断资本主义在全球化运动中不断推进国际投资、国际贸易、国际信贷……不断增殖、不断积累、不断聚集，在经济全球化中日益起着决定性作用。国际金融资本通过资本借贷获取超额利润，通过利息形式瓜分实体经济的剩余价值。有人把国际金融垄断资本主义称为借贷资本主义，这不无道理。

冷战时期，世界形成了社会主义与资本主义两大阵营，形成两大市场体系。苏联解体、东欧剧变以后，在当今经济全球化的世界里，两个市场体系变成统一的资本主义世界市场体系，成为由美国国际金融垄断资本控制主导的统一的世界市场体系，国际金融垄断资本越发寡头化、跨国化、全球化，国际金融资本得到空前加强，其作用无孔不入、无处不在，任何国家、民族、地区、领域、范围都逃脱不了其控制，都受到其影响与冲击。在全球的科技、投资、生产、销售、银行、金融、贸易、服务以及世界规则、秩序方面，国际金融垄断资本都占据了统治支配地位。在国际金融垄断资本的推动下，资本和财富迅速集中，在全球形成规模空前的以金融为核心产业的国际化的大财团、大寡头和大富豪，在世界取得优势统治地位。一方面，国际金融资本越来越集中在极少数国际金融垄断资本寡头手里，在垄断资本主义世界体系中形成了绝对统治地位；另一方面，国际金融垄断资本的国际化程度越来越高，形成了由少数具有跨国性质的金融垄断资本寡头控制的新型国际金融垄断资本组织，如新一代超巨型跨国金融公司、世界银行、国际货币基金组织、美洲开发银行、关税和贸易总协定（世贸组织）……以金融垄断资本为核心的超巨型跨国公司在资本主义世界体系里的核心关键作用越来越突出。跨国公司经过100多年的发展，特别是20世纪以来，经过第一代、第二代、第三代到第四代超巨型跨国公司的发展，开始了其更大的发展，不仅规模巨大、实力雄厚、地位突出、垄断强大，更重要的是以国际金融垄断资本为核心与产业资本相融合，形成了超巨型国际金融——产业垄断资本寡头，控制了全世界。以国际金融垄断资本为灵魂和核心的超巨型跨国公司在垄断资本主义国家权力支持下爆发式地增长，形成了国际金融资本垄断寡头利益集团。目前，跨国公司的总产值已占资本主义世界总产值的三分之一以上，它控制了50%的国际贸易、80%的工艺研制、30%的国际技术转让。它们的分（子）公司的销售额（不包括公司内部销售额）相当于世界出口额的70%。[①] 其已经发展成世界范围的生产、交换和积累完整体系，全面控制了世界范围的生产与再生产过程。

国际金融垄断资本主义的实质就是金融垄断资本国际化，金融资本在国际的运动中不断聚集、集中、增强，形成占绝对优势的垄断地位。以国际金融资本垄断为主要特征，表现为：（1）资本垄断不是一般的资本垄断，而是金融资本垄断，金融资本垄断在资本主义体系中占据绝对的控制地位；（2）金融资本垄断已不是国家垄断，已经发展成为国际垄断，资本和财富迅速地集中在少数国际金融垄断资本寡头手里，垄断组织已不再是国际“托拉斯”，而是在资本主义世界经济体系中已经形成跨国的、统治全球的、空前巨大的财团、富豪和寡头，控制优势产业，占据国际产业链、贸易链优势地位，在世界经济体系中拥有绝对的话语权；（3）资本输出已经不是一般的资本输出，而是金融资本的输出，金融资本输出成为资

---

① 数据来源：尹雨虹：《跨国公司对世界经济的影响》，《商》2013年第9期。

本输出的最主要的财富剥夺形式，通过金融垄断资本输出掠夺世界财富。

国际金融垄断资本向全球化垄断发展，一方面得到垄断资本主义国家的支持，另一方面又日益摆脱国家权力的各种监管。国际金融垄断资本寡头对国家政府的决策影响日益膨胀，国际金融垄断资本家集团控制着资本主义国家的经济命脉，形成院外利益集团，影子内阁、影子政府，对资本主义国家政策起着至关重要的作用，国家成为大金融资本家的代言人。美国通用、福特、美孚、摩根、花旗等超巨型的国际金融垄断资本集团代表国家本质，同时又不受任何国家权威的约束，超越国家主权，这就加剧了国际金融垄断资本跨国公司与垄断资本主义主权国家的矛盾，国际金融垄断资本与产业资本、本土资本的矛盾也在加剧。

美国国际金融垄断资本力量依靠美国政府的强力维护和推行，得到进一步加强，加速在全世界的扩张，华尔街势力深嵌美国政治之中，加大了全球化力度，取得了资本主义世界体系的主导地位，获得了绝对统治权，从工业资本主义演变成金融资本主义。在国内，美国的国际金融垄断资本已经从企业的生产和经营领域扩展到整个经济生活、政治生活，在取得对工业、货币、商业活动的控制之后，又扩展到政府运作和普通人民的日常生活。在国际上，美国国际金融垄断资本把大量剩余资本向金融领域和海外转移，推动国际金融垄断资本主义发展，剩余价值的生产和实现已经全面地国际化了。结果这一方面使得美国作为一极和世界其他各国作为一极的分化更加突出尖锐；另一方面，致使美国主权国家能力削弱，国家政权地位下滑，让位给国际金融垄断寡头。此外，国际金融垄断寡头又利用美国国家政权力量打压损害他国主权，美国国家政权成为国际金融垄断资本剥夺其他国家和民族利益的打手。

国际金融垄断资本主义是国际金融垄断资本通过金融资本控制国家生产、国家投资、国际流通、国际交换、国际市场，对发展中国家进行经济盘剥、政治压迫、军事威胁的垄断资本主义，是新型帝国主义。其基本特征是：（1）超巨型跨国金融公司成为世界经济、世界市场的主宰力量；（2）国际金融垄断投资与扩张成为国际资本投资的主要形式；（3）生产和资本日益集中、集聚在全球金融资本垄断寡头手中；（4）国际金融垄断资本利用国家力量，并且超越国家力量控制、统治全球；（5）美国新型帝国主义已经形成独霸世界的霸权地位。

第三，形成一小撮国际金融垄断资产阶级阶层，构成垄断资产阶级的最高统治集团，是国际金融垄断资本主义统治阶级的最高层，构成国际金融垄断资本主义，即新型帝国主义的一个鲜明的阶级特征。

当代资本主义生产力和生产关系的新变化，给资本主义的统治阶级——资产阶级也带来了新变化。对于这些新变化，资产阶级的学者则鼓吹“资产阶级消失论”“资产阶级衰减论”，以竭力抹杀资产阶级和工人阶级的阶级矛盾和对立。国际金融垄断资本主义的新变化，并没有使“资产阶级消灭”或“减少”，而是使生产资料更加集中在少数资产阶级手中，资产阶级的剥削本质更加凸显，资产阶级与工人阶级的对立更加尖锐。资产阶级发生了新的变化，主要表现为：第一，极少数的国际金融垄断资产阶级阶层已经形成；第二，以剪息票为生的资产阶级阶层日益扩大；第三，形成了资产阶级的特殊阶层——跨国公司的高级经理人阶层。

20 世纪末到 21 世纪初，“跨国资本家阶级”一词流行起来。可以把国际金融垄断资本家们称为“跨国金融垄断资本家阶层”，他们是当代资产阶级的最有权势的最高阶层，该阶层由世界金融垄断资本寡头构成，代表跨国金融垄断资本利益集团，构成跨国金融垄断企业、组织的主要拥有者。国际金融垄断资本家集团是20世纪下半叶在资本主义历史发展中出现的资产阶级新阶层，他们控制着金融领域的跨国大公司，通过国际金融垄断资本控制了全世界的主要生产资料，控制着国际性的金融机构，并通过国际性的金融手段、工具和组织控制着世界上的重要产业，该阶层已经超越所有国家政权，成为全球资本主义体系生产资料的主要所有者。

美国是全球国际金融垄断资本家集团的大本营。国际金融垄断资本寡头主要聚集在美国，如华尔街国际金融资本垄断寡头。美国是国际金融垄断资产阶级阶层的总基地，美国当权者是国际金融垄断资产阶级利益的总代表。以美国国际金融资本垄断寡头为首的国际金融垄断资产阶级阶层主要由发达资本主义国家的国际金融垄断利益集团构成，它们与发展中国家的金融垄断资本利益集团联手构成国际金融垄断资本寡头控制的跨国金融资本利益集团。该阶层的领导层是国际金融资本垄断寡头，与国际产业资本垄断寡头融合，两者合二为一，如美国的金融—军工财团、金融—能源财团、金融—IT财团等，构成剥削全世界的国际金融资本垄断霸权集团。

第四，国际金融垄断资本主义向经济空心化、虚拟化迅速发展，强化了国际金融垄断资本主义，即新型帝国主义的食利性、寄生性、腐朽性和垂死性。

列宁认为："资本主义的一般特性，就是资本的占有同资本在生产中的运用相分离，货币资本同工业资本或者说生产资本相分离，全靠货币资本的收入为生的食利者同企业家及一切直接参与运用资本的人相分离。帝国主义，或者说金融资本的统治，是资本主义的最高阶段，这时候，这种分离达到了极大的程度。金融资本对其他一切形式的资本的优势，意味着食利者和金融寡头占统治地位，意味着少数拥有金融‘实力’的国家处于和其余一切国家不同的特殊地位。”① 本来服务于实体经济的金融资本，越发脱离实体经济，成为金融高利贷资本，从而支配实业乃至整个社会。当今，金融高利贷资本聚集于美国，美国成为超高利贷帝国主义，产生更为严重的寄生性和腐朽性。

垄断资本金融化、国际化的过程就是产业空心化、虚拟化的过程，就是实体经济和虚拟经济相分离的过程。在这一过程中，国际金融垄断资本主义经济愈益证券化、数字化、虚拟化，实体经济迅速衰退，美国就是典型。随着世界银行体系的发展，商业银行、保险公司、证券公司等形形色色的金融机构、金融中介服务业融合聚集，形成庞大的、无所不包的金融垄断资本世界性体系，通过向政府贷款、代销，发行政府债券，持有公债，强化对经济的控制和吸血，加剧了资本主义的投机性和寄生性。

资本输出，特别是金融垄断资本输出成为国际金融垄断资本向外扩张发展的主要形式。美国把大量实体产业转移到国外，从制造业大国转变成过度依赖海外产业的以虚拟经济为主体的资本主义金融帝国，金融经济越来越膨胀，实体经济越来越衰退，产业越发集中在以金融、房地产为代表的高端服务业，整个经济越来越泡沫化，不可避免地陷入“社会生活金融化”的困局，出现虚拟经济发展，实体经济衰退的双重问题。金融垄断帝国主义是资本主义的“虚胖和浮肿”的表现，也是资本主义“走下坡”的症候。曾几何时，美国是世界第一制造业大国，但是随着金融垄断资本地位的形成，美国制造业占 GDP 比重逐渐下降，金融业占比逐渐增加。据

---

①《列宁选集》第2卷，人民出版社1995年版，第624页。

统计，1960—2020 年，美国金融业占比从 14% 增加到 21%，制造业占比从 27% 下降到 11%，贸易占比从 17% 下降到 10.87%。与此同时，金融业的利润从 17% 增加到高于 30%，制造业的利润从 49% 降至 10.6%，缩减了 2/3 以上。1947—2012 年，美国 GDP 增长 63 倍，其中制造业增长 30 倍，金融业增长 212 倍。1980 年前后，全球金融体系中的衍生品交易量微乎其微，2019 年利率衍生品占全部衍生品名义本金比例超过 80%。截至 2019 年底，利率衍生品占总风险敞口比重为 80.39%。全球流动性金融资产与全球 GDP 之比 1980 年为 109%，2013 年为 350%。2019 年，入围世界 500 强的企业中，金融企业共有 113 家，相比世界 500 强企业 43 亿美元的平均利润，113 家金融企业的平均利润则超过 61 亿美元。

美国经济在全球化过程中进一步空心化和虚拟化，经济空心化、虚拟化的必然结果是美国制造业外流、工人失业、两极分化加速、社会矛盾加剧，加重了美国国际金融垄断资本主义的权重，加重了美国资本主义的食利性和腐朽性。加之美国国内过度消费，使其成为纯粹的消费国，造成极大的生态灾难，更加重其腐朽性。一小撮最富有的、最有权势的国际金融垄断资本家阶层，连带整个垄断资产阶级进一步食利化、寄生化和腐朽化。列宁认为："垄断，寡头统治，统治趋向代替了自由趋向，极少数最富强的国家剥削愈来愈多的弱小国家，——这一切产生了帝国主义的这样一些特点，这些特点使人必须说帝国主义是寄生的或腐朽的资本主义。"① 列宁在《帝国主义论》中明确指出，帝国主义的腐朽性表现在两个方面：一是停滞，一是寄生。所谓停滞，就是帝国主义的生产和技术发展存在着停滞的趋势，这是帝国主义腐朽性的基本表现，美国的

---

① 《列宁选集》第 2 卷，人民出版社 1995 年版，第 684 页。

经济停滞集中表现为实体经济、工业产业大量外移，严重衰退。所谓寄生，就是帝国主义逐渐丧失了通过本国的生产发展满足自身消费的能力，美国现在主要是靠金融掠夺全世界，成为最大的食利国，造就了庞大的食利者阶层。列宁把帝国主义的寄生和腐朽相提并论，称帝国主义就是寄生或腐朽的资本主义。

第五，美国作为国际金融垄断资本的总代表，推动在全球化条件下国际金融资本向全世界全面扩张，操纵世界经济治理权和世界政治统治权，世界唯一超级大国国际金融垄断资本主义的美国，作为头号新型帝国主义国家企图建立单极世界，维持其霸主地位。

美国是国际金融垄断资本家的国家，是代表国际金融垄断资本利益的。恩格斯在《反杜林论》中指出："无论转化为股份公司，还是转化为国家财产，都没有消除生产力的资本属性。在股份公司那里，这一点是十分明显的。而现代国家却只是资产阶级社会为了维护资本主义生产方式的共同的外部条件使之不受工人和个别资本家的侵犯而建立的组织。现代国家，不管它的形式如何，本质上都是资本主义的机器，资本家的国家，理想的总资本家。它愈是把更多的生产力据为已有，就愈是成为真正的总资本家，愈是剥削更多的公民。工人仍然是雇佣劳动者，无产者。资本关系并没有被消灭，反而被推到了顶点。"①

金融资本的全球性流动是资本主义由国家垄断发展到国际金融资本垄断的突出表现。金融资本在全球化进程中实现了全球性的流动，从而颠覆性地改变了全球的资本结构和经济结构，极大地强化了金融垄断资本在世界市场资源配置中的支配地位。与昔日日不落帝国英国直接统治世界的殖民体系不同的是，美国国际金融垄断资

① 《马克思恩格斯全集》第 20 卷，人民出版社 1971 年版，第 303 页。

本通过美国政府主导的国际规则，凭借经济、政治、军事实力维持美国国际金融垄断资本主义的世界统治，它通常通过制定一系列的规则、制度，并经由国际化的跨国金融组织，如世贸组织、国际货币基金组织等控制统治全世界。比如，统治世界的美元体系是通过布雷顿森林体系而确定其美元霸主地位的。1944 年在美国东部山区的一个小镇上召开了布雷顿森林会议，决定了美元等同于世界货币，等同于恒定的黄金值，美元与黄金挂钩，美元作为世界货币的特殊地位由此而确定，从而确立了美元在国际市场结算中的垄断地位，美元窃取了黄金作为世界货币的符号地位。1971 年 8 月 15 日，时任美国总统尼克松发表了 20 分钟的著名演说，宣布美元不同黄金挂钩，多国货币也不必与美元挂钩，宣布布雷顿森林体系解体。而之后在牙买加召开会议，达成《牙买加协议》，美元彻底脱离了黄金和实物货币，成为靠美国信用、由美国印钞发行的货币，“美元成为了一纸不能兑换的白条”[①]。从此，“美国靠在全球发行美元、国债、股票以及大量金融衍生品这样的虚拟渠道，使全世界的实体资源（自然资源、劳动资源和资本资源）不停地流进美国。美国生产货币，其他国家生产商品”。[②] 美国依靠自身经济、科技和军事实力使美元成为霸权货币，成为世界财富的收割机。美国国际金融垄断资本主义通过“美元加美军”对全球进行疯狂的扩张、控制、掠夺、压榨，也使得世界反霸权主义、反单边主义成为世界潮流。当代资本主义的多重矛盾越发激化、尖锐，由美国主导的资本主义世界秩序陷于前所未有的危机之中。

从 20 世纪 80 年代中期起，世界进入了经济全球化的发展阶段，也是垄断资本主义由国家垄断进入国际金融垄断时期。世界经

---

① 余斌：《新帝国主义是帝国主义的最后阶段》，《世界社会主义研究》2021 年第 4 期。

② 参见杨圣明《美国金融危机的由来与根源》，《人民日报》2008 年 11 月 21 日。

济全球化是资本主义占主导地位的全球化，是少数发达资本主义国家占主导地位的全球化，是国际金融垄断资本主义，也是美国新型帝国主义占主导地位的全球化。在世界国民经济总量中，美、欧、日等国占70%，在世界出口贸易中占70%以上，在世界的对外投资中占90%以上，它们的跨国公司在世界生产和世界市场中拥有强大优势。美国是国际金融垄断资本主义最强的超级大国，在世界经济中占有最大份额，是经济全球化的主导国，它凭借自己的超级优势地位操纵了国际组织、干涉国际事务，把自己的意志强加于他国，最大限度地压榨他国，牺牲他国，最大限度地实现自己的利益。经济全球化，为国际金融资本的扩张提供了新的机遇，同时又使资本主义不可克服的内在矛盾扩展到全世界，加速资本主义的灭亡。

第六，当代资本主义就是当代帝国主义，国际金融垄断资本主义就是新型帝国主义，新型帝国主义的帝国主义本性和特征并无根本改变，反而变本加厉地得到了强化。

金融垄断资本是帝国主义形成的起点，从根本上反映了帝国主义霸权。国际金融垄断资本是新型帝国主义的实质，国际金融垄断资本决定了新型帝国主义的霸权本性。国际金融垄断资本是在帝国主义体系下积累起来的，是新型帝国主义最深厚的经济基础。列宁给予帝国主义以明确的定义，他在《帝国主义论》中所讲的帝国主义专指垄断资本主义，他指出帝国主义是资本主义的最高阶段，也是最后阶段。20世纪80年代法国学者博德认为，以1873年资本主义危机为开端延续到1895年世界性经济大衰退，开始进入垄断资本主义，即帝国主义时期。[①] 许多学者认为，资本主义从自由竞争进

① 参见［法］米歇尔·博德《资本主义史：1500—1980》，吴艾美等译，东方出版社1986年版，第148—149页。

入垄断，发展为帝国主义，到第一次世界大战爆发，帝国主义进入鼎盛时期。国际金融垄断资本在垄断资本主义主权国家基础上，凭借经济全球化、军事霸权、垄断和帝国主义的世界制度，把帝国主义发展到了极端。十月革命是结束帝国主义鼎盛时期，开启新纪元的开端。

当代帝国主义是国际金融垄断资本支撑的新型帝国主义，为国际金融垄断资本的对外扩张、全球套利，进一步开辟了空间，同时又放大了垄断资本主义的结构性危机，强化了国际金融垄断资本主义不可克服的内在矛盾。新型帝国主义不仅没有改变帝国主义的本质，反而更加充斥了贪婪、野蛮、残忍、侵略的帝国主义本性，使其本性更加多样和隐蔽，充分表现了垄断资本主义的垂死性。美国《每月评论》主编约翰·贝拉米·福斯特把当代帝国主义称为晚期帝国主义，预见到资本主义的终结。[①] 总而言之，国际金融垄断资本主义是新型的帝国主义，晚期的帝国主义，是垄断资本主义发展的巅峰期、最高形式，也是最新阶段、垂死阶段。

第七，国际金融垄断资本主义，即新型帝国主义生产力与生产关系，经济基础与上层建筑的新转变，使得其阶级阶层结构、阶级矛盾和阶级斗争发生了新的变化。

20 世纪 70 年代以来，由于资本主义的调整和改良，世界发达资本主义国家的工人运动总体上趋于低潮，主要表现为：劳资冲突、工人罢工、示威游行数量和规模趋于减少，资产阶级实施了某些缓和阶级矛盾和抑制两极分化的政策，工人阶级在满足基本生活资料和生活条件方面有了一定的改善，阶级矛盾趋于缓和。当然，工人阶级受剥削的地位并未根本改变，阶级矛盾和阶级斗争只有一时缓和并未停止，而是波浪式地向前、向更尖锐的方向发展。

---

① 参见牛田盛《晚期帝国主义：资本主义世界秩序的历史终点》，《世界社会主义研究》2020 年第 6 期。

面对资产阶级和工人阶级的新变化，资本主义社会结构的新变化，西方资产阶级代言人，当然也有一些学术界的代表人物认为，马克思主义阶级划分理论中关于资本主义两大阶级对立的理论，已经被历史所超越，已经过时了，要彻底抛弃马克思主义关于阶级与阶级分析的全部概念、范畴和方法，认为资本家已经是“人民资本家”了，普遍的无产阶级生活方式已经不存在了，传统意义上的工人阶级已经不存在了，现在是“告别工人阶级”的时候了。事实上，随着资本主义社会的发展，马克思主义经典作家总是根据新情况、新变化，不断发展、补充、丰富他们的阶级理论和他们对资本主义社会阶级状况的分析。例如，在《资本论》中，马克思提出了“总体工人”，他指出：“为了从事生产劳动，现在不一定要亲自动手；只要成为总体工人的一个器官，完成他所属的职能就够了。”[①]马克思恩格斯还分别提出了“商业无产阶级”[②]“脑力无产阶级”的说法[③]。列宁提出“技术无产阶级”“官吏无产阶级”[④]“工程师无产阶级”的说法[⑤]。残酷的阶级对立和阶级斗争现实也一再说明马克思主义的阶级理论和对资本主义社会阶级状况的分析并非过时。果然，2008年国际金融危机和新冠疫情暴发以来，发达资本主义的内部矛盾和阶级矛盾又趋于强化，工人和国际共产主义运动由低潮向高潮起步。

虽然无产阶级和资产阶级仍然是当代资本主义社会的两大对立阶级，但阶级阶层结构呈现多层次、多样态新变化。资产阶级本身发生了极大的分化，形成资产阶级的宝塔形层级结构：最高层是极

① 《马克思恩格斯全集》第23卷，人民出版社1972年版，第556页。
② 《马克思恩格斯文集》第7卷，人民出版社2009年版，第334—335页。
③ 《马克思恩格斯文集》第4卷，人民出版社2009年版，第446页。
④ 《列宁全集》第6卷，人民出版社1986年版，第268页。
⑤ 《列宁全集》第38卷，人民出版社1986年版，第368页。

少数的国际金融垄断资本家寡头阶层；第二层是与金融资本联合的，以军工—能源—IT为主体的国际金融—产业垄断寡头阶层；第三层是占据各产业垄断地位的产业垄断资本家阶层；第四层是由经理资本家、食利者阶层、中小企业资本家等构成的一般资产阶级阶层。

工人阶级也发生了极大的层级变化：第三产业的工人阶层超过第二产业和第一产业的工人阶层比例；白领工人数量和增长速度均超过蓝领工人；从事信息、金融等中介服务业的“知识工人”增多，“非知识工人”减少；工人阶级不同阶层的收入差距在扩大，资本家宁愿以更高的薪酬雇佣知识水平高的雇员，出现所谓“中间阶级”阶层或群体；国际垄断资本主义使得食利者阶层增加，工人阶级内部一些群体产生转化，阶级结构发生变化；资产阶级用大量超额利润收买工人领袖和工人贵族，成为资产阶级化的“工人贵族”阶层，成为资产阶级在工人运动中的真正代理人和工人帮办。[①]

面对工人阶级的新变化，西方资产阶级代言者们故意提出了许多工人阶级消亡的观点。比如以马尔库塞为代表的“无产阶级历史使命消失论”，普兰查斯等人的“工人阶级缩减论”，马勒和高兹的“工人阶级本质改变论”……这些观点都是从根本上否认工人阶级的阶级性质和历史使命。工人阶级的新变化并不意味着工人阶级消灭，也不意味着工人阶级和资产阶级的对立与斗争消失，相反，虽有变化和缓和，但从总体、根本和长远来看是不可能缓和消失的。恩格斯指出：“从他们的行列中产生出这样一种脑力劳动无产阶级，他们负有使命同自己从事体力劳动的工人兄弟在一个队伍里肩并肩地在即将来临的革命中发挥重要作用。”[②] 譬如，在当代资本

① 列宁：《帝国主义是资本主义的最高阶段》，人民出版社 2014 年版，第 10 页。

② 《马克思恩格斯选集》第 4 卷，人民出版社 1995 年版，第 435 页。

主义那里，股份制这种资本的所有形式并没有改变资本的私有制的本质，也没有造成资本所有权的实质性的转移，没有改变资本的本质。股份控股自然掌握在少数垄断资本家或资本家利益集团手里，现在国际金融垄断资本只需占有3%—5%的股份就可以控股，股票发行越大，越分散，小股东越多，对垄断资本家阶级控股越有利。工人持有几张股票所带来的变化，对影响控制股份公司是微不足道的，工人持股没有任何实质的意义，只是形式上的意义。所谓“人民资本主义”的说法，只不过是骗人的把戏。再譬如，当代资本主义采取了一些改善工人生活条件、提高收入和福利待遇的政策，对提高工人收入、改善工人生活条件起到一定作用，但这只是工人出卖自己的劳动力价值的支付形式的变化，并没有改变和减轻资本对工人剩余价值的剥削。马克思指出，“吃穿好一些，待遇高一些，私有财产多一些”，“实际上不过表明，雇佣工人为自己铸造的金锁链已经够长够重，容许把它略微放松一点”，“不会消除奴隶的从属关系和对他们的剥削，同样，也不会消除雇佣工人的从属关系和对他们的剥削”。[①]“所谓资本迅速增加对工人有好处的论点，实际上不过是说：工人把他人的财富增加得越迅速，工人得到的残羹剩饭就愈多，能够获得工作和生活下去的工人就越多，依附资本的奴隶人数就增加得愈多。”“这样我们就看出：即使最有利于工人阶级的情势，即资本的尽快增加改善了工人的物质生活，也不能消灭工人的利益和资产者的利益即资本家的利益之间的对立状态。利润和工资仍然是互成反比的。”[②]

第八，国际金融垄断资本主义，即新型帝国主义的发展，在加大资本主义私人占有制和资本主义固有的内在矛盾的同时，也在其

---

① 《马克思恩格斯全集》第23卷，人民出版社1972年版，第678页。

② 《马克思恩格斯全集》第6卷，人民出版社1961年版，第497页。

内部增加了新的社会因素，为新的社会形态的诞生创造了新的社会因素与条件。

马克思恩格斯在《共产党宣言》中指出："资产阶级除非对生产工具，从而对生产关系，从而对全部社会关系不断地进行革命，否则就不能生存下去。"[①] 毫无疑问，当代资本主义越发展，就会为未来社会创造出更多成熟的社会因素和条件。更不用说，科技革命推动生产力发展所创造的物质文明为未来社会提供了物质财富，资本主义所创造的精神文明为未来社会提供了有益成分。仅从生产关系方面来看，高新技术的发展推动生产力发展，使得生产社会化程度不断提高，这就要求与之相适应的生产资料私人所有制形式和资本占有形式向社会化方向发展。譬如，股份资本所有制、法人资本所有制，虽然在性质上仍是一种资本剥削雇佣劳动的关系，本质上仍然是资本主义的私人占有制，但它的垄断资本私人所有制却包含着生产关系集体化、社会化的发展趋向。譬如，国有经济、合作经济、合伙经济的发展，虽然本质上仍然是资本主义的私人占有制，但也体现了某种集体化、社会化的趋势。譬如，在资本加大对剩余价值的盘剥，加大贫富差距分化的同时，分配形式上出现了某些兼顾公平和社会福利、社会保障普遍化的趋向。譬如，在企业管理制度和劳资关系上，产生了职工参与企业决策，职工持股等制度，也具有某些公平因素。

当然，尽管当代资本主义内部产生了一系列新的社会因素，比如有些垄断资本主义国家的工人持股越来越普遍，脑力劳动者比例越来越大等，但这些现象只是意味着在资本主义母体内部孕育产生新的社会形态因素，并不说明资本主义生产资料占有的私人性质已

---

① 《马克思恩格斯选集》第1卷，人民出版社1995年版，第275页。

经改变，以及资本主义可以“和平长入”社会主义。

能不能运用马克思列宁主义立场、观点、方法科学分析和认识国际金融垄断资本主义，即新型帝国主义的新变化、新特征，得出马克思主义的正确结论，直接关系到社会主义、共产主义的前途命运、兴衰存亡。资本主义的政治家们总是利用他们的意识形态的代言人，把当代资本主义的新变化、新特征，或者说成是资本主义制度发生了根本改变，资本主义制度可以万古长青、永不死亡；或者说成是资本主义制度可以逐步地为新的社会因素所取代，资本主义即将“和平长入”社会主义，资本主义可以和平转换或过渡为社会主义。究其实质，虽然国际金融垄断资本主义，即新型帝国主义呈现出许多新的特征，但本质并没有根本改变。国际金融垄断资本主义，即新型帝国主义的新变化、新特征说明，一方面，资本主义还是有一定的自我调节能力，资本主义在短期内是不会灭亡的，资本主义在发展进程中，会进一步为未来社会积累物质、制度和文化的条件；另一方面，资本主义制度的剥削本性和帝国主义的侵略本性并没有改变，社会主义经历一个长期的发展过程，必然代替资本主义的总趋势没有改变。国际金融垄断资本主义的新变化不是资本主义根本规律、根本矛盾、根本趋势、根本性质的改变。

对于当代资本主义的新变化，存在两种截然对立的思想倾向：一种倾向是看不到资本主义的新变化；另一种倾向是夸大资本主义的新变化，把资本主义的新变化说成是资本主义本质的根本改变，错误地认为这种新变化是“和平长入”社会主义的先兆。过分夸大资本主义变化的思想倾向，把资本主义的新变化夸大为社会主义社会的“和平到来”，大大超过忽视资本主义新变化的思想倾向。

资本主义是随着时间的变化、条件的变化而不断变化的，对于历史上曾经出现过的资本主义的新变化，得出极端错误的、违背马克思主义原理的结论，首推第二国际的修正主义代表人物伯恩斯坦。当19世纪末20世纪初，资本主义发生了由自由竞争向垄断转变的新变化时，他得出了资本主义可以“和平长入”社会主义的错误结论，导致欧洲绝大多数共产党右转，转变成民主社会主义，成为资本主义的帮佣，国际共产主义出现严重倒退。列宁坚持马克思主义立场、观点、方法，科学认识当时资本主义的新变化，得出了垄断资本主义就是帝国主义，是资本主义发展的最高、最后阶段的科学判断，高举科学社会主义大旗，领导了俄国十月革命的成功，推动国际共产主义运动掀起新高潮。20世纪50年代，资产阶级右翼学者夸大资本主义新变化，把资本主义新变化说成是资本主义根本性质的改变。如阿道夫·贝利在1954年推出《20世纪的资本主义革命》，认为股份公司的发展使美国资产阶级发生了革命，与旧资本主义完全不同了。[①] 美国商会会长艾力克·约翰斯通在《不受限制的美国》中首次提出“人民资本家”概念[②]。美国工党右翼理论家约翰·斯特拉彻1956年推出《现代资本主义》，认为资本主义将和平过渡到社会主义。[③] 随后，一批右翼学者纷纷著书立说，认为现在资本主义已经不再是一种剥削制度，它与旧资本主义有本质的区别。鼓吹“趋同论”，说社会主义和资本主义两种类型国家沿着现代化的共同道路，将走向自由和民主。[④]

20世纪70、80年代，当代资本主义发生了一系列新的变化，

---

① 参见［美］阿道夫·贝利《20世纪的资本主义革命》，钟远蕃译，商务印书馆1961年版，第6、19、96页。

② 参见徐崇温《当代资本主义新变化》，重庆出版社2004年版，第15页。

③ 参见［英］约翰·斯特拉彻《现代资本主义》，姚曾广等译，上海人民出版社1960年版。

④ 参见［美］约瑟夫·熊彼特《资本主义、社会主义与民主》，吴良健译，商务印书馆1999年版。

戈尔巴乔夫错误地判断，当代资本主义的新变化说明资本主义已经具有社会主义的特征，鼓吹资本主义的根本性质已经改变，马克思主义关于社会主义和资本主义的结论和思维已经过时，鼓吹所谓“新思维”，放弃马克思主义和科学社会主义，最终造成苏联解体、东欧剧变，国际共产主义运动跌入低潮。当今，面对资本主义的新变化，某些人提出了“人民资本主义”“资本民主化”“新工业国”“后工业社会”等理论观点，企图解释当代资本主义的新变化趋势，改变对资本主义本质的认识，为资本主义当辩护士。比如，有的人认为，工人持股就是资本家了，持股工人越来越多，资本就具有了人民性，成为“人民资本主义”。实际上，股份制这样一些社会化形式的资本主义生产关系的出现，是资产阶级在资本主义生产关系范围内对生产力迅猛发展的迫不得已的适应与调整，并不是对资本主义私有制的根本改变。中国共产党人在以邓小平同志为核心的第二代中央领导集体的带领下，正确看待当代资本主义新变化，坚持马克思主义，坚持社会主义，走出了一条中国特色社会主义道路，推动国际共产主义运动始出低潮。

四　国际垄断资本主义，即新型帝国主义的新变化没有根本改变其本性

尽管当代资本主义，即国际金融垄断资本主义，又称新型帝国主义发生了一系列重大的新变化，但这些新变化仅仅是对垄断资本主义，即帝国主义的矛盾、特征、本质的强化，而不是根本改变。

列宁对垄断资本主义，即帝国主义的科学判断依然有效，并没有过时。列宁的《帝国主义论》是我们全面观察、认识国际金融垄断资本主义，即新型帝国主义的有效思想武器。马塞洛·费尔南德

斯认为，目前的国际形势更接近列宁的设想，帝国主义概念依然有效，垄断资本主义处于主流，而且依然是用来描述剥削、财产、阶级斗争和革命转型方面的最好方式。①

在列宁科学揭示垄断资本主义的垄断本质，作出帝国主义就是资本主义的垄断阶段，是资本主义的最高、最后阶段的科学结论之前，许多人，如霍布森、希法亭、卢森堡、考茨基、布哈林和库诺夫等都对垄断资本主义，即帝国主义作过理论探讨。他们有的是马克思主义者，有的是非马克思主义者，有的是反马克思主义者。尽管他们对垄断资本主义即帝国主义作了多方面、多视角的研究，提出了一些有价值的看法，但总体上并没有揭示垄断资本主义，即帝国主义的本质，有的做了错误的判断，甚至进行美化粉饰。

列宁在对垄断资本主义进行了全面分析的基础上揭示了垄断资本主义，即帝国主义的本质，对垄断资本主义下了一个简短又极为概括明确的科学定义："帝国主义是资本主义的垄断阶段。"② 他概括了帝国主义的五个基本特征："（1）生产和资本的集中发展到这样高的程度，以致造成了在经济生活中起决定作用的垄断组织；（2）银行资本和工业资本已经溶合起来，在这个'金融资本'的基础上形成了金融寡头；（3）与商品输出不同的资本输出有了特别重要的意义；（4）瓜分世界的资本家国际垄断同盟已经形成；（5）最大资本主义列强已把世界上的领土分割完毕。帝国主义是发展到垄断组织和金融资本的统治已经确立、资本输出具有特别重大的意义、国际托拉斯开始分割世界、最大的资本主义国家已把世界全部领土分割完毕这一阶段的资本主义。"③ 列宁从对帝国主义的本质和基本特

---

① 参见［巴西］马塞洛·费尔南德斯《帝国主义与体系稳定性问题》，陈文旭译，《国外理论动态》2018 年第 11 期。

② 《列宁选集》第 2 卷，人民出版社 1972 年版，第 808 页。

③ 《列宁选集》第 2 卷，人民出版社 1972 年版，第 808 页。

征分析出发，明确得出帝国主义经济政治发展不平衡、帝国主义就是战争、帝国主义是无产阶级社会主义革命前夜、社会主义革命有可能在帝国主义统治的薄弱环节率先取得胜利等一系列马克思列宁主义的创造性结论。

列宁对帝国主义的定义和概括并没有过时，仍然适用于国际金融垄断资本主义，即新型帝国主义，列宁所概括的垄断资本主义，即帝国主义的本质和特征，在国际金融垄断资本主义那里，其本质和基本特征并没有根本改变，只不过表现得更为突出、更为鲜明、更为发展、更为隐蔽、更为狡诈，变得更加贪婪、更加腐朽，更富有侵略性、垂死性以及两面性，带来更激烈的世界性矛盾和全球性问题。尽管国际金融垄断资本主义，即新型帝国主义出现了许多新的变化和新的特点，但这只不过是把帝国主义的固有本质特征发展到极致，同时又随着马克思主义和科学社会主义愈益显示出时代的真理性，新型帝国主义表面上越发装扮得更显得让人们接受。

第一，国际金融垄断资本主义的垄断本性和特征并没有改变，新型帝国主义只是使垄断向着更为集中、更为深厚、更为贪欲的方向发展。

列宁认为，垄断是垄断资本主义，即帝国主义最深厚的经济基础，是垄断资本主义最基本的经济特征。列宁的《帝国主义论》中关于帝国主义就是垄断资本主义的定义，关于帝国主义的经济基础就是垄断的科学概括，关于产业资本与银行资本相互融合所形成的金融资本对资本主义的全面垄断控制开始形成金融寡头的判断，仍然是正确的。然而发展至今日，列宁所讲的金融垄断资本同当代国际金融垄断资本不可同日而语了，在新的历史条件下，国际金融资本垄断的帝国主义新特征已经形成。无论是私人垄断，还是国家垄断、国际垄断，无论是工业资本垄断，还是金融资本垄断、国际金融资本垄断，国际垄断金融资本的本质仍是垄断，只不过其垄断的形式更为集中、更为聚集、更为深厚、更为嗜血、更为狡诈、更具两面性。这种新的变化是资本主义不可克服的内在矛盾驱动的必然结果，是资本主义发展历史必然性的表现，谁也改变不了。虽然垄断更为集中了，整体上越发成为生产力发展的阻碍因素，但也不是完全阻断生产力的发展，国际金融垄断资本主义仍能表现出一时的跳跃式发展，不完全排斥发展。

第二，无止境地追求利润最大化是一切资本的本性，国际金融垄断资本主义追求利润最大化的本性并无改变，反而变本加厉，导致新型帝国主义控制全球、独霸全球的贪欲更为强烈，更富有侵略性，霸权主义、欺凌主义、单边主义成为其突出表现。

国际金融垄断资本无止境地追求利润最大化进一步强化了其投机性、侵略性和短期行为，强化了新型帝国主义的霸凌主义和侵略本性。美帝国主义集中表现出新型帝国主义的全部本性，金融资本扩张流向全世界，利润回流到西方发达资本主义国家，特别是流入美国，这是发达国家盘剥落后国家的铁证。

在新型帝国主义心目中，其国家机器是霸权主义、欺凌主义、单边主义的侵略工具。新型帝国主义认为世界上的一切都是它的，它搜刮世界财富，拼命控制世界的欲望越发激烈，这一欲望驱使它拼命掠夺、欺诈、控制全世界，乃至不惜血本发动战争。

第三，当代资本主义雇佣关系这一资本主义的本质关系并无根本改变，新型帝国主义奴役全世界、掠夺全世界的本性反而得到进一步扩张。

雇佣关系是资本主义生产关系的核心基础，是资本主义的本质性关系。在国际金融垄断资本主义世界体系内，公司的管理人员也是受雇者，虽然一些工人在公司中持有股份，但他们仍然是工人阶级，所谓“中产阶级”实际上是收入较高的雇工，只是资产阶级政治家为了模糊工人阶级与资产阶级的阶级分野、对立而发明的骗人之说。工人阶级仍然是被剥削、被压迫的被统治阶级，资产阶级仍然是剥削阶级、统治阶级。工人阶级与资产阶级的雇佣关系、剥削关系、阶级对立关系并未根本改变。

第四，资本主义经济危机并未消除，金融危机成为国际金融垄断资本主义经济危机的主要表现形式和最大风险源，新型帝国主义是无法克服经济危机困扰的，必然从其独霸世界的侵略行为中，从危机阵痛中走向毁灭。

国际金融垄断资本控制的超巨型跨国公司内部的有组织和有计划性与资本主义世界市场体系的无政府状态的矛盾，世界生产能力无限扩大趋势与世界范围内有效需求不足的矛盾，必然造成严重的生产过剩、金融泡沫和通货膨胀，必然导致以金融危机为主要形式的资本主义世界性的经济危机。从 20 世纪 90 年代以来资本主义经济危机越加频繁，几乎连成一串了。从 20 世纪 90 年代初日本泡沫经济崩溃、经济长期低迷，到 1992 年、1993 年、1995 年欧洲货币体系动荡和危机，1994 年墨西哥金融危机，1997 年亚洲金融危机，1998 年俄罗斯金融风暴，1999 年巴西金融危机，2001 年阿根廷债务危机，直到 2007 年美国次贷危机引发 2008 年国际金融危机，2009 年希腊等欧盟国家的欧盟主权债务危机，2020 年新冠疫情造成的世界性经济大萧条等，就是例证。资本主义总危机频发，往往从一国危机一下子演变成世界性、结构性、全局性、系统性危机，经济危机扩展到政治民主危机、生态危机、价值观危机和制度性危机。危机造成工人阶级和广大劳动群众结构性失业，工人阶级和广大人民群众相对贫困加剧，加重了社会阶级矛盾。经济危机持续的周期越来越长，间隔越来越短，危害越来越大，资本主义自我调节、局部改革的余地、空间越来越小。从2008年国际金融危机爆发至今，资本主义尚未从危机阴影中走出来，又遇上更严重的新冠疫情的冲击，资本主义世界进入了史无前例的大危机、大萧条、大衰落的进程之中。

马克思、恩格斯虽然生活在自由竞争资本主义阶段，尽管帝国主义还没有充分发展起来，但他们已经明确提出了资本主义总危机的思想。据中国社会科学院学者陶大镛考证，马克思在《资本论》中尽管没有使用“总危机”的明确提法，但不止一次地谈到过“总危机”这个范畴。他举例马克思在《资本论》第1卷第二版跋里所指出的：“使实际的资产者最深切地感到资本主义社会充满矛盾的运动的，是现代工业所经历的周期循环的各个变动，而这种变动的顶点就是普遍危机。”[①] 他考证郭大力、王亚南译本将“普遍危机”译成“全面的危机”，认为“普遍危机”实际上就是“总危机”。他认为马克思、恩格斯原文或中文译文虽不一致，但马克思主义关于“总危机”的含义都是一致的。[②]

列宁进一步丰富了马克思、恩格斯关于资本主义总危机的思想，明确提出资本主义总危机理论。在分析帝国主义是资本主义的最高阶段，分析垄断资本主义的经济、政治特征的基础上，他提出垄断资本主义国家经济政治发展不平衡，致使垄断资本主义内部多重矛盾激化，形成了资本主义总危机，形成帝国主义是无产阶级和社会主义革命前夜的科学论断。列宁认为，资本主义总危机是整个世界资本主义体系的全面危机，是垂死的资本主义和新生的社会主

① 《马克思恩格斯文集》第5卷，人民出版社2009年版，第23页。

② 参见陶大镛《资本主义总危机的理论和现实》，载《经济研究》编辑部编《论当代帝国主义》，上海人民出版社1984年版，第85页。

义之间的生死博弈，包括世界资本主义制度趋于灭亡和社会主义制度趋于胜利的整个历史时期。资本主义总危机的根本特点是帝国主义国民体系的危机、市场问题的尖锐化以及由此产生的生产过剩、企业经营开工不足、经常的大批失业和资本主义周期性危机；资本主义总危机不是一时的，而是包括整整一个历史时期，是伴随着垄断资本主义的整个历史时期。列宁认为，资本主义总危机不是一时的行动，而是一个很长的激烈的经济政治动荡和尖锐的阶级斗争的时期，整个资本主义彻底崩溃和社会主义社会诞生的时期。“资本帝国主义时代是成熟的、而且过度成熟的资本主义时代，这时的资本主义已面临崩溃的前夜，已成熟到要让位给社会主义的地步了。”①

列宁正确指出，帝国主义经济政治发展不平衡，致使资本主义内在矛盾激化，造成资本主义的总危机，引发了第一次世界大战，战争导致革命，爆发了俄国十月革命。列宁科学地预见到第一次世界大战后，还会引发由帝国主义矛盾引起的第二次世界大战。第一次世界大战之后，帝国主义国家发展的不平衡规律的作用又一次剧烈地破坏了资本主义世界体系内部的平衡，资本主义总危机的爆发导致帝国主义阵营重新分为两大敌对阵营，引爆了第二次世界大战。第二次世界大战并没有从根本上消除垄断资本主义的内在矛盾，由于社会主义阵营的出现，产生了与资本主义世界市场体系相对立的社会主义世界市场体系，垄断资本主义的经济势力受到削弱，它们控制的地盘受到了挤压而变小，夺取世界资源的范围缩小，世界市场销售条件不断恶化，造成新的需求不足、生产过剩、工人失业、国内矛盾加剧，从而强化了社会主义与资本主义、垄断

① 《列宁全集》第27卷，人民出版社1990年版，第118页。

资本主义各国之间的矛盾。苏联解体后，美国帝国主义独霸世界，形成了美国一家控制的统一的资本主义世界市场体系，与美抗衡力量相对变弱，世界进入了一度相对缓和的发展时期。然而，这种缓和是暂时的，并没有从根本上消除资本主义总危机产生的根本原因。

列宁之后，斯大林坚持了列宁关于资本主义总危机的理论。斯大林认为，资本主义总危机是一个世界性的历史发展过程，他把总危机看作是一个长期而剧烈的经济和政治的动荡过程。他在《苏联社会主义经济问题》中指出，资本主义总危机是“既包括经济，也包括政治的全面危机”[①]。当然，斯大林关于世界存在社会主义和资本主义两大市场体系，挤压了资本主义市场体系，使垄断资本主义内在矛盾加剧，资本主义总危机加深的具体结论，由于条件的变化而需要调整和修补，但马克思主义关于资本主义总危机的理论仍然闪烁着真理的光芒。

从20世纪50年代到21世纪20年代，资本主义发展的历史进程证明了马克思主义经典作家关于资本主义总危机的理论是正确的，虽然经过第二次世界大战后一段时间资本主义相对缓和发展至今，乃至虽然资本主义在苏联解体、东欧剧变以来一段时间发展至高峰，但资本主义从来没有停止过阵发式的危机。中国特色社会主义的和平发展取得了成功，若干社会主义国家成功地站稳了脚跟，欧洲垄断资本主义成立了统一的欧共体，欧洲、日本等主要垄断资本主义地区和国家与美国霸权相抵触，一系列发展中国家，如俄罗斯、伊朗等与美国等西方垄断资本主义相抗衡，反对单边主义、霸权主义成为世界潮流，进一步挤压美国垄断的世界资源和市场，垄断

---

① 《斯大林选集》下，人民出版社1979年版，第582页。

资本主义的世界性矛盾趋于激化，接连爆发了更为严重的经济萧条，如2008年的国际金融危机和新冠疫情引发的新的经济危机，致使资本主义的总危机进一步加深、加剧，以美国为首的西方垄断资本主义不可避免地走上了衰落的不归之路，资本主义陷入了不可遏制的总危机之中。事实证明，资本主义总危机是资本主义的经济、政治、意识形态、制度在内的全面的危机，是总体走向崩溃的危机。

马克思列宁主义关于“资本主义总危机”的理论是值得我们重新重视考量的。

第五，掠夺、欺压和剥削弱小国家和民族是国际金融垄断资本主义的必然行为和本质表现，国际金融垄断资本主义强化了资产阶级专政实施阶级统治镇压的国家职能，新型帝国主义就是强权，就是侵略，就是剥夺。

资本主义实行的是资产阶级专政，资产阶级民主制只不过是资产阶级专政的一种表现形式，是资产阶级专政的遮羞布。在新型帝国主义那里，资产阶级民主的遮羞布，需要就用一下，不需要则干脆撕掉。新型帝国主义大力强化其国家强力机器，扩军备战，武装到牙齿。从国内到国外，谁触动它的利益，它就依靠强力压服谁、打服谁，谁反抗它，它就会动用武力乃至加以剿灭。国际金融垄断资本主义一切都在变，不变的是国际金融垄断资本对本国工人阶级及广大劳动人民剥削的本质，对发展中国家盘剥的本质，是新型帝国主义战争狂人的本性。国际金融垄断资本加大了建立在新殖民主义基础上的资本主义对外扩张，美国通过美元的霸主地位“剪全世界的羊毛”而形成了巨大的金融利润，大部分都落入了美国国际金融垄断资本家阶层的口袋之中，美帝国主义就是新型帝国主义。

第六，国际金融垄断资本主义争霸斗争更为激烈，在当今表现为美国一超独霸，为了谋取和维持霸权不断发动战争，只要新型帝

国主义存在，战争就不可避免。

列宁在《帝国主义论》中指出："只要生产资料私有制还存在"，在帝国主义的经济基础上，"帝国主义战争是绝对不可避免的"。[①] 霸权主义、欺凌主义、强权政治、单边主义，让美国国际金融垄断资本把帝国主义的侵略本性发挥到淋漓尽致，现在是美国新型帝国主义独霸世界。相互争霸和恃强凌弱是垄断资本主义处理国家关系的常态。17 世纪英荷为争夺海上霸权多次发生战争。17 世纪末到 18 世纪英法之间多次爆发争夺欧洲霸主地位的战争。19 世纪普法战争、俄国与英法之间的克里米亚战争，都是为了争夺霸权。19 世纪的美西战争是为了争夺美洲大陆。第一次世界大战、第二次世界大战的发起都是由帝国主义国家之间因争夺地盘、资源、利益而发生的战争所致。进入 21 世纪也是如此，美国新型帝国主义为了推行单边主义，依靠国际金融垄断资本的力量，以及科技、军事实力，谋取世界霸权，维持其霸主地位，不惜发动了多场战争。

学者杨守明认为，2008 年爆发的 21 世纪首轮国际金融危机，不仅是自 1929 年西方经济大萧条以来，现代资本主义发展史上的又一历史转折点，而且开启了 21 世纪帝国主义新一轮全面升级的侵略扩张进程。他指出，国外共产党认为，2008 年国际金融危机引发和加剧了帝国主义国家之间的竞争与战争，是当代帝国主义侵略扩张持续升级的直接诱因；服从和服务于金融垄断资本，是当代帝国主义侵略扩张持续升级的根本原因。[②] 美帝国主义在给以叙利亚为中心的地中海中部地区，以乌克兰为中心的黑海地区，以也门为

---

① 列宁：《帝国主义是资本主义的最高阶段》，人民出版社 2014 年版，第 6 页。

② 参见杨守明《金融危机以来国外共产党对当代帝国主义的分析和批判》，《当代世界与社会主义》2019 年第 3 期。

中心的阿拉伯半岛，以伊朗为中心的中西亚地区，以委内瑞拉为中心的加勒比地区带来战火硝烟、战争频仍和危机四伏的同时，引发了世界范围内的紧张局势和安全危机，战争随时有可能爆发，特别是局部性战争。

第七，国际金融垄断资本主义，即新型帝国主义尽管出现了一些新变化、新特征，但资本主义的基本矛盾依然存在，国际金融垄断资本主义，即新型帝国主义的资本主义，即帝国主义的本质没有变，资本主义必然灭亡，社会主义、共产主义必然代替资本主义的历史趋势没有改变。

国际金融垄断资本主义进一步加剧两极分化，工人阶级与资产阶级、社会主义与资本主义、发展中国家与发达国家的矛盾与斗争呈现新的特点，新型帝国主义加剧了国际金融垄断资本主义的内外矛盾，越发显示已经走到资本主义发展的最后阶段。

资本主义必然导致两极分化，国际金融垄断资本主义并没有遏制两极分化、社会分裂、阶级对立的趋势，反而进一步加剧了日趋严重的贫富分化、社会分裂、阶级对立，形成了强资本、弱劳动的世界格局，资本与劳动的对立这一资本主义固有矛盾不仅没有消除，反而更加深化、尖锐、激烈。国际金融垄断资本主义的发展导致金融投机盛行，产生大规模资产泡沫，造成失业严重、贫富悬殊，不平等加剧，加速社会分裂、两极分化并引发社会危机，致使越来越多的人加入无产阶级队伍。在国际金融垄断资本主义国家内部，一边是富人，一边是穷人。美国最富有的 50 人与最贫穷的 1.65 亿人拥有的财富相等，1% 最富有的人的净资产是最贫困人口的 16.4 倍。[①] 产业空心化，对依靠普通制造业生活的一般技能工人

① 新华社：《综述：华丽外袍下爬满虱子——且看美国“人权教师爷”斑斑劣迹》，2021年3月24日。

就业形成了致命打击，造成大规模失业，相当规模的人靠救济金度日。美国爆发的“占领华尔街运动”明确提出1%对99%的抗争，就是两极分化的集中反映。在当代资本主义世界体系内，穷人和富人、穷国和富国迅速分化，贫富悬殊，加强了资本主义固有的不可克服的内在矛盾，加重其垂死性。

国际金融垄断资本主义导致阶级矛盾和对抗国际化、全球化。在资本主义世界体系中，发展中国家是穷国，发达国家是富国，资本主义世界体系内富国与穷国的矛盾更为激化。马克思所揭示的资本运动带来一端积累财富，而另一端积累贫困的必然性，在发展中国家与发达国家的贫富悬殊中得到充分体现。国际金融垄断资本通过不平等的交换，使得发展中国家生产的剩余价值向发达国家转移，穷国内部的两极分化和贫富悬殊也更为尖锐，劳动人民的贫困化和两极化也向发展中国家转移，发展中国家与发达国家的差距持续扩大，富国越来越富，穷国越来越穷。发展中国家与发达国家两极分化是国家金融垄断资本主义世界体系内资本与劳动对立的表现。资本主义所讲的世界各国之间的共存关系，实质上是依附关系，是发展中国家对发达国家即国际金融垄断资本主义国家的依附，穷国对富国的依附。

与20世纪80年代以来的国际工人运动处于低潮形成鲜明对比的是，2008年以来主要发达资本主义国家，如美国、英国、法国、比利时等国家工人阶级及其广大劳动人民掀起了新一轮罢工高潮，如法国2006年3月爆发的百万工人大罢工、2016年3月发生的“黑夜站立”、2018年11月开始的“黄马甲运动”，美国2011年9月的“占领华尔街运动”、2020年11月“黑人的命也是命”的抗争运动，2019年2月的比利时大罢工等，都直指资本主义制度和新自由主义意识形态，呈现出新的特点；当代资本主义国家的民族、种族、宗教之间的冲突，不同阶级、阶层、族群、党派对立日益撕裂，更为激烈化、不断尖锐化；资本主义民主政治日益成为“金钱政治”，选举成为“有钱人的游戏”；资产阶级表现出对工人阶级和广大劳动人民空前的冷漠；工人阶级并没有放弃对资本主义剥削制度和资产阶级的反抗，不断体现出工人阶级及其广大劳动群众对社会主义的向往；彰显了工人阶级的团结，表现出集体斗争的力量；体现了工人阶级政党对工人运动领导的必要性和迫切性。

美国政府日益受制于国际金融垄断资本的制约，美国垄断资本主义国家机器已经沦为少数国际金融垄断资本权贵的“金融寡头政体”。美国的国家机器、国家权力集中体现为总统制，当代美国的总统制的本质是金融垄断资本家利益集团的总代理人制，美国金融垄断资本家集团对总统的控制力越来越强，仅2020年美国大选花费达到创纪录的140亿美元，经费主要来自金融垄断资本家集团。美国的总统选举制是一种典型的虚假民主，只不过是美国垄断资本控制的“金钱民主”。国际金融垄断资本攫取越来越多的超额利润造成国家控制的公共财富日益贫瘠，政府债台高筑，形成财政赤字。1945年美国公共债务只有2580亿美元，1990年冷战结束前达3.2万亿美元，截至2020年底，美国债务总量已超过23万亿美元。美国每年仅支付的公共债务利息就超过2700亿美元。据美国著名学者安德森·维金推算，美国每获得1美元GDP，必须借助5美元以上的新债务[①]，美国正是靠这种“钱生钱”“钱滚钱”的办法掠夺全世界，同时也加重了自身的债务危机。美国政府多次发生停摆现象就是例证。自美国国会预算程序于1976年正式执行以来，美国政府共出现过19次停摆，且停摆呈现越来越严重的态势，在

① 钮文新：《美国债的未来》，《中国经济周刊》2011年第31期。

2018 年 12 月到 2019 年 1 月特朗普执政期间，美国政府就出现了历史上最长的一次停摆，停摆时间长达 35 天。

负债累累的美国政府迫切需要增加公共财富以减少社会压力，这就需要政府加大税收，而加大税收又会招致反弹，有穷人的反弹，也有富人的反弹。特别是富人的反弹给美国政府造成新的负担和压力，这又导致政府为讨好国人，特别是富人而减税，对富人和大公司减税力度更大。减税的结果是这给政府带来更大财政压力，迫使政府削减公共开支，加重政府的社保、医保压力，这就进一步加剧社会分化和不平等，逼迫美国新型帝国主义运用国家机器加强对全世界的盘剥，加强军事预算，加大军工生产力度，把内部矛盾向外部转移，导致连续对外用兵，通过战争消耗刺激本国经济畸形发展，以喂饱金融垄断资本家填不饱的肚子。新型帝国主义的强权政治、霸凌主义加剧了社会分裂与对立，这是新型帝国主义挥之不去、摆脱不了的恶癔。

社会化大生产和资本主义占有之间的矛盾是资本主义生产方式不可克服的对抗性矛盾，发展到国际金融垄断资本主义，资本主义基本矛盾不仅没有消除，反而更加尖锐化。列宁指出："生产社会化了，但是占有仍然是私人的。社会化了的生产资料仍旧是少数人的私有财产。表面上大家公认的自由竞争的一般架子依然存在，但是少数垄断者对其余居民的压迫更加百倍地沉重、显著和令人难以忍受了。"① 国际金融资本主义的私人占有制与社会化、国际化大生产之间的矛盾、资本与劳动之间的矛盾，在经济全球化进程中演化为一系列具体矛盾，表现为世界生产的无限扩大与世界市场有限的矛盾，跨国公司内部有组织、有计划的生产与资本主义世界市场体

① 《列宁选集》第 2 卷，人民出版社 1972 年版，第 748 页。

系的无组织、无计划的矛盾，表现为发达国家与发展中国家的矛盾，社会主义国家与资本主义国家之间的矛盾，各发达资本主义国家之间的矛盾，资本主义国家内部各资本家之间的矛盾，资本主义国家内部工人阶级与资产阶级的矛盾，世界社会主义与资本主义、无产阶级与资产阶级的矛盾，这些矛盾都在酝酿、激化，其中社会主义与资本主义、工人阶级与资产阶级之间的矛盾是矛盾的主线。垄断资本主义国家与社会主义国家之间的矛盾，发达国家与发展中国家的矛盾，发达国家之间的矛盾越来越激化。这些矛盾导致世界经济总供给与总需求的矛盾越发激化……经济发展的严重失调和各国发展的更加不平衡，造成严重的生产过剩、通货膨胀、金融泡沫，进而导致世界范围内阵发性的金融动荡和经济危机。如前文所述，从 20 世纪 90 年代初日本泡沫经济崩溃，到 2008 年国际金融危机，2020 年新冠疫情带来的世界性经济大萧条，资本主义世界体系一直处在危机动荡之中。

国际金融垄断资本主义，即新型帝国主义已经进入了曲折而又漫长的衰亡进程。当代资本主义的基本矛盾由一国扩展到全球，资本主义基本矛盾全球化。虽然资本主义基本矛盾在某个时刻，某个国家、地区有所缓和，但总体矛盾是解决不了的，总体矛盾愈演愈烈。资本主义自我调控矛盾的能力越来越弱化，余地越来越小。

国际金融垄断资本主义，即新型帝国主义进入了总的衰落下降期，美国的迅速下降衰落就是典型。2021 年 8 月 15 日，阿富汗塔利班占领首都喀布尔，进而解放包括反塔利班武装盘踞的潘杰希尔省的阿富汗全境，并宣布成立临时政府，建立正式国家。美国从阿富汗撤军，这是世界百年未有之大变局的一个标志性事件。表明美国新型帝国主义 11 年反恐战争失败，大规模武装干涉单边推行国际霸权的行为已经力不从心。美国已经完成全球战略重点收缩，把战略重心从全面海外干涉收缩到“印太地区”，大力拉拢战略盟友，把中国作为主要对手。这一方面说明，美国的侵略性和险恶；另一方面也说明，美国实力下降，力不从心。侵略阿富汗是美国历史上海外用兵最长的战争，代价高昂，耗费巨大，消耗了美国的实力。据美官方统计，美在阿富汗花费 1 万亿美元，国外民间机构统计实际花费达 2.26 万亿美元。阿富汗和伊拉克两场战争合并计算，到 2050 年美国政府连本带息需支付 8 万亿美元。

第八，资本主义与社会主义，资产阶级与无产阶级决定人类未来命运与前途的斗争，解决谁胜谁负的最后问题，必然通过意识形态斗争反映出来，又往往聚焦在意识形态斗争上，意识形态的较量表现得越发白热化。

第二次世界大战后，出现一个强大的社会主义阵营，社会主义运动和反帝反殖民主义的民族民主运动风起云涌，特别是经过朝鲜和越南两场战争，垄断资产阶级的政治家、思想家们日益认识到单靠军事力量难以彻底打败工人阶级政党、社会主义国家和一切社会进步力量。为了维持垄断资本主义的世界统治地位，它们发明了一手抓军事围剿，一手抓意识形态斗争，运用所谓的“巧实力”“软实力”，发动“民主人权运动”“和平演变”“颜色革命”等，打一场旷日持久的意识形态战争，促使苏东垮台，社会主义进入低潮，世界上仅存五个社会主义国家，共产党和社会主义运动受到重创。这场暂时的历史性大倒退，使得资本主义政治家们更加相信意识形态的作用，更加巧妙地力图运用意识形态力量，通过“和平演变”“颜色革命”的途径，搞垮世界社会主义和国际共产主义力量。当然在推进“和平演变”战略的同时，它们从来没有放弃经济压制与军事打击。

国际垄断资本主义，即新型帝国主义对社会主义和一切民主和平的进步力量正在打一场意识形态战争，大力推行对全世界的“文化侵略”战略，企图通过“和平演变”“颜色革命”，改变社会主义国家的颜色和颠覆一切不听它们控制的民族国家政权。

20 世纪中叶以来，以美国为首的新型帝国主义国家加紧推行“文化扩张”战略，企图以一种更隐蔽、更具欺骗性的方式延续帝国主义在经济、政治和文化上的全球统治。美国学者赫伯特·席勒在提出文化帝国主义概念时指出，美国作为信息与文化产品流动的控制中心，通过资本的指挥支配着全世界、包括边缘地区的信息渠道，而“信息的自由流动”恰恰作为一种神秘话语掩盖了支配的实质[①]。冷战结束后，“文化帝国主义”一度面临“话语的消逝”，但这并不影响新型帝国主义以新的面貌“复活”“文化侵略”。

进入 21 世纪，在知识经济、经济全球化和信息技术革命三重效应叠加下，美国新型帝国主义凭借其文化和媒体、互联网和信息资源的垄断，主导国际话语权，通过大众文化的商业化和市场化运作，在全世界大行“文化殖民”“文化霸权”与“文化帝国主义”，加大意识形态的攻击力，迫使社会主义国家和文化弱势国家趋于“美国化”，给世界多样化生态造成极大破坏。这种“新型帝国主义”在文化侵略方面有四个新特征：

一是通过美元与知识产权垄断，形成不平等的国际分工和两极分化的全球经济和财富分配。锡耶纳大学经济学教授乌格·帕咖洛[②]将 21 世纪资本主义称作“知识垄断资本主义”，其核心特征是在全球或一定区域内通过对知识的垄断，包括专利垄断、著作权垄

---

① 参见［美］赫伯特·席勒《大众传播与美利坚帝国》，刘晓红译，上海译文出版社 2006 年版。

② 乌格·帕咖洛（Ugo Pagano）是锡耶纳大学经济学教授和经济学博士课程主任，并任教于剑桥大学。著有《经济理论中的工作与福利》，主要研究领域为经济学和法学，撰写了大量组织经济学、生物经济学、民族主义和全球化、知识产权和当前经济危机等方面的文章。

断、申遗垄断、商业秘密垄断、植物基因开发垄断等，从发展中国家攫取高额垄断利润，掠夺社会财富，限制甚至扼杀发展中国家的科技创新，最终遏制社会主义国家和一切发展中国家的发展甚至生存。20世纪90年代中期以来，发达的新型帝国主义国家的国际垄断企业控制了全世界80%的专利和技术转让及绝大部分国际知名商标，并因此获得了大量收益。

二是通过全球信息资源垄断，利用国际信息秩序不平衡的结构性矛盾，构建“媒介帝国主义”和“信息帝国主义”。新传播技术生态中呈现以下四个新问题：发达的网络社交平台加剧文化间的不信任、不理解；“数字资本主义”导致数据伦理及相关社会问题；“数字鸿沟”催生知识的“阶级性”和信息资源的“圈层”特权。这种网络文化霸权是新型帝国主义殖民逻辑的数据化表现，其本质是利用传播技术的“黑箱”，将平台中立性和技术性演绎为一种可以掩盖资本入侵网络民族主权的“神话”。

三是通过对世界文化产业体系的垄断和文化资本化带来文化上血腥的“剥夺性积累”，推行文化“圈地运动”和“可口可乐殖民主义”。商业化和市场化产品和服务的“自由选择”，带来的是个人“真正自由的遮蔽”；好莱坞电影向世界观众的大脑中植入去历史化的个人英雄主义，满足着人的视觉欲望；商业广告为全世界带来消费主义的狂欢，输出价值观以及商品的同质化需求；西方媒体设置全球新闻的议事日程，播送着所谓的“客观”报道，而非西方的、非资本主义的、来自社会底层的声音被遮蔽。人们在享受不加思考的标准化、同质化的生活中却不得不接受“美式民主文化”。

四是通过国际话语权垄断进行意识形态和价值观输出，威胁各民族国家的文化认同和文化主权。西方大国主要是通过媒介霸权、话语控制、意识形态输出、殖民文化传播等来建立起话语霸权或文化霸权。西方发达垄断资本主义文化在国际交往中首先通过强大的媒介力量，形成具有绝对优势的话语控制。在当今世界，如果某种话语在文化领域中成为一种主导性的话语，实际上就限制了其他文化的传播和发展，西方的话语霸权隔断的正是弱势国家的文化传统之根，使得弱势国家的传统文化与西方资本的所谓现代文化之间存在深度断裂，造就一大批无家可归的“文化难民”和“无根民族”。新型帝国主义引发了多重文化危机：世界文化的多样性生态环境遭到破坏，各民族国家的文化认同和文化主权受到威胁，人类精神文明总体发展进程受阻。全世界弱势国家应该联合起来，共同抵抗文化强势的新型帝国主义国家的文化侵略。

总之，新型帝国主义进一步加强意识形态的攻击力，大肆传播“普世价值”“宪政民主”“历史虚无主义”“资产阶级民主人权”，企图通过“和平演变”“颜色革命”颠覆社会主义国家政权和一切反对霸权主义的民族国家政权。

第九，国际金融垄断资本主义，即新型帝国主义各国经济政治发展不平衡仍然是普遍规律。

世界经济政治发展不平衡是资本主义的绝对规律，是资本积累扩张规律发生作用的必然结果。国际金融垄断资本主义不仅没有使这条规律消失，反而使规律加重，社会两极分化急速扩大，经济危机连续爆发、贫困人口增多就是这条规律起作用的结果。这条规律决定发达资本主义国家经济政治的地位逐渐削弱，最强大的国际垄断资本主义国家美国的霸主地位日益下降，发展中国家、社会主义国家在不平衡规律的作用中，其地位和作用逐步上升。

列宁在《帝国主义论》中通过对帝国主义各国经济政治状况的分析，得出了一个重要结论，帝国主义各国经济政治发展是不平衡的，今天这个结论仍然是正确的，新型帝国主义各国的经济政治发展依然是不平衡的。帝国主义各国发展不平衡的规律是由资本主义制度的本质所决定的，在资本主义世界市场体系内，市场经济的规律决定了资本主义国与国、地方与地方、企业与企业之间呈现经济发展有高有低、有快有慢、有大有小，这是在市场经济体制中追逐超额利润的结果，这就造成了国家、地区、企业的跳跃式的、不平衡的发展，国际金融垄断更加剧了这种不平衡。国际金融垄断资本主义经济的不平衡，决定了它军事、文化、政治实力的不平衡。第一次世界大战前的英国独霸、冷战时的美苏争霸、现在的美国独霸，帝国主义国家之间对霸权的争夺，都说明了不平衡规律的确定性。不平衡规律的结果就是战争，靠战争解决问题。不平衡规律使得社会主义革命有可能在薄弱环节突破，十月革命如此，中国革命如此，一系列东方革命也是如此。第二次世界大战后，资本主义国家发展呈多样性，有先发国家，也有后发国家；有中心国家，也有外围国家；有穷国，也有富国；有霸主国家，也有非霸主国家，造成今天单边主义与多边主义之争的复杂多变的国际格局。

20 世纪 50 年代初，美国发动的朝鲜战争能够一呼百应，组织起庞大的联合国军。到了 20 世纪 90 年代，美国发动海湾战争、南斯拉夫战争、利比亚战争的动员力已经下降，但尚能够动员西方资本主义强国，拼凑起来联军，但到了叙利亚战争、与伊朗对抗时，已很难纠集起西方资本主义国家联合军事行动了。美国新型帝国主义的霸主地位在下降，不可一世的美帝国主义必然受到不平衡规律的惩罚。

对于国际金融垄断资本主义，即新型帝国主义，我们必须从马克思主义的立场、观点、方法来认识它的新现象、新变化和新特征。一方面，国际金融垄断资本主义创造了比国家垄断资本主义更先进、更强大的劳动生产率和生产力，推动了高新科技新的一轮革命和信息智能变革，掀起了新浪潮，进一步推动了全球化发展，极大地增加了社会的物质财富，为新的社会形态的成长成熟提供了必要的物质条件。列宁说："任何一个马克思主义者都不会忘记，资本主义比封建主义进步，而帝国主义又比垄断前的资本主义进步。"① 马克思在《〈政治经济学批判〉序言》中指出："无论哪一个社会形态，在它所能容纳的全部生产力发挥出来以前，是决不会灭亡的；而新的更高的生产关系，在它的物质存在条件在旧社会的胎胞里成熟以前，是决不会出现的。"② 国际金融垄断资本主义比国家垄断资本主义、私人垄断资本主义、自由竞争资本主义在社会生产力发展方面都要进步，这就是历史发展的辩证法。我们还应看到国际金融垄断资本主义具有一定的自我调节和局部改良的能力，还有一定的空间容纳生产力的发展，它还有一定的回旋余地和生存的时间，社会主义取代资本主义将是一个曲折、复杂、反复、长期的历史进程。而更重要的一方面，应当认识到国际金融垄断资本主义的经济实力、政治实力、军事实力、科技实力、文化实力，建立在经济实力基础上的控制世界的实力仍在增强，资产阶级对工人阶级和一切被剥削民族的压榨和统治手段更严厉、形式更多样、剥夺更残酷、压榨更巧妙、两面性更突出。新型帝国主义本性没有改变，它的侵略性、寄生性、腐朽性、垂死性只是得到进一步强化，而并没有衰减乃至消失。

（此部分以王伟光教授的研究成果为主）

---

① 《列宁选集》第2卷，人民出版社1995年版，第770页。

② 《马克思恩格斯选集》第2卷，人民出版社1995年版，第3页。

第八章　马克思主义和社会主义的历史命运问题

2007 年由美国次贷危机引发了国际金融危机，2019 年暴发的新冠疫情引发了世界经济大萧条，进而诱使资本主义世界发生全面危机。尽管人们采取了种种救市措施，但它仍在顽强地发挥着负面影响，引发了欧洲主权债务危机、日本经济持续低迷、震撼美国连带整个西方世界的“占领华尔街”运动及多国罢工、游行、骚乱等一系列经济、政治、社会事变，强烈地冲击整个世界经济并改变着世界格局。以此为时间节点，以世界性危机现象为反光镜，向前追溯到 19 世纪中叶，马克思、恩格斯创立科学社会主义至今一个半世纪以来，社会主义与资本主义两大力量、两种历史趋势生死博弈的风风雨雨，充分印证了马克思主义经典作家关于资本主义必然灭亡、社会主义必然胜利的历史发展大趋势的科学论断是颠扑不破的真理，雄辩地证明了社会主义、马克思主义的旺盛生命力，昭示了社会主义与马克思主义的历史命运。

一　纵观一个半世纪世界历史进程，雄辩证明社会主义的必然性和马克思主义的真理性

辩证法告诉我们：任何事物的发展都不是直线上升式发展，而

是波浪式地前进、螺旋式地上升、曲折式地发展，社会历史发展也是如此。世界历史进程就是这一历史辩证法的铁定案例。社会主义运动正是遵循这一历史辩证法的逻辑在曲折中前进，虽有挫折与失败，但总体上是循时前行的，这一历史进程恰恰从实践角度检验了马克思主义颠扑不破的真理性。

对社会历史规律的观察，历时越久、跨度越大，也就越看得明白，其判断也就越经得起实践检验。世界历史进入资本主义社会形态的发展阶段，即伴随着工人阶级与资产阶级、社会主义与资本主义两个阶级、两种社会制度、两大历史前途的博弈，其历史较量的线索、特点、规律与趋势，随着历史的发展、空间的变换、时间的推移，越发清晰，人们也看得越发清楚，其历史必然性越发显现，越发显示马克思主义的科学性。

回眸一观，可以清楚看到，从科学社会主义诞生以来，世界历史进程已经发生了四次重大转折，社会主义呈由低到高、再到低、再从低起步之势，标志着社会主义在斗争中、在逆境中顽强地生长。这一历史进程尽管曲折，有高潮，也有低潮；有前进，也有倒退；有成功，也有失败，但在总体上印证了马克思主义关于社会主义必然胜利的历史发展总趋势的判断是完全正确的，同时也说明社会主义战胜资本主义的历史进程不会是一帆风顺的，也绝不可能在短时间内实现，必须经过一个相当长的历史跨度、经过几十代甚至上百代人千辛万苦甚至抛头颅洒热血的献身奋斗才能到来。既要看到历史发展的总趋势，坚信社会主义是必然要取代资本主义的，这是一个不可抗拒的也不可改变的历史趋势；同时又要看到，社会主义代替资本主义是一个漫长的历史进程，充满曲折，充满斗争，甚至有可能出现暂时的倒退与挫折。既要反对社会主义“渺茫论”，又要反对社会主义“速胜论”。不能因为挫折和失败，就对实现社会主义丧失信念和信心，也不能因为顺利和成功，就对实现社会主义心存侥幸和性急。

四次世界性历史转折可以分前两次和后两次。前两次转折是发生在20世纪初叶和中叶，即第二次世界大战结束前后。社会主义运动从兴起到发展，资本主义则由资本主义革命兴起的上升期，经过19世纪矛盾四起的自由竞争资本主义时期和垄断资本主义时期，经过一系列经济危机和两次世界大战的折腾，逐步走向下降期。

第一次世界性历史转折发生在20世纪初叶，其标志是1917年爆发的十月社会主义革命。19世纪中叶，马克思主义经典作家创建科学社会主义，替代了空想社会主义，工人运动从此有了正确的指南，纳入了科学社会主义轨道，开创了世界工人运动和社会主义运动的新篇章。进入20世纪初叶，科学社会主义理论指导的社会主义运动由轰轰烈烈的工人运动实践变成了社会主义制度实践。列宁成功地领导了十月社会主义革命，建立了第一个社会主义制度国家，这是20世纪初叶最重大的世界性事件，从此开启了人类历史的新纪元，社会主义运动开始走向阶段性高潮。

第二次世界性历史转折发生在20世纪中叶，其标志是1945年第二次世界大战之后一系列国家社会主义革命成功，形成了一个社会主义阵营。矛盾激化引发危机，危机造成革命机遇。20世纪初叶爆发的第一次世界大战、20世纪中叶爆发的第二次世界大战，都是资本主义不可克服的内在矛盾激化的结果。竞争资本主义由于其不可克服的内在矛盾而导致垄断，垄断资本主义代替自由竞争资本主义，不仅没有克服自由资本主义愈演愈烈的固有矛盾，反而进一步加剧了矛盾。早在自由竞争资本主义阶段，其固有矛盾不断激化，导致从1825年开始，每隔10年爆发一次经济危机，危机的累加加紧演变成1873年的资本主义空前激烈的世界性危机，这次总危机及之后不断叠加的危机，最终导致第一次世界大战的爆发。战争只能遏制危机、加重危机，第一次世界大战之后旋即爆发了 1929—1933 年资本主义世界性大危机，资本主义步入严重的衰退。面对这场空前的资本主义世界大危机，世人惊呼“末日来临”“资本主义已经走到尽头”。危机的结果又要依靠战争来解决问题。战争是缓解资本主义内在矛盾、转嫁危机的外部冲突解决方式，但不能从根本上克服资本主义内在矛盾。垄断资本主义内在矛盾的进一步激化导致第二次世界大战爆发。第二次世界大战仍然是在帝国主义国家之间的争斗中始发的，西方资本主义制度是无法遏制战争的。当时只有社会主义苏联靠社会主义制度的优越性动员全体人民、联合世界上一切反法西斯的力量，战胜德国法西斯，赢得了战争。两次世界大战，标志着资本主义逐步走向衰落，资本主义败象显见。危机与战争给革命带来前所未有的机遇，第一次世界大战期间，俄国率先从资本主义统治的薄弱环节突破，建立了社会主义制度。第二次世界大战前后，正是苏联及一系列社会主义国家崛起之时。中国等一系列落后国家革命成功，从东方站立起来了，建立了一系列社会主义国家，形成了社会主义阵营，社会主义国家占全球总人口的 15%。相反，战后，资本主义社会矛盾和总危机进一步加深，连续爆发危机，并波及北美、日本和西欧主要国家，演变为世界性危机。资本主义整体实力下降，遭受重大打击。当然，在西欧资本主义国家衰落时期，优越的国际环境和国内条件，致使美国这一新兴的资本主义国家抓住了战争机遇迅速兴起，代替了老牌资本主义国家。第二次世界大战后的一段时间，资本主义发展处于低迷状态，而社会主义发展却处于上升状态，社会主义运动出现阶段性高潮。

从国际走势来看，20 世纪八九十年代至今，又接连发生了后两次重大的世界性历史转折。社会主义运动由高潮到低潮，然而以中国特色社会主义为重要标志的世界社会主义却开始走出低谷。资本主义由低迷困境进入高速发展时期，美国金融危机却诱使现代资本主义濒入险境，呈衰退之势。

第三次世界性历史转折发生在20世纪末叶，其标志是20世纪80年代末90年代初的苏联解体、东欧剧变、社会主义阵营解体。社会主义进入低谷，这使世界形势发生了自第二次世界大战以来最为重大的变化与转折。第二次世界大战之后，20世纪上半叶，社会主义走上坡，资本主义走下坡。但世界进入20世纪下半叶，社会主义诸国却放慢了发展速度，甚至出现了停滞和负增长，导致社会主义诸国经济社会发展受挫，社会主义面临举步维艰的境遇。现代资本主义吸取资本主义发展进程中的经验教训，同时也吸取社会主义国家发展的经验教训，展开资本主义改良，现代资本主义进入相对和缓发展时期。当然在资本主义相对和缓发展时期，危机也并没有中断，20世纪80、90年代美国就多次爆发波及世界的危机。这次转折表明，社会主义处于发展的低潮，现代资本主义处于相对缓和稳定的发展期。伴随着这个历史性转折，中国及国际上出现了一系列新情况、新问题，这对中国20世纪末叶至21世纪以来很长一段时间的社会主义发展进程产生着深远影响。中国艰难起步，坚定不移地推进于1978年启动的改革开放，成功地开辟了中国特色社会主义发展道路。

第四次世界性历史转折发生在21世纪初叶，其标志是2008年爆发的国际金融危机以及2019年以来的新冠疫情引发的世界经济大萧条。这对世界发展格局和中国特色社会主义建设将产生的影响仍无法估量。有句俗话“三十年河东，三十年河西”，短短二三十年时间，中国特色社会主义的成功使世界社会主义运动呈低潮中起步之势。过去5年极不寻常、极不平凡，中国始终顺应世情国情、社情民意来推动经济社会发展，有力地应对了世界百年未有之大变局加速演进，近3年多来新冠疫情延宕，还有国内经济下行等多重困难和挑战。中国这5年年均经济增长保持在5.2%，远远高于世界同期2.3%左右的增速。2022年，中国经济发展综合表现十分亮眼。国内生产总值迈上120万亿元新台阶，增量6.1万亿元相当于一个中等国家全年的GDP；在全球通胀达到40多年新高的情况下，中国居民消费价格指数（CPI）上涨2.0%；城镇新增就业1206万人，超额完成年度目标任务；国际收支保持基本平衡。2023年是全面贯彻党的二十大精神的开局之年。政府工作报告明确了中国2023年发展主要预期目标之一：国内生产总值增长5%左右。保持5%左右的增速目标，是全面贯彻党的二十大精神开好局起好步的要求。党的二十大明确到2035年人均国内生产总值要达到中等发达国家水平。

而美国金融危机及经济大萧条却使美国以及其他西方发达资本主义国家陷入危险困境，美国独霸态势逆转下滑，资本主义整体实力呈下降态势。美国在20世纪50年代发动了朝鲜战争，失败了，60年代发动了越南战争，也失败了；21世纪又发动了两场战争，一场是2003年3月20日发动的伊拉克战争，一场是2001年10月7日开始的阿富汗战争，两场战争花了7万亿美元，死了几千人，伤了上万人，伤兵要养一辈子，长远战争开支不小。战争使美国实力下降，内库空虚。美国正在做战略调整与修补。二三十年前的世界性历史事件爆发此消彼长，社会主义力量暂时下降，资本主义力量暂时上升；二三十年后的今天，又是此长彼消，社会主义力量始升，资本主义力量始降。改革开放使中国经济大发展，过去10年中国对世界经济增长的平均贡献率超过30%。中国实际利用外资从2020年的1444亿美元上涨到2022年的1891

亿美元。2021 年中国商品进出口总额增长 21.4%，其中，出口额增长 21.2%，进口额更是增长了 21.5%。2022 年，乌克兰危机、通胀高企、政策紧缩和融资趋紧等对世界经济构成全新的冲击，中国克服自身困难推动经济企稳回升，全年进出口总额增长 7.7%，其中出口额增长 10.5%，进口额增长 4.3%。中国的商品出口为世界各国抗击高通胀提供了重要支持，持续增加的商品进口为全球企业提供稳定的市场。金融危机的爆发使世界力量对比发生戏剧性变化。

当然，这场危机并没有把西方资本主义摧垮，它还有实力，有一定生命力。比如这么严重的危机并没有导致出现革命的迹象。原因固然很多，其一在于它建立了比较完整的社会保障体制，比如，法国 GDP 的 46% 用于二次分配，搞社会保障，法国 GDP 达 2 万多亿美元，人口 6000 万，有一个庞大的社会保障体系。应当说，建立社会保障体系是资本主义在失败和痛苦中总结出来的，在自由竞争和垄断资本主义阶段，残酷剥削造成严重的两极分化，工人阶级和劳动人民活不下去了，自然要闹事、要革命。第二次世界大战后，从资本主义整体利益出发，为了使资本主义制度不至于灭亡，得到保全，资产阶级利益集团从资本利润中拿出相当部分，建立了完备的社会保障体系，保障工人阶级和劳动人民的基本生活，不去闹事。当然这个办法也不是资本主义自己发明的，而是从社会主义思想中得到启示。然而，西方的福利制度也愈发显示其弊端，例如瑞典是典型的“从摇篮到坟墓都有保障”的福利国家，几十年下来产生了诸多弊病，一是政府债台高筑，陷入债务危机；二是工人缺乏劳动积极性，政府一提出紧缩政策，工人就要罢工闹事，陷入循环往复性危机之圈。

二　中国特色社会主义道路的成功开创，中国改革开放对国际金融风险和新冠疫情的有效抵御，彰显了社会主义顽强的生命力

马克思主义经典作家创立了科学社会主义，开创了工人运动和社会主义运动的新格局。当时，他们把注意力和着眼点主要放在西方发达资本主义国家，根据当时的实际，曾设想社会主义革命将首先在生产力比较发达、工人阶级人数占多的资本主义国家发生，至少是几个主要发达资本主义国家同时发生才能胜利。而后的实践发展却超出了他们的具体判断，新的实践促使科学社会主义创始人开始注意并研究东方国家走社会主义道路的不同情况。19 世纪末到 20 世纪初，当东方落后国家出现了社会主义革命的主客观条件时，马克思、恩格斯及时研究了东方社会主义革命的可能性问题，提出非资本主义国家走社会主义道路的可能性问题。马克思、恩格斯认为，东方非资本主义国家走向社会主义，在特定条件下，可以不通过资本主义制度的“卡夫丁峡谷”，而吸收资本主义制度所创造的一切积极成果，实现社会主义的跨越式发展。他们认为，社会主义力量有可能抓住这一历史性的机遇，走出一条“非资本主义”的发展道路。他们的设想为非资本主义国家进行社会主义革命、走上社会主义道路提供了理论依据。

“卡夫丁峡谷”典故出自古罗马史。公元前 321 年，萨姆尼特人在古罗马卡夫丁城附近的卡夫丁峡谷击败了罗马军队，并迫使罗马战俘从峡谷中用长矛架起的形似城门的“牛轭”下通过，借以羞辱战败军队。后来，人们就以“卡夫丁峡谷”来比喻灾难性的历史经历。“可以不通过资本主义制度的‘卡夫丁峡谷’，而吸收资本

主义制度所创造的一切积极成果，实现社会主义的跨越式发展”有两层含义：一是落后国家可以不经过资本主义的苦难，走出一条非资本主义的现代化成功之路；二是一切社会形态所经历的自然的、物质的、经济的历史过程是不可逾越的，但在一定条件下，社会制度、体制却是可以跨越的。

马克思、恩格斯最初关于社会主义革命在西方诸国同时胜利的结论，是建立在对社会历史一般发展规律的判断上。就一般发展规律来说，社会主义革命应当在资本主义生产力高度成熟，而资本主义生产关系再也不能容纳其生产力发展的条件下爆发，也就是说，走社会主义道路的国家，先要经过资本主义的成熟发展，然后经过社会主义革命，再进入社会主义。而现实是社会主义革命的成功、社会主义制度的建立不是在西方发达资本主义国家，而是在资本主义尚不成熟，但具备一定历史条件的东方落后国家。马克思、恩格斯经过科学研究，分析了社会历史发展的特殊性，提出社会主义发展的非资本主义道路问题。列宁分析了帝国主义历史阶段经济政治发展不平衡的规律，提出社会主义革命可以率先在资本主义统治的薄弱环节突破的科学论断，成功地发动了俄国社会主义十月革命。俄国革命的成功也从实践上证明了马克思主义经典作家关于非资本主义道路的设想是科学的。然而，继列宁之后，斯大林建立的社会主义制度的苏联模式，所走的社会主义建设的苏联道路，尽管取得了伟大的成就，却忽略了苏联相对于西方诸发达资本主义国家落后的生产力，忽略了市场经济的必经性，超越国情，逐渐形成了高度僵化、高度集中的经济政治体制，束缚了生产力的发展，束缚了人民积极性的发挥，束缚了社会主义制度优越性的发挥。一系列革命成功的社会主义国家在社会主义建设实践中，在某种程度上忽略了更为落后的本国生产力实际，犯了照抄照搬别国模式的错误。在几十年的发展中，社会主义制度的优越性逐渐被僵化的、不适当的经济政治体制所消耗，加之客观原因和主观错误，致使社会主义诸国陷入了发展困局，中国的“文化大革命”和东欧剧变就是这一历史演变的结果。20 世纪 90 年代苏联解体、东欧剧变，既有资本主义西化、分化社会主义国家的外因，同时又有社会主义模式僵化、脱离本国实际、主观上犯错误致使生产力发展不上去的内因。

社会主义革命成功之后，落后的国家到底怎样建设社会主义，必须从实践和理论上给予回答，中国特色社会主义道路的成功开创，破解了这一重大课题，走出了一条社会主义建设的成功道路。

按照马克思主义经典作家的“非资本主义”道路的理论设想，落后国家可以不经过资本主义充分发展而跳跃式地推进社会主义革命，建立社会主义制度。但是资本主义已经历的市场经济发展、生产力高度成熟的自然历史过程却是不可逾越的。中国共产党人总结了社会主义诸国家建设的成功经验和失败的教训，将社会主义制度与市场经济相结合，改革开放，建立与中国社会主义现阶段生产力状况相适应的、与发展市场经济相协调的经济—政治体制，回答了“在落后的国家，什么是社会主义，怎样建设社会主义”的问题，一切从实际出发，不照抄照搬别国模式，走自己的道路，成功地开创了中国特色社会主义建设道路。在国际金融风暴和世界经济大萧条的冲击下，西方资本主义一片混乱，前景黯淡，至今尚未走出困境，而中国特色社会主义在中国共产党的领导下，同仇敌忾，顶住了金融风险和世界经济大萧条，再次显示了社会主义制度的强大动员力和战斗力。历史发展的现实辩证法再次证明了社会主义的必然趋势，可以有曲折、有低潮、有失败、有逆转，但总的历史趋势是不可以为人的主观意志所改变的。金融危机爆发后，中国人民在中国共产党的正确领导下，成功地顶住了金融风暴和世界经济大萧条的冲击，不仅实现了预定的发展目标，而且取得了显著成绩，这既要归功于党的正确领导和果断决策，更根本的是彰显了社会主义制度的政治优势，越加证明了社会主义的生命力、中国特色社会主义的生命力、马克思主义的生命力。

三 中国特色社会主义理论体系和习近平新时代中国特色社会主义思想的创新，给马克思主义注入了新鲜的内容，显示了马克思主义的强劲创造力

中国共产党人在中国特色社会主义伟大实践中创新了马克思主义，赋予马克思主义以新的生命，推进了马克思主义的创造性发展。

当今世界正在发生全面而深刻的变化，当代中国也在发生广泛而深远的变革。国际上，美国“次贷危机”引发的全球性经济危机，已经并正在给全世界发展带来严重和持续的影响。一方面，使当代资本主义面临重大挫折，给当代社会主义、马克思主义的发展提供了难得机遇，国际力量对比继续朝着有利于世界和平发展的方向演变，朝着有利于中国特色社会主义和平发展的方向转变；另一方面，使当代社会主义、马克思主义面临着前所未有的挑战，也面临着严峻的局面。国际敌对势力对我实施西化、分化的战略图谋没有改变，资强我弱的态势没有改变，一场新的全方位的综合国力竞争正在全球展开。

世界局势乃至格局将发生重大变化，世界发展进程和历史也将发生重大转折。当前世界正处于前所未有的巨大变动之中，资本主义和社会主义两种历史趋势、两大力量、两种意识形态的较量出现

了新的变数，激烈的社会变化给当代社会主义、马克思主义提供了新的发展时空，提供了新的需求动力，又使其面对严峻复杂的局面。在国内，中国特色社会主义事业取得了伟大成就，中国发展道路与中国发展经验，已然成为当今世界的时代性标志，为人类文明的进步开辟了新的发展路径。这就为马克思主义意识形态发展提供了新的机会。国际风云变幻，透过国际金融危机和世界各种力量交锋的纷繁复杂的现象，可以认清，金融资本不过是资本的当代形态，我们所处的时代仍然没有超出马克思主义的理论视野，社会主义具有后发的生命力，当代资本主义无论采取何种形态，仍然逃脱不了马克思主义科学预见的命运。

马克思主义同中国实际相结合，实现中国化，产生三次历史性飞跃，形成了马克思主义中国化的三大理论成果。第一次飞跃的理论成果是被实践证明了的关于中国革命的正确理论原则和经验总结，当然也包括关于中国社会主义建设道路探索的正确的理论成果，即毛泽东思想。第二次飞跃的理论成果是中国特色社会主义理论体系。中国特色社会主义理论体系在新的历史条件下回答了新的课题，开拓了马克思主义新境界。中国特色社会主义理论体系集中回答中国特色社会主义这个主题。在回答该主题的历史进程中，在改革开放的过程中，我们党始终面临并依次科学回答了四个大问题——“什么是社会主义，怎样建设社会主义”“建设一个什么样的党，怎样建设党”“实现什么样的发展，怎样发展”，最后归结为回答一个总题目，“什么是马克思主义，怎样坚持和发展马克思主义”，从而深化了对“三大规律”，即社会主义建设规律、执政党执政规律、人类社会发展规律的认识，赋予马克思主义以崭新内容和旺盛生命力。新飞跃的理论成果是习近平新时代中国特色社会主义思想。党的十八大以来，中国特色社会主义进入了新时代。

习近平新时代中国特色社会主义思想，牢牢把握新时代坚持和发展中国特色社会主义一系列重大问题，基于“怎样建设新时代中国特色社会主义现代化强国”，以中国式现代化实现中华民族伟大复兴这一时代课题，形成了主题鲜明、观点创新、系统完整的马克思主义中国化时代化的最新理论成果，是21世纪马克思主义，是当代中国马克思主义，是全党全国人民在新时代坚持和发展中国特色社会主义的指导思想、理论指南和行动纲领。

四 坚持马克思主义主流意识形态的指导，重视并加强党的意识形态工作

“经济建设是党的中心工作，意识形态工作是党的一项极端重要的工作”①，“在集中精力进行经济建设的同时，一刻也不能放松和削弱意识形态工作”②。这是极其重要的指示精神，必须坚决贯彻执行。

一是关于意识形态于我有利与不利局势的总判断。

国际金融危机所引发的世界格局的深刻变化，为加强和改进意识形态工作提供了有利的条件，当然也有不利的因素和严峻的挑战。

回顾20世纪八九十年代，第三次世界性的历史转折后，社会主义陷入低谷，处于暂时劣势，资本主义反而上升，显示暂时优势，伴随该力量对比格局变幻，意识形态领域呈敌进我退之势，反社会主义、反马克思主义、反对共产党执政的声音甚嚣尘上，新自

① 《习近平谈治国理政》第一卷，外文出版社2018年版，第153页。

② 中共中央文献研究室编：《习近平关于社会主义文化建设论述摘编》，中央文献出版社2017年版，第21页。

由主义应运而生，西方资本主义到处大力推销新自由主义理念，鼓噪一时，不可一世。

20 年过去了，这次金融风暴造成的第四次世界性历史转折，一方面使资本主义遭遇前所未有的打击，陷入全面制度危机，呈衰退之势，新自由主义宣布破产。西方世界多数国家经济 2008 年第三季度开始负增长，第四季度连续负增长，一直到 2009 年第三季度才开始出现正增长。按照通常的说法，经济危机应已结束了，但从经济危机中恢复却是低速的、乏力的，西方主要经济体恢复得并不好，处于整体低迷状态。欧洲失业率居高不下，西班牙 2011 年失业率为 22.9%，近 50% 的年轻人失业。美国全国经济研究所测定，始于 2007 年 12 月的美国经济衰退于 2009 年 6 月结束，历时 18 个月，为第二次世界大战之后美国经历最长的经济衰退期，800 万个就业岗位丢失，美国人 21% 的实际财产被吞噬，家庭、企业、地方政府、联邦政府负债累累，4.1% 的经济总量被蒸发。美国经济学家持续看坏美国经济。美国危机后失业率为 9.6%，危机前为 5%，只有 59% 的 20 岁以上男性有全职工作，复苏前景并不乐观。对西方国家来说，对经济发展比较悲观，看不到新的增长点，发达国家人口减少、消费不足、发展动力不足，多个国家濒临破产，冰岛、澳大利亚、希腊政府领导人下台，西班牙、意大利陷入困境，“复苏似乎越来越像是一场漫长的长征”。另一方面，中国特色社会主义取得成功，并顶住金融风险，社会主义从低谷中走出。美国和欧洲 2010 年 9 月 20 日联合发表报告，认为中国仅次于美国，与欧盟并列第二，均占全球实力的 16%，美国为 22%，印度第三，占 8%，日本、俄罗斯、巴西均占 5%，未来 15 年美国、欧盟实力持续下降。如果中国经济保持年均 8%—9% 的增长速度，再过 17 年经济总量可以赶上或超过美国。1978 年，中国与美国经济总量差

40 多倍，2011 年，美国 GDP 为 15 万亿美元，中国为 7.3 万亿美元，相差不到 3 倍，短短 30 年由 40 多倍缩小到不足 3 倍。看来，再用二三十年赶上和超过美国是没有问题的，因为我们的 GDP 增速是美国的 3—4 倍，1958 年我们党提出的“赶英超美”口号，可能要成为现实了。现在，批评新自由主义、资本主义的声音日渐增多，即使在资本主义内部，批评之声也不绝于耳，大声呼唤马克思主义、社会主义的声音越发强烈，坚持和发展马克思主义、坚持和发展社会主义、坚持和发展党的领导底气变足了。

对于这场“前所未有”“有史以来最严重”的危机，资本主义政府大多将其归咎为“金融市场上的投机活动失控”“不良竞争”或“借贷过度”，并希望通过政府救市，“规范”资本主义现行体制、机制，以达到解决危机、恢复繁荣的目的。而与之大相径庭的是，欧美一些资本主义国家的共产党人既看到了监管缺位、金融政策不当、金融发展失衡等酿成这场危机的直接原因，又反对将这场金融危机简单归结为金融生态出了问题，他们普遍认为危机的产生有其深刻的制度根源，危机标志着新自由主义的破产，是资本主义固有矛盾发展的必然结果。

法共认为，国际金融危机源于金融机构过度的贪欲。这场金融危机归根结底是资本主义制度的危机。它不是从天而降的，不是资本主义的一次“失控”，而是资本主义的制度缺陷和唯利是图的本质造成的不可避免的结果。冲击全球的危机并非仅仅限于金融或经济领域，它同时也揭示了政治上的危机、资本主义生产方式的危机。从深层看，金融危机本质上是一场制度危机。美共认为，金融化是新自由主义资本积累和治理模式的产物，它旨在恢复美国资本主义的发展势头及其在国内和国际事务中的主导地位。同时，它也是美国资本主义的弱点和矛盾发展的结果，使美国和世界经济陷入新的断层。德共认为，这场金融危机具有全球性影响，它使得全球经济陷入衰退，并越来越影响到实体经济部门。危机产生的原因不是银行家的失误，也不是国家对银行监管失利。前者只是利用了这一体系本身的漏洞，造成投机行为的泛滥。投机一直是资本主义经济的构成要素。但在新的垄断资本主义发展阶段，它已经成为一个决定性因素，渗入经济政治生活的方方面面。英共认为，不能把当前经济和金融危机主要归结为“次贷”危机的结果，强调其根本在于为了服务于大企业及其市场体系的利益，包括公共部门在内的英国几乎所有经济部门都被置于金融资本的控制之下。葡共认为，不应该把这场危机仅仅解释为“次贷”泡沫的破灭，当前的危机也是世界经济愈益金融化、大资本投机行为的结果。这场危机表明“非干预主义国家”“市场之看不见的手”“可调节的市场”等新自由主义教条是错误的。资本主义再次展示了它的本性及其固有的深刻矛盾。资本主义体系非但没有解决人类社会面临的问题，反而使不平等、非正义和贫困进一步恶化。希共认为，危机现象是资本主义不可避免的经济命运，任何管理性政策都不可能解决其固有的腐朽性。金融危机再次表明资本主义不可能避免周期性危机的爆发，也再次证明了社会主义替代资本主义的必然性。

20 世纪 30 年代的大萧条和今天横扫全球的经济衰退，无不印证了马克思、恩格斯有关资本主义在自身难以克服的矛盾中不断调整自己又不断走入危机的预言。1997 年，亚洲的金融风暴，让马克思回归到世界资本主义的中心地带——华尔街；时隔十年的 2008 年，当人类的发展再次陷入衰退的泥沼，苦苦搜寻可以持续的答案时，《资本论》再次登上了最畅销经济类学术著作的排行榜，成为拯救人类精神家园的“圣经”，相关论坛、讲座令马克思的故乡——特里尔这座因萧条而倍感冬之冷寂的德国小城显得热闹而红火。尤其值得注意的是，为数不少的德国青年认为，在危机笼罩的时刻，有必要重温马克思主义政治经济学经典著作。有的德国学者指出，正统的经济学往往对危机避而不谈，而马克思认为，危机是资本主义的有机组成部分。有的西方学者认为，现代西方经济学的历史是在国家与市场的争论中一路走来的。马克思主义政治经济学一度被作为“异端邪说”而被排斥于西方主流经济学之外。时至今日，“市场原教旨主义”已经丧失了市场，国家干预经济已成为西方各国的惯用手段。然而，无论是市场还是国家抑或是国家和市场的结合都不能避免危机重复发生且愈演愈烈。

形势的变化为我们党加强意识形态工作，做好知识分子工作，提供了极为有利的氛围、条件和机遇。当然，这种形势也越发促使西方资本主义更加运用两手策略，一方面在经济上利用我们，公开讲我们好，拉拢我们、捧杀我们；另一方面，伴随着在军事上加紧包围我们，在经济上加紧挤压我们，同时在意识形态领域加强进攻，大力西化、分化我们，使我们面对更加复杂、严峻的考验。

二是当前意识形态工作的主流态势和严峻问题。

当前，我国意识形态领域主流是好的，继续保持积极健康向上的良好态势。在充分肯定意识形态领域主流的同时，还要清醒地看到，意识形态领域你来我往、你死我活，战斗十分激烈。西方诸国与我国在意识形态、社会制度、人权、民主等问题上的对抗、对立、争斗十分突出，思想理论领域呈现十分活跃、十分复杂的胶着状态，加强党的意识形态工作的任务更加艰巨繁重。特别是境内外敌对势力对我施压促变的一贯立场没有改变，通过各种途径、运用各种手段，对我在发展上遏制、思想上渗透、形象上丑化，企图压我改变政权性质，接受西方价值观念和制度模式，意识形态领域内的斗争将是长期的、复杂的。意识形态领域始终是渗透与反渗透的重要战场，对敌对势力的攻击任何时候都不可掉以轻心、不可疏于防范。

意识形态工作是党的一项极为重要的工作，事关党和国家工作全局，事关中国特色社会主义事业顺利发展，事关社会和谐稳定、国家长治久安。要进一步增强政治意识、大局意识、责任意识，切实把加强意识形态工作作为提高党的执政能力、巩固党的执政地位的重要内容，认真贯彻落实中央一系列决策部署，不断提高意识形态工作的科学化水平，始终牢牢掌握意识形态工作的领导权和主动权。

三是坚持马克思主义指导，加强马克思主义中国化和马克思主义学习型政党建设。

通过上述分析，可以清楚地得出以下几个重要结论：

第一，马克思主义是党和国家的灵魂、指南，坚持和发展马克思主义是中国特色社会主义取得胜利的根本思想保证。

第二，坚持马克思主义指导，在当代中国，必须把马克思主义与中国改革发展新的实践相结合，不断推进马克思主义中国化，用不断创新的中国化的马克思主义指导实践。

第三，在意识形态领域，必须坚持马克思主义主导地位，坚持社会主义主流意识形态，加强意识形态工作，这是坚持中国走社会主义道路、坚持中国共产党领导的政治底线。

第四，必须用中国化的马克思主义武装全党，特别是武装中高级干部。党是关键，领导干部是关键。建设马克思主义学习型政党是一个伟大的战略任务。毛泽东同志讲，政治路线确定之后，干部就是决定的因素。现在，党的理论、路线已经确定，关键在于贯彻落实，贯彻落实的关键在于干部，在于干部的政治理论素质和理论联系实际的能力。毛泽东同志指出：“在担负主要领导责任的观点上说，如果我们党有一百个至二百个系统地而不是零碎地、实际地而不是空洞地学会了马克思列宁主义的同志，就会大大提高我们党的战斗力，并加速我们战胜日本帝国主义的工作。”① 毛泽东同志认为战胜日本帝国主义的一个关键在于理论武装党的高级领导干部。针对今天的情况来讲，如果我们党有一大批系统地而不是零碎地、实际地而不是空洞地掌握了中国特色社会主义理论体系的高素质的领导干部，将会大大提高我们党的战斗力，大大加快发展中国特色社会主义事业的进程。

第五，经过40多年改革开放，中国特色社会主义取得了举世瞩目的成就，但时至今日也存在一系列矛盾和问题，需要运用马克思主义立场、观点、方法加以认识，加以破解。苏轼在《晁错论》中有一段话很值得我们深思："天下之患，最不可为者，名为治平无事，而其实有不测之忧。坐观其变而不为之所，则恐至于不可救。"全党一定要树立忧患意识，通过改革创新，破解前进道路中存在的种种难题、矛盾和问题，在发展中国特色社会主义伟大事业中创建学习型政党，通过创建学习型政党推进中国特色社会主义伟大事业。

（此部分以王伟光教授的研究成果为主）

---

① 《毛泽东选集》第2卷，人民出版社1991年版，第533页。

第九章　应当采取的国际斗争战略策略

在国际斗争中分清敌友，是制定并采取正确的斗争战略与策略，最大限度地团结一切可以团结的国际力量，最大限度地孤立与我为敌的极少数，以最大的努力和可能构造有利于我的和平发展的国际环境的首要问题和必要前提。

毛泽东同志在中国革命初期即开宗明义地指出："谁是我们的敌人？谁是我们的朋友？这个问题是革命的首要问题。中国过去一切革命斗争成效甚少，其基本原因就是因为不能团结真正的朋友，以攻击真正的敌人。"① 开展国内改革与建设如此，开展国际斗争合作也是如此，做好国内工作如此，推进国际工作也如此。在国际斗争合作中，处理好国际关系，分清敌友，是正确开展国际斗争要解决的首要问题。

从当前国际斗争态势来看，可以简明扼要地说美帝国主义就是中国人民和世界人民的共同对手。美帝国主义国家统治集团是美国极少数国际金融垄断资本家利益集团及其政治代理，是中国人民和全世界一切爱好和平、争取发展的人们的共同对手。我们这里所讲的美帝国

① 《毛泽东选集》第1卷，人民出版社1991年版，第3页。

主义指的是极少数的美帝国主义者，即美国国际金融垄断寡头利益集团的资本家及其政治代表——美国国家政权的最高统治者。坚决反对美帝国主义的全世界各国的工人阶级、广大劳动人民及其政党，包括美国人民是我们的战友，一切反对美国霸权主义、赞成多边主义的、受到美帝国主义欺负的国家、地区及其政治代表是我们的朋友，包括反对美国单边主义的垄断资本主义国家及其政治代表，包括美国一切对华持友好态度、主张与华合作的势力也是我们应该团结的对象。

就国家制度性质来划分，当今世界可以分为社会主义制度的国家和资本主义制度的国家两大类。而资本主义制度的国家又分为两大类。一类是所谓发达国家，即发达资本主义国家、国际金融垄断资本主义国家，包括美国、英国、法国、德国、日本、加拿大、澳大利亚等，**占世界各国的少数；一类是所谓发展中国家，占世界各国的大多数**。发展中国家在制度上又可以分为社会主义和资本主义两种社会制度性质不同的国家，发展中国家自然地包括走上社会主义道路的社会主义国家，还包括走上资本主义道路的相对落后的、发展中的资本主义国家。第二次世界大战后，一系列殖民地半殖民地国家和地区通过民族民主革命，推翻了垄断资本主义列强的殖民统治，取得了国家独立。其中一部分国家和民族由资产阶级民主革命转变为社会主义革命，走上了社会主义道路，如第二次世界大战后亚洲的中国、朝鲜、越南、蒙古国等国家，东欧的波兰、罗马尼亚、南斯拉夫、捷克斯洛伐克、匈牙利、保加利亚等国家；20 世纪五六十年代走上社会主义道路的亚洲的老挝和拉丁美洲的古巴。一部分国家和民族则走上了资本主义的发展道路，如印度等一大批亚非拉地区的前殖民地半殖民地的国家与民族。然而 20 世纪八九十年代，苏联解体、东欧剧变，这一历史性变化导致苏联各加盟共和国及东欧一系列社会主义国家，还有亚洲的蒙古国放弃了社会主义制度，走上了资本主义发展道路。到目前为止，世界上仅存的社会主义国家为五个——中国、朝鲜、越南、古巴、老挝。

发展中国家有一个共同点，即都曾是帝国主义国家的殖民地或半殖民地，受到过帝国主义列强的压迫和剥削，现在又饱受国际金融垄断资本主义，即新型帝国主义的盘剥和欺负。有一个共同的民族愿景：都希望在和平的大环境下迅速发展起来，追求和平与发展是他们的共同愿望和要求。

从中华民族振兴的大局出发，中国要致力于构建建设社会主义现代化强国，完成包括国家统一在内的中华民族伟大复兴的中国梦伟业，这就需要最大限度地孤立极少数，团结最大多数。建立人类命运共同体是建立国际统一战线的伟大战略构想，也是世界人民共同憧憬和争取的世界大同的愿景。

我们现在迫切需要在国际斗争和国际合作中分清敌友，依靠真正的战友，团结真诚的朋友，孤立与之作坚决斗争的极少数的敌人。在20世纪，美苏争霸时，毛泽东同志认为，苏联已经堕落为社会帝国主义了，提出了“三个世界”理论。毛泽东同志认为，美苏两个超级大国为第一世界国家，英法德日等垄断资本主义国家为第二世界，中国等社会主义国家和广大发展中国家为第三世界。采取的战略策略是依靠第三世界，团结第二世界，最大限度地孤立并与之斗争的是第一世界。当然即使对第一世界也要分化瓦解，分别采取不同的斗争策略。“三个世界”理论符合冷战时期的世界格局态势，依据“三个世界”理论所制定的国际斗争和对外工作的战略策略，是有利于团结一切可以团结的力量，最大限度地孤立极少数，为中国创造和平发展环境的。正如党的十九届六中全会决议所指出的那样：“党提出划分三个世界的战略，作出中国永远不称霸的庄严承诺，赢得国际社会特别是广大发展中国家尊重和赞誉。”[①] 尽管时过境迁，半个多世纪过去了，世界格局发生了翻天覆地的变化，但毛泽东同志提出的“三个世界”理论至今仍然具有现实和理论指导意义。

从目前世界格局来看，美国是第一世界国家，是全世界追求和平与发展的国家、民族与地区人民的共同对手，西欧和日本、加拿大、澳大利亚等发达资本主义国家为第二世界，中国、俄罗斯等发展中国家为第三世界。以此划分，我们开展国际合作与竞争的战略策略就十分清晰了。当然，对“第一世界”美国而言，也要采取两手策略，两手对两手，以斗争求合作、求和平、求发展。丢掉幻想，准备斗争。要善于把美国人民同美国最高统治阶层的国际金融垄断资本利益集团及其代理人区别开来，把坚决与我为敌的一小撮最贪婪的国际金融资本利益集团同愿与我发展合作关系的资本家利益集团区别开来，把美国最高统治集团中对华主张鸽派政策的同主张鹰派政策的也要区别开来，分别采取不同的策略。对“第二世界”，要看到发达资本主义国家也不是铁板一块，它们之间也是矛盾重重。现在西欧发达资本主义各国，由于本国资本的利益也受到美国国际金融垄断资本的欺压，故与美国离心离德，我们应区别对待。一定要坚定不移地坚持与“第三世界”团结起来，要巩固、发展与俄罗斯的战略伙伴关系，抱团取暖。要同其他四个社会主义国家发展友好关系，同一切发展中国家建立友好合作关系，比如同巴基斯坦、伊朗、柬埔寨等进一步发展战略伙伴友好关系，把我们的朋友团结得越多越好。

（此部分以王伟光教授的研究成果为主）

---

① 《中共中央关于党的百年奋斗重大成就和历史经验的决议》，人民出版社 2021 年版，第 12 页。

附录一　课题研究基本情况

一　课题研究主要进展情况

自2018年课题立项以来，课题组高度重视。课题组成员共29人，课题组由王伟光同志担任组长，李慎明同志、李捷同志担任副组长，王镭同志担任秘书长，钟君同志担任副秘书长。在为期5年的课题研究中，课题组紧紧围绕当今世界社会主义与资本主义前途命运以及当代国际形势研究，认真完成了课题研究任务。

课题组先后组织召开了21次研讨会及多次小型会议，具体时间如下：

2018年8月24日下午，“世界社会主义与资本主义前途命运暨当代国际形势研究”课题组在中国社会科学院档案楼218室召开第一次全体会议。

2018年10月9日上午，“世界社会主义与资本主义前途命运暨当代国际形势研究”课题组在中国社会科学院档案楼321室召开第二次全体会议。

2018年12月4日下午，“世界社会主义与资本主义前途命运暨当代国际形势研究”课题组在中国社会科学院档案楼218室召开第三次全体会议。

2019 年 1 月 22 日下午，“世界社会主义与资本主义前途命运暨当代国际形势研究”课题组在中国社会科学院档案楼 218 室召开第四次全体会议。

2019 年 2 月 27 日上午，“世界社会主义与资本主义前途命运暨当代国际形势研究”课题组在中国社会科学院档案楼 218 室召开第五次全体会议。

2019 年 4 月 26 日下午，“世界社会主义与资本主义前途命运暨当代国际形势研究”课题组在中国社会科学院档案楼 218 室召开第六次全体会议。

2019 年 6 月 21 日上午，“世界社会主义与资本主义前途命运暨当代国际形势研究”课题组在中国社会科学院档案楼 218 室召开第七次全体会议。

2019 年 8 月 16 日上午，“世界社会主义与资本主义前途命运暨当代国际形势研究”课题组在中国社会科学院档案楼 403 室召开第八次全体会议。

2019 年 10 月 9 日上午，“世界社会主义与资本主义前途命运暨当代国际形势研究”课题组在中国社会科学院档案楼 218 室召开第九次全体会议。

2019 年 12 月 20 日上午，“世界社会主义与资本主义前途命运暨当代国际形势研究”课题组在中国社会科学院档案楼 218 室召开第十次全体会议。

2020 年 9 月 18 日下午，“世界社会主义与资本主义前途命运暨当代国际形势研究”课题组在博源宾馆八层第一会议室召开第十一次全体会议。

2020 年 10 月 27 日上午，“世界社会主义与资本主义前途命运暨当代国际形势研究”课题组在博源宾馆八层第一会议室召开第十二次全体会议。

2021 年 1 月 22 日上午，“世界社会主义与资本主义前途命运暨当代国际形势研究”课题组在博源宾馆八层第一会议室召开第十三次全体会议。

2021 年 3 月 26 日，由南开大学和中国社会科学出版社主办、南开大学·中国社会科学院大学 21 世纪马克思主义研究院承办的“新冠肺炎疫情与国际时局”学术研讨会在天津召开。

2021 年 5 月 12 日上午，“世界社会主义与资本主义前途命运暨当代国际形势研究”课题组在中国社会科学院档案楼 218 会议室召开第十五次全体会议。

2021 年 7 月 23 日上午，“世界社会主义与资本主义前途命运暨当代国际形势研究”课题组在博源宾馆八层第一会议室召开第十六次全体会议。

2021 年 9 月 28 日上午，“世界社会主义与资本主义前途命运暨当代国际形势研究”课题组在博源宾馆八层第一会议室召开第十七次全体会议。

2022 年 1 月 13 日下午，“世界社会主义与资本主义前途命运暨当代国际形势研究”课题组在博源宾馆八层第一会议室召开第十八次全体会议。

2022 年 2 月 23 日下午，“世界社会主义与资本主义前途命运暨当代国际形势研究”课题组在中国社会科学出版社西楼一层大会议室召开第十九次全体会议。

2022 年 9 月 6 日上午，“世界社会主义与资本主义前途命运暨当代国际形势研究”课题组在博源宾馆八层第一会议室召开第二十次全体会议。

2022 年 11 月 11 日上午，由全国政协民族和宗教委员会、中国辩证唯物主义研究会、南开大学·中国社会科学院大学21世纪马克思主义研究院主办，由人民出版社、中国社会科学院大学、南开大学、中国社会科学出版社、当代中国出版社共同支持，“学习党的二十大精神暨《国际金融垄断资本主义论》出版座谈会”在北京全国政协机关小礼堂召开。

二 课题研究成果

课题组取得了较为丰硕的成果。完成结项总报告1部，作为总的研究成果。选编《马克思主义经典作家论资本主义、社会主义和国际问题》《党和国家领导人论资本主义、社会主义和国际问题》《习近平论资本主义、社会主义和国际问题》3部。编辑了研究成果资料汇编4部和系列纪要汇编4部，收录60余篇论文研究报告。在《人民日报》《光明日报》《哲学研究》《马克思主义研究》《世界社会主义研究》等国家级报刊发表了一系列研究论文共457篇，其中有的成果发内参和专报，如《运用马克思主义立场观点和方法认识和处理国际问题》《关于中美关系的实质局势和对美战略》《从战略高度认识和发展中俄全面战略伙伴关系》《国际金融垄断资本主义是垄断资本主义最新发展阶段，是新型帝国主义》等获得了习近平总书记、中央政治局常委、政治局委员的重要批示。编撰出版由王伟光教授担任主编的8种研究专著作为阶段性成果：《大的历史时代与中国特色社会主义新时代》《金融危机10年研究》《运用马克思主义立场、观点和方法认识和处理国际问题》《世界社会主义的趋势、问题和现状》《新冠肺炎疫情与国际时局》《各国共产党和国际共产主义运动的问题、现状及发展趋势》《当代资本主义研究》《苏联东欧社会主义建设经验教训考》。以上成果均获得理论界、学术界好评。王伟光教授的论文《国际金融垄断资本主义是当代垄断资本主义，是新型帝国主义》以“国际金融垄断资本主义论”为书名正式出版以来，在党政干部中、学术界、理论界引起极大反响。填补了关于当代资本主义，即当代帝国主义研究的空白。引起国外的广泛关注，被译成英、俄文在国外报刊上发表。

以下为课题组已经出版的著作及论文目录简介。

（一）已经出版的著作简介

1.《大的历史时代与中国特色社会主义新时代》

该书深入分析并论证了我们所处的时代仍是资本主义生产方式占据主导地位的大的历史时代，认为在该时代始终贯穿着资本主义与社会主义的两条道路、两个阶级、两种社会制度、两条前途命运的斗争，社会主义代替资本主义的历史必然趋势不可抗拒。一定要站在大的历史时代观的基础上认识国际关系，并形成相应的处理国际关系和对外工作的战略策略。该书还论证了马克思主义的世界历史理论和中国特色社会主义道路的基本特征和主要内涵，从马克思主义的立场观点方法出发，回答了理论和实践中的许多重大问题。该书认为，尽管“社会主义”和“资本主义”“帝国主义”这类概念，在今天一些人看来已不合时宜，但仍是概括当今时代本质的理论抽象，它们并没有所谓“意识形态终结”。运用唯物史观和世界历史理论来看，科学社会主义并没有过时，马克思主义并没有过时。马克思主义，仍然是中国人民独立自主地前进于世界历史大道的指导思想，中国特色社会主义道路，是中国人民在世界历史进程中实现现代化的唯一正确选择。中国特色社会主义新时代特指中国特色社会主义已经站在一个新的历史起点上，进入一个新的历史阶段，处于一个新的历史方位上。只有立足“大的历史时代”背景，从我国新时代的特殊国情条件出发观察分析，才能深刻认识中国特色社会主义进入新时代和习近平新时代中国特色社会主义的伟大意义。

2.《世界金融危机十年与中美贸易战》

该书认为美国2007年爆发的次贷危机引发了美国2008年的金融危机，进而引发了国际性金融危机乃至经济危机。国际金融危机是资本主义的全面制度危机，是资本主义全面衰退的标志性表现。10年前的国际金融危机，彻底暴露了资本主义的基本属性没有改变，资本主义必然灭亡的趋势没有改变。这场危机爆发距今已经十余年了，导致资本主义全面衰退，资本主义头等强国美国实力全面下降。曾几何时，当苏东垮台之际，美国学者提出"历史终结论"，宣扬社会主义及其意识形态已经灭亡。一时间，资本主义政治家、思想家大唱资本主义"千年王国"的赞歌。然而，苏联解体、东欧剧变不到30年，突如其来然而又是必然而至的国际金融危机打破了资本主义"千年王国"的幻梦。纵观改革开放和中国特色社会主义的中国，却出现了一番"西方不亮，东方亮""风景这边独好"的景象。中国特色社会主义的成功，表明力量对比的天平开始向社会主义倾斜，中国特色社会主义的成功，世界力量对比的深刻变化，标志着社会主义运动始出低谷，马克思主义越发彰显真理的强大威力，社会主义越发显示出强大的生命力。

3.《运用马克思主义立场、观点和方法认识和处理国际问题》

习近平总书记指出："时代在变化，社会在发展，但马克思主义基本原理依然是科学真理。尽管我们所处的时代同马克思所处的时代相比发生了巨大而深刻的变化，但从世界社会主义500年的大视野来看，我们依然处在马克思主义所指明的历史时代。这是我们对马克思主义保持坚定信心、对社会主义保持必胜信念的科学根据。”科学认识当代资本主义，即当代帝国主义，需要认真重温马克思主义的社会形态演变一般规律理论和大的“历史时代”理论。只有真正理解和掌握马克思主义社会形态演变一般规律理论和大的“历史时代”理论，才能正确剖析和判断当代资本主义，即当代帝国主义的本质、矛盾、规律以及必然灭亡的趋势。

该书认为我们所处的时代同马克思所处的时代相比发生了巨大而深刻的变化，但从世界社会主义500年的大视野来看，我们依然处在马克思主义所指明的历史时代，即“资本主义时代”。科学认识当代资本主义，即当代帝国主义需要重温马克思主义社会形态演变的一般规律和大的“历史时代”理论。只有真正理解和掌握马克思主义社会形态演变一般规律和大的“历史时代”理论，才能正确剖析和判断当代资本主义，即当代帝国主义的本质、矛盾、规律以及必然灭亡的趋势。

观察国际问题首先有一个运用什么样的世界观和方法论的问题。世界观和方法论对了，才能认清国际问题上的大是大非。必须学会运用马克思主义立场、观点、方法来分析国际关系、看待国际问题、认清国际形势，把握世界走势与世界社会主义与资本主义的命运。运用马克思主义立场、观点和方法观察国际问题，就要站在历史时代的最高点来观察说明国际问题，在准确判断历史时代的基础上，才可以对当前国际社会的基本矛盾、主要矛盾和主要态势做出判断。运用马克思主义立场、观点、方法分析认识国际问题，一定要具体地分析具体问题，这是马克思主义活的灵魂。

4.《世界社会主义的趋势、问题与现状》

该书认为21世纪初世界社会主义的发展出现了许多新亮点，呈现出许多新特征，取得了许多新进展，世界社会主义在新一轮资本主义危机的环境背景下面临走出低谷、重新振兴的机遇，同时也面临与世界资本主义进行更为激烈复杂的较量竞争的历史挑战。总的来看，21 世纪世界社会主义的新发展以雄辩的事实打破了苏联解体、东欧剧变后关于“资本主义重新一统天下”的狂言妄论，粉碎了资本主义战略家们苦心孤诣地长期推行的“不战而胜”的“和平演变”和“颜色革命”的图谋，终结了所谓“西方自由民主制度达到人类社会的终点”的神话，并在整个世界范围内有力而持续地印证着共产主义必然代替资本主义的客观历史规律，重新恢复提振着马克思主义真理的力量。21 世纪是世界社会主义走向振兴的世纪。

5.《新冠肺炎疫情与国际时局》

该书认为，处在新冠疫情席卷全球与国际时局大变之当今，怎样认识疫情和疫情对国内外时局的影响，是关系执政党的既定目标能否实现的重大问题。如何对待疫情，抗疫效果如何？是评价当今时代两种不同社会制度，不同执政党及其意识形态和价值观优劣的试金石，是检验不同社会制度下治理体系和执政党治理能力高低的标尺。只有社会主义制度才是战胜疫情的正道。我们观察今天的国际时局，既要看到我们所处的大的历史时代没有变，还要看到不变中有变，看到百年未有之大变局，正确认识“不变中有变，变中有不变”的辩证关系，认清时局，把握机遇。既要看到疫情给国际时局带来的新变化，又要看到国际时局的本来面貌和实质。既不因突如其来的疫情而看不清大势，又不因看不到疫情带来的新变化而识不清变数。既要看清时局的本质和总趋势，又要认清疫情带来的变化，才能处变不惊，“乱云飞渡仍从容”，从容地采取正确的应对之策。

6.《世界各国共产党和国际共产主义运动》

该书认为，苏联解体、苏共亡党是 20 世纪发生的重大历史事件，对世界历史进程产生了重大影响，对世界范围内共产党组织及共产主义力量的影响是前所未有的。一方面，共产党组织受到很大冲击，有的解散消失，有的改旗易帜，转变为社会民主主义类型的政党，或转变为在国内政治舞台上无足轻重的边缘激进团体。另一方面，许多共产党组织在逆境中坚持马克思主义，坚持社会主义和共产主义奋斗目标，探索适合本国国情的理论战略和活动方式，取得了不同程度的成绩，为国际共产主义运动延续了生存和新发展的基础。

7.《当代资本主义研究》

该书分为四部分，深刻分析了当代资本主义的新变化、新问题及其所带来的对世界格局的影响、变化。第一部分，是对当代资本主义，即帝国主义的总的定性判断：当代资本主义是国际金融垄断资本主义，是垄断资本主义的最新阶段。第二部分，是对列宁帝国主义理论当代价值的阐述。列宁对帝国主义的研究与社会主义运动是紧密联系在一起的。列宁系统地研究了帝国主义时代国际政治经济关系的本质、特征和运动规律，进而分析帝国主义和战争、无产阶级革命等重大问题，提出了一系列新的观点，把马克思主义推向列宁主义阶段。第三部分，是对当代资本主义两极分化问题的分析。贫富两极分化和经济不平等是当今国际社会共同面临的严重问题，席卷整个资本主义世界的民粹主义浪潮背后是两极分化问题的日益恶化，国际金融垄断资本主义是世界两极分化的总根源。第四部分，是对当代资本主义，即当代帝国主义新变化所引起的世界格局、中美关系以及社会主义中国应对战略策略的认识。强调高度重视国内外敌对势力的和平演变图谋，坚持和发展“三个世界划分”的战略，结成最广泛的国际反霸统一战线，以更加开放的勇气和姿态突破西方对我国的战略围剿。

8.《苏联东欧社会主义建设经验教训考》

该书深刻分析了苏联解体、东欧剧变的国内外因素和主客观原因，其内容共分为三部分：第一部分为如何正确认识苏联解体、东欧剧变的教训，如何正确评价斯大林等问题。认为背离科学社会主义，放弃马克思主义，执行一条错误路线，是苏东各国执政党最终亡党亡国的根本原因。第二部分为苏联东欧社会主义建设经验教训总结。总结吸取借鉴其经验教训，对于正确应对百年未有之大变局，取得具有许多新的历史特点的伟大斗争的伟大胜利具有重要意义。第三部分为世界社会主义和共产主义运动展望。从世界范围来看，社会主义先后经历了从空想走向科学、从理论走向实践、从一国走向多国、从曲折走向振兴的发展过程。社会主义所呈现出的阶段性特征和走向是从遭受严重曲折走向重新振兴，进而展现出光明的发展前景。

9.《国际金融垄断资本主义是垄断资本主义的最新阶段、是新型帝国主义》

该书是关于当代资本主义研究的最新成果。该书运用马克思《资本论》批判资本主义的立场、观点和方法及其得出的关于资本主义的科学判断。运用列宁的《帝国主义论》分析帝国主义的立场、观点和方法及其得出的关于垄断资本主义、帝国主义的正确结论。针对在世界社会主义，资本主义和国际问题、对外关系研究领域曾一度存在的“马克思主义失语”“垄断资本主义、帝国主义失踪”的现象，针对某些热衷于运用西方资产阶级国际问题理论观察、分析、认识国际问题的倾向，对当代资本主义、帝国主义及国际形势进行了深入的研究。

该书对当代资本主义，即帝国主义提出总的定性判断：当代资本主义是国际金融垄断资本主义，是垄断资本主义的最新阶段，是新型的帝国主义。现在我们仍处于资本主义历史时代。资本主义已经经历了两个发展阶段：资本主义确立阶段，即资本主义原始积累阶段（16 世纪到 18 世纪中期）；资本主义成熟阶段，即资本主义自由竞争阶段（18 世纪中期到 19、20 世纪之交）。我们正在经历着资本主义的第三个发展阶段：资本主义最高阶段，即垄断资本主义，也即帝国主义阶段（19、20 世纪之交至今）。我们现在仍然处在垄断资本主义，即帝国主义阶段。但今天资本主义垄断形式已经发生了很大变化，经历了私人垄断、国家垄断两个时期，现在已经进入第三个时期，即国际金融垄断时期。列宁当年对于垄断资本主义，即帝国主义的总判断至今并没有过时，但其具体特征却发生了巨大的变化，产生了许多新的特征。该书分析了当代国际金融垄断资本主义的九个重大变化，认为国际金融垄断资本主义和私人垄断资本主义、国家垄断资本主义的出现一样，都是资本主义社会生产力发展的必然结果，当代资本主义仍然具有一定的自我调节能力和局部改良能力，还有一定空间容纳生产力的发展。资本主义灭亡是一个曲折、复杂、长期且必然的历史进程。当代国际金融垄断资本主义虽然矛盾重重，内外受困，总体在走下坡路，但还具有一定的实力，还强于社会主义。国际金融垄断资本主义对工人阶级及广大人民的压榨比私人垄断、国家垄断时期更严厉，形式更多样，程度更残酷，手段更巧妙，两面性更突出。新型帝国主义的侵略性、寄生性、腐朽性、垂死性没有根本改变。我们今天处理国际关系和对外工作的战略策略，一定要依据关于国际金融垄断资本主义的总判断来提出、实施。该书得到了国内广泛好评，中央领导做出专门批示，重要报刊刊登发表了相关书评和报道。譬如《光明日报》2022 年 11 月 26 日发表蒋建国同志的书评《〈国际金融垄断资本主义论〉的五个维度》。

（二）课题组成员已发表的科研成果（论文类）

课题组成员的科研成果论文目前已发表五百多篇文章，具体名单详见附录二。

三 社会影响评价

（一）受到中央领导批示的若干篇文章简介

课题组取得了较为丰硕的成果，其中有的成果发内参和专报，如《运用马克思主义立场观点和方法认识和处理国际问题》《关于中美关系的实质局势和对美战略》《从战略高度认识和发展中俄全面战略伙伴关系》《国际金融垄断资本主义是垄断资本主义最新发展阶段，是新型帝国主义》等获得了习近平总书记、中央政治局常委、政治局委员的重要批示。

1.《运用马克思主义立场观点和方法认识和处理国际问题》

我们所处的时代同马克思所处的时代相比发生了巨大而深刻的变化，但从世界社会主义500年的大视野来看，我们依然处在马克思主义所指明的历史时代，即“资本主义时代”。科学认识当代资本主义，即当代帝国主义，要运用马克思主义立场、观点、方法站在历史时代的最高点来观察说明国际问题，在准确判断历史时代的基础上，运用马克思主义社会形态演变一般规律理论和大的“历史时代”理论，对当前国际社会基本矛盾、主要矛盾和主要态势作出科学判断，才能正确剖析和判断当代资本主义，即当代帝国主义的本质、矛盾、规律以及必然灭亡的趋势，才能把握世界走势与世界社会主义与资本主义的命运。

观察国际问题要站在马克思主义的立场上，站在进步、正义、公正的立场上，而不是站在资本的立场上，站在少数人的立场上，站在落后、非正义、偏见的立场上看待国际问题。分析国际问题，还要运用唯物的、辩证的、历史的、矛盾的、阶级的马克思主义的观点和分析方法，分析当今资本主义社会的内在矛盾。马克思主义经典作家分析资本主义社会基本矛盾，认为是生产力的社会化和资本主义私人占有的矛盾，这个基本矛盾表现在阶级关系上就是工人阶级及广大劳动人民与资产阶级的矛盾，表现在社会制度上、发展走势和道路选择上，表现为社会主义与资本主义两条道路、两种制度、两个前途、两种命运、两股力量的矛盾与斗争。在今天的历史阶段，特别是社会主义代替资本主义的过渡阶段，这种博弈更为尖锐、更为激烈，也更为突出。

2.《关于中美关系的实质局势和对美战略》

中美关系是观察当代资本主义、社会主义发展前途命运和国际形势的关键问题。如何认识美国、如何认识中美关系？如何对美国和中美关系的实质作出科学的判断？如何实施处理中美关系的正确的战略策略？这既是关系到中国特色社会主义发展前途，也是关系到世界社会主义发展前途的重大问题。要从历史唯物主义大的时代观出发认识美国及中美关系的实质，从本质上看，美国是当代最具典型特征的垄断资本主义，即帝国主义国家，在美国起统治支配作用的是极少数的垄断资本利益集团。中美关系的实质就是社会主义和资本主义两种制度、两条道路、两股力量、两个前途的博弈关系，社会主义越发显示出制度优越性。依据中美力量对比变化的现实，应把握好以下几点：第一，我国仍然面临着和平发展的战略机遇期。第二，最大限度地团结一切可以团结力量，最大限度地孤立少数，最大可能地争取和平发展的空间和时间。第三，丢掉幻想，准备斗争，做好长期斗争的准备。

3.《从战略高度认识和发展中俄全面战略伙伴关系》

在大的历史时代进程中，中国与俄罗斯两国是有承继性、共同性的，具有深厚的合作基础；中俄两国有着久远深厚的合作历史，友好合作是总趋向；中俄相互依存度很高，重视发展中俄战略协作关系是不二的战略选择。俄国十月革命成功以来，中俄两国人民在多方面具有共同的利益诉求，在相当长的历史时期两国都要集中于国内的改革发展。为了实现各自民族复兴的远大目标，中俄两国都要努力创造外部和平环境。中俄关系是国际关系中的重要稳定因素，对华关系是俄外交的优先方向。中俄两国是具有重大世界影响的大国，中俄战略合作的意义和影响远远超出两国双边及其所在地区，在世界和平稳定大局中起着举足轻重的作用。今天两国关系处于密切合作、健康发展的阶段，维护好、发展好、巩固好中俄关系是双方共同的历史责任。

4.《国际金融垄断资本主义是垄断资本主义最新发展阶段，是新型帝国主义》

对当代资本主义本质的认识和把握，既是重大理论问题，也是重大现实问题。当今仍然处于马克思、恩格斯所判定的资本主义历史时代，仍处于列宁所判定的垄断资本主义即帝国主义发展阶段。国际金融垄断资本主义是资本主义发展的当代新形态，是新型帝国主义。列宁对垄断资本主义即帝国主义的科学判断依然有效，并没有过时。国际金融垄断资本主义和私人垄断资本主义、国家垄断资本主义的出现一样，都是社会生产力发展的必然结果，当代资本主义仍然具有一定的自我调节能力和局部改良能力，还有一定空间容纳生产力的发展。资本主义灭亡是一个曲折、复杂、长期且必然的历史进程。当代国际金融垄断资本主义虽然矛盾重重，内外受困，总体在走下坡路，但还具有一定的实力，还强于社会主义。国际金融垄断资本主义即新型帝国主义的新变化没有改变其本性。新型帝国主义的侵略性、寄生性、腐朽性、垂死性没有根本改变。国际金融垄断资本主义对工人阶级的压榨的情形比私人垄断、国家垄断时期更严厉，形式更多样，程度更残酷，压榨更巧妙，两面性更突出。我们今天处理国际关系和对外工作的战略策略，一定要依据关于国际金融垄断资本主义的总判断来提出和实施。

（二）《国际金融垄断资本主义论》的学界与社会评价综述

党的二十大强调："世界百年未有之大变局加速演进，新一轮科技革命和产业变革深入发展，国际力量对比深刻调整，我国发展面临新的战略机遇。"面对交错复杂的国际态势和国际资本主义的新形态、新特征，王伟光教授的《国际金融垄断资本主义论》一书于2022年9月正式出版，并在11月11日召开发布座谈会，引起了社会各界的广泛关注。截止到2023年3月，《国际金融垄断资本主义论》一书出版先后获网易新闻、人民政协网、政协头条、南开大学新闻网、乌有之乡、搜狐网、腾讯网、新浪网、中国新闻网、红旗网、中国侨报网、中国社会科学网、中国新闻出版广电网等多家媒体先后报道。同时多家报刊发表专门评论文章。

王伟光教授站在历史唯物主义的角度，自觉运用马克思的《资本论》、列宁的《帝国主义是资本主义的最高阶段》分析认识资本主义、帝国主义的立场、观点和方法，对当代资本主义、当代帝国主义、当代资本主义的本质特征加以剖析和判断，揭示"中国之治、西方之乱"的深层原因，进一步深化社会各界对"世界百年未有之大变局"和中国特色社会主义新时代的认识，得到了党政军各界人士的一致好评。

1.《国际金融垄断资本主义论》论述人类社会形态演变规律，阐明世界格局演变历史大势，回应了时代发展呼声

全国政协副主席巴特尔在《国际金融垄断资本主义论》一书发布座谈会上发表了对本书的内容的重要评价，强调《国际金融垄断资本主义论》从人类社会形态演变规律的理论出发，系统回顾了人类社会发展五种形态，资本主义发展的不同历史阶段，提出了当代资本主义已经发展成为国际金融垄断资本主义，垄断资本主义已经进入最新的发展时期，进入急速整体衰落期等观点。王伟光教授以历史唯物主义为切入点，分析了当代资本主义的新特征，提出了现代国际金融垄断资本主义、垄断资本主义进入急速整体衰落期等观点，有助于我们深入分析东升西降这一世界格局演变的历史大势。

全国政协提案委副主任、中央军委联合参谋部原副参谋长戚建国认为《国际金融垄断资本主义论》阐明百年未有之大变局的历史逻辑与资本主义社会运动规律，回答了关乎时代发展的重要问题，成为当代关于帝国主义理论方面的前沿探索。

全国政协民宗委副主任、中宣部原副部长蒋建国认为这一重要著作是今人解读马克思的《资本论》和列宁的《帝国主义论》，进而理解毛泽东同志、邓小平同志和习近平总书记关于国际问题和资本主义问题的重要论述，以及党的二十大精神的一把钥匙，为我们提供了新时代理论支撑和指导，使得我们更加清晰地认识到培养社会主义接班人所面临的时代问题，回应了时代发展呼声。

中国社会科学院哲学研究所纪委书记、副所长冯颜利教授认为，该书运用马克思主义唯物史观和大历史观来研究、分析、阐释资本主义发展与演变阶段，对 21 世纪资本主义、新帝国主义进行科学定位和精准定义，是把握好习近平新时代中国特色社会主义思想的世界观和方法论的典范，是准确把握国际斗争战略策略、敢于

斗争、善于斗争的典范。

2.《国际金融垄断资本主义论》揭露国际新冠疫情防控背后的当代资本主义基本矛盾和垄断本质及其意识形态手段

当代资本主义是否早已脱离资本主义的本质而走向新的发展模式？从其基本矛盾和垄断本质出发，否定的答案显而易见。《国际金融垄断资本主义论》通过对当代资本主义国家新冠疫情防控不力的多维度因素进行深入分析，揭示阐明了当代资本主义暴力、侵略、剥削和战争等罪恶面目，并且更加阴险、贪婪和具有欺骗性，资本主义国家疫情防控的失败答卷亦体现了其背后的必然性因素。

巴特尔指出，王伟光教授运用马克思主义的立场、观点和方法，深入分析了当代资本主义国家新冠疫情防控中交出不合格答卷的深层次原因，揭露了其不择手段地追求资本利润的最大化的根本目的，历经百年依旧没有改变对本国人民和发展中国家大肆剥削、掠夺、侵略的本性，反而更加强化了垄断的属性，没有从根本上化解资本主义的社会的基本矛盾，反而使之更加尖锐，更为激化。

中国社会科学院大学余斌研究员对《国际金融垄断资本主义论》的当代资本主义及其意识形态手段研究进行阐述和分析。余斌指出，以新冠疫情为聚焦点，王伟光教授在书中阐述了国际垄断资本主义的意识形态手段，即削减和压制马克思主义话语体系和话语权，以此达到推动颜色革命、挑战社会主义国家政权的目的。文章还提到，新冠疫情暴发的背后也可能有国际垄断资本主义的出手，因为这场全球公共卫生危机可以给他们带来巨大的利润。国际垄断资本主义最主要的意识形态手段就是削减和压制马克思主义话语体系和马克思主义话语权，让人们听不到真理的声音。

3.《国际金融垄断资本主义论》从“三个世界”战略思想出发，在“历史的十字路口”提出新时代对外工作的意见建议

党的二十大报告指明世界之变、时代之变、历史之变正以前所未有的方式展开，人类社会面临前所未有的挑战，世界又一次站在历史的十字路口。全国政协副主席巴特尔表示，在国际金融垄断资本主义时期，美西方国家社会撕裂不断加剧，世界范围内两种制度、两种意识形态较量更加激烈，发展中国家与发达国家之间的矛盾斗争呈现新的特点。巴特尔认为在《国际金融垄断资本主义论》中，王伟光教授对这一系列意识形态矛盾的新变化、新形态进行细致分析，提出做到分清敌我，最大限度地孤立敌人，团结朋友等一系列意见建议，有助于读者对新时代外交工作进一步深化对发展斗争精神，增强斗争本领，坚持团结奋斗的认识。

蒋建国指出，《国际金融垄断资本主义论》深入浅出，为读者理解资本主义发展为帝国主义，并且不断进入新的发展时期的时代特征开拓了广阔视野。书中强调，在这个新的时期中，资产阶级和无产阶级矛盾更加激化，资本主义和社会主义的斗争更加尖锐。美国视中国为主要战略竞争对手，用各种手段打压中国，试图维护其政治霸权和资本垄断地位，以终结历史并造成人类文明的新形态。

中国人民大学张洪顺教授在其撰写的《知世情乃明国是——〈国际金融垄断资本主义论〉读后感》一文中指出，国际金融垄断资本主义在当今世界国际格局中占主导地位，而美国则是国际金融垄断资本家的国家，代表着国际金融垄断资本的利益，这是我们所处的现实世界的客观存在，我们绝不应视而不见。

4.《国际金融垄断资本主义论》丰富了马克思主义中国化时代化的理论内涵

戚建国认为，《国际金融垄断资本主义论》是对马克思主义中

国化时代化历史进程的新的探索和分析。戚建国表示，马克思主义中国化问题是毛泽东同志首先提出来的，并在党的六届六中全会上明确提出。随着时代的发展，以习近平同志为主要代表的中国共产党人努力将马克思主义的基本原理同中国的具体实践相结合，推动马克思主义中国化时代化新境界的开拓。

在这样的背景下，《国际金融垄断资本主义论》这本书回答了时代之问，为深入探索帝国主义理论的时代篇章开辟了一个新的通道。伟光同志深入分析了当代垄断资本主义的实质和影响、理论发展历程以及全球状况，并从垄断资本主义的角度深刻解读了中国特色社会主义的实践。通过对帝国主义垄断资本主义理论的深入理解和探索，为我们深入认识当代世界和中国特色社会主义的实践提供了重要的指导意义。

戚建国表示，《国际金融垄断资本主义论》彰显马克思主义中国化时代化的守正创新。

王伟光教授坚持守正创新，在坚持马克思主义的基本立场、观点和方法的同时，创新性地提出了我们当今所处的垄断资本主义时代，提出新型帝国主义论，这是攀登理论高峰的中国化时代化的创新境界，这是一种攀登理论高峰的境界，也为中国特色社会主义的实践提供了重要的理论支撑。同时，王伟光同志敢于解放思想、实事求是，聚焦时代之问、中国之问，提出了应采取的国际斗争的战略策略，具有重要的现实指导意义。

5. 《国际金融垄断资本主义论》极具思想深度和理论价值

《国际金融垄断资本主义论》是一部具有重要意义和价值的著作，它对于我们理解当代世界的格局、认清资本主义的发展和实质、指导中国特色社会主义实践等方面都有着重要的推动作用，极具思想深度和理论价值。

思想深度和理论价值表现在王伟光教授的理论品格和奋斗精神。当代中国出版社党委书记、总编辑冀祥德教授认为，《国际金融垄断资本主义论》一书立论高远宏大，论述有理有据，体现了王伟光教授敏锐的问题洞察力和坚实的理论水平，其大学者风范为从事学术研究的同人树立了榜样。全国政协常委、原北京军区副政委兼纪委书记王健（中将军衔）聚焦学术界理论界存在西风东渐的问题指出，《国际金融垄断资本主义论》体现王伟光教授独立思考、勇于创新的精神，体现了王伟光教授实事求是的理论品格。戚建国同志指出，该书的出版和发表彰显了王伟光教授老骥伏枥、志在千里的思想境界，兢兢业业为理论事业奉献五十余载，年过古稀依然在为党的理论创新事业发光发热。

思想深度和理论价值表现在其极高的政治站位。北京大学马克思主义学院孙蚌珠教授指出，当今时代仍然处于马克思列宁主义所指明的大时代，当今世界正经历百年未有之大变局，世界秩序在不断变革当中，南升北降、东升西降的全球力量对比趋势更加明显，科学认清当代资本主义的本质特征和发展变化规律，正确认识新历史条件下资本主义的新变化、新特征、新趋势是重大的，也是急需解答的时代课题。于海清认为，《国际金融垄断资本主义论》是一部严谨的学术著作，但同时又不单纯是一本学术著作，而是凸显了崇高政治责任和使命的著作。正如王伟光教授于书中开门见山地指出本书的重要目的就是从理论上、思想上彻底地批驳那些错误认识，尤其是国外研究对外关系中一些比较突出存在“马克思主义失语”“垄断资本主义”失踪，观察分析和认清世界形势和国际关系的现象，旗帜鲜明地树立起马克思主义基本判断和以习近平新时代中国特色社会主义思想来分析国际形势、国际斗争、外事工作的指导地位。余斌研究员从受众群体的角度出发，认为世界各国不甘心被国际垄断资本主义霸凌，不甘心承受战争、疫情和封锁等灾难影响的同胞和文明都应倾听《国际金融垄断资本主义论》的建言献策，作出理智的选择。

思想深度和理论价值表现在《国际金融垄断资本主义论》深刻的理论内涵。于海清指出，《国际金融垄断资本主义论》指明当代资本主义已经发展成为国际垄断资本主义，是新型帝国主义，但仍然是“垄断资本主义”，是资本主义最高阶段、最后阶段，是从资本主义本质作出的重大论断。该论断以马克思主义为分析工具，深刻揭露了当代因金融创新而更加具有隐蔽性和欺骗性的资本主义的剥削实质，进一步阐发了新型帝国主义的本质与内涵，对于我们深入认识把握当代资本主义发展形势和趋势，理解习近平总书记关于东升西降，关于两种制度历史演进等一系列论断都具有深远的理论价值意义。

思想深度和理论价值体现在建构中国哲学社会科学体系的现实价值层面。全国政协委员、中国社会科学院大学党委常务副书记、校长张政文指出《国际金融垄断资本主义论》对于构建中国特色哲学社会科学的自主知识体系也具有非常重要的现实价值。在党的二十大报告中，习近平总书记强调要建立中国特色哲学社会科学体系学术体系、话语体系，加快构建中国特色哲学社会科学的自主知识体系。因此，在高等院校领域，建立起符合国家战略需要的知识体系至关重要。而这本书的研究和思考为加快建设国际一流的哲学社会科学领域打下更为坚实的理论基础。另外，张征文校长以哲学社会科学高校意识形态工作为切入点，高度评价《国际金融垄断资本主义论》。意识形态工作是高校的本质使命，需要通过教育过程中的深化思想政治教育，让学生深刻体会、掌握并践行正确的思想和价值观念，坚守国家的意识形态阵地。本书从头到尾贯穿着马克思主义的思想精髓，是习近平新时代中国特色社会主义思想的具体体现，深入表达了中华民族共同体意识，充分彰显中华民族四个自信，为新时代青年培育工作提供丰厚的思想资源和教育资源，为学生理解意识形态问题进而转化为意识形态坚守能力提供了有力支持。

6. 总论

真理的味道非常甜。《国际金融垄断资本主义论》通过种种迹象和生动的案例为我们阐明了资本主义必然走向落后反动进而衰落的历史大势，论述了社会主义、资本主义在新时代不同的发展趋势，有助于我们进一步认识新时代十年伟大变革的重大意义，认识中国式现代化的本质特征和光明前景，不断增强开创新时代中国特色社会主义事业的信心决心。

（三）《国际金融垄断资本主义论》专题报道①

在全国上下认真学习宣传贯彻党的二十大精神的热潮中，2022年11月11日，全国政协机关召开学习党的二十大精神暨《国际金融垄断资本主义论》出版座谈会，全国政协副主席巴特尔出席座谈会并发表重要讲话。

《国际金融垄断资本主义论》是全国政协民族宗教委员会主任王伟光的最新力作，该书运用马克思主义立场、观点、方法，从剖析国际金融垄断资本主义出发，深入分析研判世界大势，就当代资本主义、帝国主义所处阶段、所具特性、必然趋势等重大问题作出清晰解答。面对“马克思主义失语”“垄断资本主义、帝国主义失踪”等在国际问题研究和对外关系方面的一系列错误认知，王伟光教授在书中进行了逐一批驳。他提出国际金融垄断资本主义是垄断资本主义的最新发展，是对新型帝国主义的重要判断，为我们科学

① 记者王爽以“开辟探索帝国主义理论新通道”为题在《中华英才》2022年第23期上对《国际金融垄断资本主义论》作了专题报道。

把握历史脉络、主动做好相关工作提供了宝贵参考。

“眼前一亮”“耳目一新”“豁然开朗”是与会代表和嘉宾的共同感受。据人民出版社社长蒋茂凝透露，从书名确定、文字修改，到格式规范、封面设计，以及定制发行等诸多环节，王伟光教授均亲力亲为，认真打磨，倾注了大量心血。

习近平总书记在党的二十大报告中强调：“不断谱写马克思主义中国化时代化新篇章，是当代中国共产党人的庄严历史责任。”在全国政协提案委员会副主任戚建国看来，该书正是担当起了开辟马克思主义中国化时代化新境界历史责任的精品力作。

全国政协副主席巴特尔在讲话中指出，《国际金融垄断资本主义论》一书不仅有助于我们科学认识当前世界形势和国际关系、更好地开展对外工作，也为我们深入学习领会习近平新时代中国特色社会主义思想、贯彻落实党的二十大确定的目标任务提供了参考。

座谈会由全国政协民族宗教委员会驻会副主任隋青主持，全国政协提案委员会副主任戚建国，民族宗教委员会副主任全哲洙、罗黎明、蒋建国，政协文化文史和学习委员会副主任阎晓宏，民族宗教委员会原驻会副主任杨小波，全国政协常委王健，人民出版社社长蒋茂凝，以及中国社会科学院、中共中央党校（国家行政学院）、北京大学、中国人民大学、中国辩证唯物主义研究会、南开大学·中国社会科学院大学21世纪马克思主义研究院等单位代表、媒体代表等共计70余人参加座谈会。

认清本质
“不变中有大变，大变中有不变”

“当今世界正在经历百年未有之大变局，这是世界之变、时代之变、历史之变。当前，新冠疫情反复延宕，世界经济脆弱性更加突出，地缘政治局势紧张，全球治理严重缺失，粮食和能源等多重危机叠加，人类发展面临重大挑战。”

这是11月15日习近平主席在二十国集团领导人第十七次峰会上发言时所讲。

世界怎么了？世界向何处去？中国怎么办？这是进入21世纪后，世界的政治家和战略家都在思考的重要问题。

党的二十大提出我们的目标是要全面建成社会主义现代化强国，在王伟光看来，这就更需要明晰我们面对的国际形势，“不把美国跟帝国主义搞清楚，不把当代垄断资本主义的内在矛盾搞清楚，这是不行的”。

习近平总书记曾讲，“尽管我们所处的时代同马克思所处的时代相比发生了巨大而深刻的变化，但从世界社会主义500年的大视野来看，我们仍然处在马克思主义所指明的历史朝代”。“当前中国处于近代以来最好的发展时期，世界处于百年未有之大变局。”

王伟光认为，习近平总书记这两句话深刻揭示了国际时局的辩证法，就是“不变中有大变，大变中有不变”。

“我们的时代，资产阶级时代”，这是马克思、恩格斯在《共产党宣言》中所讲的，这也是马克思指明的历史时代。在王伟光看来，这是“不变”的一面，“我们今天的历史时代仍然是资本主义的生产方式占主体的历史时代，资本主义的历史时代并没有结束”。“在这个历史时代，始终贯穿着两种社会制度的斗争，世界资本主义发展历史也正是世界社会主义发展历史……所以，习近平总书记讲，我们和美国这场斗争是‘两种意识形态、两种社会制度的历史演进及较量’，这是我们认识中美关系的根本出发点。”

列宁在《帝国主义论》中对帝国主义的垄断性、腐朽性、垂死性的本性揭示得入木三分，“从杜鲁门、艾森豪威尔到特朗普、拜登，不论哪届美国总统，都是江山易改、本性难移，帝国主义的贪婪、侵略、战争本性丝毫没有改变”。王伟光一针见血。

在书中，他阐释了五个“不变”，其中“社会主义进入上升期、资本主义进入衰落期的总趋势，社会主义战胜资本主义的总规律没有改变”的论断，是对国际形势发展趋势的重要研判。“资本主义历史时代进入了一个新的发展阶段。”这是王伟光理解国际时局“大变”的重要方面。从资本主义的孕育阶段，到确立阶段，到成熟阶段，再到垄断资本主义阶段，他深入分析了资本主义发展的四个阶段，而第四个阶段也是列宁《帝国主义论》所讲的资本主义的最高阶段，不同的是，国家垄断已为国际垄断所替代，今天已经发展到了国际金融垄断资本主义时期了。

国际金融垄断资本主义是新型的帝国主义，既具有垄断资本主义的老的特征和本性，同时，王伟光又加了一个“更”字，更凶狠，更具有欺骗性，手法发生了重大变化。“当代一切国际矛盾，一切国际上出现的问题，一切战争，一切冲突都来源于国际垄断资本主义和新型帝国主义，它是世界动乱的一个总根源，世界战争的总原因。”

在书中，王伟光直指美国是国际金融垄断资本家集团的大本营，国际金融垄断资本主义集中表现为美国一超独霸世界，认为支持它独霸世界的经济基础就是国际金融寡头垄断。谈及今天美国所倚仗的，王伟光总结为“两美”撑“一美”，“两美”是美元和美军，“一美”是美霸。

“现在美国国内连口罩生产都满足不了需要，实体产业大量外移，国内主要靠金融服务业，这也是国际金融垄断资本主义越发食利化、寄生化、腐朽化的重要表现。美国靠美元垄断，不断印美元，不断剪全世界的羊毛，通过金融垄断掠夺全世界的财富，其中相当部分用来扩军备战搞现代化军事，长期保持11个航母战斗群，谁不听美国指挥，就用军事手段打压谁。”在王伟光看来，美帝国主义就是全世界人民的敌人，美帝国主义就是战争，就是掠夺，它是不会放弃与世界人民为敌的。

在中美关系的发展上，王伟光的结论是美国视中国为主要战略对手，肆无忌惮地对中国进行打压，无所不用其极，其目的就是阻止中国发展壮大，以维护其政治霸权和资本垄断地位。所以，他讲，美国就是捣乱、失败、再捣乱、再失败……中美关系不可能最终和解，只能是谈谈打打，打打谈谈。

变与不变，是在基础理论层面上的认识世界、认识社会、把握未来，这是一个难度很大的事情，所以王伟光的新书被认为是回答时代之问的一个新探索，其提出的新型帝国主义论，更是攀登理论高峰的中国化时代化的重要创新。

认知趋势
“社会主义开始高歌猛进”

马克思在《资本论》中彻底揭示资本主义内在矛盾及资本主义剥削的实质，科学指出资本主义必然灭亡的历史趋势。

在书中，王伟光也指出，国际金融垄断资本主义，即新型帝国主义，已经进入了曲折而又漫长的衰亡进程。“虽然资本主义基本矛盾在某个时刻，某个国家、地区有所缓和，但总体矛盾是解决不了的，总体矛盾愈演愈烈。资本主义自我调控矛盾的能力越来越弱化，余地越来越小。”

他举例为证：20世纪50年代初，美国发动朝鲜战争，一呼百应，组织起庞大的联合国军。到了20世纪90年代，美国发动海湾战争、南斯拉夫战争、利比亚战争动员力已经下降，但尚能动员西方资本主义强国拼凑起联军。可到了叙利亚战争、与伊朗对抗时，已很难纠集西方资本主义国家联合军事行动了。美国新型帝国主义的霸主地位在下降，不可一世的美帝国主义必然受到不平衡规律的惩罚。

2008年国际金融危机对美国而言是重拳一击，2020年新冠疫情暴发更是令其雪上加霜，以美国为首的西方各国统治阶级在对待疫情方面，既暴露了制度上的弊端，又显现出治理体系和治理能力的各种问题，比如私人大医院掌握在资本家手中，收费很高，拒穷人于门外，防疫物资奇缺，病死率极高，比如极端民主化、自由化思潮泛滥，社会一盘散沙，认为居家隔离与戴口罩是限制自由。

反观社会主义制度在疫情面前却交了份令人满意的答卷。中国、朝鲜、越南、古巴、老挝，都做到了死亡率很低。特别是中国人民，更是在抗击疫情的斗争中，深深体会到了社会主义制度的优越性，人民守纪律、讲贡献，全国一盘棋，集中力量办大事，社会主义制度强大的生命力和优越性淋漓尽致地展现。对待疫情的不同态度和举措自然是不同制度，不同世界观、价值观、生命观的体现。

在资本主义不可避免地跨进迅速下降的衰退期时，社会主义始出低谷，高歌猛进，特别是中国特色社会主义制度，成为中国人民的唯一选择和出路。

马克思创立了科学社会主义，中国共产党人在中国特色社会主义伟大实践中创新了马克思主义，赋予了马克思主义新的生命。王伟光一再强调："马克思主义是科学，具有旺盛生命力的，是不断发展实践的，是不会过时的。""实现大众化、普及化是马克思主义中国化的一项重要使命……中国化，某种意义上，就是中国的大众化，是让马克思主义与中国群众运动实践相结合。”

走上社会主义道路的国家，基本都是发展中国家，其共同点就是都受到过帝国主义列强的压迫和剥削，现在又饱受国际金融垄断资本主义的盘剥和欺负，追求和平与发展是他们共同的愿望和要求。

此次二十国集团领导人第十七次峰会上，习近平主席便倡议“各国要树立人类命运共同体意识，倡导和平、发展、合作、共赢，让团结代替分裂、合作代替对抗、包容代替排他，共同破解‘世界怎么了、我们怎么办’这一时代课题，共渡难关，共创未来。”这便是中国的发展之道，是对建立人类命运共同体的祈盼，也是建立国际统一战线的伟大战略构想。

在王伟光看来，我们现在迫切需要在国际斗争和国际合作中分清敌友，依靠真正的战友，团结真诚的朋友，孤立与之作坚决斗争的极少数的敌人，以最大的努力和可能营造有利于中国和平发展的国际环境。

1974 年 2 月，毛泽东提出划分“三个世界”的战略思想，至今具有现实和理论指导意义。2021 年召开的党的十九届六中全会决议提道，“党提出划分三个世界的战略做出中国永远不称霸的庄严承诺，赢得了国际社会特别是广大发展中国家的尊重和赞誉”。

对于如今世界格局的应对策略，王伟光在书中给出了详细的分析：

美国为第一世界，中国要采取两手策略，以斗争求合作、求和平、求发展，西欧和日本、加拿大、澳大利亚等发达资本主义国家为第二世界，它们与第一世界以及它们之间的矛盾重重，应区别对待，第三世界为中国、俄罗斯等发展中国家，要坚定不移与第三世界团结起来，要巩固、发展与俄罗斯的战略伙伴关系，并同其他社会主义国家发展友好关系，同一切发展中国家建立起友好合作关系，把朋友团结得越多越好。

与此同时，我们更应当清醒地认识到国际金融垄断资本主义的经济实力、政治实力、军事实力、科技实力、文化实力，以及建立在经济实力基础上的控制世界的实力仍是强大的，中国特色的社会主义依然面临着极大压力，“压力、困难、挑战，同时就是机遇，必须抓住新的战略机遇，乘胜而上”。王伟光也特别指出，中国与敌对势力的遏制与反遏制、颠覆与反颠覆、渗透与反渗透、演变与反演变的斗争是影响世界、影响我国的最大变数，他讲：“要高度重视中美战略斗争的长期性、全面性、严峻性和复杂性，做好中美战略对抗升级和应对爆发局部战争风险的充分准备。既要争取合作的可能，又要为准备战争做好一切准备，准备越充足，合作的可能性越大。”

附录二　课题组成员的成果名单

序号	论文题目	发表刊物	期数	发表时间（年份）
		王伟光		
1	《把学好马克思主义作为共产党人的看家本领——纪念马克思诞辰200周年》	《世界社会主义研究》	5	2018
2	《沿着马克思指引的方向，高举马克思主义伟大旗帜，夺取中国特色社会主义伟大胜利》	《世界社会主义研究》	6	2018
3	《真正把马克思主义这个看家本领学精悟透用好》	《马克思主义研究》	7	2018
4	《学会运用马克思主义思想方法和工作方法》	《马克思主义哲学论丛》	2	2018
5	《坚持社会主义方向的改革开放永不停步》	《世界社会主义研究》	12	2018
6	《唯物史观“大的历史时代”与习近平新时代中国特色社会主义思想》	《马克思主义哲学论丛》 《马克思主义研究》	4、1	2018 2019
7	《坚持改革创新永不停步》	《中国政协》	1	2019
8	《坚持运用马克思主义世界观方法论分析认识国际问题》	《哲学动态》	2	2019

续表

序号	论文题目	发表刊物	期数	发表时间（年份）
9	《辩证唯物主义世界观方法论是中国共产党全部理论与实践的思想基础》	《哲学研究》	3	2019
10	《习近平新时代中国特色社会主义思想具有划时代的伟大意义》	《马克思主义哲学论丛》	1	2019
11	《马克思主义哲学是中国共产党人的必修课》	《党建》	6	2019
12	《矢志不渝坚守共产党人的初心和使命》	《党建研究》	8	2019
13	《论马克思主义中国化的根本经验和基本规律——纪念中华人民共和国成立70周年》	《世界社会主义研究》	11	2019
14	《构建中华思想史当代中国马克思主义学派——关于研究编撰中华思想通史的若干问题》	《中国社会科学》	11	2019
15	《坚持运用马克思主义世界观方法论分析认识国际问题》	《马克思主义哲学论丛》	4	2019
16	《马克思主义大众化的时代价值与现实意义》	《红旗文稿》	7	2020
17	《崇高的理想　不懈的追求——论从“大同”社会理想到“人类命运共同体”伟大构想》	《马克思主义研究》	5	2020
18	《从战略高度认识和发展新时代中俄全面战略协作伙伴关系》	《世界社会主义研究》	6	2020
19	《领导干部要学好哲学、用好哲学》（上）	《马克思主义哲学论丛》	1	2020
20	《坚持中国共产党的领导是近百年来中国历史进程的深刻昭示》	《党建》	8	2020
21	《领导干部要学好哲学、用好哲学》（下）	《马克思主义哲学论丛》	2	2020

续表

序号	论文题目	发表刊物	期数	发表时间（年份）
22	《历史唯物主义是我党的理论指南是马克思主义史学理论的灵魂和精髓——学习习近平总书记关于历史唯物主义的重要讲话精神》	《世界社会主义研究》	11	2020
23	《马克思列宁主义是我们党的理论基础，绝不能丢掉列宁主义》	《中国社会科学院研究生院学报》	6	2020
24	《关于世界性新冠肺炎疫情与国际时局的哲学研判》	《哲学研究》	11	2020
25	《关于世界性新冠肺炎疫情与国际时局》	《马克思主义哲学论丛》	3	2020
26	《历史唯物主义永远是我们党的理论指南，是马克思主义史学理论的灵魂和精髓——学习习近平总书记关于历史唯物主义的重要讲话精神》	《马克思主义哲学论丛》	4	2020
27	《世界百年未有之大变局与马克思主义中国化哲学》	《马克思主义哲学》	1	2021
28	《我们为什么要学习党史》	《中国政协》	10	2021
29	《马克思主义哲学是伟大而平凡的真理——在宁波江北慈城冯定故居“探寻真理之行　展现真理力量”活动上的讲话》	《马克思主义哲学》	2	2021
30	《提高领导干部治理能力的关键在于解决领导干部世界观和方法论问题》	《山东行政学院学报》	3	2021
31	《中国共产党百年历程与马克思主义哲学中国化》	《哲学动态》	6	2021
32	《中国共产党百年华诞与世界文明交流互鉴》	《红旗文稿》	13	2021
33	《21世纪当代中国马克思主义的纲领性文献——学习习近平总书记在庆祝中国共产党成立100周年大会上的重要讲话》	《马克思主义理论教学与研究》	3	2021

续表

序号	论文题目	发表刊物	期数	发表时间（年份）
34	《立足中国社会形态演变　坚持五种社会形态理论》	《史学理论研究》	4	2021
35	《把宗教问题放在国际大局之中来认识》	《中国政协理论研究》	3	2021
36	《坚定不移推进马克思主义中国化》	《旗帜》	8	2021
37	《中国共产党百年历程与唯物史观在中国的伟大胜利》	《马克思主义研究》	8	2021
38	《马克思主义中国化：百年党史的精彩华章》	《中国军转民》	6	2021
39	《始终不渝地坚持社会主义　坚持不懈地走中国特色社会主义道路》	《人民论坛》	25	2021
40	《必须继续推进马克思主义中国化》	《人民日报》	/	2021
41	《共同富裕是中国特色社会主义的本质要求和战略目标》	《中国纪检监察》	6	2022
42	《马克思主义中国化的历史进程和基本经验》	《人民周刊》	11	2022
43	《关于中国特色社会主义的世界历史意义》	《中央民族大学学报》（哲学社会科学版）	4	2022
44	《国际金融垄断资本主义是垄断资本主义的最新发展，是新型帝国主义》	《社会科学战线》	8	2022
45	《加快构建学科、学术、话语“三位一体”的中国特色哲学创新体系》	《马克思主义哲学》	4	2022
46	《习近平新时代中国特色社会主义思想对发展马克思主义的原创性贡献》	《马克思主义理论学科研究》	9	2022
47	《中国特色社会主义创造“人类文明新形态”和“中国式现代化道路”》	《哲学研究》	9	2022
48	《再燃“苏州精神”　再创辉煌年代》	《中国社会科学报》	/	2022

续表

序号	论文题目	发表刊物	期数	发表时间（年份）
49	《百年大党　百岁哲人——沉痛悼念我的导师韩树英先生》	《马克思主义哲学》	5	2022
50	《以中国式现代化全面推进中华民族伟大复兴》	《红旗文稿》	21	2022
51	《在中国辩证唯物主义研究会学习贯彻党的二十大精神三个学术研讨会上的致辞》	《马克思主义哲学》	6	2022
52	《运用习近平新时代中国特色社会主义思想的世界观和方法论把握中国共产党人精神谱系》	《思想理论教育导刊》	1	2023
53	《科学认识、客观评价王阳明及其思想》	《历史评论》	1	2023
54	《实现第二个百年奋斗目标的政治宣言和行动纲领》	《中国纪检监察》	3	2023
55	《深入系统阐述党百年历史经验的道理学理哲理》	《人民周刊》	3	2023
56	《着力打造三个“高地”传承弘扬雷锋精神》	《雷锋》	7	2023
李慎明				
1	《科学判定当今世界所处的时代》	《红旗文稿》	1	2019
2	《“抗美援朝”为新中国站立、发展和壮大奠定了坚实基础》	《经济导刊》	6	2019
3	《妥善应对美国挑起的中美贸易战》	《世界社会主义研究》	7	2019
4	《新冠肺炎疫情暴发后的世界格局、中美关系和中国面临的战略机遇与挑战》	《毛泽东邓小平理论研究》	8	2020
5	《抗美援朝为我国的和平发展开辟了道路》	《经济导刊》	2	2021
6	《苏共的蜕化变质是苏联解体的根本原因》	《政治学研究》	6	2021

续表

序号	论文题目	发表刊物	期数	发表时间（年份）
7	《历史虚无主义与苏联解体》	《世界社会主义研究》	1	2022
8	《冷战后美国统治集团在战争与和平问题上主要观点评析》	《毛泽东邓小平理论研究》	2	2022
9	《坚持马克思主义和发展马克思主义的高度有机统一》	《世界社会主义研究》	2	2022
10	《坚决做到“两个维护”，坚定走中国特色社会主义道路——学习党的十九届六中全会精神的思考》	《政治学研究》	2	2022
11	《苏联亡党亡国的根本原因、教训与启示（上）——写在苏维埃社会主义共和国联盟成立100周年之际》	《世界社会主义研究》	9	2022
12	《苏联亡党亡国的根本原因、教训与启示（中）——写在苏维埃社会主义共和国联盟成立100周年之际》	《世界社会主义研究》	10	2022
13	《准确把握党的二十大报告的重要思想、重要观点、重大战略、重大举措》	《政治学研究》	6	2022
14	《苏联亡党亡国的根本原因、教训与启示（下）——写在苏维埃社会主义共和国联盟成立100周年之际》	《世界社会主义研究》	11	2023
	朱佳木			
1	《新时代中国特色社会主义与当今世界格局》	《世界社会主义研究》	11	2018
2	《研究当代中国史离不开对世界社会主义史的研究》	《世界社会主义研究》	6	2019
3	《陈云通读〈列宁全集〉留给我们的启示》	《世界社会主义研究》	10	2020
4	《略论陈云的历史贡献》	《中国井冈山干部学院学报》	5	2020
5	《陈云：特区建设要注意“行稳致远”》	《党史博览》	2	2021

续表

序号	论文题目	发表刊物	期数	发表时间（年份）
6	《再谈国史分期问题》	《当代中国史研究》	2	2021
7	《中国共产党与中国精神的塑造》	《中国井冈山干部学院学报》	2	2021
8	《从新中国史看中国共产党的伟大光荣正确——为中国共产党成立100周年而作》	《世界社会主义研究》	3	2021
9	《当代中国史理论研究的学科建设及当前任务》	《思想理论教育导刊》	5	2021
10	《稳中求进和活而不乱——陈云经济思想的核心》	《中国金融》	18	2021
11	《正确把握党的最高纲领与当前纲领的关系——我们党百年奋斗史的一个宝贵经验》	《人民论坛·学术前沿》	Z1	2021
12	《用党的第二个〈历史决议〉精神指导党史学习教育和“四史”宣传教育——纪念第二个〈历史决议〉通过40周年》	《世界社会主义研究》	11	2021
13	《中国共产党历经百年依然朝气蓬勃的表现、原因和经验——学习习近平总书记在庆祝中国共产党成立100周年大会上的讲话》	《毛泽东思想研究》	6	2021
14	《经济建设和改革开放都要从中国国情出发：陈云经济思想再认识》	《中央社会主义学院学报》	6	2021
15	《深刻认识党的第三个历史决议的时代特色》	《马克思主义研究》	1	2022
16	《邓小平、陈云与第二个历史决议的制定》	《百年潮》	3	2022
17	《从党的第三个历史决议看中国共产党总结自身历史经验的方法》	《党史文汇》《中国井冈山干部学院学报》《党建》	5、2、4	2022

续表

序号	论文题目	发表刊物	期数	发表时间（年份）
18	《进一步认识三线建设史研究的意义与任务》	《当代中国史研究》	3	2022
19	《社会主义的初级阶段与初级阶段的社会主义》（上）	《世界社会主义研究》	10	2022
20	《全面推进中华民族伟大复兴必须继续坚持和加强中国共产党的领导》	《思想理论教育导刊》	12	2022
21	《社会主义初级阶段与初级阶段社会主义》（下）	《世界社会主义研究》	11	2022
22	《充分认识新时代十年伟大变革在新中国史上的里程碑意义》	《马克思主义研究》	1	2023
23	《在习近平总书记贺信精神鼓舞和指引下推动新中国史事业进一步繁荣发展》	《当代中国史研究》	1	2023
	张宇燕			
1	《中国对外开放的理念、进程与逻辑》	《中国社会科学》	11	2018
2	《渐入下滑阴影的世界经济》	《中国远洋海运》	1	2019
3	《改革开放40年与对外经济关系》	《财经智库》	1	2019
4	《全球投资安全审查趋紧，国际投资格局面临重构》	《国际金融研究》	1	2019
5	《贸易理论的进化与国家间的竞争》	《世界经济与政治》	1	2019
6	《中国对外开放：理念、进程与逻辑》（英文）	*Social Science in China*	2	2019
7	《国际变局及其给亚洲带来的机遇和挑战》	《日本学刊》	4	2019
8	《全球治理和人类命运共同体》	《经济导刊》	11	2019
9	《进入中低速增长轨道的全球经济》	《中国远洋海运》	1	2020
10	《2019年世界经济形势：进入中低速增长轨道》	《当代世界》	1	2020

续表

序号	论文题目	发表刊物	期数	发表时间（年份）
11	《全球化、区域化和平行体系》	《世界经济与政治》	1	2020
12	《新冠疫情与国际关系》	《世界经济与政治》	4	2020
13	《亚洲经济运行的现状、挑战与展望》	《东北亚论坛》	4	2020
14	《国际贸易、国际金融研究的几个问题》	《经济导刊》	9	2020
15	《世界经济遭受重创，东亚合作意义非凡》	《世界知识》	23	2020
16	《在新发展格局中推动中国与世界经济良性互动》	《理论导报》	12	2020
17	《新冠肺炎疫情下的世界经济》	《中国远洋海运》	1	2021
18	《后疫情时代的世界格局："三超多强"?》	《世界经济与政治》	/	2021
19	《确保相互依存与新型中美关系的构建》	《国际问题研究》	1	2021
20	《世界开放大变局：基于对外开放指数的测度》	《国际经济评论》	1	2021
21	《世界经济有望迎来复苏曙光》	《理论导报》	1	2021
22	《新冠肺炎疫情影响下的全球变局与中日关系》	《日本学刊》	1	2021
23	《确保相互依赖与新型中美关系的构建》（英文）	*China International Studies*	1	2021
24	《新冠肺炎疫情下亚洲经济形势分析与展望》	《当代中国与世界》	2	2021
25	《后疫情时代下全球经济走势》	《中国远洋海运》	1	2022
26	《恢复性增长与不确定性风险交织——2021年世界经济形势回顾与展望》	《当代世界》	1	2022
27	《后疫情时代的大国博弈》	《世界经济与政治》	1	2022
28	《全球经济仍处在中低速增长轨道》	《中国中小企业》	2	2022

续表

序号	论文题目	发表刊物	期数	发表时间（年份）
29	《2022 年世界经济形势分析与展望》	《经济导刊》	2	2022
30	《源本抵押品：一个理解全球宏观经济和金融市场的概念》	《国际金融》	2	2022
31	《全球经济走势和基本因素分析》	《理论学习与探索》	1	2022
32	《世界百年未有之大变局》	《经济研究》	2	2022
33	《金融高水平开放的路径与风险防范》	《中国外汇》	13	2022
34	《建设国内顶尖、国际一流的国际问题研究学科》	《中国社会科学报》	/	2022
35	《把握经济全球化发展大势》	《中国社会科学报》	/	2022
36	《全球经济治理的逻辑》	《中国社会科学报》	/	2022
37	《构建新时代中日关系的多维思考》	《日本学刊》	5	2022
38	《中日关系、亚太合作与全球治理》	《日本学刊》	5	2022
39	《2023 年世界经济复苏将面临更大压力》	《中国远洋海运》	1	2023
40	《疫情重压下世界开放的韧性》	《中国外资》	1	2023
41	《2022—2023 年世界经济形势分析与展望》	《当代世界》	1	2023
42	《历史十字路口：百年变局与人类选择》	《中国社会科学报》	/	2023
43	《动荡变革期的时代特征》	《世界经济与政治》	2	2023
44	《世界开放：韧性、新生与安全》	《国际经济评论》	2	2023
		程恩富		
1	《美国基金会“慈善”的内幕和实质》	《毛泽东邓小平理论研究》 《世界社会主义研究》	12、2	2018 2019
2	《论新帝国主义的五大特征和特性——以列宁的帝国主义理论为基础》	《马克思主义研究》	5	2019
3	《中国正处于世界经济体系的“准中心”地位——确立“中心—半外围—外围”新理论》	《上海经济研究》	10	2019

续表

序号	论文题目	发表刊物	期数	发表时间（年份）
4	《香港修例风波的政治经济根源分析》	《管理学刊》	6	2019
5	《从政治经济学视角认清西方福利制度变动及其实质》	《东南学术》	2	2020
6	《人民币国际化战略选择问题探析——基于马克思货币理论》	《上海经济研究》	7	2020
7	《新冠疫情加剧美国社会的不平等现状》	《经济导刊》	12	2020
8	《“一带一路”建设海上合作的国际政治经济学分析》	《管理学刊》	1	2021
9	《新马克思经济学综合学派关于中外经济关系的理论与政策》	《武汉科技大学学报》（社会科学版）	1	2021
10	《财政赤字货币化与美国金融危机的政治经济学分析》	《上海经济研究》	3	2021
11	《21世纪美国〈每月评论〉的马克思主义政治学研究》	《国外社会科学》	2	2021
12	《40年中美农产品贸易：回顾与展望——写在中美经贸第一阶段协议签署后》	《经济纵横》	3	2021
13	《白俄罗斯市场社会主义模式与启示》	《经济社会体制比较》	2	2021
14	《凉战与冷战的异同以及中国的对策》	《云梦学刊》	3	2021
15	《列宁主义有何科学性和当代价值？——与英国大卫·莱恩院士商榷》	《政治经济学研究》	3	2022
	侯惠勤			
1	《运用辩证唯物主义解决世界社会主义运动中的新难题》	《红旗文稿》	10	2019
2	《坚持辩证唯物主义世界观与改造世界观》	《世界社会主义研究》	4	2019

续表

序号	论文题目	发表刊物	期数	发表时间（年份）
3	《突破社会主义制度定型的世界性难题》	《红旗文稿》	3	2020
4	《以世界观为切入点学好马列经典》	《河海大学学报》（哲学社会科学版）	1	2021
5	《马克思主义中国化新飞跃的历史根据》	《人民论坛·学术前沿》	1	2022
6	《人类现代化历史过程的道路之辨》	《哈尔滨工业大学学报》（社会科学版）	3	2022
7	《论人类文明新形态》	《陕西师范大学学报》（哲学社会科学版）	4	2022
8	《建设具有强大凝聚力和引领力的社会主义意识形态》	《中国党政干部论坛》	7	2022
9	《马克思哲学变革的当代解码——〈关于费尔巴哈的提纲〉重大理论问题辨析》	《马克思主义研究》	8	2022
10	《论意识形态风险及其防控》	《阅江学刊》	9	2022
11	《习近平新时代中国特色社会主义思想的世界观方法论创新逻辑》	《马克思主义研究》	2	2023
12	《马克思主义和中国化时代化的马克思主义》	《思想理论教育导刊》	3	2023
		姜辉		
1	《国际共运黄皮书——国际共产主义运动发展报告（2019—2020）》	《世界社会主义研究》	4	2020
2	《坚持马克思主义在意识形态领域指导地位的根本制度》	《实践》（思想理论版）	5	2020
3	《列宁对社会主义道路和建设的探索及其启示》	《马克思主义与现实》	5	2020
4	《国际共运史视野中的中国共产党》	《党建》	7	2020

续表

序号	论文题目	发表刊物	期数	发表时间（年份）
5	《21 世纪世界社会主义在变革发展中走向振兴》	《中国党政干部论坛》	9	2020
6	《百年大党跳出历史周期率的成功道路》	《北京大学学报》（哲学社会科学版）	58	2021
7	《“两个结合”是马克思主义中国化的必然途径》	《当代中国史研究》	28	2021
8	《实现共同富裕的方向原则和现实途径》	《理论导报》	12	2021
9	《当代中国历史方位和发展阶段的科学判断及其演进逻辑》	《中国社会科学》	1	2022
10	《实现马克思主义中国化新飞跃的科学理论》	《党建》	5	2022
		王镭		
1	“BRI：A Solution for Common Development”	*China Economist*	5	2020
2	《全球发展倡议：促进共同发展的国际公共产品》	《社会科学文稿》	9	2022
		黄平		
1	《经济全球化、金融资源占有与居民财富不平等》	《国外社会科学》	3	2020
		辛向阳		
1	《全面深化改革要坚持好辩证唯物主义和历史唯物主义的世界观和方法论》	《中共杭州市委党校学报》	5	2018
2	《科学社会主义视野下百年未有之大变局》	《世界社会主义研究》	10	2019
3	《列宁〈国家与革命〉的基本思想与新时代的国家与革命》	《马克思主义研究》	12	2019
4	《列宁的环节分析法及其现实意义》	《贵州省党校学报》	3	2020

续表

序号	论文题目	发表刊物	期数	发表时间（年份）
5	《中国式现代化对世界发展的重大影响》	《理论与评论》	5	2021
6	《哲学社会科学繁荣发展的灵魂工程》	《中国社会科学报》	10	2022
7	《研究国史必须坚持历史唯物主义》	《当代中国史研究》	1	2023
8	《中国式现代化蕴含的独特“六观”》	《中国社会科学报》	2	2023
9	《党在中国式现代化进程中的四个重要作用》	《中国社会科学报》	3	2023
10	《系统把握“五个必由之路”的丰富内涵与重大意义》	《北京航空航天大学学报》（社会科学版）	3	2023
11	《“自我革命”第二个答案形成的历史逻辑》	《新疆社会科学》	3	2023
12	《从无产阶级国际联合看中国共产党坚持胸怀天下》	《思想教育研究》	4	2023
		金民卿		
1	《唯物史观的时代观与当今时代判断》	《世界社会主义研究》	10	2018
2	《曼彻斯特时期恩格斯思想的快速发展及根本转变》	《马克思主义研究》	9	2020
3	《巴黎公社运动的思想史价值及其当代启示》	《当代世界与社会主义》	2	2021
4	《在中国式现代化进程中全面推进全过程人民民主》	《中国党政干部论坛》	11	2022
5	《坚持运用贯穿习近平新时代中国特色社会主义思想的立场观点方法》	《中国纪检监察》	22	2022
6	《“两个确立”是新时代新征程　团结奋斗的根本保证》	《党建》	12	2022
7	《中国式现代化的形成发展及其对人类文明新形态的贡献》	《马克思主义理论学科研究》	8	2022

续表

序号	论文题目	发表刊物	期数	发表时间（年份）
8	《“两个结合”的思想渊源和原创性理论贡献》	《历史研究》	6	2022
9	《毛泽东和蔡和森互勉同心建党——兼论中国共产党诞生的历史必然性和自觉选择性》	《湖南第一师范学院学报》	22	2022
10	《全面深入把握坚持问题导向的丰富内涵》	《宁夏党校学报》	25	2023
11	《坚持人民至上是党的价值观的集中体现》	《历史评论》	1	2023
12	《毛泽东对“两个结合”的贡献及其在新时代的升华》	《毛泽东思想研究》	40	2023
13	《毛泽东“农业国向工业国转变”思想及其在中国式现代化探索中的意义》	《毛泽东研究》	1	2023
		洪源		
1	《盘桓与挫折中的“普世价值论”》	《人民论坛》	1	2019
2	《中国在大变局机遇下面临的压力与挑战》	《人民论坛》	6	2019
3	《“三个世界划分”理论是毛泽东对外交理论创新的杰出贡献》	《人民论坛》	12	2019
4	《未来战争的新形态及其影响因素分析》	《人民论坛·学术前沿》	5	2021
5	《冷战后美国统治集团在战争与和平问题上主要观点评析》	《毛泽东邓小平理论研究》	2	2022
		杨伯江		
1	《弘扬条约精神，推动中日关系重返正常发展轨道》	《东北亚论坛》 《日本学刊》	5、S1	2018 2019
2	《日本国内局势的“安倍化”和中日关系的改善》	《世界知识》	24	2018

续表

序号	论文题目	发表刊物	期数	发表时间（年份）
3	《条约精神引领规范下的中日关系实践》	《世界知识》	17	2018
4	《新时代中美日关系——新态势、新课题、新机遇》	《日本学刊》	1、S1	2019 2020
5	《特朗普执政以来美日同盟的演变、矛盾及影响》	《当代世界》	3	2019
6	《中日关系如何行稳致远、实现可持续发展》	《世界知识》	11	2019
7	《弘扬条约精神，推动中日关系重返正常发展轨道》	《东北亚论坛》 《日本学刊》	5、S1	2018 2019
8	《从尼克松到特朗普：国际战略视角下的两场“冲击”的历史比较与日本因应路径分析》	《日本学刊》	4	2019
9	《日本：“改元之年”的谨慎预期》	《世界知识》	24	2019
10	《新冠疫情与国际关系》	《世界经济与政治》	4	2020
11	《“后新冠”时期的世界将会怎样》	《世界知识》 《党员文摘》	9、7	2020 2020
12	《平成时代日本对外援助的战略性演进及其特点》	《太平洋学报》	5	2020
13	《从金融危机到新冠肺炎疫情：大变局下日本对外战略走向》	《当代世界》	9	2020
14	《安倍时代的终结与后安倍时代的开启》	《世界知识》	18	2020
15	《“安倍时代”及其政治外交遗产》	《世界知识》	18	2020
16	《拓展中日合作，增加世界形势的确定性》	《世界知识》	23	2020
17	《日本政治外交：“三重变奏”》	《世界知识》	24	2020
18	《以深化中日合作增加世界形势的稳定性和确定性》	《日本学刊》	1	2021

续表

序号	论文题目	发表刊物	期数	发表时间（年份）
19	《日本与国际秩序变革：观念与应对》	《日本学刊》	2	2021
20	《世界大变局：日本的战略认知与应对路径》	《南开日本研究》 《日本学刊》	S1、00	2020 2021
21	《中国共产党国际战略思想：现实理论依据与创新发展》	《日本学刊》	5	2021
22	《日本：疫情肆虐，政权更迭》	《世界知识》	24	2021
23	《中日邦交正常化与台湾问题处理再考》	《东北亚学刊》	1	2022
24	《日本对华政策调整的底层逻辑》	《世界知识》	4	2022
25	《乌克兰危机延宕，亚太地区安全何去何从?》	《中国报道》	6	2022
26	《以邦交正常化50周年为起点：构建契合新时代要求的中日关系》	《国际论坛》	4	2022
		余斌		
1	《列宁对马克思主义的坚持、发展与践行》	《中国井冈山干部学院学报》	5	2020
2	《列宁的国家资本主义观》	《经济纵横》	12	2020
3	《论新帝国主义》	《世界马克思主义研究》	1	2021
4	《论马克思主义微观经济学与宏观经济学的划分》	《政治经济学研究》	3	2021
5	《〈资本论〉是一部政治哲学著作吗》	《甘肃社会科学》	4	2022
6	《中国式现代化的政治经济学分析》	《经济纵横》	1	2023
7	《也论实践唯物主义》	《郑州轻工业大学学报》（社会科学版）	24	2023
		刘志明		
1	《国际金融危机以来世界资本主义的四个新变化》	《中国矿业大学学报》（社会科学版）	3	2015

续表

序号	论文题目	发表刊物	期数	发表时间（年份）
2	《论列宁“一国胜利论”及其时代意义》	《世界社会主义研究》	4	2020
3	《列宁关于党的组织建设思想及其时代意义》	《中国井冈山干部学院学报》	5	2020
		潘金娥		
1	《越共干部队伍建设新举措》	《世界知识》	16	2018
2	《21 世纪越南马克思主义研究：路径与成果》	《世界社会主义研究》	10	2018
3	《朝鲜可否复制“越南模式”》	《世界知识》	20	2018
4	《越共反腐的实践成效与借鉴意义》	《人民论坛·学术前沿》	20	2018
5	《建设“中越命运共同体”引领新时期中越关系迈上新台阶》	《东南亚纵横》	6	2019
6	《越南理论家视阈中的马克思和马克思主义》	《毛泽东邓小平理论研究》	3	2019
7	《2018 年国际共产主义运动：变革、调整与复兴》	《世界社会主义研究》	5	2019
8	《越共社会主义建设实践与理论的新发展——基于总结 30 多年革新实践与理论研究》	《人民论坛·学术前沿》	16	2019
9	《走向科学社会主义更加光明的未来——近年来国际共产主义运动学科与边界社会主义研究重大问题讨论综述》	《人民论坛·学术前沿》	16	2019
10	《21 世纪世界社会主义运动的发展与挑战》	《人民论坛·学术前沿》	16	2019
11	《越南共产党关于执政内容和执政方式的若干理论与实践问题》	《党政研究》	1	2020
12	《30 多年来越南革新事业的成就、经验与教训》	《毛泽东邓小平理论研究》	10	2019

续表

序号	论文题目	发表刊物	期数	发表时间（年份）
13	《广西建设自由贸易试验区背景下的中越跨境经济合作：机遇、挑战与对策》	《东南亚纵横》	6	2019
14	《越南共产党执政党建设研究专题》	《党政研究》	1	2020
15	《国际共运黄皮书——国际共产主义运动发展报告（2019—2020）》	《世界社会主义研究》	4	2020
16	《越南共产党关于执政内容、执政方式的实践创新》	《党课参考》 《党政研究》	13、1	2020
17	《关于越南政治民主化等网络传言的求证》	《世界社会主义研究》	8	2020
18	《越南经济革新的历程及理论探索》	《前线》	8	2020
19	《越共是怎样布局“两个一百年”战略目标的》	《人民论坛·学术前沿》	17	2020
20	《谁将问鼎越共新一届领导核心》	《世界知识》	19	2020
21	《在全方位、多样化中把握平衡：2019—2020 年越南外交评析》	《云梦学刊》	1	2021
22	《越共十三大：总结革新史——描绘越南梦》	《科学社会主义》	1	2021
23	《越南社会主义定向的革新》	《人民论坛》	Z1	2021
24	《中国化马克思主义国际政治理论视域下的中越关系》	《世界马克思主义研究》	1	2021
25	《百年回眸与启示：共产国际及其与中国革命的关系》	《当代世界与社会主义》	3	2021
26	《构建中越命运共同体的理论基础、历史经验与实践动力》	《马克思主义研究》	7	2021
27	《否定民主集中制是敌对势力妄图削弱越南共产党的惯用手段》	《世界社会主义研究》	7	2021
28	《动荡变革期的国际共产主义运动砥砺前行——2020—2021 年国际共产主义运动发展报告》	《世界社会主义研究》	8	2021

续表

序号	论文题目	发表刊物	期数	发表时间（年份）
29	《老挝社会主义定向的革新》	《世界马克思主义研究》	2	2021
30	《2021 年越南政治发展动态评析》	《云梦学刊》	4	2022
31	《百年沧桑，正道辉煌——2021 年—2022 年国际共产主义运动发展报告》	《世界社会主义研究》	7	2022
	于海青			
1	《西方为何再现“马克思热”》	《人民论坛》	24	2018
2	《2018 年国外共产党的新发展与新态势》	《当代世界》	2	2019
3	《西班牙共产党意识形态与理论战略的调整及其原因》	《当代世界社会主义问题》	1	2019
4	《当今国外共产党的发展变化及其特点》	《人民论坛》 《世界社会主义研究》	8、11	2020
5	《70 年中国共产党国际影响力的建构与启示》	《人民论坛》	27	2020
6	《2019 年国外共产党发展变化的新情况与新特点》	《当代世界》	1	2020
7	《新冠肺炎疫情与资本主义》	《世界社会主义研究》	5	2020
8	《比较视野中的东欧社会主义与新时代中国特色社会主义——访匈牙利工人党主席蒂尔默·久洛》	《马克思主义研究》	6	2020
9	《比利时工人党的异军突起及其启示》	《当代世界与社会主义》	3	2020
10	《柏林墙倒塌 30 周年——西方左翼的反思与探讨》	《世界社会主义研究》	7	2020
11	《西方政党的“人民”定位及其实践悖论》	《人民论坛》	24	2020
12	《新冠肺炎疫情下外国共产党的发展变化》	《当代世界》	2	2021

续表

序号	论文题目	发表刊物	期数	发表时间（年份）
13	《后疫情时代的欧洲重塑与左翼战略》	《国外社会科学前沿》	6	2021
14	《中国更加自信地走近世界舞台中央》	《中国社会科学》	6	2021
15	《在砥砺奋进中探索前行——2021年外国共产党的新发展》	《当代世界》	2	2022
		李永全		
1	《列宁著作在俄国的编辑与出版》	《俄罗斯东欧中亚研究》	4	2018
2	《大欧亚伙伴关系与“一带一路”》	《俄罗斯学刊》	4	2018
3	《中俄建交 70 年：探索大国相处之道》	《东北亚论坛》	6	2019
4	《70 年风雨兼程——中俄关系回顾与展望》	《当代世界与社会主义》	5	2019
5	《俄罗斯修宪与普京长久国家》	《俄罗斯学刊》	2	2020
6	《欧亚地缘政治形势与大国博弈》	《俄罗斯研究》	4	2020
7	《〈中俄睦邻友好合作条约〉与中俄关系发展》	《俄罗斯学刊》	4	2021
8	《作为政治反对派的俄共及俄罗斯共产主义运动》	《俄罗斯东欧中亚研究》	5	2021
9	《俄乌冲突、全球政治经济转型及其对中国的影响》	《俄罗斯研究》	3	2022
10	《俄乌冲突主要利益攸关方之博弈及其影响》	《俄罗斯学刊》	4	2022
		吴恩远		
1	《俄罗斯最新历史著述及评析》	《世界社会主义研究》	11	2018
2	《21 世纪世界社会主义将迸发更磅礴伟力》	《人民论坛·学术前沿》	16	2019
3	《“斯大林模式”与“苏联模式”的界定和评价》	《长江师范学院学报》	1	2020

续表

序号	论文题目	发表刊物	期数	发表时间（年份）
4	《列宁对建立人类历史上第一个社会主义国家的贡献》	《马克思主义研究》	3	2020
5	《蔑视国家历史不可能形成民族认同——俄罗斯新编历史教科书的新观念、新标准》	《历史评论》	2	2020
6	《论世界社会主义发展史与党史、新中国史、改革开放史理论和实践的相互联系》	《毛泽东邓小平理论研究》	9	2021
7	《历史虚无主义与苏联解体》	《世界社会主义研究》	1	2022
8	《苏联解体主要原因是“不能与时俱进”吗——兼与郑永年先生商榷》	《世界社会主义研究》	2	2022
9	《俄共对赫鲁晓夫关于斯大林评价的秘密报告的彻底否定》	《毛泽东邓小平理论研究》	1	2022
		钟君		
1	《解释世界的科学指南——改造世界的有力武器》	《中国纪检监察报》	5	2019
2	《从疫情防控看中国制度优势》	《党建》 《东方企业文化》	5、3	2020 2020
		贺新元		
1	《新时代中国与欧洲的共同发展——“第五届中国道路欧洲论坛”综述》	《马克思主义研究》	3	2019
2	《“普世价值论”面面观》	《人民论坛》	9	2019
3	《党的百年奋斗深刻影响了世界历史进程》	《新视野》	4	2022
4	《马克思感性概念的哲学革命意蕴——以〈关于费尔巴哈的提纲〉为中心的考察》	《河南社会科学》	3	2022
5	《中国式现代化深刻影响世界现代化进程》	《古田干部学院学报》	1	2023

续表

序号	论文题目	发表刊物	期数	发表时间（年份）
6	《中国式现代化丰富发展了社会主义现代化理论》	《观察与思考》	1	2023
7	《关于“民心是最大的政治”论断的理论思考》	《新视野》	1	2023
		栗瑞雪		
1	《戈尔巴乔夫的改革与苏联解体》	《世界社会主义研究》	11	2018
2	《习近平对外援助理论与中国对外援助实践》	《文化软实力》	2	2019
3	《俄罗斯学者眼中的中国社会科学院国际学部概览》	《文化软实力》	5	2020
		庞大鹏		
1	《有限的改善，可控的对立》	《世界知识》	16	2018
2	《世界政治中的俄罗斯：互动与传导》	《俄罗斯东欧中亚研究》	1	2019
3	《从“主权民主”到“普京主义”：普京的治国理念》	《世界知识》	6	2019
4	《总统国情咨文：俄罗斯内外政策的“晴雨表”》	《世界知识》	7	2019
5	《俄罗斯的外交决策：人格特质与战略文化》	《俄罗斯学刊》	2	2019
6	《新时代的中俄关系：新背景与新内涵》	《世界知识》	14	2019
7	《俄罗斯的“突破性发展”：内涵、实践与前景》	《当代世界》	9	2019
8	《且看普京如何破解“2024 政治方程式”》	《世界知识》	3	2020
9	《俄罗斯保守主义的政治逻辑》	《国外理论动态》	1	2020
10	《应对挑战与积极外交：2019 年俄罗斯的内外政策》	《俄罗斯学刊》	2	2020

续表

序号	论文题目	发表刊物	期数	发表时间（年份）
11	《俄罗斯对外战略中的上海合作组织》	《世界政治研究》	2	2020
12	《俄罗斯总统普京的“疫情政治学”》	《世界知识》	10	2020
13	《普京修宪的政治分析》	《俄罗斯东欧中亚研究》	4	2020
14	《俄罗斯外交战略中的拉丁美洲》	《拉丁美洲研究》	4	2020
15	《中国对外战略中的上海合作组织》	《世界知识》	20	2020
16	《俄罗斯新国务委员会“新”在何处》	《世界知识》	2	2021
17	《2020 年俄罗斯东欧中亚形势：特点与趋势》	《俄罗斯东欧中亚研究》	1	2021
18	《论俄罗斯的宪法改革》	《俄罗斯研究》	3	2021
19	《中俄政党合作的战略价值和独特作用》	《人民论坛》	25	2021
20	《新一届国家杜马选举折射俄罗斯政治基本特点》	《世界知识》	21	2021
21	《乌克兰危机折射俄罗斯与西方关系结构性困境》	《当代世界》	2	2022
22	《俄乌冲突对国际政治格局的影响》	《国际经济评论》	3	2022
23	《俄罗斯国家观念对俄乌冲突的影响》	《俄罗斯研究》	4	2022
		高程		
1	《中美竞争与“一带一路”阶段属性和目标》	《世界经济与政治》	4	2019
2	《中国差异化分层经略东南亚国家探析——基于结构与局势及其互动的二元分析框架》	《世界经济与政治》	12	2019
3	《崛起国对外策略中的大国与周边》	《国际政治科学》	1	2020
4	《中国经略周边的机制化路径探析——以中缅经济走廊为例》	《东南亚研究》	1	2020

续表

序号	论文题目	发表刊物	期数	发表时间（年份）
5	《特朗普政府战略部署调整及对中国周边形势的影响》	《战略决策研究》	6	2020
6	《高质量发展“一带一路”倡议的差异化分层路径探析——以东南亚地区为例》	《东南亚研究》	2	2021
7	《后疫情时代的印太地区秩序及其超越》	《中国社会科学》	11	2021
8	《全球疫情下的中西方碰撞与“东升西降”》	《文化纵横》	6	2022
		魏南枝		
1	《客观看待所谓“全球贸易新格局”》	《红旗文稿》	17	2018
2	《走出中西文明二元对立叙述》	《中央社会主义学院学报》	6	2018
3	《法国爆发“黄马甲”运动的内外部因素》	《红旗文稿》	24	2018
4	《法国大革命的内在矛盾与“黄马甲”运动》	《文化纵横》	2	2019
5	《当代国际形势下中国面临的双重压力与挑战》	《世界社会主义研究》	9	2019
6	《新技术革命、经济全球化与国家能力分化》	《中央社会主义学院学报》	1	2020
7	《弗洛伊德事件与美国政治的“制度失灵”》	《世界社会主义研究》	8	2020
8	《世界的“去中心化”：霸权的危机与不确定的未来》	《文化纵横》	4	2020
9	《美国的文化认同冲突和社会不平等性——种族矛盾的文化与社会源流》	《学术月刊》	2	2021
10	《社会不平等的经济结构因素与矛盾聚焦——基于香港与纽约的对比研究》	《港澳研究》	2	2021

续表

序号	论文题目	发表刊物	期数	发表时间（年份）
11	《新冠肺炎疫情下的美国收入分配制度分析》	《世界社会主义研究》	6	2021
12	《疫情下，美国仍在制度性劫贫济富》	《环球时报》	15 版	2021
13	《靠战争维系的霸权是动荡源头》	《环球时报》	14 版	2021
14	《寡头政治化的美式民主》	《世界社会主义研究》	2	2022
15	《欧洲为什么不能掌控自己的命运?》	《文化纵横》	3	2022
16	《“百年未有之大变局”下的香港再出发》	《中央社会主义学院学报》	6	2022
17	《美国养老危机背后的深层根源》	《人民论坛》	5	2023
		任晶晶		
1	《“一带一路”助力中国与世界共同发展》	《经济导刊》	11	2018
2	《推动东北亚秩序重构正当其时》	《世界知识》	1	2019
3	《在“百年未有之大变局”中奋力实现中华民族伟大复兴》	《东北亚学刊》	3	2019
4	《加强国际合作是战胜疫情的唯一出路》	《一带一路报道》（中英文）	5	2020
5	《疫情影响下的中国外交：凝聚全球共识，推动国际合作》	《东北亚学刊》	5	2020
		张晓磊		
1	《安倍对华政策两面性的新表现》	《东北亚学刊》	5	2018
2	《这一次中日关系改善能走多远》	《世界知识》	22	2018
3	《日本〈第三期海洋基本计划〉评析》	《日本问题研究》	6	2018
4	《中日构建建设性安全关系探析》	《和平与发展》	2	2019
5	《中日安全机制的概念界定、进程评估及功能性意义》	《东北亚学刊》	4	2019

续表

序号	论文题目	发表刊物	期数	发表时间（年份）
6	《冷战后美国学界的日本安全战略研究评析——兼论日本安全战略的走向及对中日安全关系的影响》	《日本学刊》	4	2019
7	《安倍超长期执政与日本国内政治生态的新特点》	《当代世界》	3	2020
8	《中日海上非传统安全合作：意义、现状及路径》	《亚太安全与海洋研究》	2	2020
9	《中日加强防疫合作的意义、问题与路径》	《东北亚学刊》	4	2020
10	《从平成到令和：日本的发展历程与未来展望》	《世界知识》	21	2021
11	《“后安倍时代”日本首相官邸主导决策困境探析》	《东北亚学刊》	2	2022
刘须宽				
1	《对当前世界力量对比变化与发展趋势的一点思考》	《世界社会主义研究》	10	2020
2	《世界百年未有之大变局的意识形态分析》	《马克思主义研究》	12	2020
3	《警惕“世界百年未有之大变局”的几个理解误区》	《观察与思考》	3	2021
李江静				
1	《资本主义的系统性危机与中国的应对——访埃及著名经济学家萨米尔·阿明教授》	《马克思主义研究》	9	2018
2	《问题辨析是思政课讲道理的重要方式》	《思想理论教育导刊》	8	2022
3	《帝国主义与数字帝国主义的意识形态分析》	《马克思主义研究》	7	2022
张意梵				
1	《超越自然与社会的分裂——拉图尔的知识论研究》	《重庆理工大学学报》（社会科学版）	11	2019

续表

序号	论文题目	发表刊物	期数	发表时间（年份）
2	《历史唯物主义视域下经济权利与政治权力的辩证关系》	《马克思主义哲学论丛》	1	2019
		周淼		
1	《世界体系视野下的中国特色社会主义——纪念改革开放四十周年》	《湖南社会科学》	5	2018
2	《2018 年国外左翼思想研究概览》	《科学社会主义》	1	2019
3	《国外左翼学者关于资本主义世界体系的批判》	《世界社会主义研究》	4	2019
4	《百年未有之大变局中的世界左翼思潮和运动研究——2019 年国外左翼思想研究概览》	《科学社会主义》	2	2020
5	《列宁关于社会主义运动战略与策略的理论与启示》	《世界社会主义研究》	2	2021
6	《百年未有之大变局下马克思主义战略策略理论的历史回望与新发展》	《海派经济学》	1	2021
7	《百年未有之大变局下世界进入动荡变革期的思考与启示》	《理论月刊》	7	2021
8	《百年变局下国际左翼力量的新特征与新动向》	《当代世界》	5	2022
		刘淑春		
1	《共产国际的宝贵经验》	《世界社会主义研究》	5	2019
2	《不可用哗众取宠的手法歪曲历史事实——驳所谓斯大林和希特勒共谋挑起二战的谬论》	《世界社会主义研究》	6	2019
3	《共产国际与中国共产党关系评析》	《马克思主义研究》	10	2019
4	《列宁的英名永载史册——俄共纪念列宁诞辰 150 周年》	《世界社会主义研究》	4	2020

续表

序号	论文题目	发表刊物	期数	发表时间（年份）
5	《对历史伟人的评价需站在历史的高度——〈为列宁而辩：最新研究与争论〉译后感》	《世界社会主义研究》	4	2022
		杨建民		
1	《劳尔·卡斯特罗主政以来古巴共产党的新变化》	《世界社会主义研究》	9	2019
2	《拉美国家的反腐败国际合作研究》	《学术探索》	9	2019
3	《特朗普政府对古巴政策的变与不变》	《当代世界与社会主义》	3	2020
4	《“古巴—委内瑞拉联盟”及其前景》	《世界社会主义研究》	9	2020
5	《试论美国对拉美的新战略：“美洲增长”倡议》	《学术探索》	9	2020
6	《中拉经贸合作韧性足》	《一带一路探索》（中英文）	5	2021
7	《当前拉美左翼的发展现状与前景》	《世界社会主义研究》	9	2021
8	《拉美左翼拓展空间，发展模式面临变局》	《世界知识》	3	2022
9	《迪亚斯—卡内尔执政以来的古巴“模式更新”》	《当代世界与社会主义》	1	2022
10	《他们让智利变年轻》	《党课参考》	6	2022
11	《哥伦比亚大选：填补左翼执政空白》	《当代世界》	7	2022
		陈界亭		
1	《马克思社会形态理论的形成历程及当代价值》	《马克思主义哲学论丛》	3	2018
2	《新媒体时代社会主义核心价值观传播机制的建构逻辑》	《当代中国价值观研究》	6	2022
		徐世澄		
1	《委内瑞拉大选及目前委内瑞拉形势》	《唯实》	8	2018

续表

序号	论文题目	发表刊物	期数	发表时间（年份）
2	《令人关注的2018年墨西哥大选》	《中国人大》	16	2018
3	《古巴全民讨论新宪法草案》	《中国人大》	18	2018
4	《2018年巴西国会和总统选举》	《中国人大》	22	2018
5	《古巴社会主义建设和改革中非公有制经济的理论、政策和实践》	《统一展现研究》	2	2019
6	《古巴颁布个体户新条例》	《中国人大》	8	2019
7	《古巴新宪法："变"与"不变"》	《唯实》	6	2019
8	《古巴共产党与古巴经济社会模式更新》	《当代世界社会主义问题》	2	2019
9	《古巴全国人大9届4次特别会议选举产生国家主席和副主席》	《中国人大》	20	2019
10	《菲德尔·卡斯特罗社会主义思想评介》	《理论视野》	1	2020
11	《中国共产党与拉美共产党关系的曲折发展》	《拉丁美洲研究》	1	2020
12	《从南美洲三国大选看拉美政治生态变化》	《唯实》	3	2020
13	《古巴的政治体制改革》	《党政研究》	4	2020
14	《玻利维亚争取社会主义运动东山再起》	《唯实》	1	2021
15	《从奥巴马到特朗普：美国与古巴关系的变化》	《河北师范大学学报》（哲学社会科学版）	2	2021
16	《古巴共产党第八次全国代表大会：承前启后—继往开来》	《世界社会主义研究》	6	2021
17	《从一大到八大：古巴共产党的发展》	《拉丁美洲研究》	4	2021
18	《新冠疫情与中拉合作共同抗疫》	《唯实》	8	2022
19	《哥伦比亚选出首位左翼总统》	《环球时报》	6	2022
20	《携手共建中拉命运共同体》	《唯实》	7	2022

续表

序号	论文题目	发表刊物	期数	发表时间（年份）
		康晏如		
1	《“8·19”事件中的国家紧急状态委员会》	《世界社会主义研究》	12	2018
2	《苏联经济的命运、矛盾及其发展演变》	《世界社会主义研究》	1	2019
3	《非西方“国家和文明”的形成——基于世界体系理论的分析视角》	《国外社会科学前沿》	7	2019
4	《到群众中工作在传承中创新——第十次全国代表大会以来白俄罗斯共产党的理论与实践》	《世界社会主义研究》	8	2019
5	《百年未有之大变局中的世界左翼思潮和运动研究——2019 年国外左翼思想研究概览》	《科学社会主义》	2	2020
6	《逆境中前行的哈萨克斯坦共产主义人民党》	《世界社会主义研究》	5	2020
7	《原苏联地区共产党的现状、困境与战略调整》	《世界社会主义研究》	10	2021
		李瑞琴		
1	《卡尔·马克思：功勋科学家和革命家》	《世界社会主义研究》	8	2018
2	《总统大选后的俄罗斯政治局势及内外政策重点》	《科学社会主义》	4	2018
3	《东欧剧变 30 年——重塑与蹉跎》	《当代世界》	4	2019
4	《从苏联剧变谈坚定“两个维护”的必要性》	《人民论坛》	25	2019
5	《俄罗斯民众对斯大林及苏联评价转变探源》	《安徽师范大学学报》（人文社会科学版）	6	2019
6	《全世界正在聚焦中国》	《世界社会主义研究》	5	2020
7	《2019 年原苏东地区共产党工人党的新态势与新动向》	《科学社会主义》	3	2020

续表

序号	论文题目	发表刊物	期数	发表时间（年份）
8	《柏林墙倒塌的教训与世界社会主义的希望——读〈柏林墙倒塌30周年记〉》	《世界社会主义研究》	7	2020
9	《历史与当代视野下的世界社会主义与中国特色社会主义》	《马克思主义研究》	7	2020
10	《中东欧地区的社会主义运动和影响》	《前线》	8	2020
11	《苏联共产党解散与脱离人民的教训》	《马克思主义与现实》	3	2021
12	《什么决定了一个政党的兴衰——苏联共产党没能走过百年的历史警示》	《人民论坛》	19	2021
13	《当前中东欧地区共产党的基本状况与目标任务》	《世界社会主义研究》	10	2021
14	《俄白联盟发展的历程与现实意义》	《人民论坛》	18	2022
	欧阳向英			
1	《战略、结构与空间——中美贸易摩擦背景下中俄经济互补性研究》	《欧亚经济》	1	2019
2	《当代中国的全球治理观》	《观察与思考》	6	2019
3	《解析俄罗斯的国际议题设置》	《俄罗斯东欧中亚研究》	5	2019
4	《开创中俄国际协作新局面》	《知与行》	1	2020
5	《全球化时代的历史记忆与真实——从斯大林在第二次世界大战中的作用说起》	《世界社会主义研究》	2	2020
6	《自我认知与发展战略——中俄“带盟”对接的现状与阻碍对接的原因分析》	《国际经济评论》	3	2020
7	《俄罗斯外交哲学论析》	《世界经济与政治》	8	2020

续表

序号	论文题目	发表刊物	期数	发表时间（年份）
8	《产业链、区域一体化与全球化——疫情后中亚经济将走向何方》	《欧亚经济》	5	2020
9	《马克思主义不平等理论与世界政治变迁》	《世界政治研究》	1	2021
10	《社会主义因素内生于西方资本主义国家的机理分析及其全球治理意义》	《人民论坛·学术前沿》	8	2021
11	《非联盟国家深度合作可行性探究——兼议“十四五”规划与中俄战略合作前景》	《国际经济评论》	4	2021
12	《不平等视角下的世界政治演变》	《观察与思考》	8	2021
13	《关于苏联解密档案的几个问题》	《俄罗斯学刊》	4	2022
14	《“两大倡议”与中国全球治理新主张》	《欧亚经济》	2	2023
		朴键一		
1	《论构建中国特色朝鲜半岛问题研究理论体系》	《东北亚学刊》	6	2021
2	《“中蒙俄经济走廊”建设的主要特点和存在问题分析》	《东北亚学刊》	6	2021
3	《朝鲜半岛局势与中俄新时代全面战略协作伙伴关系》	《东北亚学刊》	6	2019
		贺钦		
1	《古巴修宪：“坚守”与“更新”是核心要义》	《世界知识》	16	2018
2	《21世纪以来西班牙马克思主义的理论关切与发展趋向》	《世界社会主义研究》	5	2019
3	《古巴应对人口老龄化的经验与启思》	《拉丁美洲研究》	4	2020

续表

序号	论文题目	发表刊物	期数	发表时间（年份）
4	《从圣保罗论坛30周年看拉美左翼的调整与联合》	《世界社会主义研究》	12	2020
5	《中国共产党百年历程及其历史意义——访古巴外交部国际政治研究中心亚太部主任卢维斯雷·冈萨雷斯·塞斯》	《马克思主义研究》	3	2021
6	《西班牙共产党的百年历程与时代启思》	《当代世界》	5	2021
7	《从2021年党代会看社会主义四国新动向》	《当代世界社会主义问题》	4	2021
8	《社会主义四国对社会主义现代化的新认识——以2021年四国党代会为视角》	《毛泽东邓小平理论研究》	12	2021
9	《菲德尔·卡斯特罗思想的精髓与价值》	《马克思主义研究》	4	2022
10	《古巴住房问题的历史应对与现实挑战》	《世界社会主义研究》	2	2022
11	《在交流互鉴中开启中古社会主义新征程》	《旗帜》	5	2022
12	《论社会主义现代化的时代要求与本质特征——以21世纪国外社会主义四国的现代化探索为例》	《科学社会主义》	3	2022
13	《新时代的中国与世界百年未有之大变局——西班牙中国问题专家胡里奥·里奥斯访谈》	《马克思主义与现实》	4	2022
14	《从古共八大看古巴社会主义发展新趋向》	《社会主义论坛》	8	2022
		朱旭旭		
1	《〈资本论〉中的未来社会论》	《世界社会主义研究》	7	2019

续表

序号	论文题目	发表刊物	期数	发表时间（年份）
2	《论21世纪日本共产党外交政策及对华政策展望》	《浙江理工大学学报》（社会科学版）	1	2019
3	《列宁社会主义意识形态灌输论的当代适用性》	《重庆邮电大学学报》（社会科学版）	5	2019
4	《日本共产党意识形态的发展历程》	《上海党史与党建》	12	2019
5	《日本共产党第28次全国代表大会述评》	《当代世界社会主义问题》	1	2020
6	《新冠肺炎疫情危机暴露资本主义制度的根本弱点》	《世界社会主义研究》	5	2020
7	《近年来日本共产党对资本主义的分析、批判和展望》	《日本研究》	3	2020
8	《21世纪以来日共地方议会席位持续减少原因及其应对策略》	《世界社会主义研究》	12	2020
9	《习近平关于世界社会主义运动的重要论述及其时代价值》	《高校马克思主义理论教育研究》	2	2021
10	《〈一百年回首奋斗路——新阶段社会主义黄皮书〉发布会综述》	《世界社会主义研究》	9	2021
11	《日本共产党党员人数百年历史流变及原因探析》	《浙江理工大学学报》（社会科学版）	4	2022
		周亚茹		
1	《抗战初期中国共产党对外宣传策略研究——以〈救国时报〉为中心》	《江西社会科学》	4	2019
2	《美国共产党三十一大的策略主张及其新动向》	《世界社会世界研究》	1	2020
3	《习近平新时代中国特色社会主义思想的世界意义——基于现代化发展道路的视角》	《中共石家庄市委党校学报》	2	2020
		曾宪奎		
1	《建设社会主义现代化强国对全球社会主义运动的影响》	《世界社会主义研究》	11	2018

续表

序号	论文题目	发表刊物	期数	发表时间（年份）
2	《中非合作有利于非洲经济真正起飞》	《科学社会主义》	6	2018
3	《中美贸易争端：背景·困境·走向》	《中共云南省委党校学报》	1	2019
4	《当前欧洲国家经济治理的困境、新特点以及未来展望》	《中共济南市委党校学报》	5	2019
5	《现阶段欧洲高福利资本主义模式的困境分析》	《科学社会主义》	2	2020
6	《在高质量发展中提升产业链供应链韧性和安全水平》	《宁夏社会科学》	3	2023
		邢文增		
1	《教唆、干涉与操纵：英美左翼关于香港问题真相的看法》	《世界社会主义研究》	11	2019
2	《社会不平等与西方左翼复兴的契机》	《科学社会主义》	4	2020
3	《美国资本主义体系的危机与马克思主义替代方案——访美国马克思主义经济学家理查德·沃尔夫》	《世界社会主义研究》	7	2022
		禚明亮		
1	《国外学者视阈下的新时代中国外交政策研究》	《马克思主义研究》	10	2018
2	《地缘政治挑战时代的资本主义与民主——日裔美籍学者弗朗西斯·福山专访》	《吉首大学学报》（社会科学版）	2	2019
3	《国外左翼学者论马克思主义当代价值》	《世界社会主义研究》	12	2019
4	《新自由主义方案依然活着但其合法性已然丧失——英国马克思主义学者大卫·哈维专访》	《吉首大学学报》（社会科学版）	3	2019

续表

序号	论文题目	发表刊物	期数	发表时间（年份）
5	《资本主义将何去何从——五位马克思主义学者论世界经济》	《国外理论动态》	5	2019
6	《印度共产党（马克思列宁主义）的基本观点、政治立场和政策主张》	《上海党史与党建》	5	2019
7	《实现社会主义是改变世界的唯一途径——加拿大共产党主席伊丽莎白·罗莉专访》	《理论与评论》	3	2019
8	《当前愈来愈多的地缘政治威胁是一种结构性问题》	《世界社会主义研究》	6	2019
9	《日本共产党的基本理论观点和政策主张》	《聊城大学学报》（社会科学版）	3	2019
10	《德国马列主义党的理论与政策主张评析》	《社会主义研究》	5	2019
11	《苏东剧变的历史教训与当代启示——美共前主席谈苏东剧变30周年》	《世界社会主义研究》	11	2019
12	《国外左翼学者视域下马克思主义的当代价值及启示》	《世界社会主义研究》	12	2019
13	《美国的政治衰败正在“背离”自己的公民》	《世界社会主义研究》	3	2020
14	《新冠肺炎疫情蔓延显现资本主义制度的劣势》	《世界社会主义研究》	5	2020
15	《应对百年未有之大变局的中国方案与世界的“历史性”机遇——学习党的十九届五中全会精神》	《学习月刊》	1	2021
16	《习近平关于世界社会主义运动的重要论述及其时代价值》	《高校马克思主义理论教育研究》	2	2021
17	《列宁关于坚定政治信仰的理论思考》	《云梦学刊》	3	2021

续表

序号	论文题目	发表刊物	期数	发表时间（年份）
18	《俄罗斯联邦共产党对社会主义理论与实践的新认识》	《河北青年管理干部学院学报》	3	2021
19	《新冠肺炎疫情背景下国外左翼学者对当代资本主义的最新批判与反思》	《江苏海洋大学学报》	3	2021
20	《“普京一代”：青年人对政治领袖与俄罗斯未来的看法——综合俄罗斯媒体报道与学者观点》	《俄罗斯学刊》	3	2021
21	《希腊、奥地利、瑞士、比利时的毛主义运动》	《思想政治课研究》	3	2021
22	《英国共产主义青年团的历史、理论与主张》	《当代青年研究》	4	2021
23	《“革命政党与组织国际协调”的历史、理论和主张评析》	《观察与思考》	10	2021
24	《国外学者论中国共产党建党百年》	《观察与思考》	10	2021
25	《中国共产党的百年沧桑和世界意义——美国自由道路社会主义组织政治局委员米克·凯利专访》	《邯郸学院学报》	4	2021
26	《理解党百年奋斗史世界意义的五个“关键词”》	《学习月刊》	7	2020
	许华			
1	《“人类命运共同体”愿景中的中俄文化外交》	《俄罗斯东欧中亚研究》	4	2018
2	《中俄文化互鉴：如何有效培育两国民众间的亲近感》	《对外传播》	9	2018
3	《谈新时代中俄学术资源的交流与合作》	《对外传播》	12	2020
4	《中国当代文学作品在俄罗斯的传播：脉络与演进》	《国外社会科学》	4	2021
5	《新冠肺炎疫情背景下中俄民间外交新形式及新内涵探索》	《俄罗斯学刊》	4	2021

续表

序号	论文题目	发表刊物	期数	发表时间（年份）
6	《乌克兰危机中的美俄混合战：演化、场景与镜鉴》	《俄罗斯学刊》	4	2022
7	《大国混合战背景下俄罗斯软实力观的演进和展现》	《世界社会主义研究》	10	2022